厚生経済学と
経済政策論の対話

福祉と権利、競争と規制、制度の設計と選択

鈴村興太郎——［著］

東京大学出版会

INTERACTIONS BETWEEN
WELFARE ECONOMICS AND ECONOMIC POLICY
Well-Being and Rights, Competition and Welfare,
Design and Social Choice of Institutions
Kotaro Suzumura
University of Tokyo Press, 2018
ISBN978-4-13-040283-5

はしがき

　《旧》厚生経済学の創始者アーサー・C. ピグーは，「人間社会に関する科学は，光明をもたらすものとしてはあまり強くひとを魅了するものではない．光明よりも果実の期待が主にわれわれの関心に値するというのが一般の共通の意見である」[1]と述べたことがある．著者の経済学研究は，厚生経済学と社会的選択の理論を中核に据えて，経済学の規範的側面にささやかな光明をもたらすことを目指してきた[2]．だが，光明を目指す理論的な研究も，その光明に照射されてこそ発見できる果実の期待を担っていることは紛れもない事実である．本書はこの期待を背景に取り組んだ著者の研究のうち，福祉と権利，競争と規制，制度の設計と選択を巡る著者の講義と講演，対談と座談及びインタビューを，整合的に編集した著書である．著者は，理論的研究の延長線上に浮上する果実の期待を垣間みて，理論的な研究に対する読者の関心が惹起されることを期待しつつ，本書を熟慮のうえで出版することに踏み切ったのである．《人間生活の改善の道具》を整備して，その活用の作法を提供することが創始者ピグー以来の厚生経済学の課題である．それだけに，厚生経済学と社会的選択の理論への貢献と並行して，理論的な命題の意味と意義を具体的な政策課題の論脈で例示することも，経済学のこの分野を専攻するものの義務だと著者は考えている．

　講義及び講演は，ある程度までは聴衆の関心と予備知識を想定可能な環境

---

1)　Arthur C. Pigou, *The Economics of Welfare*, Fourth Edition, London: Macmillan, 1932, p. 4.

2)　著者の主著としては *Rational Choice, Collective Decisions and Social Welfare*, New York: Cambridge University Press, 1983/2009;『厚生経済学の基礎——合理的選択と社会的評価』岩波書店，2009 年; *Choice, Preferences, and Procedures: A Rational Choice Theoretic Approach*, Cambridge, Mass.: Harvard University Press, 2016 を挙げておきたい．

で，スピーカーが行う一方向的な情報発信である．対談及び座談は，複数の参加者が予め準備されたテーマを巡って，多方向的に行う情報交換である．インタビューは，受け手の個人にあらかじめ絞り込まれた質問を投げかけてそのひとの思想と行動に関して本人の言葉での回想・現状認識・展望を抽出する目的で行われる会話の連鎖である．このような相違はあるが，当初から論文・著書として企画された情報発信と比較すれば，会話という抽出機構を経由して生み出された講義録，講演録，対談（座談）記録及びインタビュー記録は，議論の筋道の直裁性と相手の反応を契機として活かす柔軟性の両面で，読者側の理解を促進する長所を備えているように思われる．この長所を活かして，厚生経済学と社会的選択の理論に対する著者の研究を背景に企画された講義，講演，対談，インタビューの記録を選択して，読みやすく情報量も豊富な著書を意図して編集したのが本書である．収録したうちで最も古い講演録は 1994 年に横浜国立大学で行った講演に起源を持ち，最も新しい講義録は 2014 年の早稲田大学最終講義及びロンドン・スクール・オブ・エコノミックスの招待講演に，最新のインタビュー論文と対談録は 2015 年に公刊された記録に基づいている．多岐にわたったこれらの論文は，《福祉と権利》，《競争と規制》及び《制度の設計と選択》の三部に編集されて，各部は緊密に連携する三章から構成されている．各部には簡潔な序論を付して，その部に収録された三本の論文の背景を解説した．どの章も当初の公表論文に大幅な加筆，修正及び割愛を行ない，本書に収録するためにスタイルを統一している．第 III 部《制度の設計と選択》の第 7 章「経済制度の設計と選択を越えて——競争のフラクタル構造」，第 9 章「血の通った厚生経済学を求めて」と巻末の補論 II「分権的な資源配分機構論から比較経済制度論へ——青木昌彦教授 (1938-2015)」は，本書のために新規に執筆した論文である．英文で公表したインタビューや追悼論文は，今回の収録に際して邦訳したが，英語での表現と邦語での表現は往々にして直訳になじまない側面もあるため，必ずしも逐語訳ではない邦訳部分と削除部分があることはお断りしておきたい．

　講演と講義，対談と座談，インタビューを主要素材とする本書であるだけに，著者との対談やインタビューに応じられた多くの方々，これらの素材を

最初に出版された編者と書肆から多大なご厚意とご協力を賜ってこそ，本書は出版に漕ぎ着けることができた．個々の謝意は各章の冒頭及び巻末の「あとがき」で述べているが，ここで総括的に明記して，厚く感謝申し上げる次第である．

2018 年 1 月 12 日

日本学士院にて

鈴村興太郎

厚生経済学と経済政策論の対話／目次

目　次

はしがき　i

第Ⅰ部　福祉と権利

第1章　社会的選択の観点からみた《公》《私》問題 ················ 5

1. はじめに　5
2. 厚生経済学と社会的選択の理論　7
3. 公共《善》の形成と合理的な社会的選択：アローのシナリオ　10
4. アローの社会的合理性への批判：ジェームズ・ブキャナン　12
5. アローの一般不可能性定理　14
6. 個人の自由の尊重と公共《善》の効率的な達成可能性　16
7. 帰結主義的な観点と非帰結主義的な観点　18
8. 公共《善》への代替的なアプローチを求めて　24
9. フェア・プレーの義務とフェア・ゲームの設計　29
10. 不可能性を可能性に切り替える転轍機としての個人の役割　32

第2章　《新》《旧》の厚生経済学と社会的選択の理論 ·············· 35
——ポール・サミュエルソン教授との対話

1. ピグーの《旧》厚生経済学について　36
2. ロビンズの《旧》厚生経済学批判について　41
3. 《新》厚生経済学の黎明期について　45
4. バーグソン＝サミュエルソンの社会厚生関数の概念について　50
5. アローの社会厚生関数の概念について　55
6. 単一の選好プロファイルのもとでの不可能性定理について　63

7. 帰結主義と厚生主義について　66

8. 消費者余剰の概念の復権について　72

9. 厚生経済学と経済政策　75

10. おわりに　80

第3章　効率性・衡平性・正義を巡って ……………………………… 83
　　　　　——宇佐美誠教授との対話

1. はじめに　83

2. 衡平性と公平性　87

3. パレート効率性　91

4. 補償原理　93

5. ロールズとセン　97

6. 優先性と十分性　101

7. 世代間の正義と衡平　105

8. 法哲学と規範的経済学の光明と果実　107

第Ⅱ部　競争と規制

第4章　競争メカニズムを見る福祉の経済学の視点 ……………… 117

1. 競争に関する2つの通念　118

2. 競争観の変容（1）：電気通信事業における競争と規制　119

3. 競争観の変容（2）：構造協議と流通規制改革　123

4. 正統派経済学の通念　127

5. 競争と自由　128

6. 権利と効率　131

7. 日本の公共的意思決定プロセス：《福祉の経済学》の観点　133

vii

目　次

第5章　通念破壊の異端の経済思想 ……………………………… 137
―― 篠原三代平教授との対話

1. はじめに　138
2. 初期の研究者人生への影響　141
3. フリードマン，クズネッツ，マハループ　144
4. 初期の篠原教授の業績が日本の産業政策に及ぼした影響　147
5. 長期経済統計について　153
6. 日本のバブルと不景気について　155
7. 景気循環と経済危機について　158
8. アジアの経済成長　161

第6章　独禁法と競争政策：八幡・富士両製鉄の合併事件を中心にして ―― 小宮隆太郎教授との対話 ……………………… 163

1. 日本の独禁法と競争政策：戦後改革から1960年まで　164
   1.1 競争政策との最初の出会い　165
   1.2 日本の独禁法の背後にある特殊事情　167
   1.3 公取委の冬眠時代　174
2. 八幡，富士の合併問題と近代経済学者　181
   2.1 八幡，富士の合併問題　181
   2.2 財界・政界の賛成論　185
   2.3 近代経済学者の反対運動　186
   2.4 独占（モノポリー）と私的独占（モノポライゼーション）　192
   2.5 産業政策と近代経済学者　199
3. おわりに　203

第III部　制度の設計と選択

第7章　経済制度の設計と選択を越えて ……………………… 209
―― 競争のフラクタル構造

1. 競争の機能と評価　209

viii

2. 《学術の両輪》論:
   理工学・生命科学系 versus 人文学・社会科学系　211

3. 理工・生命系の学術と人社系の学術の重要な差異　213

4. 学術を推進・助成する制度と政策:
   公的な研究助成の競争的配分制度を巡って　220

5. 学術を推進・助成する制度と政策:
   競争メカニズムの役割を巡って　222

6. おわりに　226

第8章　規範的経済学と社会のインターフェイス …………… 229
　　──ウォルター・ボッサール, マーク・フローベイ両教授との対話

1. 経済学への最初の一歩　229

2. 民主主義的決定方法への関心の芽生え　231

3. 厚生経済学との最初の遭遇:
   サミュエルソン, ピグー, ミッシャン　234

4. 規範的経済学への関心の源泉と背景　237

5. 帰結主義 versus 非帰結主義, 厚生主義 versus 非厚生主義　241

6. パレート派リベラルの不可能性定理　243

7. ゲーム形式の権利論　247

8. 合理化可能性としての合理的選択の理論　250

9. 無羨望衡平性の理論と社会的選択の理論　254

10. 経済学と哲学のインターフェイス　256

11. 産業組織論・競争政策論・産業政策論:
    応用厚生経済学を目指して　260

12. 規範的経済学を踏まえた政策提言の可能性　264

13. 社会的選択と厚生学会と *Social Choice and Welfare*:
    創成期の回想　267

14. 社会的選択の分権的実装の理論と超越論的制度主義　269

15. Quo Vadis?　273

目　次

第9章　血の通った厚生経済学を求めて …………………………… 275

1. 規範的経済学の歴史的背景　276

2. 《旧》厚生経済学の功利主義的な価値前提　279

3. 序数主義的な《新》厚生経済学の誕生　285

4. 選挙と投票の理論：
　　ボルダとコンドルセからアローとブラックまで　291

5. 合理化可能性としての合理性の理論　307

6. アローの社会的選択の理論と一般不可能性定理　316

7. アローの隘路からの脱出策を求めて：
　　序数的厚生主義の境界内部の模索　320

8. 厚生主義と帰結主義の王国を離れて：探索途上の現状報告　324

9. 規範的経済学の最適化アプローチと漸進的改革アプローチ　332

補論 I　福祉改善の厚生経済学の実践者：………………………………… 337
　　　都留重人教授（1912-2006）

補論 II　分権的な資源配分機構論から比較経済制度論へ：……………… 351
　　　青木昌彦教授（1938-2015）

参考文献　363

初出一覧　386

あとがき　388

人名索引　391

事項索引　400

第Ⅰ部　福祉と権利

　およそ君も知っている通り，自由討議ないし説得による決定という考え
方は，当然に，そこで定められたルールが一様かつ平等に構成員を拘束す
るといういわゆる「法の支配」の概念と論理的に牽連している．そうして
更にその背後には，そのルールの執行を委託されている人間ないし機関は，
その団体の一般構成員に対してなんら実体的な優越性をもつものでなく，
また真理とか正義とかの価値を独占するものでないという重大な前提が置
かれている．仮に執行のための強制力が与えられている場合も，その強制
力の妥当性はそれが一定の合法的な手続［き］によって与えられたという
点にあるのであって，その強制力が必ずしもそれ自体として正義を内包し
ているということに基づくのではない．何が実質的に正当かという判断を
各人の内面的良心に委ねているからこそ，自由討議による決定ということ
が意味をもつのだ.
丸山眞男『現代政治の思想と行動』[増補版] 未来社, 1964 年, pp. 140-141.

　民主主義（democracy）という政治体制には，他をもって替え難い魅力と，
幾度も幻滅を経験しつつも捨て去れない理想の響きがある．プラトンのよう
に極め付きの民主主義嫌いがいるにせよ，ウィンストン・チャーチルが有名
なイギリス下院演説で語った言葉は，いまも強い影響力を保持しているよう
に思われる[1].

　多くの政治体制がこれまでも試されてきたし，罪と苦悩のこの世界で今後
も試されることだろう．民主主義が完璧であるとか，全知全能であるなどと，

---

1)　1947 年 11 月 11 日の下院演説でチャーチルはこの表現を用いているが，引用文から
　も明らかなように，これは彼が創作した表現ではなく，無名の先行者から借用された
　ものである.

第 I 部　福祉と権利

誰ひとり主張することはあり得ない．事実，先人がいうように，民主主義は最悪の形態の政治体制であるが，これは従来試された他のすべての政治体制を別にしてのことである．

　だが，民主主義の政治体制とは，どんな仕組みの体制なのかと問われて，簡潔で説得的な定義を与えることは非常に難しい．人間の福祉の改善を探求する厚生経済学と社会的選択の理論に立脚して経済政策の在り方を模索する本書では，以下の2つの視角から，民主主義的な政治体制の経済学的な意義を手探りする作業に専念することにしたい．

　第一に，本書では民主主義的な意思決定手続きを先験的に定義するかわりに，民主主義の理想に愛着を覚える人びとであれば社会的意思決定プロセスが最小限度に備えていることを期待する性能を列挙して，これらの性能をすべて満足する意思決定プロセスを，民主主義的な意思決定プロセスと考える方法を採用する．この方法を経済学に最初に導入したのは，ケネス・アローの『社会的選択と個人的評価』（初版 1951 年，第二版 1963 年）だった．

　第二に，民主主義的な政治体制には，ある種の理想の香りが漂っているとはいえ，社会的な意思決定プロセスに我々が期待する理想は，これで尽くされている訳ではない．プラトンが嫌悪した民主主義に対して，もっと柔軟な対応を示した彼の弟子アリストテレスだが，彼も民主主義は政治体制の《善》の必要条件であっても，十分条件ではないことを強調した．本書で我々は，民主主義の必要条件に加えて自由主義の必要条件にも，しばしば言及することになる．多数の人びとの福祉を改善する民主主義的な政策は，その陰で人びとの最小限の自由さえ蹂躙する可能性を潜めていることは，否定すべくもない事実だからである．それだけに，民主主義と自由主義は対立する要請を社会的な意思決定プロセスに課す可能性がある．実際には，民主主義の場合と同様に，自由主義の場合にも，概念の多義性の問題は依然としてつきまとっている．ジョン・スチュアート・ミルの『自由論』とアイザイア・バーリンの『二つの自由概念』にしたがって，本書では，どの個人にも他の個人や社会，伝統や慣習によって侵害されることがない《保護された領域》があって，その領域内で彼／彼女の選択を尊重するように社会制度は設計されるべ

きであるという《消極的自由》の概念を，主に念頭に置くことにする．この意味の自由が保障されることは，自由主義的な政治体制の必要条件ではあっても十分条件ではないことは当然である．

　第Ⅰ部に収録する3つのエッセイは，厚生経済学と社会的選択の理論を背景として経済・社会体制の《善》を探索する問題に関わる講演録，インタビュー論文及び対談録である[2]．

---

2)　本書の背景となる厚生経済学と社会的選択の理論に興味を持たれる読者は，著者の『社会的選択の理論・序説』東洋経済新報社，2012年並びに *Choice, Preferences, and Procedures: A Rational Choice Theoretic Approach*, Cambridge, Mass.: Harvard University Press, 2016 を参照していただきたい．

第1章

社会的選択の観点からみた《公》《私》問題

　　佐々木毅，金泰昌の両氏を編者代表として，公共哲学の再生を目指して企画・公刊されたシリーズ『公共哲学』（東京大学出版会）は，2000 年代の初頭に登場した人文学・社会科学の研究フォーラムとして，重要な役割を果たした．著者も公共哲学の一翼を担う厚生経済学と社会的選択の理論の立場から，本シリーズ第 6 巻の『経済からみた公私問題』を編集して，自らも「社会的選択の観点からみた《公》《私》問題」と称する発題を行った．この発題の本書への再録を許諾された佐々木毅，金泰昌の両編者と東京大学出版会に，厚く感謝申し上げたい．

1. はじめに

　最初に，3 つの前置きを述べてから本論に入りたい．第一の前置きとして，著者は経済学の分析方法に対して，強いこだわりを持ちたいと思っている．我々にとって大きな意味を持つ経済学者のひとりにレオン・ワルラスがいるが，彼には「私は経済学のなかに 2 つの学派しか認めない．その一方は自分の主張を証明する学派であるが，他方は自分の主張を証明しない学派である」という主旨の発言がある．経済学はその主張の証明を試みるために，論理的な構成を持っている．分析の結論が妥当性を持たないとか，論理的に誤っている場合には，その欠陥に鑑みて従来の方法論を修正する過程を辿って，経済学の理論的なフレームワークは次第に精緻化されてきたのである．著者は経済学が備えるこの特徴にこだわって，今回の発題をしたいと考えている．

　それだけに，《公》《私》問題に経済学者としてアプローチする際にも，社

第 I 部　福祉と権利

会的選択の理論という標準的なパラダイムがこのテーマにもたらすメッセージをまず考えて，そのメッセージの妥当性の検討を通じて，逆に標準的パラダイムを批判的に再構成するという手順を採りたいと思う．社会的選択の理論は分野横断的な研究分野であり，この分野の専門家たちの学問的な背景は，経済学，政治学，哲学，論理学，社会学，数理科学など，実に多種多様である．経済学を背景にしてこの分野を専攻する一研究者として，著者は社会的選択の理論が《公》《私》問題にアプローチする方法はなにか，この理論が《公》《私》問題に対して送る主要なメッセージはなにか，この理論のどこに方法論的な難点があるのか，どの方向にこの理論を充実させることが必要とされているかという論点を中心にして，問題提起する予定である．

　第二の前置きは，《公》《私》問題を巡る理論と現実とのインターフェイスに関わっている．今回の発題は，直接的に日本経済に言及することは少ないが，著者は社会的選択の理論の専門研究者として専ら理論的な仕事をしつつ，日本の産業政策・競争政策・通商政策にも本格的な関心を持続してきた．なかでも日本の産業政策と競争政策については，大規模な共同研究プロジェクトを遂行して『日本の産業政策』『日本の競争政策』という研究書を共同で編集・出版したこともある[1]．通商政策についても，10 年間にわたって産業構造審議会の WTO 部会で日本の貿易相手国の貿易政策・措置の公正性を吟味する報告書を作成する作業に従事してきた．以下で提唱する社会的選択の理論のパラダイムは，産業政策・競争政策・通商政策の課題と機能を理解するうえで，標準的な理論が的確なフレームワークになっているかどうかを著者なりに反省しつつ，従来とは少し異なる理論的な眺望を開拓したいと考えて開発したものである．この点に関しては「フェア・プレーの義務とフェア・ゲームの設計」について議論（本章第 9 節）する際に，一層具体的に触れることにしたい．

　第三の前置きは，経済システムの性能を評価する観点には，そのシステムの内在的な仕組みを記述するルールの《正》を評価する観点と，そのシステムの作動により誕生する帰結の《善》と《悪》を評価する観点があることで

---

1)　小宮隆太郎・奥野正寛・鈴村興太郎編『日本の産業政策』東京大学出版会，1984 年．
　後藤晃・鈴村興太郎編『日本の競争政策』東京大学出版会，1999 年．

ある．伝統的な経済学は帰結の《善》と《悪》から遡ってルールの《正》を評価するという意味で，帰結主義的な考え方に帰依してきたのみならず，帰結の《善》と《悪》を評価する際には，評価に利用する情報に一層フィルターをかけて，人びとがその帰結から獲得する満足ないし効用という，限定された情報のみに基づいて判断するという意味で，厚生主義的な観点にコミットしてきた．著者の問題提起のひとつの主旨は，厚生主義的な観点はいうに及ばず，帰結主義的な観点でさえ，社会的選択の理論の情報的基礎として偏狭に過ぎる危惧があることを指摘して，警鐘を鳴らすことにある．

　前置きはこれだけに留めて，最初にケネス・アローが創始した社会的選択の理論を簡潔に説明すること，並びにこの理論が《公》《私》問題に対して持つ意義を理解することから議論を開始したい．

2. 厚生経済学と社会的選択の理論

　経済学の守備範囲のなかで，経済政策あるいは経済システムの在り方の社会的評価に直結する研究分野こそ，経済政策論の基礎理論を標榜する厚生経済学である．この分野にその名称を与えた記念碑的な貢献は，アーサー・ピグーの『厚生経済学』(Pigou 1920) だが，「人間生活の改善の道具を鍛える」という彼の高らかな創業宣言とともに開始されたこの分野の研究は，新たな経済学の建設作業が始まるのと踵を接して，その足場の破壊作業が始まるという不運な履歴を辿ることになった．

　ピグーは，ベンサム，J. S. ミル，エッジワースの功利主義的な伝統を正統に継承して，代替的な経済政策の優劣を比較する判断基準を，経済政策の帰結が人びとにもたらす個人的効用の社会的総和に専ら求める立場に依拠していた．いまでは《旧》厚生経済学と呼ばれるピグーの理論の功利主義的な判断基準——《最大多数の最大幸福》(the greatest happiness of the greatest number)——は，明らかに個人間で比較可能かつ基数的な効用概念に本質的に依存していた．それだけに，この効用概念は客観的・科学的な根拠を持たないと指摘したライオネル・ロビンズの批判 (Robbins 1932) が，その情報

第Ⅰ部　福祉と権利

的基礎の脆弱さを完膚なきまでに暴露したことによって，《旧》厚生経済学には壊滅的な打撃が加えられたわけである．だが，撃破された《旧》厚生経済学の功利主義的基礎に替わる新たな情報的基礎の必要性を明瞭に指摘したという意味で，ロビンズの批判にはむしろ積極的な意義があったと見るべきである．

　時代の要請に応えて，1930年代以降に形成された経済政策の基礎理論こそ，カルドア，ヒックス，シトフスキー，バーグソン，サミュエルソンを代表的な理論家として擁する《新》厚生経済学だった．細部にわたる差異を大胆に捨象すれば，《新》厚生経済学には基本的な柱が三本あったということができる[2]．

　第一の柱は，功利主義的な情報的基礎に替えて，パレートがつとに開発した序数的で個人間比較が不可能な効用概念を新たな情報的基礎として採用して，ロビンズの批判に正面から応答できる理論を構成したことである．この理論で中核的な役割を果たす社会的な厚生判断の基準こそ，現代の厚生経済学で殆ど不可侵の地位を確立しているパレート原理に他ならない．

　第二の柱は，《新》厚生経済学が《旧》厚生経済学から継承した，厚生主義的帰結主義［略称：《厚生主義》］である．効用概念の基数性と個人間比較可能性は放棄したものの，経済政策や経済システムの《善》と《悪》の判断を，序数的効用というフィルターを通過して判断される帰結の《善》と《悪》に専ら依拠させるという点では，《新》厚生経済学はまさに《旧》厚生経済学と同じ地平に立っていたのである．

　第三の柱は，厚生経済学の倫理的な側面と科学的・技術的な側面を分離する思想が，《新》厚生経済学に到って初めて正統化されたことである．社会改革の思想としての功利主義に依拠する《旧》厚生経済学の場合には，厚生経済学の倫理的な側面と科学的・技術的な側面とは不即不離の関係にあった．

---

2)　詳しくいえば，《新》厚生経済学にはカルドア＝ヒックスに先導された補償原理学派と，バーグソン＝サミュエルソンに先導された社会厚生関数学派の2つの立場がある．本章では社会厚生関数学派の《新》厚生経済学に主として関心を絞って議論を進めるが，補償原理学派の《新》厚生経済学に興味を持たれる読者は，奥野・鈴村（1988）の第34章「補償原理と「新」厚生経済学」，本書第2章の第3節及び第9章の第3節を参照していただきたい．

これに対して，効用概念の基数性と個人間比較可能性を放逐した《新》厚生経済学は，厚生経済学の倫理的な側面も同時に経済学の外部に放逐して，自らは科学的・技術的な経済分析の遂行にその任務を限るべきだとする諦観的な立場を正統化したのである．この思想を象徴する概念こそ，バーグソンが最初に導入して，サミュエルソンがその精緻化と普及に多大な貢献を残した社会厚生関数（social welfare function）だった．

社会厚生関数とは，社会を構成する人びとが政策の帰結から享受する序数的な効用を情報的基礎として，代替的な経済政策の優劣を比較・評価する社会的基準——社会的《価値》——を記述する関数に他ならない．この概念を創始したバーグソンと彼の並走者サミュエルソンは，経済学者にとって社会的価値は外部から与えられる与件であって，その起源や内容の分析は，彼らの固有の任務ではないこと，彼らの任務は与えられた社会的な価値を合理的に実現するために，的確な経済政策の選択肢を設計して提案することに限定されると主張したのである．

社会厚生関数の起源や，その関数が表現する社会的価値の形成方法を尋ねることの意義に関しては，バーグソンとサミュエルソンの間に認識の微妙な温度差がある．バーグソンの考え方によれば，厚生経済学が前提する社会的価値は分析の対象とされる経済・社会で支配的な社会的価値と整合的であるべきで，支配的な社会的価値を発見するプロセスないしルールの研究は経済学の正統的な分析課題とされてよい．対照的に，サミュエルソンは徹底して社会的価値の問題を経済学の領域外部に追放することに固執する．彼によれば，社会的厚生関数が具体化する社会的価値は，論理的に整合的である限りどのようなものであってもよいし，その社会的価値の起源や形成手続きは，経済学者が本来的に関心を寄せるべき問題ではないのである．この点に関する両者の微妙な差異をいかに評価しようとも，社会的価値の形成プロセスを理論的に分析する作業は，バーグソンとサミュエルソンによって放置されたことは紛れもない事実である．

3. 公共《善》の形成と合理的な社会的選択：アローのシナリオ

　バーグソンとサミュエルソンが，その起源・内容・形成方法を完全に不問に付した社会的価値ないし公共《善》を，理論的な研究の対象として最初に俎上に載せて《公》《私》問題を考察する標準的なパラダイムを一挙に築いた画期的な貢献は，アローの『社会的選択と個人的評価』（Arrow 1951）だった．これこそ社会的選択の理論の間違いなく最大の古典である．

　アローの考え方によれば，経済学者が社会的価値ないし公共《善》の問題を経済学の外部へ放逐して，社会にとっての《善》はなにかという判断の分析を完全に放棄すれば，バーグソン＝サミュエルソンの社会厚生関数で表現される価値に分析するだけの意義があるかどうかという判断は，経済学者に経済政策の設計を要請する側——無責任な表現だが，政治の側——の問題であることになる．

　だが，経済政策のプラスないしマイナスの影響を受けるのは，実際には社会に住むすべての人びとである．彼らにとって意味のある社会的価値ないし公共《善》を前提しなければ，経済政策の意義ある選択肢を，どうして設計できるだろうか．これこそアローの問題意識だったといってよい．アローによれば，社会の内部にあって経済政策の影響を受ける人びとが表明する主観的な《善》を集計して公共《善》を形成する手続きないしルールの分析は，単に理論的に興味深いだけには留まらず，経済政策の基礎理論を標榜する限り厚生経済学の不可欠な一部であるというべきである．アローの社会的選択理論の出発点は，まさにこの認識にあったと著者は考えている．

　アローは，個人的な評価を集計して社会的価値ないし公共《善》を形成する手続きないしルールの分析を，3つの基礎概念を駆使して定式化した．第一の基礎概念は，社会的評価の形成ルールである．形式的には個人的な評価を表現する個人的選好順序のプロファイルを集計して，社会的価値ないし公共《善》を表現する社会的選好順序を形成する関数である．アローはこの関数に対して社会厚生関数という名称を与えたために，バーグソン＝サミュエ

第1章　社会的選択の観点からみた《公》《私》問題

ルソンの社会厚生関数と概念上の混乱を招いて，いまとなっては無益な論争
の種を播くことになった．不必要な混乱を回避するために，著者はアローの
社会厚生関数を《社会的評価の形成ルール》と呼ぶことにしたい．アローが
この分析的概念を駆使して形式的に捕捉しようとした考え方は，『社会的選
択と個人的評価』の次の一節に鮮やかに述べられている[3]．

　ある固定された社会的選択肢の組の相対的な序列は，少なくとも一部の個
人の評価が変化すれば，それに伴って変化するのが通例である．個人的評価
がどう変化しても社会的な評価序列は不変に留まると仮定すれば，プラトン
的実在説のような伝統的な社会哲学に加担して，個人の願望とは独立に定ま
る客観的な公共《善》が実在するという仮定に帰着してしまう．この公共《善》
を把握する最善の方法は哲学的な探究であるという主張がしばしば聞かれるが，
宗教的であるか，世俗的であるかを問わず，そのような哲学はエリート支配
の正当化に利用されがちであり，事実利用されてきている．
　現代的な唯名論的気質の持ち主にとっては，プラトン的な公共《善》が実
在するという仮定は無意味である．ジェレミー・ベンサム及び追随者たちの
功利主義哲学は，この仮定を捨てて公共《善》を人びとの個人的な《善》に
依拠させることを試みた．さらに進んで，功利主義哲学と連結した快楽主義
的心理学が，各個人の《善》を彼の欲望と同一視するために利用された．こ
うして公共《善》はある意味で人びとの欲望の合成物であることになった．
この観点は政治的な民主主義と自由放任主義的な経済学──少なくとも，消
費者による財の自由な選択と，労働者による職業の自由な選択を含む経済シ
ステム──の双方に対する正当化の根拠として，役割を果たしている．本書
でも快楽主義的な哲学は，個人の行動は個人的選好順序によって表現される
という仮定のなかに，具体的な表現を発見している．

　アローが駆使する第二の基礎概念は，バーグソン＝サミュエルソンの社会
的な評価順序──個人的評価順序のプロファイルを，社会的な評価の形成ル
ールに則って集計して形成される社会的な評価順序──である．形式的にい

---

3)　Arrow, *Social Choice and Individual Values*, 1st edn., 1951, pp. 22-23.

第 I 部　福祉と権利

えば，アローの社会的な評価の形成ルールの定義域は，個人的評価順序のプロファイル全体の集合であり，その値域は社会的な評価順序全体の集合である[4].

　アローの理論的枠組みの第三の基礎概念は，社会的選択ルールである．アローの著書のタイトルに示されているように，社会的選択の理論の課題は，社会的選択肢の機会集合からある選択肢を社会的に選択することである．その際に，個人的評価順序のプロファイルに対応するバーグソン＝サミュエルソンの社会的評価順序が与えられれば，社会的選択肢の機会集合のなかで社会的評価順序に対応する《最善》の選択肢を採択するという手順に従って，社会的選択ルールを自然に構成することができる．アローが定式化した社会的選択の理論は，このシナリオを実演するものだったのである．

　これら 3 つの基礎概念を駆使して構成されたアローの社会的選択の理論は，完全競争市場における消費者の合理的選択の理論とパラレルな形式で，合理的な社会的選択のシナリオを描いたものである．すなわち，社会的選択肢の機会集合から行われる選択の背後には，その選択を根拠付ける社会的な評価順序が存在するという限定的な意味で，アローの理論は合理的な社会的選択の理論なのである．

4. アローの社会的合理性への批判：ジェームズ・ブキャナン

　アローが定式化して，衝撃的な一般不可能性定理を樹立する舞台装置として駆使した社会的選択の理論の枠組みに対しては，『社会的選択と個人的評価』の公刊当初から，《新》厚生経済学や公共選択学派の研究者によって，激しい批判が投げかけられてきた．なかでも，社会的選択の背後に社会的価値ないし公共《善》の最適化を想定するアローの社会的合理性の要請に対しては，公共選択学派の総帥であるジェームズ・ブキャナンによって，以下の主旨の

---

4)　バーグソン＝サミュエルソンの社会的評価順序を社会状態の集合 X 上の二項関係 R
　　で表記するとき，バーグソン＝サミュエルソンの社会厚生関数は，任意の社会状態の
　　ペア x, y に対して $xRy \Leftrightarrow f(x) \geq f(y)$ を満足する実数値関数 f として定義される．

第1章　社会的選択の観点からみた《公》《私》問題

批判が提起されている.

　　社会的合理性という概念が導入された事実それ自体が，アローによる社会
　的選択の定式化が基本的な哲学的難点を含んでいることを示唆している．社
　会的集団の属性として合理性や非合理性を要請することは，その集団を構成
　する人びとを離れた有機的な存在意義を，集団に付与することを意味している．
　……目的や価値を持つのは，個人のみだという個人主義の哲学的立場を採用
　する場合には，社会的な合理性や集団的な合理性という問題を提起する余地
　はない．社会的な価値評価などは，端的にいって存在しないからである．あ
　るいは，我々がなんらかの意味で社会有機体説的な哲学的立場を採用して，
　集団はそれに固有な価値順序を持つ独立した存在であると考えるのであれば，
　この存在の合理性や非合理性を検証する正統性を持つ方法は「個人の評価を
　超越した」社会的価値順序を吟味することでしかあり得ない．

　ブキャナンの批判の要諦は単純である．合理性は個人に固有な属性である．
我々が個人主義的な基礎に立って社会的選択の問題を考察する限りは，そこ
で問われるべきはあくまで社会を構成する人びとの合理性である他はない．
個人的評価に足場を求めつつ，しかも社会に対して合理性を要請するアロー
の理論的な枠組みは，個人に対してのみ妥当性を持つ合理性の概念を，社会
に不当に移植したものである——ブキャナンの批判は，この主張に凝縮され
るといってよい[5]．

　この批判に応答して，アローは社会的選択理論の性格を理解するうえで非
常に興味深い考え方を提示している．彼によれば，民主主義はしばしば機能
障害を引き起こすが，なかでも最も深刻な機能障害は民主主義の麻痺現象
——なにもしないことを民主的に決定したわけではないのに，民主的意思決
定プロセスの機能障害によって，社会的な意思決定を行えず麻痺状態に陥っ
てしまう現象——である．この現象を避けるように民主的意思決定プロセス
を設計しようとすれば，我々は社会的選択を合理的に基礎付ける推移的な社
会的評価や，公共《善》の存在を前提せざるを得ないというわけである．

5)　ブキャナンのアロー批判に関しては，本書第2章「《新》《旧》の厚生経済学と社会
　的選択の理論——ポール・サミュエルソン教授との対話」の第5節も参照されたい．

13

第 I 部　福祉と権利

ブキャナンの批判に対する反論を，アローは次のように締め括っている[6].

　社会的選択メカニズムに課された集団的合理性の公理は，個人に対しての
み妥当する合理性の要請を社会に不当に移植したものではない．それは変化
する環境に民主主義的システムが十分に適合できるために必要な，真に重要
な属性として導入された公理なのである．

5. アローの一般不可能性定理

　社会的選択の問題の定式化を巡るブキャナンの批判をこの論法で切り抜け
ても，アローが構想する社会的選択メカニズムの設計可能性を即座に保障で
きるわけではない．アロー自身が示したように，社会的な選択を合理化でき
る社会的価値ないし公共《善》を民主的に形成する可能性を大きく阻む，峻
険な障害が存在するからである．この事実を論証した驚嘆すべき業績こそ，
アローの一般不可能性定理に他ならない．

　アローは，社会的評価の形成ルールに 4 つの要請を公理として課すならば，
これらの公理を全部満足するルールは，論理的に存在不可能であることを論
証した[7]．彼の第一の要請は，社会的評価の形成ルールの定義域にはなんの
制約も課されない——個人的な選好評価のプロファイルは論理的に可能であ
る限り任意のものであってよい——という意味で，ルールが普遍的に適用可
能であることを要求する．彼の第二の要請は，《新》厚生経済学の根幹にあ
るパレート原理が，ルールによって尊重されることを求めている．具体的に
表現すれば，社会構成員が一致して表明する個人的選好評価は，ルールが形

---

6)　Arrow, *Social Choice and Individual Values*, 2nd edn., 1963, p. 120.

7)　この形式のアローの一般不可能性定理は，Arrow, *Social Choice and Individual Values* の増補改訂版（Arrow 1963）の第 II 節で述べられている．第一版で提出された
アローの定理の証明には，論理的なエラーがあることがジュリアン・ブラウ（Blau, J. H.,
"The Existence of Social Welfare Functions," *Econometrica*, Vol. 25, 1957, pp. 302-
313）によって指摘された．増補改訂版はこのエラーを訂正して，修正版の定理を公表
したのである．

成する社会的な評価順序によっても尊重されることを求めるのが，アローの第二の要請なのである．アローが課した第三の要請は，社会的選択肢のあるペアに対して社会的な選好評価を形成するためには，そのペアに対する個人的な選好評価に関する情報だけを獲得すれば十分であって，このペア以外の選択肢が個人的選好評価に占める位置に関する追加的な情報を得る必要はないという公理である．この公理の要請内容は，社会的評価の形成ルールが情報的な効率性を満足することだと理解することができる[8]．彼の第四の要請は，ある特定個人の選好が社会的な評価を決定するという意味で独裁的なルールであることを排除する条件である．社会的評価の形成ルールに対して，その定義域の広範性，パレート原理の遵守，情報的効率性及びその非独裁性を求めるアローの公理は，個別的には反論の余地がない程に説得的な内容を持つものであるように思われる．だが，これらの要請を全部満足するルールは，実のところ論理的に存在不可能なのである[9]．

アローの一般不可能性定理に対しては，投票の逆説（paradox of voting）を一般化した命題であるといわれることがある[10]．この表現は誤解を招く可能性が大きいうえに，アローの定理がどういう意味で《一般》不可能性定理なのかという点を誤って伝える危険性もある．そこでアローの定理の性格を明瞭にするために，2人の個人と3つの選択肢 x, y, z のみを含む最小サイズの

---

8) 選択肢のペア $\{x, y\}$ の社会的な優劣を民主的に判断しようとすれば，社会を構成する人びとが x と y のいずれを他方より選好するかを知るということが，最小限に必要な情報である．アローの第三の公理は，この意味で最小限の要請さえ満足されれば，選択肢 x, y の社会的な優劣を判断する情報的基礎として，それだけで十分だという要請なのである．

9) 本章では，アローの一般不可能性定理の詳細な証明には立ち入らない．興味を持つ読者には，著者の『厚生経済学の基礎——合理的選択と社会的評価』岩波書店，2009年，『社会的選択の理論・序説』東洋経済新報社，2012年，*Choice, Preferences, and Procedures: A Rational Choice Theoretic Approach*, Cambridge, Mass.: Harvard University Press, 2016 などの該当箇所を参照していただきたい．

10) 投票の逆説とは，3つ以上の選択肢に対して3人以上の個人が投票する状況で，個々の投票者は全く矛盾がない選好を誠実に反映する投票行動をとる場合でも，《単純多数決ルール》（simple majority decision rule）で個人的選好を集約した結果として，社会的には選好サイクルが発生してしまうという変則的な状況を示している．その発見者の名前を冠して《コンドルセ・サイクル》とも呼ばれるこの事例の詳細を必要とされる読者には，本書第9章の第4節を参照していただきたい．

第Ⅰ部　福祉と権利

社会に即して，この定理の意味を簡潔に説明しておきたい．問題をさらに単純化するために，どの個人も選択肢に対して無差別という評価を表明することはないことを仮定する．そのとき，選択肢の集合 $\{x, y, z\}$ に対して論理的に可能な評価の可能性は，

$$\alpha: x, y, z \quad \beta: x, z, y \quad \gamma: y, x, z \quad \delta: y, z, x \quad \varepsilon: z, x, y \quad \zeta: z, y, x$$

という6通りで尽くされる．アローの定義域の広範性の要請によって，2人の個人はこれら6通りの評価のいずれをも表明できるから，この社会で実現可能な個人的評価プロファイルの総数は $6 \times 6 = 36$ 通りある．社会的な評価の形成ルールは，これらの36通りのプロファイルのそれぞれに，6通りの社会的選好評価のどれかを対応させるプロセスないしルールである．そこで，最小サイズの社会においてさえ，先験的に構想可能な社会的評価の形成ルールの総数は6の36乗個だけ存在することになる．これは有限ではあるが膨大な数であり，アボガドロ定数を遥かに超えている．考えつく限りで可能なルールを悉皆的に検討して，その適格性を確認する各個撃破的な手法で適格なルールを発見する企ては，殆ど望みがないという他はない．そのためアローは的確なルールを特徴付ける一群の公理を導入して，あらゆるルールを一挙に検討の舞台にあげる公理主義的な方法を，経済理論の歴史上，初めて適用した．アローの一般不可能性定理は，彼が列挙した4つの要請を満足するルールは 6^{36} 個のルールのなかに決して存在しないことを証明して，《新》厚生経済学のシナリオに深刻な疑問を突き付けた．この定理が持つ意味と意義は，投票の逆理とは全く比較にならない地平にあるといわざるを得ないのである．

6. 個人の自由の尊重と公共《善》の効率的な達成可能性

アローの一般不可能性定理が提起した問題に対しては，二種類の対処方法が考えられる．第一の方法は，アローによる社会的選択の問題の定式化を基本的に承認したうえで，彼が要請した個々の公理の意味と意義を再検討して，

第1章 社会的選択の観点からみた《公》《私》問題

公理間の論理的な対立関係を解消する措置を模索する方法である．アローの研究に触発されて誕生した社会的選択の理論に関する膨大な研究の大宗は，この経路を辿って行われてきたといって過言ではない．第二の方法は，アローの定式化それ自体を問題視して，公共的な意思決定に委ねられるべき問題領域と個人の自律的・自己責任的な選択に委ねられるべき問題領域を峻別して，社会的選択の新たなシナリオを模索する方法である．これらの対処方法を意識しつつ，《公》《私》問題の観点からアローの社会的選択の理論を再検討する際に回避できない問題を本節で論じておくことにする．個人の自由主義的権利の社会的尊重と公共《善》の効率的な達成可能性の間の緊張関係を指摘して，学界に大きな波紋を広げたアマルティア・センのパレート派リベラルの不可能性定理がそれである．

議論のひとつの契機として，アローが一般不可能性定理を最初に学会で公表した際の興味深いエピソードを紹介しておきたい．論争好きの政治経済学者，デーヴィッド・マッコード・ライトは，ローレンス・クラインが座長を務めたエコノメトリック・ソサイエティのセッションでアローが一般不可能性定理を公表した際に，アローの公理群には社会的選択の基本的価値として個人の自由の社会的尊重が含まれないことを理由に激しい異論を唱えて席を蹴り，廊下でクラインとアローはコミュニストだと叫んでいたというのである[11]．

形式的にいえば，アローの両立不可能な公理群に個人的自由の社会的尊重を公理として追加すれば，拡大された公理群はさらに矛盾の程度を深めるだけである．その意味ではライトの批判はやや的外れの感もあるのだが，社会的選択の理論の概念的枠組みのなかで，個人的自由の社会的尊重という価値に正確な表現を与えて，他の社会的価値との論理的な整合性を検討する可能性を開いたのは，ライトの批判の後20年を経て1970年に公刊されたアマルティア・センの論文 "The Impossibility of a Paretian Liberal" (Sen 1970a)だったのである．

センが提起した問題は，個人の最小限度の自由を社会的に尊重する自由主

---

11) このエピソードは，Arrow, Sen, and Suzumura (2011, Chapter 13) に収録された "An Interview with Kenneth J. Arrow" のなかで語られている．

第I部　福祉と権利

義の要請と，民主主義の最小限の要請と看做されるパレート原理を同時に満
足する社会的選択ルールの論理的な存在不可能性の問題，すなわち，自由主
義と民主主義の両立不可能性の問題だった．この論脈で決定的に重要な事実
は，センの不可能性定理は，アローの一般不可能性定理の推進機構として重
要な機能を担った社会的合理性の公理と情報的効率性の公理（無関係対象か
らの独立性の公理）のいずれとも，全く無関係であることである．この事実は，
社会的選択の理論の基本定理であるアローとセンの不可能性定理は論理的に
完全に独立な命題であって，社会的選択ルールの構成可能性に関して異なる
視点から問題の所在を示すという意味で，補完的な役割を果たしていること
を教えている．

7. 帰結主義的な観点と非帰結主義的な観点

《新》厚生経済学は，経済の制度や政策の《善》《悪》の判断を序数的効用
というフィルターを通過する情報のみに依存させるという意味で，厚生主義
的帰結主義［略称：《厚生主義》(welfarism)］の情報的基礎に立脚していた．
1930 年代のロビンズの批判によって挫折した《旧》厚生経済学の欠陥を克
服する試みとして登場した《新》厚生経済学だが，厚生判断の情報的基礎に
関しては，厚生経済学の《新》と《旧》は厚生主義という重要な共通点を保
持していたのである．《新》厚生経済学の柱とされた社会厚生関数の概念の
検討から出発して，《新》厚生経済学の基礎に対する本質的な批判として一
般不可能性定理に到達したアローの社会的選択の理論も，やはり厚生主義の
情報的基礎を踏襲していたことに注意したい[12]．
　経済学の歴史を遡ってみて，伝統的な経済学は基本的に制度や政策の帰結
の《善》《悪》から遡及して，制度や政策の《善》《悪》を判断するという点
で，《帰結主義》(consequentialism) に基礎を据えてきたことはほぼ間違いな
い事実である．アローによれば「経済政策にせよ，その他のいかなる社会政

---

12)　アロー理論の情報的基礎が厚生主義の残滓を依然として留めていることに関して，
　　詳しくは Sen (1979) を参照していただきたい．

策にせよ，社会や経済を構成する多数で多様な人びとに，なんらかの帰結を
もたらさざるを得ない．アダム・スミス以前の時代はさておいて，彼以降の
事実上すべての経済政策論において，代替的な経済政策に関する判断は，人
びとに対する政策の帰結に依拠して行われるべきであることが当然視されて
きた」(Arrow 1987)．制度や政策の是非に関する判断をその帰結に専ら依拠
させる帰結主義は，確かに極端な考え方である．だが，制度や政策の是非に
関する判断に際して，帰結をおしなべて無視する考え方は，さらに非現実的
な極論である[13]．制度や政策の《善》《悪》を判断する際には，帰結主義的
な観点を重要な観測拠点のひとつとして承認したうえで，この観測拠点に固
有の偏りを《非帰結主義》(non-consequentialism) 的な観測拠点を補完的に導
入することこそ，規範的判断の観測拠点の的確な選択方法であるように思わ
れる．

　《新》厚生経済学と社会的選択の理論の場合には，制度や政策の《善》《悪》
に関する判断は帰結主義よりさらに限定的な厚生主義の情報的基礎に立脚し
ている．この事実に根差す規範的経済学の貧困に対処する道筋として，帰結
主義を越えて規範的経済学の情報的基礎を広げる試みを，以下では検討する
ことにしたい．

　《非》帰結主義というと，いかにも帰結の意義の重要性を否定する考え方
であるような印象を与えがちだが，我々が非帰結主義的観点を導入して帰結
主義的観点を補完する目的は，帰結主義を完全に退けてそれにとって替わる
考え方を確立するためではないことを，予め強調しておきたい．我々が，最
終的な帰結だけではなくその背後に存在している選択《機会》(opportunities)
や帰結に導く選択の《手続き》(procedures) に注目する理由は，これらの《非》
帰結主義的な情報が，制度や政策の《善》《悪》に関する社会的判断を整合
化するうえで重要性を持つことを，わかりやすく例示したいからに他ならな
い．

　まず，選択の《機会集合》(opportunity set) が与えられたとき，その集合
のなかから最終的に選択された選択肢のみならず，選択されなかった選択肢

---

　13)　この極端な考え方の典型的な一例は，《義務論》的なアプローチと呼ばれている．

第Ⅰ部 福祉と権利

をも含めて機会集合の全貌に関する情報を得ることが評価の観点から重要性を持つ状況は，数多く存在している．センが『福祉の経済学——財と潜在能力』（Sen 1985）で指摘した例を引用すれば，飢饉の過中で食料を得る手段がないままに選択の余地なく生命を断たれる状況と，生命を維持できる食料と水を提供されても，抑圧的な政治体制への抗議の意思を鮮明にするために，あえて断食を敢行して尊厳死を選択する状況では，いずれも餓死という悲惨な帰結に帰着するにせよ，社会的評価においては——実際には個人的評価においても——大きな差があることは明らかである．帰結に専ら注目する情報的基礎に依拠する場合には，この重要な差異を的確に捉えて社会的評価に反映するチャンネルを，予め放棄していることになる．また，最終的な帰結を実現する社会的な選択手続きに，有利な帰結をもたらす手段的価値（instrumental value）を越えて，内在的な価値（intrinsic value）も認めるべき状況が数多くある．この考え方は決して特異なものでも奇矯なものでもない．例えばジョセフ・シュンペーターは『資本主義・社会主義・民主主義』（Schumpeter 1942）で，次のような警句を吐いたことがある．

　　信念を持つ社会主義者ならば，社会主義社会に生きるという事実それ自体から内在的な満足を引き出すかもしれない．彼らにとっては社会主義社会のパンは，それが社会主義社会の竈で焼かれたパンであるという理由だけで，資本主義社会のパンよりも美味に感じられるかもしれない．たとえそのパンのなかにハツカネズミを発見するにせよ．

　この点は重要なので，重ねてもうひとつ例を挙げておきたい．ある父親が，3人の子供にケーキを公平に分配する状況を考えてみよう．第一の方法は，父親が自らナイフをとってケーキを三等分して子供達に手渡す方法である．第二の方法は，父親がナイフを子供達に渡して，どんな分配が公平であるか相談のうえで切り分けなさいと決定を委ねる方法である．この際，子供達が相談して到達した分配がやはり三等分であれば，帰結に専ら注目する観察者にとって，2つの分配方法にはなんの差異もないことになる．だが，第一の方法は子供達が分配方法の決定に発言する権利を全く認めていないが，第二

第1章　社会的選択の観点からみた《公》《私》問題

の方法では，この権利が完全に認められている．この重要な差異を見逃すことになる情報的な枠組みは，社会的な評価の観点から，重要な欠陥を内蔵しているというべきである[14].

　次に，選択手続きの重要性を考慮して社会的選択の理論的枠組みを検討するうえで見逃せない概念的な区別は，ジョン・ロールズの『正義論』（Rawls 1971）が導入した《完全な手続き的正義》（perfect procedural justice）と《純粋な手続き的正義》（pure procedural justice）の区別である．

　完全な手続き的正義論は，帰結の空間で先験的に定義される《帰結道徳律》（outcome morality）から出発して，その道徳律が正義に適うと判定する帰結を実現する機能を備える選択手続きこそ，正義に適った選択手続きであると認める考え方である．この考え方の特徴付けとしては，帰結道徳の手続き的正義に対する優先性と表現すればよい．この考え方が正義に適うと認める選択手続きには，帰結に関する道徳律を実現する《手段》あるいは《道具》として，副次的な位置付けしか認められていないことを強調しておきたい．

　対照的に，純粋な手続き的正義論は，帰結の空間で定義される帰結道徳律を先験的に前提しない．この考え方を特徴付けるためには，完全な手続き的正義論の場合とは推論の方向を完全に逆転させて，手続き的正義の帰結道徳に対する優先性という表現を用いるのが適切である．このように，ある手続き的正義の先験的な基準に適う選択手続きを適用して得られる帰結は，なんらかの帰結道徳律を満足するか否かとは独立に正義に適う帰結であると認める考え方こそ，純粋な手続き的正義論なのである．

　伝統的な厚生経済学と社会的選択の理論は，資源配分の帰結の空間において《パレート効率性》や《羨望のない状態としての衡平性》など，社会的な合意が比較的成立しやすい帰結道徳律を先験的に導入して，競争的価格メカニズムなど社会的な選択手続きの性能を，所与の帰結道徳律を満足できるかどうかを判定基準として判断するという論理構造を持っている．この意味で，伝統的な規範的経済学は，完全な手続き的正義論の立場に依拠して，帰結と手続きとの関係を理解してきたといってよい．厚生主義は，完全な手続き的

14）　この例は Suzumura（1999a）が導入したものである．

第 I 部　福祉と権利

正義論の観点に立つ理論構造に適合的な情報的基礎を提供してきたのである．
これに対して純粋な手続き的正義論は，伝統的な規範的経済学には殆ど前例
がないといって過言ではない．実際，厚生主義という伝統的な規範的経済学
の情報的基礎は，純粋な手続き的正義論の観点に立った経済分析を展開する
余地を，先験的に排除してきたといってよいように思われる．

　完全な手続き的正義論と純粋な手続き的正義論の概念的な対照については，
これまでの議論でとりあえず十分明らかにされたものと思われる．次の課題
は，帰結と選択手続きの両者の価値を考慮できる分析的な枠組みを構成する
ことである．この課題に取り組むための有効な手掛かりはアローの『社会的
選択と個人的評価』初版最終章に配置された以下の一節に求められる[15]．

　　社会状態を定義する変数には，社会の選択を媒介する手続きそれ自体が含
　まれている．この変数は，社会を構成する人びとが選択のメカニズムそれ自
　体に価値を認める場合にはとりわけ重要である．例えば，ある個人は，ある
　分配が自由な市場メカニズムに媒介されて実現されることに対して，同一の
　分配が政府の配給によって実現されることと比較して，積極的な選好を持つ
　かもしれない．決定手続きを広義に理解して，社会的決定が行われる社会・
　心理学的な環境をすべて包含させる場合には，財の分配に関する選好と比較
　して広義の選好の現実性とその重要性は明らかである．

　アローの示唆を生かして選択手続きそれ自体に内在的価値を認める考え方
を定式化するため，社会状態の記述を拡充して社会的な選択手続きの記述を
追加することにしよう．まず，x は狭義の社会状態の記述，θ は狭義の社会
状態を選択する手続きの記述であるとする．そのとき (x, θ) という順序対
を広義の社会状態と呼び，「社会的な選択手続き θ によって狭義の社会状態
x が達成される状態」と解釈することにする．拡張された社会状態のうえで
定義される個人 i の選好順序を $\mathcal{R}_i$ とするとき，狭義の社会状態 x, y と，社
会的選択手続き θ, κ に対して，二項関係 $(x, \theta)\mathcal{R}_i(y, \kappa)$ が成立するのは，「個

15)　Arrow (1951), Chapter VII, Section 6.

22

人 i の判断によれば，狭義の社会状態 x が選択手続き θ に媒介されて実現する状況は，狭義の社会状態 y が選択手続き κ に媒介されて実現する状況と比較して，少なくとも同程度に望ましい」場合であるものと定義する．

　社会状態の解釈をこのように修正する場合には，従来の社会的選択の理論をそのまま機械的に適用することは不可能となって，拡張された社会状態の選択に関する理論は，新たな建設作業を必要とすることになる．社会状態の記述を広義に改めて，狭義の選択手続きを狭義の社会状態の記述に加える構想は確かに卓抜で巧妙だが，この改訂された記述方法によって選択手続きの内在的価値への考慮を伝統的な理論に吸収しようとするプランは，実行不可能だというべきなのである．

　この事実を明確にするためには，《実行可能性》(feasibility) という初等的な概念を，伝統的理論と新しい理論がどう表現するか考えてみさえすればよい．議論を具体化するために，以下では選択手続きを《ゲーム形式》(game form) によって表現することにする．ある社会 $N := \{1, 2, \cdots, n\}$ におけるゲーム形式とは順序対 $\theta := (\mathbf{M}, g_\theta)$, $\mathbf{M} := M_1 \times M_2 \times \cdots \times M_n$ を意味している．M_k はプレーヤー k の《戦略集合》(strategy set) [プレーヤー間の戦略的相互関係において，k が合法的に選択できる戦略の可能性集合]，$\mathbf{M}$ は戦略プロファイルの集合，g_θ は実現可能な帰結の集合を S とするとき，戦略プロファイル $\mathbf{m}$ $:= (m_1, m_2, \cdots, m_n)$ が採用された場合，戦略的な相互作用の結果として実現される社会的な帰結 $g_\theta(\mathbf{m}) \in S$ を指定する《帰結関数》(outcome function) である．

　さて，伝統的理論の場合，実行可能性の概念は単純である．狭義の社会状態 x が実行可能であるのは，社会的選択肢の実現可能集合 $S \subseteq X$ に対して，条件 $x \in S$ が成立する場合である．これとは対照的に，新たな理論で選択肢の実行可能性を定義するためには，伝統的理論では要求されない情報が必要とされることになる．この事実を確認するために，狭義の社会状態に対して定義される個人的な選好順序のプロファイルを $\mathbf{Q} = (Q_1, Q_2, \cdots, Q_n)$，この社会で支配的な均衡概念を ε とするとき，非協力ゲーム $(\theta, \mathbf{Q})$ の均衡戦略プロファイルの集合を $\varepsilon(\theta, \mathbf{Q})$ で表記する．そのとき，広義の社会状態 (x, θ) が実行可能であるのは，$x \in g_\theta(\varepsilon(\theta, \mathbf{Q}))$ が成立するときである．すなわち，

第 I 部　福祉と権利

ゲーム $(\theta, \mathbf{Q})$ の均衡戦略プロファイル $\sigma \in \mathcal{E}(\theta, \mathbf{Q})$ が存在して，x を均衡帰結 $g_\theta(\sigma)$ として表現することができるときのみである．このことは，拡張された社会状態の実行可能性を確認するためには，伝統的理論とは異なって，狭義の社会状態に対する個人的な選好順序のプロファイル $\mathbf{Q}$ と非協力ゲームの均衡概念 $\mathcal{E}$ が必要とされることを意味している．新しい酒を収納するためには，やはり新しい革袋が必要とされるというべきなのである．

8.　公共《善》への代替的なアプローチを求めて

　前節で導入した概念的枠組みを活用して，《選択手続きの社会的選択》と社会状態の機会集合からの《帰結の社会的選択》を，二段階の社会的選択の仕組みとして新たに構想したい．この構想の第一段階は，社会の選択手続きの《制定段階》（constitutional stage）であって，社会の構成メンバーが他のメンバーとの競争と協調に際して，合法的・合理的に選択できる戦略の集合と，彼らが選択した戦略の社会的帰結を記述する帰結関数のペアとして定義されるゲーム形式を，社会的に選択する段階である．この構想の第二段階は，前段階で選択される社会的な選択手続き＝ゲーム形式と，事後的に顕示される狭義の社会状態上の選好順序のプロファイルのペアによって定義されるゲームが分権的にプレーされて，社会状態が帰結する《実装段階》（implementation stage）である．ゲーム形式の社会的選択が帰結の実装に先行する仕組みは，どんなスポーツ・ゲームや室内ゲームでも，ゲームのプレーに先行して競技のルールが事前に合意されている必要があることを思えば，至極当然な定式化であるように思われる．

　二段階の社会的選択に際してルールの制定段階と実装段階を連結する具体的な方法としては，以下の 2 つの代替的なシナリオが考えられる．

　シナリオ A の要諦は，第一段階の決定を行う場合に，将来の第二段階において前段階の事前的な意思決定を事後的に悔いることがないように，慎重な配慮をつくして行動するという想定にある．この想定を表現するために，第一段階で選択可能なゲーム形式全体の集合を Θ と表記する．また，議論

第1章 社会的選択の観点からみた《公》《私》問題

の複雑化を避けるために，狭義の社会状態の機会集合 $S \subseteq X$ を固定して，記号の節約のために $S = X$ と書くことにする．さらに，ゲーム形式 $\theta \in \Theta$ が制定段階で事前に選択され，狭義の社会状態の集合 X 上の選好のプロファイル $\mathbf{Q} = (Q_1, Q_2, \cdots, Q_n)$ が実装段階で顕示されるとき，ゲーム $(\theta, \mathbf{Q})$ の均衡帰結の集合は $g_\theta(\mathcal{E}(\theta, \mathbf{Q}))$ となる．ルールの制定段階で $\theta \in \Theta$ をとれば，ルールの実装段階で実現されると予期すべき帰結の可能性は，この集合に含まれる社会状態で与えられる．この仕組みを読み込むとき，ルールの制定段階における社会的選択を定式化する方法が，自然に浮上してくる．

　まず，拡張された社会状態の集合 $X \times \Theta$ 上で定義される拡張された選好順序のプロファイル $\boldsymbol{\mathcal{R}} = (\mathcal{R}_1, \mathcal{R}_2, \cdots, \mathcal{R}_n)$ と任意に指定されたゲーム形式 $\theta \in \Theta$ に対応する選好順序のプロファイル $\mathbb{Q}^{\boldsymbol{\mathcal{R}}}(\theta) = (Q_1^{\boldsymbol{\mathcal{R}}}(\theta), Q_2^{\boldsymbol{\mathcal{R}}}(\theta), \cdots, Q_n^{\boldsymbol{\mathcal{R}}}(\theta))$ を，

$$(\forall i \in N)(\forall x, y \in X) : \{ x Q_i^{\boldsymbol{\mathcal{R}}}(\theta) y \Leftrightarrow (x, \theta) \mathcal{R}_i (y, \theta) \}$$

によって定義する．そのときゲーム $(\theta, \mathbb{Q}^{\boldsymbol{\mathcal{R}}}(\theta))$ を分権的にプレーした結果の均衡帰結の集合は，$g(\mathcal{E}(\theta, \mathbb{Q}^{\boldsymbol{\mathcal{R}}}(\theta)))$ で与えられる．ルールの制定段階でゲーム形式 $\theta \in \Theta$ が選択された場合に，実装段階でその実現を予期すべき帰結の可能性は，まさにこの均衡帰結の集合 $g_\theta(\mathcal{E}(\theta, \mathbb{Q}^{\boldsymbol{\mathcal{R}}}(\theta)))$ である．この展望を読み込んで第一段階で行われる社会的な選択は，拡張された選好順序のプロファイル $\boldsymbol{\mathcal{R}} = (\mathcal{R}_1, \mathcal{R}_2, \cdots, \mathcal{R}_n)$ を社会的に集計して構成される社会的選好順序を $\mathcal{R} = f(\boldsymbol{\mathcal{R}})$ とするとき，

(a) $x^* \in g_{\theta^*}(\mathcal{E}(\theta^*, \mathbb{Q}^{\boldsymbol{\mathcal{R}}}(\theta^*)))$

(b) $[\forall x \in g_\theta(\mathcal{E}(\theta, \mathbb{Q}^{\boldsymbol{\mathcal{R}}}(\theta)))] : (x^*, \theta^*) \mathcal{R}(x, \theta)$

を満足する $(x^*, \theta^*) \in X \times \Theta$ によって与えられる[16]．

---

16) 　ルールの制定段階で社会的に選択されるゲーム形式と，顕示された（狭義の）個人的選好順序のプロファイルが相まって定めるゲームの均衡帰結を読み込んで，二段階で決定される社会的選択の概念は，多段階ゲームの《サブゲーム完全均衡》の考え方を当面の論脈で活用したものに他ならない．完全均衡という表現は，規範的な意味で《善》なる均衡というニュアンスを伝えかねないが，この概念それ自体には格別の規範的な意味はないことに注意すべきである．

25

第 I 部　福祉と権利

　このシナリオ A の社会的選択メカニズムは，完全な手続き的正義と純粋な手続き的正義の概念を参照標準とするとき，どのような特徴を持つ構想なのだろうか．狭義の帰結に対する特定の帰結道徳律を前提しないという意味で，シナリオ A の社会的選択メカニズムそれ自体として完全な手続き的正義論の担い手を意図しているわけではない．しかし，ゲーム形式の許容クラス Θ^{ad} 及び拡張された選好順序のプロファイルの許容クラス $\mathbb{R}^{ad}$ を適切に特定化して，実装段階の均衡帰結として実現される帰結が先験的な帰結道徳律——《パレート効率性》とか《無羨望衡平性》など——を満足するように，拡張された選好プロファイルの集計ルールを設計するという問題設定は，十分有意義なリサーチ・プログラムであるように思われる．

　純粋な手続き的正義論に目を転じると，その決定的な特徴は手続き的正義の帰結道徳に対する優先性だった．この立場に依拠する限り，正義に適った選択手続きを定義するために選択手続きが達成する帰結の善悪から遡ってその手続きの善悪を判定する論理的な手順は，純粋な手続き的正義論とは基本的な発想を異にしている．振り返ってみると，純粋に手続き的な正義論に貢献したロールズの『正義論』（Rawls 1971）が，社会的選択手続きを決定する虚構の契約の場を帰結に関する厚生情報の利用を遮断する《無知のヴェール》で包んだのは，まさにこの理由からだった．もし仮に，社会的な決定手続きを適用して得られる帰結を合理的に推定できる情報が人びとの掌中にあれば，人びとはその手続きから誕生する社会状態が自分に有利になるように，社会的な選択手続きの制定段階を戦略的に操作する機会及び誘因を与えられることになる．ロールズの無知のヴェールとは，人びとが自己利益の追求の観点からではなく，選択手続きに備わる内在的な価値を《不偏的》（impartial）に評価する観点から社会的な決定プロセスに参加するように，人びとを促す理論的な虚構だったのである．ともすれば非現実的・空想的と非難されがちな構想だが，無知のヴェールに覆われた原初状態というロールズ的な契約の場は，人びとが公正なルールの選択に参加する条件を表現する巧妙なレトリックだったのである．この主旨の分析——シナリオ B——の素描を以下で試みたい．

　このシナリオの分析的な特徴は，各個人 $i \in N$ が二種類の選好を持つと

前提することである．第一の選好は，社会状態の集合 X 上で個人が表明する《主観的選好》（subjective preference）Q_i であって，彼／彼女が任意の x, y $\in X$ に対して表明する主観的な評価を示している．Q_i は X 上の二項関係であって，標準的な順序の公理（完備性・反射性・推移性）を満足するものと仮定する．各個人が表明する主観的選好のプロファイルは，$\mathbf{Q} = (Q_1, Q_2, \cdots, Q_n)$ と表記される．第二の選好は，各個人が社会的な選択手続き（ゲーム形式）の公正性を——彼／彼女の主観的満足の観点からではなく——《不偏的》（unbiased）な観点に立脚して評価する《倫理的選好》（ethical preference）R_i である．倫理的選好は複雑な関数概念である．この関数 R_i の定義域は主観的選好プロファイル $\mathbf{Q}$ の集合 $\boldsymbol{Q}$ であり，その値域は社会的な選択手続き（ゲーム形式）の集合 $\boldsymbol{\Theta}$ 上で定義される二項関係の集合である．すなわち，任意の主観的選好プロファイル $\mathbf{Q} \in \boldsymbol{Q}$ に対応する倫理的選好 $R_i(\mathbf{Q}) \subseteq \boldsymbol{\Theta} \times \boldsymbol{\Theta}$ は，

$(\forall \theta, \pi \in \boldsymbol{\Theta}) : \theta R_i(\mathbf{Q}) \pi \Leftrightarrow$ 個人 i の倫理的判断によれば，社会的な選択手続き θ は，社会的選択手続き π と比較して，少なくとも同程度に公正な手続きである

ことを意味するのである．

　同じ個人の真正な選好ではあっても，主観的選好と倫理的選好はその選好を表明する個人の社会的な立場の相違——「彼／彼女のあるがままの主観的・客観的な立場」versus「想像上の境遇の交換を梃子として自覚的に獲得した不偏的な立場」——と選好が定義される基礎的空間の相違——「社会状態を記述する空間」versus「社会的選択手続きを記述する空間」——に照らして，顕著な差異を持っている．さらに，主観的な選好は単に状態空間上の二項関係として記述されているが，倫理的選好は関数概念を用いて記述されている．その理由は詳しく説明する必要がある．その理由は，二段階の社会的選択モデルの第一段階と第二段階を遮断する無知のヴェールという理論的な虚構の性質に，深く根差している．重複を厭わず繰り返せば，社会的選択手続きが純粋な手続き的正義の要請を満たすためには，この手続き的ルールを適用し

第I部　福祉と権利

て実現される帰結を事前に推論して個人がルールの性能を利己的に偏奇させる余地を排除するために，ルールの実装段階で事後的に顕示される主観的選好が未だ不分明な契約の場でルールを選択する仕組みが必要である．そのため，手続き的ルールの選択段階では，実装段階でゲームがプレーされる動機を提供する主観的選好プロファイルを予知する方法は存在せず，可能なプロファイル全体の集合 Q しか知り得ないと考える他はない．そのため，手続き的ルールの選択段階で社会的な適宜判断の情報的基礎となる倫理的選好は，主観的選好の可能なプロファイル全体の集合 Q を定義域とする関数概念として定義される他はないことになる．

　以上の推論を踏まえて，倫理的選好のプロファイル $\mathbf{R} \coloneqq (R_1, R_2, \cdots, R_n)$ を集計して社会的な倫理的選好順序を決定するプロセスを φ とする．関数 φ の定義域は社会を構成する個人が表明する倫理的選好プロファイルの集合であり，その値域は社会的な倫理的選好の集合である．第一段階の仮説的な契約場で選択される社会的な選好 $R \coloneqq \varphi(\mathbf{R})$ は，社会的選択の第二段階で主観的選好のプロファイル $\mathbf{Q} \in Q$ が判明するとき，社会的な倫理的選好 $R(\mathbf{Q})$ に導びかれて，社会的に最善の選択手続き（ゲーム形式） $\theta^*(R(\mathbf{Q}))$ を決定することができる．そのとき，ゲーム $(\theta^*(R(\mathbf{Q})), \mathbf{Q})$ を分権的にプレーすることによって均衡帰結の集合 $g_{\theta^*(R(\mathbf{Q}))}(\mathcal{E}(\theta^*(R(\mathbf{Q})), \mathbf{Q}))$ 内の社会的帰結が実現されることになる．

　このシナリオ B では，第一段階の社会的選択の対象は狭義の社会状態ではなく，社会的な倫理的選好順序である．第二段階で実現される社会状態は，第一段階で選択された社会的な倫理的選好順序が，第二段階で判明する主観的選好プロファイルの下で選択するゲーム形式と相俟って定まるゲームを，人びとが自律的にプレーする結果として決まるゲームの均衡帰結である．このシナリオは，社会的な決定に委ねるべき領域と，個人の自律的な選択に委ねるべき領域との関係について，標準的な理論とは異なった展望を開拓する意図で構想されたものである．

　このシナリオに関して最後に補っておくべきひとつの論点が残されている．それは，第二段階で選択されるゲーム形式は $\theta^*(R(\mathbf{Q})) \in \mathbf{\Theta}$ であり，第二段階で顕示される個人の主観的な選好プロファイル $\mathbf{Q} \in Q$ に依存するとい

う事実である．この点に関しては賛否両論の余地がある．特に，どんなゲームのルールも，ゲームの開始以前に合意して決定される制度的枠組みであって，相対的な固定性を持つと考えられるべきだという異論が提起される可能性がある．この異論に対しては，いかなる社会的なルールも，絶対的に固定された桎梏であるわけではなく，人びとが十分な合意に基づいてルールの変更を要望してさえ頑迷にルールの堅持に拘る社会は，民主的な社会であるとは認め難いという反論の余地がある．このような賛否両論をどのように裁定すべきかという論点も含めて，シナリオ B——あるいは純粋な手続き的正義論の代替的なシナリオ——をさらに検討すべき必要性は高いと著者は考えている．

9. フェア・プレーの義務とフェア・ゲームの設計

社会的選択手続きを内生化した社会的選択の理論のシナリオ B は，具体的な経済政策との関わりで，社会的選択の理論の射程を吟味する過程で構想されたものである．この点を 2 つの具体的論脈に即して説明しておくことにしたい．第一の論脈は競争法と競争政策の在り方を問う論脈であり，第二の論脈は国際取引ルールと国際紛争処理メカニズムの公平性の論脈である．

競争法は市場経済における競争秩序にとって基本的に重要なルールの体系である．競争政策はこのルールの体系が市場競争の過程で遵守されることを監視するとともに，違反行為を摘発してその矯正を司る役割を担っている．競争的な市場機構の円滑な機能を支える基本法だけに，競争法は市場経済の歴史と歩みをともにして古い背景を持つかに思われがちながら，殆ど人類の歴史と同じ程度に古い市場経済の歴史と比較して，競争法と競争政策の歴史は非常に浅いのが現実である．競争法の母国アメリカでこそ 100 年以上の歴史を持つものの，戦後占領下の 1947 年に初めて原始独占禁止法［略称：独禁法］が導入された日本では，せいぜい 70 年程度の歴史しかない．そのうえ経済のグローバル化が進行する状況を背景に競争の法と政策を国際的に整合化する可能性が議論されているが，この要請は国際取引の枠組みを定めてい

第Ⅰ部　福祉と権利

るGATT／WTO協定の基本原則——最恵国待遇原則と内国民待遇原則
——とは明らかに異質な要請である．競争ルールの整合化の根拠と方法に関
してはGATT／WTO協定に則る自然な解答は存在しないのである．こう
して，競争法は万古不易の公平な競争ルールが自然に制度化されたものでは
なく，競争の実態や展開を踏まえて意識的に設計して実装される制度的枠組
みであり，熟慮的に選択されるべきルールの体系なのである．競争ルールを
社会的に選択する際には，そのルールが自己に有利に設計されるように社会
的選択手続きを戦略的に操作する誘因が確かに存在するだけに，競争ルール
の公正性を確保することは，競争ゲームの制度としての安定性にとって死活
の重要性を持っている．

　フリードリッヒ・ハイエク（Hayek 1976）は，「政府に求められる公共《善》
のなかで最も重要な《善》はなんらか特定のニーズを直接的に充足すること
ではなく，個人の小集団が各自のニーズを相互に充足しあうのに適した機会
を持てるように的確な前提条件を整備することである」と説いたことがある．
我々の理解によれば，競争法と競争政策は，まさに公平で自由な競争環境と
いう公共《善》の提供によって，私的な経済主体が個々人の目標を自律的に
追求する機会を公平・透明に保証する制度と政策に他ならない．競争法を巡
る制度設計と選択の問題は，社会的選択の理論の新たなシナリオBのひと
つの具体的な例示となっているのである．

　我々の論点の第二の例示としては，GATT／WTOレジーム下の多国間
貿易システムをひとつの経済的ゲームとして考察することにする．このゲー
ムのプレーヤーは多国間貿易に参加する協定加盟国であり，このゲームのル
ールは国際取引と紛争解決のGATT／WTOルールである．あらゆるゲー
ムの場合と同様に，このゲームのルールもゲームの開始以前にプレーヤーの
事前の合意に基づいて決定されて，その遵守が予め約束されている．また，
あらゆるゲームの場合と同様に，このゲームがルールにしたがってプレーさ
れる結果として，プレーヤーの間で勝者と敗者が事後的に決定されることに
なる．この段階で，ゲームの公正性を問う二種類の異なる視点が存在する．

　第一の視点は，ゲームの開始以前に合意されたルールの厳格な遵守を要求
する《フェア・プレーの義務》の視点である．この意味の公正性の維持は，

30

第1章　社会的選択の観点からみた《公》《私》問題

同じプレーヤーの間でゲームが安定的に繰り返されるために必要な条件である.

　第二の視点は, ゲームのルールがそもそも公正に設計されていたかという《フェア・ゲームの設計》の視点である. ゲームが開始される以前にルールに関する合意が形成されていて, その遵守が約束されていたにせよ, ルールに関する合意形成の過程は往々にして時間的な制約と不完備な情報のもとで進行せざるを得ないため, ルールの不備が事後的に判明する可能性があることは, 一概には否定できない. それだけに, ゲームがプレーされた結果に照らしてルールに対する異議申し立てがなされた場合には, フェア・プレーの義務の視点のみに固執して, 約束違反を責める頑なな姿勢をとるべきではない. 異議申し立てに到った経緯と, ゲームがプレーされた結果を客観的に分析して, 建設的な紛争処理に活用する柔軟性も, 制度が持続的に機能するために必要である. ゲームのプレーを客観的に分析して, その結果をルールの公正性を再検討する手続きにフィードバックする作業は, 国際取引と紛争処理手続きの公正性を担保するための活動の一翼であり, GATT ／ WTO 体制の制度的な安定性にとって重要な意義を担っている.

　この点をさらに追求するため, ゲームがプレーされた結果を不満として, あるプレーヤーからルールに対する異議申し立てがなされる状況を, 詳しく検討してみたい. このプレーヤーの敗北が彼／彼女の責任に帰すべき失敗に起因していて, 他のどのプレーヤーも事前に合意されたルールを逸脱して, 彼／彼女を搾取する行動をとっていなければ, ルールへの異議申し立ては自らの失敗の責任をゲームの設計方法に転嫁するアンフェアな行動であるに過ぎず, その要求に応えてルールを修正する必要は全くない. これに対して, プレーヤーの敗北の原因が他のプレーヤーのルールを逸脱した行動に基づくことが判明した場合, この異議申し立てに対する正統な対応は, ルールを逸脱して搾取的な行動をとったプレーヤーにペナルティを科して, 搾取されたプレーヤーに補償を支払うことである. 最後に, このプレーヤーの敗北が彼／彼女に責任を問うべき根拠が全くないハンディキャップに対して当然払われるべき正当な配慮がルールの設計段階で欠如していたことに起因する場合には, この事実を教訓としてルールを改善して, ゲームのルールをフェアに

第 I 部　福祉と権利

再設計すべき正統な理由があることになる.

　GATT ／ WTO レジームとは,　国際取引のルールの体系を加盟国間の事前の合意に基づいて設計して,　そのゲームに従う競争の均衡で国際取引を実行するが,　事前に合意されたルールがフェア・ゲームの制度的枠組みとして適切に機能しないことが事後的に判明する場合には,　事前の合意を見直す新たな交渉を開始する仕組みである.　この意味で GATT ／ WTO レジームは,　社会的選択の理論の新たなシナリオ B の第二の具体的な例示となっている.

10.　不可能性を可能性に切り替える転轍機としての個人の役割

　最後に,　社会的選択の理論において解かれるべき問題の所在を示す機能を担ってきた一般不可能性定理の解消方法について,　ひとつのコメントを述べてこの発題を閉じたい.

　この発題では,　民主主義的・情報節約的な評価形成ルールに関するアローの一般不可能性定理と,　民主主義と自由主義のインターフェイス・メカニズムに関するセンの一般不可能性定理（パレート派リベラルの不可能性定理）に言及した.　その他の点では多くの相違がある 2 つの不可能性定理だが,　2 つの重要な点では完全に軌を一にしている.　第一に,　両定理はいずれも社会構成員を全く対称的に取り扱っていて,　個人の間にはなんらの個性の差異もないことが前提されている.　第二に,　両定理はともに社会構成員が自律的に形成する選好と彼／彼女が社会的選択の情報的基礎として考慮されることを要求する選好を,　概念的に区別していない.　本節で著者が指摘したい点は,　個人の異質性――社会的選択に対する態度に現れるひとの個性――の存在を承認すること,　個人が持つ事実的な選好と,　彼／彼女が社会に公然と表明して,　社会的選択に際して考慮されることを要求する選好の区別を承認することは,　2 つの不可能性定理を整然と解消する方法の鍵となる可能性を持っていることである.

　最初に,　センの不可能性定理との関連で,　我々の論点を具体化する.「私は A さんがピンクのネクタイを締めているのは悪趣味の極みだと思う.　と

はいえ，ネクタイに関する趣味は，所詮個人のプライヴァシーに属する問題であり，私はAさんの悪趣味を個人的に嫌悪しても，ピンクのネクタイを諦めるように彼に社会的制裁を加えることに付和雷同するつもりは全くない．蓼食う虫も好き好きであり，個人の個性を圧殺することは，リベラルな個人を自認する私には到底できないからである．この意味でリベラルな個人は，決して分裂症的でも理性を欠いたひとでもない．そして，プライヴァシーを相互に尊重するリベラルな個人から構成される社会は，民主主義と自由主義のインターフェイス・メカニズムを設計することができるという展望には，積極的に賛同できそうに思われる．」実はこの直観は厳密な意味でも支持可能である．いかに巨大な社会であれ，少なくともひとりリベラルな個人が存在すれば，民主主義と自由主義のインターフェイス・メカニズムを設計可能であることが，センと鈴村によって証明されている（Sen 1976; Suzumura 1978; Suzumura 1983a, Chapter 7）からである．

アローの定理との関連で我々が注目したい事実は，彼のフレームワークではすべての個人が帰結主義者であると，暗黙裡に仮定されている点である．すべての個人が表明して社会的選択の情報的基礎となる個人的選好は，帰結として実現可能な社会状態のうえで定義される評価順序であると仮定されている．この点に関して個人の異質性の余地を残すために，個人の評価順序が定義される空間を拡張して，社会状態 x と社会的選択肢の機会集合 S の順序対 (x, S) に対する個人的選好順序 R_i^* を考えることにする．この拡張の意味は簡単である．関係

$$(x, S) R_i^* (y, T)$$

は，個人 i の判断によれば，選択肢 x を機会集合 S から選択することは選択肢 y を機会集合 T から選択することと比較して，少なくとも同程度に望ましいことを意味している．この概念的な拡張は帰結主義者と非帰結主義者を正確に識別することを可能にしてくれる．すなわち，いかなる x, y と，いかなる S, T に対しても

$$(x, \{x\}) R_i^* (y, \{y\}) \Leftrightarrow (x, S) R_i^* (y, T)$$

第 I 部　福祉と権利

が成立する個人 i は帰結主義者であり，少なくともある x と S に対して

$$(x, S) P(R_i^*) (x, \{x\})$$

が成立する個人 i は，非帰結主義者である．ここで S は単集合 $\{x\}$ を真部分集合として包含する機会集合であり，$P(R_i^*)$ は R_i^* に対応する強い意味の選好関係である．選択機会の内在的な価値を承認する非帰結主義者の存在を考慮しつつ，アローの問題——民主主義的・情報節約的な社会的評価の形成ルールの可能性の問題——を再考察してみると，実は社会のなかに唯ひとりでも非帰結主義者が存在すれば，アローの定理は拡大された概念的枠組みでは回避できることが示されるのである（Suzumura and Xu 2004）．

　これらの結論によれば，社会的選択の理論が発見してきた逆理を解消するひとつの鍵は，社会的選択に対する態度に顕れる人びとの個性であるように思われる．問題の論脈に応じて適切に識別された個人の社会的選択に対する態度は，不可能性定理を可能性定理に切り替える転轍機として，アトラス的な機能を担う可能性を備えているのである．

第2章

《新》《旧》の厚生経済学と社会的選択の理論
——ポール・サミュエルソン教授との対話

　　厚生経済学と社会的選択の理論の国際誌 *Social Choice and Welfare* は，
経済学のこの分野の誕生と生成に重要な役割を担った研究者をインタビュ
ーして，その証言を記録に留める作業を続けてきた．この企画の目的は，
彼らが記念碑的な業績を挙げた過程の回想，この分野の過去と現在に関す
る彼らの見解，規範的経済学の分野で将来推進されるべき研究課題などに
ついて，彼らの展望を記録に留めることである．この作業の一環として，
著者は 2000 年 11 月から 12 月にかけて，サミュエルソン教授を MIT の
オフィスでインタビューして，その記録を *Social Choice and Welfare,*
Vol. 25, 2005 に "An Interview with Paul Samuelson: Welfare
Economics, 'Old' and 'New', and Social Choice Theory" という論文
として公刊した．その後この論文は，*Collected Scientific Papers of
Paul A. Samuelson,* Vol. VI, Cambridge, Mass.: The MIT Press, 2011
に再録された．かつてサミュエルソン教授は，1938 年以前の厚生経済学の
重要論文のすべてに通暁していたが，整合的な理解を形成することはでき
なかったと述べたことがある．彼はまた，当時の研究の進展の目撃者でも
参加者でもあった人物だけに可能な証言を行う意思があるとも述べていた
（Samuelson 1981, p. 223）．それだけに，彼とのインタビューの実現は
Social Choice and Welfare の義務ですらあると，著者は考えていた．

　彼の回想と現存する文献の間を架橋するために，若干の脚注を付け加え
るとともに私の質問との関連が深い文献を引用して，本書末尾の参考文献
リストに収録することにした．

　このインタビューを実現させた *Social Choice and Welfare* 編集部と，
邦語版の出版を許可された Springer 社に，厚く感謝申し上げたい．

第Ⅰ部　福祉と権利

1. ピグーの《旧》厚生経済学について

鈴村興太郎　サミュエルソン教授は『経済分析の基礎』の第8章「厚生経済学」で，当時の厚生経済学の包括的な俯瞰図を描いておられます．その章と重複する可能性もありますが，アーサー・ピグーの《旧》厚生経済学並びにその後の《新》厚生経済学の展開についてお尋ねすることから，インタビューを開始したいと思います．

ジョセフ・シュンペーターの『経済分析の歴史』とあなたの『経済分析の基礎』第8章を含めて，少なからぬ人びとが，厚生経済学の起源をピグーの『厚生経済学』の遥か以前に求めています．これに対してジョン・ヒックス (Hicks 1975, p. 307) は，「仮に，厚生経済学がピグー以前に存在していたとすれば，それは別の名前で呼ばれていたに違いない」と主張しています．

厚生経済学という名称の起源が，ピグーの著書『厚生経済学』のタイトルにあるという限られた意味ではヒックスは正しいのでしょうが，内容的に見て，厚生経済学の歴史に占めるピグーの位置と彼の《旧》厚生経済学が持つ現代的な意義を，あなたはどのようにお考えでしょうか．

ポール・サミュエルソン　あなたの質問にお答えする前に，まず次の点を確認させて下さい．あなたは『経済分析の基礎』の第8章に言及されましたから，私が『基礎』の拡大版を1983年に出版したことはご承知のことだろうと思います．この拡大版で私は，第8章初版に変更を加えず，拡大版への序文に初版以降の展開について加筆しています．1938年にアブラム・バーグソンがこの分野に関する私の理解を明確にしてくれた後，私の厚生経済学への見方には殆どの側面で変化がありませんでしたし，いまでも私はこの見方の正しさを確信しています．ただ，第8章を読まれた方は，恐らく拡大版への序文の対応部分 (pp. xxi-xxiv) も読まれたと思います．そこで私は，ジョン・ハーサニが1955年の *Journal of Political Economy* に掲載した論文によって，厚生経済学に対する私の考え方が変化した点を特筆しておきました．

それではあなたのご質問に答えましょう．ヒックスがそのように述べた理由はよく分かります．しかし，ヒックスの文章がそれほど理解の助けになる

とも正確なものであるとも，私は考えていません．ピグーは《道徳哲学》の長きにわたる伝統の到達点にいた人物だったといっても，なんら彼を貶めることにはならないと思います．ピグーの実際の貢献は，最初は『富と厚生』(Pigou 1912) で，次に『厚生経済学』(Pigou 1920) で，道徳哲学の長い伝統を結晶化させることだったからです．

　私はピグーを高く評価していました．多くの点でピグーは，アルフレッド・マーシャルの忠実な後継者であったうえに，マーシャル経済学の伝統を豊かに発展させることに，マーシャル以上に貢献した人物だったのです．彼の文章はあまりにマーシャルに忠実でした．マーシャルに異義を唱えることをピグーは決してしませんでした．偉大な哲学者アルフレッド・ノース・ホワイトヘッドは，ロンドン大学を引退した後，1924 年にハーヴァード大学にこられました．バートランド・ラッセルとホワイトヘッドの『プリンキピア・マテマティカ』が出版されてから，ずっと後のことです．彼は私にこう尋ねました：「ピグーは経済学者として過大評価されているとは思わないかね．フォックスウェルの方が優れていたのではないかね」と．ハーバート・フォックスウェルは引退したマーシャルの地位を引き継ぐ候補者と思われていた人物でした．しかし，マーシャルが介入して，当時 30 歳だったピグーが後継者となるように，人事を操作したのです．正直者の私はホワイトヘッドに答えて「いいえ，ピグーはフォックスウェルよりもずっと重要な経済学者だと思います」といいました[1]．

　ピグーは非常に創造力に富む経済学者だったと思います．その一例は，フランク・ラムゼイに次善の最適物品税の問題を解くという課題を与えて1927 年の論文 (Ramsey 1927) に導いたことです．彼は高齢に到るまで活動的でしたが，いまや私は当時の彼よりも，ずっと高齢に達しています．私は当時『厚生経済学』を熟知していて，基本的な誤りにも気付いていたのですが，この誤りは第三版か第四版に到るまで訂正されませんでした．この誤りはマーシャルとピグーに共通していたのですが，彼らは費用逓増産業に課税

---

1)　ハーバート・フォックスウェルの生涯と業績並びにマーシャルとの関係に興味を持たれる読者には，Foxwell (1939), Groenewegen (1995, pp. 622-627 & pp. 670-679) 及び Keynes (1936a) の参照をお勧めしたい．

第I部　福祉と権利

して，徴収された税金は費用不変産業への補助金に充てるべきだと考えました．さらにピグーは「費用逓減産業への補助金にも……」という主張さえしかねませんでした．マーシャルは費用逓減産業を適切に分析したことはなかったのです．実際には，費用逓減産業は自由放任の競争とは両立不可能であり，マーシャルも実はそのことは知っていました．私の先生の世代や，私自身の世代の人びとが追求した「独占的競争や不完全競争」の問題は，すでにマーシャルの考えのなかにあったのです．彼は1890年にはこの問題を知っていました．ジョン・メイナード・ケインズの父で，論理学者でもあったジョン・ネヴィル・ケインズは，マーシャルの友人であり，ある意味では彼の助手的な存在でもありましたが，「あなたの消費者余剰の概念は誤っていて，詮索好きから攻撃されるだろう」とマーシャルに警告していたからです．だがマーシャルは，せいぜいある種の条件のもとで，近似的な役割しか果たせない消費者余剰を越えて研究を進めることをしませんでした．費用逓減産業の的確な分析をマーシャルは遂に完成できなかったのです．

　マーシャルは偉大な経済学者だったと私は思いますが，彼は実際に達成した業績以上に，ずっと偉大な経済学者になる潜在能力があったと思います．彼が怠け者であったというわけではありません．彼の健康状態がおもわしくなく，大問題に取り組むより小問題に綿密に取り組む研究姿勢を持っていたことが，その原因だったのでしょう．1874年という早い時期に，需要と供給に複数均衡が生じ得ることをマーシャルが導出したとき，彼はこの事実が自由放任の市場経済に人びとの福祉を最大化する機能を期待する考え方に反証するという点に，我々の注意を喚起しています．

　ピグーの誤謬は，その当時コーネル大学にいたアリン・ヤングが *Quarterly Journal of Economics* に掲載した『富と厚生』に対する書評で指摘されました．彼はエドワード・チェンバリンとフランク・ナイトの両方の先生でした．彼の指摘を現代風に表現すれば，費用逓増産業でレントが上昇するのは《パレート最適》（Pareto optimal）であること，資源配分を社会的に最適化する方法としてレントの上昇を自由放任のもとでの価格に反映させるべきであることを，彼は指摘したのです．ピグーとマーシャルはこの点で混乱して，外部性の議論を持ち込んでいます．外部性は非常に重要です．公

共財の理論の本質は外部性にあるといってよいでしょう．しかし，外部性が存在せず，収穫逓減の法則が働く場合に可変的な労働を固定的な土地に投入して良質のワインへの需要が拡大すれば，レントが上昇するでしょう．限界費用が逓増する場合には，それは自由放任のもとでの価格に反映されるべきなのです．

やや重複の嫌いはありますが，フランク・ナイトも *Quarterly Journal of Economics* 誌に掲載した重要論文 "Some Fallacies in the Interpretation of Social Cost" で，基本的には同様な結論を導いています．ケンブリッジの卓越した経済学者デニス・ロバートソンも，1924 年に本質的に同じことを独立にいっています．こうなってみると，ピグーが 1932 年になって初めて誤りを訂正したことは，興味深い事実ではありませんか．私は 1932 年版の『厚生経済学』を読んでヤングの名前を探しましたが，彼の名前はあるにはあったがこの問題についてではなく，減価償却の問題との関連においてでした．減価償却の問題は当面の話題とは無関係です．ピグーほど重要で，世界的に有名な学者が「私の間違いであり，ここに訂正する．この訂正を私はアリン・ヤングに，そしておそらくフランク・ナイトとデニス・ロバートソンに負っている」といわなかったのは，これまた興味深い事実ではありませんか．

ピグーはマーシャルに内在する厚生経済学の解説者として，マーシャル自身よりずっと優れた手腕を発揮しました．ピグーは数学的な構造を心裡に持っていましたが，マーシャルの指導に忠実に，ピグーはそれを表面化させることはありませんでした．またピグーは，根本原理に関する難問を解くことに深く沈潜しようとはしませんでした．

鈴村　最後の点に関してひとつ例を挙げていただけますか．

サミュエルソン　例えば，ピグーは生活に不可欠な基礎的な財すらなく極貧に喘ぐ人びとが市場社会に存在する場合，裕福な人びとから貧困な人びとに所得を移転するのはもちろん明白に望ましいと繰り返して述べています．しかし彼は，フランシス・エッジワースなら行った類いの議論をすることはなかったのです．大多数の古典派経済学者と同様に，新古典派経済学者エッジワースは環境が個体に及ぼす影響を重視して，ある種の人びとは他の人びとより優秀だというダーウィン主義者流の信仰を持ってはいませんでした．記

第 I 部　福祉と権利

録された限り最高の IQ の持ち主だったジョン・ステュワート・ミルは，「ジェイムズ・ミルを父親にして訓練師として持てば，だれだって高い IQ を誇っただろう」と自叙伝で述べています．あらゆるひとは同じ潜在能力を持っていて，環境だけが違いを生むというわけです．また，エッジワースは快楽のぎりぎりで認知可能な増分の最小単位を数え挙げるベンサム流の手法に従えば，効用を測定することができると躊躇なく信じていたように思われます．これはウェーバー＝フェヒナーの法則と類似した感覚に関する理論です．この手順を用いれば，我々は各人の効用曲線を描くことができて，その曲線は限界効用逓減の法則を反映して凹関数になるわけです．こうして，10 万ドルの所得がある場合の追加的な 1 ドルは，1 万ドルの所得しかない場合の追加的な 1 ドルよりも重要性が低いことになります．専門家でない人びとは，このような考えを信じる傾向があるように思います．古典的な厚生経済学――道徳哲学――の鋭利な解答の大半は，個人間に対称性がある特殊な「サンタクロース」ケースに対応するものです．例えば，カントの定言命法や，新約聖書にある《黄金律》――「他人に行ってほしいと思うことを，他人に対しても行え」――がその一例です．人間はだれでも同じだと信じないのであれば，ジョージ・バーナード・ショーに同調して黄金律を否定して，その替りにこういう筈です：「自分が他人に行ってほしいと思うことを，他人に対して行うことなかれ．彼らの嗜好はあなたの嗜好とは異なるかもしれないから」と．人びとの効用が通約可能な同じものでないことになった瞬間に，数百年来の厚生経済学――道徳哲学――の歴史は終焉に到るのです．トーマス・ニクソン・カーヴァーが標準年齢を超える大学院生だった 1900 年頃のこと，彼はこう書き記しています：「累進課税を通じる所得移転によって，豊かな人と貧しい人の貨幣の限界効用を均等にしなければならない」と．もちろん彼は，「人びとの誘因を歪ませる可能性を私は考慮の外に置いている」と付記しています．このような背景は，ピグーも暗黙のうちに共有していた筈だと思います．だが彼はその背景をはっきり議論することを避けて，暗黙の前提に留めたのです．

40

2. ロビンズの《旧》厚生経済学批判について

鈴村 1981年のアブラム・バーグソン記念論文集への寄稿論文で，あなたは《新》厚生経済学には2つの学派があると書かれておられます．第一の学派は補償原理に基づく一派であり，ニコラス・カルドア，ジョン・ヒックス，ティボール・スキトフスキー，テレンス・ゴーマン，ポール・サミュエルソンなどによって展開されました[2]．第二の学派はバーグソンとあなたによる記念碑的な構想，すなわち社会厚生関数に基づく一派です．両学派の誕生の背景には，ピグーの《旧》厚生経済学の情報的基礎がライオネル・ロビンズの方法論的な批判によって瓦解して，《旧》厚生経済学が下部構造を失って漂流する状況がありました．

《旧》厚生経済学の瓦解と《新》厚生経済学の誕生の過程を自ら経験された教授に，《新》厚生経済学の形成期の個人的な回想を伺いたいと思います．

サミュエルソン ライオネル・ロビンズの『経済学の本質と意義』（Robbins 1932）は，私にとってのみならず，経済学界全体にとって重要だったと思います．グンナー・ミュルダールの『経済学説と政治的要素』（Myrdal 1953）の影響力について，私には回顧録的な口調で述べることはできません．ミュルダールの本は，最初1930年にスウェーデン語で出版されて，我々は入手できなかったのです．ミュルダールは当時の厚生経済学の定説に対して，やや否定的な見解を持っていたようであり，その見解はロビンズの見解に類似していたように思います．これらの見解は，ピグーの《旧》厚生経済学だけに向けられたものではなく，『富と厚生』（Pigou 1912）以前の道徳哲学にも

---

2) ［ポール・サミュエルソンによる脚注］これらの著者の業績以前，J. S. ミルは自由貿易の恩恵を享受する人びととの利益は，損害を被る人びととの被害を上回って，移転によりその被害を補償できることを認識していた．現在ではパレート最適と呼ばれている概念も同様であり，パレートに先立つこと20年，1881年にエッジワースが構成した《契約曲線》の概念は，どんな場合に死重損失が補償を行う余地を上回り，どんな場合に上回らないかを彼が理解していたことを示している．また，1930年以前に私の恩師のジェイコブ・ヴァイナーは，カルドア＝スキトフスキーの補償原理を予見していた．

向けられていました．ヘンリー・シジウィックはその重要な一例であり，ジェレミー・ベンサムやジョン・ステュワート・ミルも含まれています．しかし，素人にとっては，1斤のパンの重要性は，100斤のパンを手にするときの方が，10斤のパンを手にするときよりも低いというのは，自然な判断に思われることでしょう．同様な考え方は，ダヴィデ王について，旧約聖書が語る場面でも登場します．ひとりの預言者がこんな寓話を語ります．ある王様が貧しい羊飼いを晩餐に招きました．彼らは1匹の羊を殺して，食肉を用意しました．貧しい羊飼いは1匹の羊しか飼っていませんが，王様はあまりある程たくさんの羊を飼っています．食事の途中で王様がいいます：「ところで，我々が食べているのはあなたの羊である」と．この寓話を旧約聖書がこのように語るということは，読んでいる人びとの全員がこれは酷い行為だと思う筈だという暗黙の了解があることを意味します．この共通了解こそ，私は《旧》厚生経済学だと理解しています．《旧》厚生経済学は，功利主義的であり得るし，快楽主義的でさえあり得ます．加法的な功利主義でもあり得るのです．ここで重要な点は，個人間比較可能で基数的な効用が当然視されているということです．ロビンズはこの伝統を批判した最初のひとではありませんが，彼の文体は流麗であり，本が短かったことも，彼の成功にとって非常に重要でした．こうして，ロビンズの本の優れた部分は，重要な影響力を持ったのだと私は信じています．

鈴村 「ロビンズの本の優れた部分」とは，正確にはどの部分なのでしょうか．

サミュエルソン 科学的な手段を用いて規範を導出したり検証したりすることは不可能だという点です．需要の弾力性を計測するとか，経験科学で用いられる客観的な観察や，モデルの構築といった他のいかなる方法によっても，規範の導出や検証はできません．規範的な定理を導出しようとすれば，規範的な公理を投入しなければならないのです．彼の立場は少なくともディヴィッド・ヒュームにまで遡ることができます．私は，ロビンズの本の悪い部分をこの良い部分から切り離したいのです．悪い部分のひとつはこの本の初版に存在する先験的な真実に対するロビンズのオーストリア学派流の信念です．

鈴村 アブラム・バーグソンとあなたは，いま述べられた「ロビンズの本の良い部分」に，基本的に同意されたわけですね．

サミュエルソン　その通りです．しかし，殆どの経済学者は，ロビンズに抵抗したのです．なぜならば，ロビンズの立場をとれば，政策提言のために残される余地はなにもないと彼らは考えたからです．ロビンズはそんなことを一度もいっていないのですがね．ロビンズが実際にいったのは「科学者としてはこうすべきだということはできない．ただし，有権者としてはどの方向に進むべきかをいうことができる」ということでした．この考え方はディヴィッド・ヒュームまで遡ることができます．彼は偉大な演繹主義者でした．私には，ロビンズの見解を受け入れる，万端の準備が整っていました．というのも，私が学部生時代にシカゴ大学で社会学を学んでいた頃のことですが，ウィリアム・サムナーの『フォークウェイズ』を読まなければならなかったからです．イェール大学の非常に保守的な経済学者だったサムナーは，偉大な社会学者でもありました．彼はあらゆる文化を調べて，ある文化で正しいと思われることが，別の文化でいかにして誤りとみなされるかを示して，科学的方法ではそれらのうちになにが正しいかを証明することはできないことを説得したのです．

鈴村　「ロビンズの本の悪い部分」についても，詳しく話していただけますか．

サミュエルソン　ロビンズの本の悪い部分はルードヴィッヒ・ミーゼズやフリードリッヒ・ハイエクより，一層オーストリア学派的であった点です．カール・メンガーやルードヴィッヒ・ミーゼズのように，ロビンズもまた先験的な思考というものを信じていました．内省的な思考によって，経済学の世界の問題をすべて解くことができると信じていたのです．経済学は演繹的な科学であって，演繹法は経験法則や帰納法よりも強力であり，演繹法は経験的なものと殆ど独立であるというわけです．私はシカゴ大学で，オーストリア学派流の見方に近いものを教えられました．非常に若い頃でしたが，私は優秀な学生でした．アーロン・ディレクターが私の最初の先生でした．彼は「私の急進的な義弟，ミルトン・フリードマン」について正直に語ることができる唯一の人物でした．ミルトンの奥さんローズ・ディレクター・フリードマンは，アーロンの妹だったのです．アーロンは，ハイエクが 1931 年の『物価と生産』で，景気循環に関する重要な事実をなんら知ることなしに，景気循環の問題に論理的に解答できたと信じていました．ロビンズの著書の初版

第 I 部　福祉と権利

はこうした見解に満ち満ちていました．後になってこの見解は多少修正され
たとはいえ，どの書物の場合にも，我々は初版に重要性を認めるべきです．
思想の歴史においては，単純な定式化こそ，実際には最も重要なメッセージ
を含むものだからです．

鈴村　あなたが 1981 年のバーグソンの記念論文集に寄稿した論文は，ロビ
ンズの批判に対する最初の反応を次のように表現しています：「ロビンズが
王様は裸だと叫んだとき，つまり異なる人びとの効用を比較することの規範
的な妥当性を，客観的な科学が用いるいかなる経験的な観察によっても検証
したり証明したりすることはできないと述べたとき，突然すべての同時代の
経済学者たちは寒空のもとで自分は裸であると感じたのだった．彼らの殆ど
は善を求めて経済学を専攻したのに，彼らの仕事は配管工のような職人や歯
医者，あるいは会計士のようなものにすぎないと途中で気づくことは，悲し
い衝撃だった」と．この困難な時代を生きた経済学者について，例を挙げて
ご説明いただけますか．

サミュエルソン　一例としてアバ・ラーナーを取り上げましょう．彼は数学
には堪能ではありませんでしたが，非常に明晰な思考の持ち主で，経済学に
はまるで初心者でした．30 歳のときだったと思いますが，彼は帽子の商売
で破産したのです．どうして自分が破産したのか知りたかった彼はロンドン・
スクール・オブ・エコノミクスへ入学しました．その当時の LSE は，殆ど
夜間学校のようなものでした．ジョン・ヒックスに師事した彼は，マルクス
主義を学んでなにか教訓を得たいと思っていました．ヒックスは自伝的な文
章でラーナーとの交流を語っています．ラーナーは政治的には保守主義者で
はなく，断じて自由主義者でもなかったのですが，もちろんマルクス主義者
でもありませんでした．彼はマルクスを理解するやいなや，直ちに強固な反
マルクス主義者になりました．彼は最後にはハイエクの腕のなかに収まるだ
ろうと私は予言していましたが，ある程度私の予言は実現したと思います．
それでもなお，彼には社会に対する温かいまなざしと共感の気持ちがありま
した．ジョン・ヒックスは，特にこの種の同情を持っていたと私は思ってい
ません．彼はイギリスの平均以上の階級の出身者ですが，イアン・リトルの
ようにエリート貴族階級の出身者ではありません．しかし，ヒックスは，フ

44

ランク・ナイトと同様に［社会階層の利害の観点からではなく］彼の個人的な経済学の観点から語ることに徹していました．

もう一例はサイモン・クズネッツです．興味深いことに，ノーベル経済学賞が創設されたとき，MIT は受賞者を昼食に招いて若き日の経歴を語ってもらう非公式な慣行を始めたのですが，我々はその慣行を継続できませんでした．最初の二人の受賞者はヨーロッパ出身でしたから，招聘することはできませんでした．私の次にサイモン・クズネッツが受賞しましたが，彼はユダヤ人問題に興味があって，経済学者はこの問題への根本的な解答を持っているべきだと考えていたため，革命前のロシアで初めて経済学を学びました．クズネッツはマルクス主義が求める根本的な解答を用意してくれるかもしれないと考えて，古典的な大学ではなく私立大学へ入学したのです．後になって彼は意見を変えました．同時期に国籍を離脱したワシリー・レオンティエフと同じく，私が知り合った当時のクズネッツは，それ以前の経験のために燃え尽きていて，政治と政策的な分析を回避するようになっていました．しばらくたってやっと彼らは，アメリカ的な意味のリベラルに近づきました．メンシェヴィキだったジェイコブ・マルシャックは，クズネッツやレオンティエフとは対照的に終始一貫して愛他主義的な《よき大義》に興味を持っていました．

このように，この時代の多くの学者は，善を求めて経済学の研究を開始したのです．彼らにとってロビンズの批判は悲しい衝撃をもたらしました．

3.《新》厚生経済学の黎明期について

鈴村　ロビンズの批判を積極的に受け止めて，序数的で個人間比較不可能な効用に基づいて厚生経済学を再建する試みの第一歩は，《パレート最適性》の概念を発展させて，《厚生経済学の基本定理》を確立する作業でした．この決定的に重要な第一歩がどのようにして最初に踏み出されたのか，説明して下さいませんか．

サミュエルソン　シカゴ大学の教室で私を直接に指導した教師はジェイコブ・

ヴァイナーであり，彼を通じて間接的に私はフランク・ナイトの学生でもありました．私は価格と限界費用はなぜ一致しなければならないのか，理解できませんでした．1935年にハーヴァードに入学したとき，価格が限界費用と一致するべき理由を，あらゆるひとに聞いて回ったものでした．私は1892～93年のヴィルフレッド・パレートの業績を知りませんでした．パレートの本質的な貢献は，完全競争的な方程式体系が，その後パレート最適性と呼ばれるようになった状態——回避可能な死重損失が残っていない状態——の必要・十分条件を与えることの証明でした．もちろんこれは，倫理的最適性とは別物なのですが，パレートはこの点に関していつもとらえどころがない嫌いがありました．私が最も多くのことを教えられたのはアバ・ラーナーからだったと思いますが，もちろん私はこの条件を独力で導出していました．その当時私が完璧な教師を得ていたならば，彼らはパレートの業績を知っていた筈であるし，エンリコ・バローネの業績も知っていた筈です．それのみならず，厚生経済学の基本定理と呼ぶべきもの，すなわち，パレート最適性の条件は，競争的な市場の裁定によって精密に実現されることさえも承知していた筈です．バーグソン以前にも，ラーナー＝ヒックス＝ホテリング＝カルドア＝スキトフスキーたちは，パレート最適性のための条件をすべてあわせたとしても，倫理的な最適化のための条件の一部を構成するに過ぎないことを，不十分ながらも理解していました．正しい質問をして正しい区別をすることが必要です．私が学んだ教師たちの全員は，アダム・スミスの見えざる手の信条——自らの私益を追求する個人は，見えざる手の奇跡的な作用によって，いささか曖昧な意味で全員の私的利益の最適化を達成するように誘導されるという信条——には，なんらかの真理が含まれているものと信じていました．しかし，彼らのうちの誰ひとりも，この信条のうちでなにが正しくなにが誤りであるかを，適切に説明できるひとはいませんでした．もし私が1894年頃に優秀な学生であり，パレートがイタリア語で公刊した雑誌論文を読んでいれば，現在私が見えざる手の議論のうちで真実の萌芽であると理解しているものを，理解していたに違いないと思います．死重損失の回避が言及されていることのすべてです．バーグソンと私の協力はこの点に到って重要性を持つようになりました．

第2章 《新》《旧》の厚生経済学と社会的選択の理論

鈴村 バーグソンとはどのように知り合われ，《新》厚生経済学と社会厚生関数の基礎を発展させるうえで，どのように共同作業をなさったのでしょうか．

サミュエルソン バーグソンは同じ時期にハーヴァードの大学院にいて，私よりも2学年上でした．我々2人ともパレートの著作に頭を捻っていました．バーグソンはパレートの論文の一節を読んで聞かせて「この部分はどういう意味だと思う」と私に聞くのです．我々を本当に悩ませたのは，一般的には無限に多くの要素からなる集合を指して，単数形の表現を用いるパレートの論法でした．事実パレート最適点はひとつだけではありません．非可算無限個のパレート最適点の連続体が存在するからこそ，パレート最適性の条件は必要条件であり完全な十分条件ではないことになるのです．

　私はバーグソンが1938年に公表した論文の，独立した共著者ではありませんでした．この論文は，彼の誕生時の名前であるアブラム・バークで公表されて，多少の混乱の種になりました．私はバーグソンの論文が世に出るのを手伝った産婆のような役割を果たしました．この論文が世に出たことで，私はいわゆる《新》厚生経済学について完全にすっきりした理解を得た思いを味わいました．

鈴村 あなたの判断では《新》厚生経済学の発展に最大の貢献を行った研究者は誰だったのでしょうか．

サミュエルソン 《新》厚生経済学が確立される過程は組織立っていたものではなく，論理的でも体系的でもありませんでした．どんなに少なく見積もっても，関わった人びとの名前を列挙すれば，アバ・ラーナー，ジョン・ヒックス，ニコラス・カルドア，ティボール・スキトフスキー，ハロルド・ホテリング，ラグナー・フリッシュなどを挙げなければなりません．このうちでも，ラーナーこそ最も重要だと思います．彼は新たな原理を発見したとは決して主張しませんでしたが，カルドア，ヒックスその他の人びとはそう主張しました．このリストにはイアン・リトルを加えて拡張するべきかもしれません．それ以外にも，アレクサンダー・ヘンダーソンというひとがいました．彼は，マンチェスター大学でヒックスの学生で「パレート最適のための条件が3つ存在する場合，そのうち2つを満たす状態は，1つだけ満たすが

他の2つは満たさない状態よりも良いというのは本当だろうか」という疑問を抱きました．確かに，3つのリンゴがあれば2つのリンゴがあるより数は多く，2つのリンゴは1つのリンゴより数は多いわけです．同様に，3つの必要条件がすべて満たされる状態は，2つの条件しか満たされない状態よりも，望ましいといえるでしょう．だが，一般的により多くの必要条件が満たされれば満たされるほど，より良い状態にあるという主張は正しくありません．

鈴村 『経済分析の基礎』の第8章の結論で述べられた洞察のひとつですね．

サミュエルソン そうだったかもしれませんね．イアン・リトルも同じ結論に達しています．

鈴村 パレート最適性の条件の発見が最初に取り組まれた課題でした．これに続く課題は，パレート最適性を超えた判断を行うために利益を得た人びとと損失を被った人びととの間で仮説的な補償の可能性を認めて，パレート原理の射程を個人間で利害の衝突をはらむ状況にまで拡張することでした．現在の時点で振り返るとき，《新》厚生経済学のうちの補償原理学派について，あなたはどのような意見をお持ちでしょうか．

サミュエルソン カルドア，ヒックス，ラーナー，スキトフスキーらの《新》厚生経済学はおしなべて過大評価されていたと思います．まず手始めに，J. S. ミルがその著作のなかで自由貿易の問題を論じた部分に補償原理の考え方を見出すことができることは，既にご承知のことだろうと思います．自由貿易はある人びとを優遇して他の人びとを冷遇するが，利益を得た人びとは損失を被った人びとを補償することができる筈だと，ミルは実質的に論じているのです．こうなってみると，《新》厚生経済学のうち，補償原理学派は少しも新しいものではないというべきです．利益を得る人びとが損失を被る人びとを補償することは潜在的に可能だが，実際に補償を支払うわけではないということになにか重要な意味があるかどうかに関しては，大いに曖昧な点があります．

ひとつの例を挙げましょう．1959年のこと，日本経済新聞社の招待を得て，私は亡くなった先妻を伴って日本を訪れました．信じられない程に素晴らしい旅でした．日経の円城寺次郎社長は，多忙な生活の3週間を割いて我々を日本全国の旅に誘ってくれたのです．都留重人夫妻もご一緒でした．重人は，

東京，名古屋，大阪，福岡の各地で行った私の講演の必要不可欠な同時通訳を引き受けてくれました.

鈴村 都留重人教授はハーヴァード時代からのあなたの長年の友人ですね.

サミュエルソン そうです．戦争中のこと，重人は日本への退去を命じられました．帰国の際に，彼は本の処分を余儀なくされたのですが，私は幸運なことにピグーの『厚生経済学』の1932年版を彼から贈られて，細かに読む機会を得たのです[3].

　東京大学の客員教授として一年間滞在していたカール・クライストに会ったときのことですが，彼は日本における家賃の統制にショックを受けたと語っていました．この統制は廃止すべきだというのが彼の意見でしたが，人びとからの反応は「そうですね．でも統制の廃止は適切な政策とは思えません．統制を廃止すれば多大な損失を被る貧しいひとがたくさんいるのです．多くの老齢者も非常に大きな打撃を受けることになります」という主旨のものでした．これに反論してクライストは「問題ありません．損失を受ける人びとには，補償を支払えばいいのです」といったのですが，日本の国会にせよ，マッカーサーが辞めた後の GHQ にせよ，補償を支払う能力がないか補償の支払いをしてまで統制の撤廃を実行しようとする政治的な意思がなかったのです．このことは，ある政策が望ましいことを納得させて実行するためには，その政策が潜在的に《善》をなすというだけでは足りないことを示しています．ラーナーは我々に理想的な一括税の長所を説きました．しかし，ゲーム理論的な観点からは，一括税には深刻な困難が付きまといます．なぜなら，人びとに所得移転を一括して行うべき理由は彼らが貧しいことなのですが，貧しい人びとが一括移転の実行を予測した途端に，彼らが働く意欲は鈍ってしまうからです．これはモラル・ハザードの問題ですね．他方では，受益者から被害者に対する潜在的な補償が純粋に理論的な可能性に留まれば，損失を被った人びとは救済されずに残されます．一括税が原理的に問題を解決できるにしても，それは問題が実際に解決されることを意味しないのです.

鈴村 中心概念であるバーグソン＝サミュエルソンの社会的厚生関数及びそ

3）都留重人教授の生涯と業績に関しては，本書の補論Ⅰ「福祉改善の厚生経済学の実践者：都留重人教授（1912-2006）」を参照していただきたい.

第Ⅰ部　福祉と権利

れに立脚した《新》厚生経済学の話題に移る前に，パレート最適性の用語についてあなたに確認しておきたい点があります．これまでのお話から，バーグソンとあなたは，パレート最適性の考え方について，非常に明快な理解をお持ちだったと分かりました．とはいえ，1938 年のバーグソン論文と 1947 年のあなたの『経済分析の基礎』は，いずれもパレート最適性という名前に明示的に言及されていません．あなたのバーグソン記念論文集の寄稿論文には，以下のように書かれています：「最適性の必要条件，つまりすべての人びとの境遇を一斉に改善することが不可能だという条件を満足する状態を，イアン・リトルは 1950 年に初めてパレート最適状態と呼んでいる．これは適切で便利な造語だった」と．パレート最適性の概念をバーグソンとあなたは明瞭に理解していたし，恐らくアバ・ラーナーとジョン・ヒックスもより曖昧な形であれ理解してはいたが，パレート最適性という用語を初めて使用したのはイアン・リトルだったと考えてよろしいのでしょうか．

サミュエルソン　パレート最適性という言葉を初めて印刷物に記したのは，実際にイアン・リトルだったと思います．誰かが調査してみたが，パレート最適性という言葉を過去の文献のなかに発見できなかったといってきて，私はとても驚いたことがあります．この仕事の当初から，バーグソンと私自身はパレート最適性について語っていました．

4. バーグソン＝サミュエルソンの社会厚生関数の概念について

鈴村　それでは，決定的に重要な概念であるバーグソン＝サミュエルソンの社会厚生関数の話題に進みます．バーグソンとあなたが，経済学の外部からなんらかの倫理的規範を社会厚生関数の形で導入したのは，パレート最適性を超えて倫理的な最適化のために必要かつ十分な条件を正確に定式化したいと考えてのことだったと思います．あなた方が社会厚生関数を厚生経済学に導入した背後にある動機について，ご自身のお考えを説明していただけますか．この概念を当初どのように考えつかれたのかについてもご説明下さい．

サミュエルソン 経済学の外部から倫理的な前提を導入しない限り，倫理的な結論を導出することはできません．［『社会的選択と個人的評価』の第一版が出版された］1951 年のアローならば，バーグソンの社会厚生関数は経済学の外部から価値前提を《賦課》する関数だといったことでしょう．バーグソンは様々な形式の倫理的な前提が，どのように社会厚生関数の形式を用いて［厚生経済学に］組み込まれるかを示すとともに，これら倫理的な前提の相違がどのように選択結果の相違に反映されるかをも明らかにしたのです．あなたは，パレート最適性の概念が個人主義的なバーグソン社会厚生関数と親和的であることを，容易に理解できる筈です．個人相互間のウェイト付けをどう変更しても不変に留まる必要条件を選びだせば，あなたの手元に残される必要条件はパレート最適性の必要条件に他ならないのです．これらのパレート最適性の必要条件は，倫理的な最適化を達成する目的にとっては，不十分な条件です．これだけのことでさえ，ある条件のもとでのみ正しいのであり，利他性や羨望あるいはサディズムやマゾヒズムは排除される必要があります．バーグソンの個人主義的な社会厚生関数は，その定義によって弱分離可能性という数学的な性質を持たねばなりません．この性質がない場合，有意義なパレート最適性の条件は存在しないかもしれないのです．この事実を確認するために，いくつかの——不完全な——例を挙げておくことにします．ロビンソン・クルーソーとフライデーは，積分可能性を満足する推移的選好を持っていないものと仮定します．その場合にあなたは，彼らに自由な交換をさせることによって，両者の状態が改善される状況におのずと到着することを保証できません．この世界では，ひとりの個人だけ存在する場合でさえ，「状況の改善」を定義することは不可能だからです．複雑さを増して，穀物と布地はいずれも「善い財」（goods）でも「悪い財」（bads）でもあり得ると仮定します．この場合，ラーナー流の生産効率性の条件の大部分は，意義ある適用の余地を喪失することになります．「ヴィクセル＝リンダールの公共財問題」に対して私が 1954 年に導出したパレート最適性の条件（Samuelson 1954）は，雲散霧消するからです．ブッダも聖フランシスコもアリストテレスもバーグソンも，任意の社会状態に対して倫理的な推移的順序を賦課することはできますが，これらの倫理的な規範は相互に矛盾することになるでしょう．

第I部　福祉と権利

　ニューヨーク大学でシドニー・フックが主催して開かれた哲学と経済学の研究会議で，ケネス・アローがその場にいた哲学者たちを（そして私をも）驚かせたことを思い出しました．彼は「状況Aが状況Bよりも望ましいことにすべての個人が同意している場合には，許容できるどのような倫理体系も，彼らが一致して表明する選好に異論を唱えるべきではない」と主張しました．パレート最適性の条件を意味あるものにするために，許容される社会厚生関数に弱分離可能性を要求したバーグソンでさえ，アローのこの極論を承認したことはないと私は記憶しています．バーグソンはまた，よくある以下の誤謬に陥ったことは決してありませんでした．この謬論とは，「状況 α はパレート最適であって，状況 β はパレート最適でないならば，社会は状況 α を状況 β よりも選好しなくてはならない」というものです．また彼は，状況 α と同様にパレート最適な状況 γ が選択肢に加わったとき，状況 α と状況 γ のどちらが倫理的に望ましいかを結論付ける方法に関して，断定的な発言をしたことはありませんでした．

鈴村　パレートの遺産に捧げられた1976年の挑戦的な論文（Chipman 1976, pp. 66-67 & pp. 109-110）でジョン・チップマンは，バーグソンとサミュエルソンによる提唱以前から，ヴィルフレド・パレートは既に「社会厚生関数の概念を本質的に発展させて」いたと主張しています．この主張に対して，あなたはどのようにお考えですか．

サミュエルソン　チップマンは，社会厚生関数の概念の起源を，パレートの1913年の論文に帰着させようとしているのだと思います．ケネス・アローも同じような見方をしていたように記憶しています．

鈴村　ええ，アローも事実同じ考えでして，この点は彼に直接確認する機会がありました．

サミュエルソン　ご質問に対して断定的に答えたくはありませんが，パレートに深くはあるが慎重な敬意を抱いている私は，彼がしばしば——少なくとも瞬時的には——混乱していて，彼の思考水準は玉石混淆でさえあったことを，ここで指摘しておきたいと思います．実のところ，パレートはひとりの学生も持ったことがなく，法律家に対してのみ講義をしていたのです．彼は弟子を持ってはいましたが，現代の我々のように自分の着想を20人もの同

52

列の研究者に投げかけて試すという幸運には，浴していなかったのです．同列の研究者を身辺に持たなかったために彼の議論にはむらがあって，ときとして常軌を逸することさえありました．それにも関わらず，ジョセフ・シュンペーターと同様にパレートも自信を持って振る舞い，揺るぎない確信を持ち，他人の着想に対する無関心を明言していました．チップマンによれば，パレートが《福利》(ophelimity) という造語を導入したとき，彼の動機の一部は快楽主義など，様々な含意を排除することでした．しかし，チップマンは最終的にはパレートがお気に入りの基数的効用の概念を持っていたこと，誰でさえその基数的効用の概念を持っていると彼が信じていたことを，確信を持って述べています．これを混乱と呼ばずしてなんでしょう．なんといっても彼は，ひとつの基数的な数値の体系を別の体系より好むという表現に，なんら合理的な基礎付けを与えていなかったのです．補完性に関する彼の議論も混乱しています．数学者は非常に厳密でなくてはなりませんが，後半生のパレートは基数的効用の偏導関数の符号を用いています．ご承知のように，基数的効用を変換すれば偏導関数の符号は変わってしまうのです．

　この議論を社会厚生関数と結び付けて考えてみましょう．私はパレートをイタリア語の原典で読む他はなかったのですが，私のイタリア語の読解能力は非常に貧弱でした．それにも関わらず，1913 年に出版されたパレートの論文を私が読んだとき——私はこれを気後れがちにいうのですが——パレートはバーグソンの概念と同じく外部から賦課された社会厚生関数の概念を，一時的にせよ持っていたに違いないという気がしたものでした．だからといって，私はバーグソンの独創性が少しでも損なわれるとは考えていません．同時に私は，パレートの論文のなかに，どの社会におけるにせよある種のエリートが持つ実証主義的・現実的な政治的関数 (positivistic real political function) を，嗅ぎ付けたように思いました．これらのエリートのそれぞれは，家庭における父親と母親，長兄と次兄が持つ影響力のように，異なる権力を持っています．あなたがある家計の需要関数を求めようとすれば，家計内の様々な影響力を纏め上げる必要があります．一般的にいえば，この手続きを踏んで需要関数を得たにせよ，その関数は積分可能性条件を満足しないことでしょう．私にとっては，これこそパレートの 1913 年論文が述べているこ

第 I 部　福祉と権利

となのです.

　私が 1956 年の *Quarterly Journal of Economics* に掲載した社会的無差別曲線に関する論文でも, 同様の難問が登場します. この論文の鍵となる概念は《公正》な社会です. この社会では, 背後にあるなんらかの仕組みで一括税による所得移転がなされていて, 弱分離可能性と類似した集団的バーグソン社会厚生関数が最大化され続けています. もちろんこれは, 思考実験であるに過ぎません. どのような実験的な状況でも, 必要な情報を収集して実験を遂行することは, 極めて難しい作業です. ゲーリー・ベッカーが家族の経済学の執筆を企てた際に, 彼は私の社会的無差別曲線の概念を引き継ぐことになりました. ベッカーは, 社会的無差別曲線の原型族 (archetypical family) が現実に存在すると考えていました. 私にはこの考え方は極端に非現実的であると思われます. 1903 年までに社会学に深入りしていたパレートが, ベッカーの考え方に同意できたとは, 私には思えません. パレートは, 社会学を経済学以上のすべてのものを含む学問であり, 非常に矛盾した分野も含み, 非合理性と積分不可能な選好を強調する学問であると看做していました.

　そこで, パレートが書いた作品のなかにはバーグソン社会厚生関数に非常に類似した概念を彼が持っていた気配があるという見解は, 理解できる主張です. しかし彼の議論のなかには, バーグソン社会厚生関数と論理的に識別可能な別の概念が混ざっていたと私は思っています. パレートが, 小文字のデルタを用いて方程式を書く方法を偏愛したことも, 問題を一層複雑にしています. 彼のこの方法を私はどうしても好きになれません. 無限小を用いてパレートがなにをいいたかったのか確信を持つことができないのです. 読者を混乱に導き, 自分でもなにをいっているのか分からない程に混乱していた点で, 彼には非難の余地がなかったとは到底思えません.

　あなたが提起した問題について, 私にいえることはこれ以上ありません[4].

5. アローの社会厚生関数の概念について

鈴村 ケネス・アローの『社会的選択と個人的価値』が出版されてからまもなく，イアン・リトル，ジェームズ・ブキャナン，アブラム・バーグソンはそれぞれに，社会厚生関数の概念をアローが使用する方法と彼の一般不可能性定理に対して，厳しい概念的あるいは実体的な批判を公表しています．私が知る限り，アローの社会厚生関数と一般不可能性定理に対してあなた自身が公表された批判は，1967年の「アローの数理政治学」と題された論文が最初です．あなたはこの論文で，アローの一般不可能性定理は揺籃期にある数理政治学という研究分野への記念碑的な貢献であるが，厚生経済学とはなんら関係ないと述べて，アローの業績を経済学から政治学へ輸出（追放？）されています．アローの社会厚生関数と一般不可能性定理に最初に触れた際に，あなたはどんな第一印象をお持ちでしたでしょうか．

サミュエルソン 私は当初から，姿を顕わしつつあった数理政治学という分野への開拓者的な貢献のなかで，アローが厚生経済学の用語を使用したことは，不幸なことだと考えていました．*Social Choice and Welfare* に公刊されたアローのインタビューを，私は大変興味深く読みました．私はアローを高く評価しています．彼は，我々の時代の最も偉大な経済学者のひとりだと思っています．ノーベル賞選考委員会がこれまでに犯した最大の誤りのひとつは，アローにノーベル賞の半分しか与えなかったことです．このとき同時に犯された誤りは2つありました．彼らはヒックスにノーベル賞の半分しか与

---

4) チップマンの論文（Chipman 1976）への初期の反論（Samuelson 1977b, p. 177）で，サミュエルソンはチップマンに皮肉に近い言葉を投げかけている：「パレートの多くの論説は，我々が現在パレート最適性と呼ぶものに関してしばしば曖昧であり，彼が用いた $\theta_1(\delta U^1) + \theta_2(\delta U^2) + \cdots$ という表現が，ある場合は実証主義政治学の概念として使用され，別の場合は効用可能性フロンティア上のパレート最適点の一階条件に対応するラグランジュ定数の曖昧な表現として使用されるというように混乱している．チップマンの主張は同情に満ちた慈善行為であるように思われる」と．後の論文（Bergson 1983, p. 44）でバーグソンはサミュエルソンの意見に基本的に同意して，「チップマンの認識に対するサミュエルソンの評価に反論することは難しい」と述べている．

第I部　福祉と権利

えませんでしたが，彼は単独で受賞するべきでした．アローの場合にはノーベル賞は二度授与されるべきでした．第一の授賞は社会的選択の理論への貢献に対するものであり，第二の授賞は確率論と情報の経済学への貢献を対象とするものです．これらの貢献は全く異なるものなのです．

　アローがどのように社会的選択の問題との取り組みを開始したかを巡る彼の回想録は，大変興味深い読み物でした．私自身が持っていた印象と不完全な記憶とも，殆ど一致しています．1948 年の夏のこと，当時ランド研究所にいた論理学者オラフ・ヘルマーは，国際関係や軍事紛争の分析手法として，ゲーム理論を発展させようとしていました．彼はアローに対して，経済学者によるゲームの理論の応用が依拠する基礎前提に疑問を持っていると告げたのです．ゲームの理論を国際関係に応用する場合には，プレーヤーは個人ではなく国家です．ヘルマーの疑問は，国家のような集合体が効用関数を持つというのは，どういう意味なのかということでした．アローは即座にこの問題に対してはバーグソンの社会厚生関数が答えているといって，ヘルマーにその簡潔な解説を与えようとしました．このやりとりこそアローによる一般不可能性定理の発見につながっていったのです．アローはぬかるみのなかで小さな真珠を探そうとして，大きなダイヤモンドを発見して帰還したようなものです．この発見は，政治学にとっては大変に重要でした．ある投票ルールの失敗は人びとが愚かなせいではなく，一般的な不可能性を反映する失敗であることをアローは証明したからです．アローが《投票関数》というべきところで《社会厚生関数》という用語を利用したのは，不幸なことでした．アローは外部から倫理的な前提を《賦課》することを望みませんでした．私はアローのこの態度こそ，倫理の問題の考察から彼を疎外するものだったと考えています．

鈴村　イアン・リトルやアブラム・バーグソンのアロー批判に，おおむねあなたは同意されているわけでしょうか．

サミュエルソン　アローの本が出版された瞬間に，恐らくそれ以前にアローの論文が *Journal of Political Economy* に掲載された瞬間にイアン・リトル，私，アブラム・バーグソンの 3 人の胸中には，アローは同じ用語を使ってはいても同じことを意味してはいないのだという理解が同時に誕生したのです．

56

第2章 《新》《旧》の厚生経済学と社会的選択の理論

鈴村 「同じこと」とおっしゃるのは，それまで経済学者が使ってきた社会厚生関数のことですね.

サミュエルソン その通りです．アローの一般不可能性定理は，バーグソンの社会厚生関数が存在しないことを証明したわけではありませんし，ベンサム流の快楽主義的な社会厚生関数が存在しないことを証明したわけでもありません．少し前にもいいましたように，私はケネス・アローを大いに賞賛していますが，どうしても同意できないことが2つあります．第一に，あまり重要ではない点ですが，ギャンブルに対するフォン・ノイマン＝サヴェージの期待効用の体系を公理化する際，アローは効用関数を有界と仮定しなければならないと信じています．これはサンクト・ペテルブルク・パラドックスを避けるためですが，私は違う立場をとっています．そもそもサンクト・ペテルブルク・パラドックスなどは取るに足らないものであって，教室で人為的に作られたパラドックスであるに過ぎないと考えているからです．もっとも，これまでにアローをこの点で説得することに成功したとは思っていません．アローと私の第二の——重要な——意見の相違は，社会厚生関数という概念を彼が使用する方法に関するものです．『社会的選択と個人的評価』の第二版が出たときには，アローはリトルによる異論を知っていた筈です．彼はまた，バーグソンによる異論も知っていた筈だと思います．私の異論については，彼は確実に知っていたと思います．しかし，彼は我々の異論に一瞥もくれたことはありません．私が知る限り，アローは社会厚生関数という単語の不幸な誤用をしたといったことは，一度たりともありません．『社会的選択と個人的評価』の第二版で彼は社会厚生関数という言葉を彼の意味で使用する権利を再確認していたように思います[5]．

鈴村 ブキャナンのアロー批判については，どのようにお考えでしょうか．彼によれば，アローの社会厚生関数ないし《社会構成関数》(constitution) は，個人に対してのみ意味を持つ合理性の概念を不当に拡張して，個人の集団の合理性に重要な役割を負わせる概念上の誤りを犯しているというわけですが……．

サミュエルソン ブキャナンのアロー批判を，私に思い出させてくれませんか．彼の批判を簡単に要約して下されば，その質問にお答えできるでしょう．

57

第 I 部　福祉と権利

5)　記録の正確性を期して，文献について 2 つの長い注釈を記しておくことにする.
　　第一に，社会厚生関数に関してアローが実際に書いた文章を，2 つ挙げておきたい.
最初の文章は，『社会的選択と個人的評価』の第二版に付された「社会的選択の理論に
関する覚え書，1963 年」である：「バーグソンの社会厚生関数の定義と私自身の定義と
の相違点は十分注意深く説明してあるのだが，個人の順序から社会の順序あるいは［社
会の］選択関数を決定するプロセスに対して，［初版で用いた］『社会厚生関数』とは
異なる用語を使った方がよかったように思われる.　……今後は，ケンプとアシマコプ
ロスが示唆した『社会構成関数』(constitution) という用語を使用することにしたい.
もっとも，［バーグソンの概念と私の概念との］相違の大部分は，用語法上の相違に過
ぎない.　バーグソンが意味する社会厚生関数を得ようとすれば，社会構成関数が存在
しなければならないからである」(Arrow 1963, pp. 104-105) と.　次の文章は，サミュ
エルソンを称えて編集された *Paul Samuelson and Modern Economic Theory* に寄稿
した論文（Arrow 1983, p. 21）からの引用であり，アローはサミュエルソンの 1981 年
論文「バーグソン流の厚生経済学」［バーグソン記念論文集に収録］の一節に触れて，
以下のように断言している：「ケネス・アローの一般不可能性定理は，バーグソンの『社
会厚生関数』が存在しないことを証明したとか，自己矛盾していることを証明したと
かいう噂が本当にあれば，その噂はまさに混乱の極みにある」と.　この断言を根拠付
けるため，アローはスピレヤンの古典的な順序拡張定理を引用して，個人的選好順序
のプロファイルに対応するパレート準順序は完全順序に拡張可能であることに，読者
の注意を喚起している.　結論として，バーグソンの社会厚生関数とアローの社会厚生
関数の概念的な相違点と相互関係は，いまではアローも学界全体も十分に理解してい
るといって差し支えないと思われる.　さらに，アローの一般不可能性定理はバーグソ
ンの社会厚生関数の存在を否定しないことと，この定理はアローの社会厚生関数ない
し社会構成関数が存在しないことを保証するとはいえ，バーグソンの社会厚生関数が
存在しないことを保証するものではないことも，いまでは十分に確立されているとい
ってよいと思われる.
　　第二に，バーグソンとサミュエルソンは，彼らの社会厚生関数とアローの社会厚生
関数がまるで異なる概念であることと，アローの一般不可能性定理は厚生経済学とは
無関係だということに関しては完全な意見の一致を示しているが，彼らの進路がその
先で異なる分岐点が，少なくとも 2 つあることは見過ごされるべきではない.　アロー
の一般不可能性定理を厚生経済学の領域から追放することに妥協の余地をまるで残さ
ないサミュエルソンと比較して，バーグソンはこの点ではもっと柔軟な態度をとって
いるように思われる.　確かにバーグソン（Bergson 1954, p. 240）は，厚生経済学との
関係でアローの定理を検討する際に「私の見解ではアローの定理は厚生経済学と無関
係である」といっているが，彼は厚生経済学の関心事項に関する理解次第ではアロー
の一般不可能性定理に異なる解釈を与える余地があると，注意深く書き添えている.「こ
の新たな理解方法によれば，厚生経済学の課題は市民一般に助言することではなく，
公務員に助言することである.　さらに，データとされるべき選好評価は公務員が私的
な市民である際にその選択の指針となる選好評価ではない.　公務員は多かれ少なかれ
倫理的には中立的であると仮定されている.　彼の人生の目標は，なんらかの集団的な
意思決定ルールが与える他の市民たちの選好評価を実現することなのである.　アロー
の定理はこのように理解された厚生経済学に対して，明らかに貢献することができる」

鈴村　やってみましょう．個人的選好順序のプロファイルを集計するプロセスに基づいて社会的選好順序を形成して，社会的機会集合の制約のもとで，社会的選好を最適化する社会的選択を行うという考え方こそ，社会的選択の集団的合理性の要請の精粋です．アローの一般不可能性定理は，まさにこの意味で《集団的合理性》(collective rationality) を前提しています．1954 年の *Journal of Political Economy* に掲載された論文で，ブキャナンは集団的合理性を仮定したことを指してアローを批判しました．彼によれば，集団的合理性の仮定は，個人に対してのみ意味を持つ性質を社会に不当に移植したものなのです．「社会的合理性の想定を導入したことは，アローの理論には根本的な哲学上の問題が潜んでいることを我々に示唆している．合理性や非合理性を社会集団の属性として前提することは，個々の構成員から独立した有機体的な実在として集団を捉えることを意味している．……我々は個人が目的や価値を持つ唯一の存在であるとする個人主義の哲学的な基礎を採用することができるが，その場合には社会的合理性や集団的合理性の問題を提起することは無意味である．社会的な価値順序は単純に存在しないからである．

(Bergson 1954, p. 242) と，『社会的選択と個人的評価』の第二版においてアローは，バーグソンが的確に指摘したこの厚生経済学の理解の仕方を，完全に是認していることを指摘しておきたい (Arrow 1963, p. 107)．次に，サミュエルソンは彼らの社会厚生関数が表現する倫理的評価の起源やその評価内容に関心を持つべき理由はないと明言している (Samuelson 1947, p. 221)：「その起源には立ち入ることなく，我々の議論の出発点として，経済システムのすべての変数の関数として表現されるある倫理的信念を採用することにしたい．この信念は，慈悲深い専制君主，完全なエゴイスト，善意を持つすべての人びと，世捨て人，国家，人種，集団的意思，神など，誰のものであってもよい．私自身の信念も含めて可能な限りどのような信念も許容される．だが，自らの信念が含まれる場合の人間性の脆弱性に留意すれば，まずは自分自身の信念を排除しておくのが賢明だろう．この信念に我々が要求することは，経済システムのある配置が別の配置と比較して善いか・悪いか・無差別かという問いに，曖昧さの余地を残さずに答えられること，この選好関係が推移的であることで尽きている」と．これに対して，バーグソンは社会厚生関数が捕捉する評価の性質を検討する意思があると述べる (Bergson 1976, p. 186)：「厚生経済学を実践する人びとは，その出発点として原則的にはどんな評価を採用することも自由だが，その評価の主体が実際の政策に関わる公務員の誰かであるとか，その誰かにその評価が帰属すると無理なく考えられる場合でない限り，厚生経済学者の経済政策に関する勧告にはあまり重要性が認められないだろうと思われる．いかなる理由によるにせよ，厚生経済学者が前提する評価を政策担当者が支持しない場合には，厚生経済学者は政策提言の提供を自制すべきことは当然である」と．

第 I 部　福祉と権利

それとは対照的に，集団はそれ自体の価値順序を持つ独立した存在だと考え
て有機体説の哲学的立場を採用するならば，この価値順序に照らしてのみ社
会の合理性や非合理性を検証するのが正統な手続きなのである」と．

サミュエルソン　一般的にいって，倫理に関する私自身の考え方は，偏狭で
特殊な見解には反対の立場をとるものです．ブキャナンの批判に関するあな
たの要約をお聞きして，彼の立場に私はまるで同意できません．個人主義的
な社会における選択を分析する場合には，社会の段階での合理性や整合性な
いし推移性にあなたは関心を示すべきでないという見解に彼の批判の焦点は
絞られているようですが，これではまるで『鏡の国のアリス』のハンプティ・
ダンプティの論法です．ハンプティ・ダンプティは宣言します：「私が二度
言えば，言ったことは真実になるのだ」と．ブキャナンの議論にひとを説得
するなにかがあるとは，私には思えません．彼の議論は，以下の主旨の発言
に帰着します：「私ブキャナンは，アローの定理になんの興味も持っていない」
と．彼以外の理性的な人びとが彼に同意すべき根拠をブキャナンは提示して
いません．彼の議論は彼が自ら創り出した目隠しのようなものだと思います．
ハーサニの 1955 年の論文が私を変説させて，厳密に加法的なバーグソン社
会厚生関数に一定の役割を認めるに到ったことを想起されれば，ラプラス的
合理性のマルシャック＝サヴェージ独立性公理に従う倫理の提供者に私が敬
意を持っていることを，あなたは理解される筈です．これに対して，ブキャ
ナンは，素面であろうが酔っ払っていようが，若輩者であろうが老齢者であ
ろうが，現存する人間以外には興味を持っていないのです．犬やチンパンジ
ーやアルツハイマー病の患者はさすがに別だろうと思いますが．

鈴村　アローの社会的選択の理論に対する貢献は，倫理学や厚生経済学など
には無関係だという以前のお考えを，現在もあなたが持ち続けておられるこ
とは理解しました．それでは，社会的選択の理論の科学的な位置をあなたは
どのようにお考えでしょうか．なかでもアローの一般不可能性定理の意義に
ついて，どのようにお考えでしょうか．

サミュエルソン　狭義の社会的選択の理論は厚生経済学とは関わりを持たず，
相互の関連もなく，独立の研究分野である思います．投票システムの実証的
な研究の一部でもあり得ます．あなたの雑誌のタイトル *Social Choice and*

第2章 《新》《旧》の厚生経済学と社会的選択の理論

Welfare を私は好きですが，社会的選択の理論と厚生経済学を結合したことによって，アローは多くの不幸な混乱を招いてしまいました．社会厚生という観念は，アロー以前の厚生経済学及び道徳哲学と完全に一致しています．アローの関心はバーグソン＝サミュエルソンの個人主義的な社会厚生関数が，民主的に形成される方法の発見に絞られていました．この点において私はアローに異議を申し立てたいと思います．

　あらゆる倫理学の理論は，問題の渦中にある個人が倫理に関してどのように感じるかということに帰着すると，アローは繰り返して述べています．この点に私は強く反対します．我々はすべて個人として自分が持つ倫理的順序が不完全であることを，熟知していると思います．このような順序は整合性がなく，変化し得るものでもあり，逆戻りすることさえあり得ます．夜間に外出する際，我々は財布を自宅に残します．なぜなら我々は自分自身を信用しないからであり，事実自らを信頼しないことは正しいことなのです．なにかする際に，我々は「朝になれば私は自分を憎むことだろう」と自分に語りかけて，実際に朝になれば，我々は自分を憎みます．成人に達すれば突如として完璧な個人となる理想的な個人などは存在しないのです．人びとがパターナリズムについて語るとき，まるで我々が独裁者の前にひれ伏しているかのように批判しますが，倫理学では権威の賦課——独裁制でさえ——を排除することは誤りです．権威の賦課こそ倫理の本質であるからです．例えば，単純な全員一致性公理を取り上げて，人びとは倫理的には自己破壊的であると想定します．このような場合，いかなる倫理体系も人びとの全員一致した合意を尊重しなければならないといえば，悪い子供が悪いままでいることを推奨するようなものです．子供と大人の違いは程度の問題だと私は真面目に信じています．古い絵画では子供は小さな大人として描かれています．まともな近代絵画では，大人は年を経た——または一層悪い——子供として描かれています．人間はすべて不完全です．これは原罪の教義ではなく，完全にはなり得ないという人間性に関する教義なのです．人間は，一貫して推移的な選好を持ち，物の見方に関して一定不変であると考えるのは，あまりにも傲慢です．ところで，人間はつねに変化しつつあると信じたピエロ・スラッファは，需要理論を信じようとはせずに，費用と技術だけで経済理論を組み

61

第 I 部　福祉と権利

立てようと試みました. この点では私はスラッファに反対であり, 彼は私の祝福を受けることはできませんでした. マーガレット・フラーと同様に, スラッファもまた「宇宙の事実を甘受する」必要があったのです.

　1750 年以来, 経済学者の間で支配的な旋律は, 次のようなものだったと私は考えています. 教場試験で書くわけにはいかない曖昧な信念ながら, 自由放任のもとでの価格形成は, なんらかの意味で最適だという考え方がありました. 最も洗練された素人の間では, 自由放任の価格形成は社会の一部の人びとに境遇の改善をもたらす一方で, 他の人びとへの境遇の改悪をもたらすが, この厚遇と冷遇のパターンは敏速に変化するという信念が抱かれていました. また「[市場には] 干渉するな」という騎士道的な経験律がありました. 第一に, 市場への干渉を行えば, 政府の不完全性のために倫理的な《善》をなす以上に《悪》をなすことになると思われていました. 第二に, 第一の理由以上に強力な理由として, 大数法則の影響がありました. ある発明はA を優遇する結果を生むが, 別の発明はB を優遇する結果を生みます. ジェイムズ・ベルヌーイの大数法則 (Law of Large Numbers) によって, A とB の優位性は相殺されて, 平準化します. 不平等に関するトリクル・ダウン (均霑) の原理は, 恐らくシュンペーター流の技術革新の動学的な過程から派生したものでしょう. 全体のパイは総体的に, また時間の経過を通じて拡大して, すべての人びとを一様に引き揚げるのです. 同じ潮流がすべての船を押し上げるというわけです. 独断的な信念ですが, 保守派の知識人の考えの背景には, この信念があると思います. ジョン・ヒックスは明らかにそうであって, 彼の暗黙裡の信念はこの効果が人びとの境遇を一様に改善するというものでした. 経済史の観点からすると, この信念には多くの真理が含まれています. これは一種の常識的な倫理であって, 殆どの人びとは込み入った問題には踏み込みたくないのだと思います. 殆どの人びとがもっと複雑な問題に踏み込むべきかどうか, 私には確信はありません.

6. 単一の選好プロファイルのもとでの不可能性定理について

鈴村　イアン・リトルとあなたが強調された論点として，アローの社会厚生関数は個人的選好順序の任意のプロファイルに社会的厚生順序を対応させるプロセスもしくはルールであるが，バーグソン＝サミュエルソンの社会厚生関数は，ある社会を特徴付ける単一の個人的選好順序のプロファイルに対応して定義されるという対比がありました．この単一選好プロファイルは，考察する社会を特徴付ける与件であって，任意ではあるが固定されたものだということが特に強調されています．あなたの 1967 年の論文「アローの数理政治学」では，バーグソン＝サミュエルソンの単一選好プロファイルのフレームワークとアローの複数選好プロファイルのフレームワークとの顕著な差が強調されて，これこそアローの一般不可能性定理をもたらした論理的な主犯に他ならないと弾劾されています．この弾劾への反論として，単一選好プロファイルのもとで成立するアローの定理の対応物が，マレー・ケンプとユー・カン・ウグ（Kemp and Ng 1976），ロバート・パークス（Parks 1976），ロバート・ポラック（Pollak 1979），ケビン・ロバーツ（Roberts 1980），アマルティア・セン（Sen 1993），その他大勢の人びとによって証明されています．単一の選好プロファイルに対して成立する不可能性定理を前提として，アロー流の一般不可能性定理の位置付けに関するご意見を再述していただけますか．

サミュエルソン　単一選好プロファイルに対する不可能性定理は掃いて捨てる程に数多くありますが，私が知る限りどれひとつとして興味深い単一選好プロファイルを排除すべき説得的な理由を示していません．重要な単一選好プロファイルに関する不可能性定理を私は一切知らないのです．ケンプ＝ウグ流の不可能性定理は数多く紡ぎ出せるものの，どれも説得力を欠いているのです．イアン・リトルは最近 *Collection and Recollections* という論文集を出版しましたが，そのなかで 1952 年に *Journal of Political Economy* に掲載された彼の有名なアロー批判について，以下のようにコメントしています：

第 I 部　福祉と権利

「私の批判の主要な論点のひとつは，アローの有名な著書 *Social Choice and Individual Values* と伝統的な厚生経済学はなんの関係も持たないという点だった．この判断のひとつの根拠は，社会厚生関数は固定された単一選好プロファイルに社会厚生順序を対応させる関数であると権威ある古典（Bergson 1938）が定義しているにも関わらず，アローは許容できる社会厚生関数に対する要請として，個人的選好順序のプロファイルの変動に関係する条件［無関連対象からの独立性の公理］を課している点だった．どうやらこの批判は行き過ぎだったようだ．その後［Kemp and Ng 1976 によって］示されたように，可変的選好プロファイルに対するアローの定理と酷似した不可能性定理が，固定的選好プロファイルのもとでも成立するからである」（Little 1999, pp. 17-18）と，私はリトルに手紙を書いて，「あなたの以前の立場こそ正しかったのに，現在のあなたは混乱に陥っているのです」と伝えました[6]．

---

6)　このインタビューに関して私がイアン・リトル教授と交信した際に，彼はサミュエルソン教授の手紙の関連箇所を私に示してくれた．これは興味深いエピソードなので，両氏の許可を得てリトル教授から私宛の手紙を以下に記録することにする（リトル教授と私の交流はオックスフォード大学オール・ソールズ・カレッジの客員フェローとして私が滞在した期間に始まるため，カレッジの慣行にしたがって，交信相手に呼びかける際には敬称は一切付けずに姓（family name）を用いることになっている）．

リトルから鈴村へ．2005 年 3 月 29 日

親愛なる鈴村へ．
　1999 年 11 月 3 日付けのポール・サミュエルソンの手紙の関連ある部分は以下の通りです．

　遅ればせながらあなたの *Collection and Recollections* の存在を知りました．18 頁まで読んだ現段階で，あなたに贈り物をしたいと思います．18 頁の最初の文章であなたは自らの旗印──それは私の旗印でもありますが──を降ろそうとしています．ケンプ＝ウグの 1976 *Economica* 論文のためにです．
　私は，回想録の今後のすべての版においてこの一文を以下のように書き直すことをあなたに示唆したいと思います：「私のもともとの立場はまったく正しいものであり，ケンプ＝ウグの 1976 *Economica* 論文はこれとは逆の立場を立証しようと試みたが，私の立場は揺るがない．サミュエルソン教授はケンプ＝ウグの主張に反駁した 1977 *Economica* 論文のリプリントを私に送ってくれたが，この論文は私のアロー批判を支持してくれている」と．
　どうかご自愛下さい．我々のような存在は稀少になりつつあるのですから．

一例として，ケンプ＝ウグ流の単一選好プロファイルに関する不可能性定理を取り上げますと，この定理は彼らが公理3と呼ぶ要請に，決定的に依存しています．この論文に反駁して私は次のように主張しました：「ケンプ＝ウグの公理3は，バーグソン＝サミュエルソンの個人主義的な社会厚生関数に課すべき要請としては，全く妥当性に欠けるといわざるを得ない．オスカー・ワイルド流に表現すれば，『どのような倫理的観察者であれ，公理3を理解すれば，即座にこれを拒否する他はない』のである」（Samuelson 1977a, p. 81）と[7]．

　　［*Collection and Recollections* を執筆時の］私は，残念ながらサミュエルソンの1977 *Economica* 論文を読んでいませんでした．もし読んでいたならば，私はけっして旗印を降ろしてはいなかったでしょう．私は彼に *Collection and Recollections* の将来の版では，彼の修正を取り入れることを約束しました．しかし，将来の再版の確率は限りなくゼロに近いと懸念しています．この手紙は，あなたのお考えのままに自由に使用して下さい．ポールが依然として現役であることを知って，私は非常にうれしく思います．あなたのご多幸を祈ります．

　　　　　　　　　　　　　　　　　　　　　　　　　　　　　　　　　敬具．
　　　　　　　　　　　　　　　　　　　　　　　　　　　　　イアン・リトル

7)　ケンプ＝ウグの公理3へのサミュエルソンの批判をさらに詳細に説明してみよう．社会は固定された一定量のチョコレートを持っていて，2人の利己的な快楽主義者の間で80と20，50と50，20と80，より一般的に任意の非負の実数（個人1に X，個人2に x）で $X+x=100$ を満足するものへと分割できるものとする．この論脈で新しい公理3はなにを意味するだろうか．サミュエルソン（Samuelson 1977a, p. 83）のいい方に従えば，チョコレートを全部得ていた個人1からチョコレートを幾分か（1単位のチョコレート，あるいは50単位のチョコレート）取り上げて，従来は全くチョコレートを得ていなかった個人2に与えることが倫理的な改善であるとすれば，存在するすべてのチョコレートを個人2に与えることは倫理的な改善であることになるのである．このような要請を突き付けられれば，教条主義的な平等主義者でない場合でも，言葉を失うに違いない．倫理体系にこんな拘束衣を着せることは，果たして合理的だろうか．この問いに肯定的に応えるひとは殆どいないに違いない．
　　私見によれば，サミュエルソンのこの批判の説得力は，2人の個人が持つ以下の選好順序の物質的な背景が知られていることに，全面的に依存しているように思われる．

　　　個人1：$(100, 0)$，$(100-\varepsilon, \varepsilon)$，$(0, 100)$
　　　個人2：$(0, 100)$，$(100-\varepsilon, \varepsilon)$，$(100, 0)$

　　ただし ε は小さな正の数である．社会的厚生判断の情報的基礎が序数的な個人的効用のプロファイルに限定されて，社会的選択肢の非厚生情報が一切得られない場合にケンプ＝ウグの公理3を撃墜することは，それほど簡単ではないように思われる．この意味で，単一プロファイルのもとのケンプ＝ウグの公理3は，複数プロファイルの枠組みにおけるアローの《無関連対象からの独立性》の公理に対応する要請なのである．

第 I 部　福祉と権利

7.　帰結主義と厚生主義について

鈴村　アローが的確に指摘したように，「アダム・スミス以前はともかくとして，彼以降の経済政策に関する議論のほぼすべてでは，代替的な政策の適否の判断は個人に帰着する政策の帰結に基づいて判断されることが，当然視されてきた」といってよいと思います．実際には現代の厚生経済学の大部分は，アローの意味で《帰結主義》に基づくだけではなく，厚生主義的帰結主義［略称：《厚生主義》］と呼ばれる立場に基づいています．これは，政策の帰結から得られる個人の《厚生》から遡及して政策の是非を評価する立場です[8]．私が知る限り，厚生経済学が人間の福祉の改善に役立つためには，厚生主義はあまりにも狭隘な情報的基礎であることを最初に指摘したのは，『世界経済論』の「序文にして宣言」のジョン・ヒックス（Hicks 1959）でした．厚生経済学の伝統的な情報的基礎を吟味したヒックスは，ピグーにその源泉を持つ経済的厚生主義という考え方との訣別を宣言したのです．

　　この見解を私はもはや抱いていないのだが，お詫びの言葉を重ねつつ《経済的厚生主義》と呼ぶことを提案したい．なぜなら，この考え方の起源は，あの偉大で強烈な影響力を持つ著作——ピグーの『厚生経済学』——にあるからである．経済的厚生主義とその反対の立場を弁別する境界線は，経済学者が効用と称する観念に関わるものではなく，効用から一般的な《善》——お好みなら《厚生》と称してもよいが——への関心の転換に関わっているのである（Hicks 1959, pp. viii–ix）．

　　したがって，単一プロファイルに対する不可能性定理に関して非難の的となるべき点は，ケンプ＝ウグの公理3であるというよりは，序数的厚生主義という狭隘な情報的基礎であるというべきではあるまいか．

8)　セン（Sen 1979, p. 538）によれば，厚生主義とは以下の主旨の情報的な制約を表現している：「社会厚生は個人的効用水準の関数である．したがって，任意の2つの社会状態のランキングは（社会状態の効用以外の特徴とは無関係に）それぞれの社会状態における個人的な効用に専ら依拠して決定されるのである」と．

66

ヒックスが経済的厚生主義からの離脱を決意した理由は，「厚生主義者がいうように《非経済的側面》を持たない《経済的》な提案を行うことは，不可能である」と彼が信じるに到ったことです．彼は「経済学者が提言を行う際には，その提言のすべての側面について責任が生じるのである．彼が経済的な側面と呼ぼうが呼ぶまいが，その提言のあらゆる側面が，経済学者にとっての関心事になるべきだ」と考えたのです．さりながら，ヒックスのこの考え方は，決して正反対の立場へ急旋回することを意味するわけではありません．

経済的厚生主義を捨て去るからといって，現代の一部の自由主義者が唯一の代替案と考えているかに思われる「天地がひっくり返るとも，自由を実現せよ」など，帰結を完全に無視する立場に依拠するつもりは私にはない．私が主張することは自由主義的な《善》もやはり《善》であること，この《善》は他の様々な価値と比較して秤量されるべき価値であるということに過ぎないのである．達成可能な自由と正義はすべての社会，すべての時代，すべての場所で同一のものであるわけではない．達成可能な価値は，外部的な環境によって条件付けられているうえ，（少なくとも短期的には）過去に起こったことにも条件付けられている．これらの限界を認識したうえでもなお私は，生産指数に表現される目標よりも，自由と正義は価値ある目標であると考えている．経済活動は自由と正義という目標のための手段だと考える方が，まるで別の独立した目標のための手段であると考えるよりもよいと，私はいまでは信じているのである．

ヒックスの経済的厚生主義との訣別宣言を，あなたはどのように考えられるでしょうか．彼の意見の旋回にあなたは共感を覚えられますか．
サミュエルソン ジェレミー・ベンサムは子供がピン遊び（the game of push-pin）から得る快楽は，我々がシェイクスピアの詩から得る快楽と，同じ重要性を持つという警句を残しました[9]．道徳哲学に関する報告者として，J. S. ミルのベンサムとの見解の相違を私はどのように伝えるべきでしょうか．ミルの反論を理解したうえで，私はなお「各人は自らの意見に対する権利を持ち，ピン遊びから得る快楽はシェイクスピアの詩から得る快楽と同等だと

第 I 部　福祉と権利

いう意見に対してベンサムは彼の権利を持っている」といわざるを得ません．ヒックスの転向がこの判断を許容する主旨のものであれば，そのどこにも革命的な旋回などはないと私は思います．彼の序言のどこに，厚生主義と呼ばれる立場を拒絶する理由が含まれているのでしょうか．私には，モリエールの戯曲の登場人物のように，1959 年のヒックスは，それと気付かないままに，バーグソン流折衷主義になりつつあったのだと思われます．

鈴村　アブラム・バーグソンとあなたは，社会厚生関数の概念を定式化する最初の段階では，厚生主義に性急にコミットすることを注意深く避けておられます．しかし，『経済分析の基礎』の有名な第 8 章には，社会厚生関数を厚生主義的に明確に定式化している一文が見られます．具体的には『基礎』の 228 頁ですが，社会厚生を個人の効用プロファイルの関数として表現する式があって，$W=F(U^1, U^2, \cdots)$ とされています．この表現は，バーグソン＝サミュエルソン流の社会厚生関数が疑いの余地なく厚生主義的な性質を持つことの確実な証拠として，頻繁に——例えば Sen (1979) などによって——引用されています[10]．あなたご自身の社会厚生関数は，厚生主義的な性格のものであるかどうかをお教え下さいませんか．

サミュエルソン　各個人が自らの財とマイナスの財のみに関心を払い，社会倫理を外部から指定する存在が人びとの私的な評価順序に可測的な重みを付ける場合を，私は極端に原子論的なタイプと呼びました．羨望や共感，サディズムや利他主義の要素を組み入れると《厚生主義》に我々を導くことにな

---

9)　［邦訳に際する追加的な脚注］ピン遊びとは，16 世紀から 19 世紀にかけてイギリスの子供が遊んだゲームであって，ベンサムが *The Rationale of Reward*, London: Robert Heward, 1825 で書いた一節 "Prejudice apart, the game of push-pin is of equal value with the arts and sciences of music and poetry." で不滅の生命を得た．ベンサムを批判した J. S. ミルは，彼の箴言を "Push-pin is as good as poetry" と誤って引用・批判して，その後はベンサムの警句のミル版が広く人口に膾炙するようになったのである．

10)　同様に，バーグソンの論文（Bergson 1948, p. 418）にも以下の主旨の一文がある：「社会的決定が消費者主権を尊重すれば，社会厚生関数は $W=F(U^1, U^2, U^3, \cdots)$ と表現することができる．ここで $U^1, U^2, U^3, \cdots$ は，個々の家計の主観的な効用であり，社会厚生 W はこれらの効用の増加関数である．社会厚生は個々の家計の効用が一定に留まるか，増加するか，減少するか次第で，一定に留まるか，増加するか，減少するかする」と．
　　ポール・サミュエルソンはこの脚注に以下の一文を追加した：「U^1 が $corn^2$ を変数として含めば，社会厚生関数の弱分離可能性はみせかけのものになる」と．

るとか，非厚生主義が我々を隘路から脱出させると宣言することは，無意味なおしゃべりであるに過ぎません．私の見方は可能な限り幅広いものです．ヒックスやセンが用いた意味では，私は妥協不可能な厚生主義者ではありません．センが引用した私の定式化は，特殊な社会厚生関数のありうる種類の一例であるに過ぎず，それがたまたま厚生主義的であっただけです．ヒックスの宣言と整合的に，自由や権利を組み込む十分な余地を，社会厚生関数の概念は持っています．私個人の倫理的価値が，倫理に関する私の分析を支配してはならないのです．

　ついでながら，ミルトン・フリードマンは帰結主義者ではありません．彼はもっとパンがあることを望みもしなければ，人びとの間でパンがことさら平等に分配されることを望みもしないのです．彼が望むのは自由です．もし自由を抑圧する合理的な集産主義国家が繁栄をもたらすとすれば，彼は失望するでしょう．フリードマンは集産主義国家が繁栄に導くことが可能であるとは信じていませんが，もしそうした事態が生じたら彼は失望することでしょう．私はフリードマンのような極端な非帰結主義者ではありません．人びとが自由を望むのであれば，引き換えにどの程度まで食糧を犠牲にするつもりがあるかを彼らに尋ねることでしょう．ミルトン・フリードマンは，自由は彼にこそ属するものだと考えて，誰か他のひとが彼の自由を奪うのではないかと考えています．彼によれば，自由は算術的に取り扱えるものであり，量的に増やすことが可能なのです．彼によれば，より多くの自由という《善》を得ることができるのです．私はもっと注意深い自由主義者です．

　古い諺話によれば，ある若者がステッキを大きく振り回しながらロンドンのセント・ジェームズ通りを歩いていたところ，老人が通りかかってその若者をたしなめます．「公共の場所でステッキを振り回すのは他のひとの迷惑だよ」と．若者は「ここは自由の国だよ．私の勝手じゃないか」と反撥する．老人は「君の自由は私の鼻先で終わるのだ」と反駁します．だが，この老人は間違っています．若者の自由は近辺にいるひとの鼻先より，ずっと手前で終わるのです．あるひとのプライヴァシーに対する権利は，他のひとに孤独を強いることになります．私は自由についての倫理を単純なものにするためにこんなことを語っているのではありません．自由の倫理を現実的なものに

するために語っているのです．自由に関する倫理は単純なものではないからです．

シカゴ大学で私の道楽だった個人的な実験についても話をさせて下さい．私は知りたくてうずうずしていました．為替管理に反対するとか，価格統制を攻撃するとか，割当制度を批判するなど，経済的な自由の尊重を主張する経済学者は，同時にヴォルテールのような思想と表現の自由，J. S. ミルのような最小限の市民的自由の熱心な擁護者なのでしょうか．私は確固とした経済面での自由尊重主義者と考えられている友人たちの行動をこっそり観察して，彼らが政治面でも自由尊重主義者であるかを確認してみました．結果は想定とは真逆なものでした．私はミルトン・フリードマンに，彼の行動を研究していることを知られないように穏やかで非敵対的ないい方で，ポール・スウィージーに関する質問を試みました．昔々，ジョー・マッカーシーの魔女狩りの時代のことですが，ニュー・ハンプシャー大学の哲学の左翼の先生は，教室で話すようにスウィージーを招待しました．彼は教室で話した内容を証言するためにニュー・ハンプシャー州の立法府に召喚されました．彼は喚問と証言のいずれも拒否しました．この件に関して私はフリードマンに「スウィージーは証言を要求されるべきだったと思うか」と尋ねてみました．フリードマンは「もちろんだ．大学は公的な資金で運営されているのだから」と答えました．私はさらに「それではダートマス大学で話していたのなら，証言する必要はなかったことになるわけだね．ダートマスは私立大学だから」と聞きました．彼は「いや賢明で正直な人物ならば，なにを話したか進んで証言すべきだよ」と答えました．私は「君は分かっていない．スウィージーがなにをしゃべったかは，だれでも知っている．この証言は新たな情報を得るために必要とされたものではなかったのだ．彼が教室で話した侮蔑すべき事実を明白にするための証言だったのだ．彼がソ連に好意的なことをいったということだよ」といいました．フリードマンはスウィージーに全く共感を感じてはいなかったのです．友人たちの幅広いサンプルのうちで，たったひとりの例外は，フリッツ・マハループでした．私はMITの同僚エヴセイ・ドーマーにこの事実を教えました．彼はジョンズ・ホプキンズ大学でマハループの同僚だったのです．ドーマーは「そんなことはなんでもない．彼は，

同僚の教授たちに個人的に惚れていたのだ」といいました．私は「そんなことは構わない．理由はどうであれ，［マハループだけは経済的な自由尊重主義と市民的な自由尊重主義が首尾一貫していたという］基本的な事実を確認できただけのことだ」といいました．

狭義の厚生主義と自分が考える立場を最も激しく攻撃する人びとは，殆どのひとが感じていることを誇張しているのだと思います．誰が世界中で最も幸せであるかを発見しようとすれば，質問の仕方と質問への答え方のために，その作業は非常に難しいことになるでしょう．私は，ある会員制クラブの晩餐で，哲学者シセラ・ボークの話を聞いたことがあります．彼女はグンナー・ミュルダールの娘ですが，父親とは全く異なる個性の持ち主でした．彼女は人びとが自分の幸福についてどのように述べるかを研究していたのです．自分が最も幸福だと表明したのはアフリカの人びとではなく，インドネシアやフランスやアメリカの人びとでもなく，フィンランド，スウェーデン，オランダの人びとだったことが分かりました．我々はこれら北欧諸国は自殺率が非常に高いと考えてきました．これらの諸国では，カトリック諸国よりも自殺率を正直に記録してきたからです．それではなぜ，北欧の人びとは自分が幸せだと感じているのでしょうか．一日三度の満足な食事をとり，優れた医療を受けているからです．1970年頃から現在までの間，物質的成長の成果において北欧諸国はアメリカに遅れをとり続けていますが，100年間にわたって北欧諸国は，非常に退屈で極度に寒い非生産的な社会から主に教育を通じて発展を遂げてきたのです．非経済的な目標に対する口先だけの賞賛は，その非経済的目標の達成のために経済的な意味で多大なコストがかかる場合には，殆ど意味を持たなくなるように思われます．自由には思いがけない副産物がその帰結として伴います．フランコ時代以降のスペインは素晴らしく自由な国でしたが，私を案内してくれた政府の役人はこう語ってくれました：「フランコ時代には，我々が働くオフィスへ行くのに，地下鉄を利用することができました．いまや中流階級の二人連れに，真っ昼間にマドリードの地下鉄を利用するよう勧めることは，私にはできません」と．スターリンの専制から解放されたロシアは，マフィアの犯罪による混沌も含めて数多くの混沌の渦中にあります．

71

第 I 部　福祉と権利

8.　消費者余剰の概念の復権について

鈴村　『経済分析の基礎』の有名な「消費者余剰の概念はなぜ不必要か」という一節で，あなたは消費者余剰というマーシャル流の概念を徹底的に批判されています．この節は以下の文章で始まります (Samuelson 1947, p. 195):「消費者余剰の概念が有用性を持つか持たないかという問いに対してどのような判断を持つにせよ，厚生経済学が経済理論の重要な一部として適格性を持つかという問題にはなんの関係もない．なぜなら，厚生経済学が消費者余剰の概念の有効性を前提にしていると論じたひとは未だかつて存在しないからである．それでは消費者余剰の概念は必要ではないまでも，便利な道具だとは主張できるだろうか」と．この自問に強く否定的に答えたうえで，あなたは次の結論を下しています:「これらの理由のために私が理想とする『経済学原理』の厚生経済学の章は，脚注で触れる以外には消費者余剰の概念を含まないことになるだろう．ただし，私の完璧な『経済学入門』では消費者余剰の概念が簡潔に登場することになろうが，周辺の逸話や代替案をすぐ前後で説明したうえでのことである」と．あなたのこの全面的で確信に満ちた批判に挑戦する蛮勇を持つ経済学者は多くはいませんが，マックス・コーデンの『保護の理論』(Corden 1971, pp. 242-243) には次の一節があります．

　　読者は消費者余剰の概念を思い出されるかもしれない．この単純で説得力を持つ概念はデュピュイによって発見されたが，マーシャルによって再発見されてさらに発展を遂げ，ヒックスによって蘇生したものであり，明白な有用性を持っている．注意深く調べてみると，この概念が妥当性を持つためには数多くの仮定が必要であるうえ，概念内容も多義性を免れないことが判明している．純粋性を尊ぶ理論家は，消費者余剰の概念はいかなる問題に対処するためにも不必要だと断定している．それは「なんの役にも立たない理論的な玩具に過ぎない」というわけである．公式的には消費者余剰は死んで，既に埋葬されているのである．だがこの概念がおとなしく墓場に埋葬された

第2章 《新》《旧》の厚生経済学と社会的選択の理論

ままでいるとは思われない．人びとの直観に訴えるその力は強く，それに優る代替的な概念があるわけでもないため，経済学者は消費者余剰の計測を続けるだろう．……完全主義の理論家は諦めが早すぎたのではないかと思われる．

国際貿易の理論や理論的産業組織論の分野において，近年消費者余剰の概念が頻繁に応用されていることも，ここで言及しておくべきでしょう．こうした潮流に対するあなたのコメントをお願いします．

サミュエルソン　私の考えは非常にニュアンスに富んだものです．保護主義を巡る 2004 年の論争のなかで，私はリカード＝J. S. ミルの国際貿易モデルに関する論文を公刊して，凹状の余剰三角形よりは一様な貨幣単位で測った効用の方が，利得と損失の優れた測度を与えることを明らかにしましたが，倫理的な観点から所得を再分配する論脈において私が一様な相似拡大の公理を採用することは決してありません．たとえ豊かなひとと貧しいひとが所得を平等分配したにせよ——彼らは実際にそうはしないでしょうが——貨幣単位で測定された効用の総和を私が最大化することはあり得ません．コーデン＝ハーバーグの消費者余剰の三角形は理論的には脆弱であって，信頼を置けない概念です．正しい考え方は無差別曲線に着目することです．無差別曲線の空間では事態はずっと明瞭になるうえ，ピーターの無差別曲線だけに着目する場合には，ピーターとポールの二人の無差別曲線を分析する場合よりも，一層明瞭になります．ピーターとポールを一括して集計的需要曲線を描いて，需要曲線の下側の領域に注目するやいなや，技術的な誤りに陥ることになります．貨幣の限界効用が内生変数である限り，これらの三角形はあなたが計測したい余剰を測ってはくれないからです．マーシャルによる消費者余剰の概念の導入以来，この点が多くの人びとをマーシャル批判に向かわせてきました．1889 年にジョン・ネヴィル・ケインズがマーシャルに書き送った一通の手紙でケインズは，「この消費者余剰を巡ってあなたは問題を抱えるようになるでしょうし，あなたもこれが誤りであることはお分かりでしょう．財を1単位だけ購入する場合に支払う貨幣は，他の単位も購入する際に支払う貨幣とは異なっているのです」と書いています．ヒックスは補償需要曲線に関する論文を書き，それを受けてフリードマンは［彼の作品のなかで］特別

73

第I部　福祉と権利

に馬鹿げた論文を *Journal of Political Economy* に刊行して，マーシャルの *dd* 曲線は補償需要曲線に他ならないと主張しました．彼はその当時使われていた言葉を理解していなかったのです．

アーノルド・ハーバーガーは，当時のシカゴ大学において，指導的な応用経済学者でしたが，消費者余剰の三角形の計測を試みました．彼の独断的な考え方によれば，1平方インチの領域はどの図のものでも同じ1平方インチの領域であって，ひとの豊かさや貧しさなどは気にせずに，ピーターが持つジェリーとポールが持つジェリーを合算すれば，ジェリーの総量を得ることができるのです．マーシャルはもう少し注意深い表現をしました．彼の表現によれば「殆どのものはすべての階層に等しい影響を与える」のです．別の表現をすれば，殆どすべてのものは，全階層間でやがては平準化するのです．この表現は，私が少し前に述べたトリクル・ダウン（均霑）の原理——あらゆる世代の殆どすべての経済学者が暗黙裡に持ち続けてきた原理——に我々を連れ戻します．［この原理によれば］あなたがパイのサイズを増せば，その成果は人びとに均等に滴り落ちて平準化します．これは大数法則の曖昧な表現です．ひとつのグループが今回犠牲を強いられても，次の機会に犠牲を強いられるのは別のグループになるでしょう．ジョセフ・シュンペーターがこの考え方を信じていたことは確かであって，マーシャル流の消費者余剰の概念が広範囲に利用されたのは，まさにこのような信念が広範に共有されていたためです[11]．よく知られた事実ですが，リカードは従来の信念——あらゆる発明は実質賃金を上昇させるという信念——を撤回しています．ヴィクセル，カルドア，シュンペーター，スティグラーは，リカードの修正の正しさを私が証明するまでは，リカードの信念の撤回は誤りだったと信じていました．リカードが技術革新の速度の緩和を一度も支持しなかったのはなぜかと私は疑問に思っていました．私の最善の推測は，リカードもまた，長期的には［技術革新は］賃金の上昇に寄与するであろうと信じていたのだということです．心地よい希望的な推測に過ぎませんが……．

---

11)　消費者余剰に関するマーシャル以降の文献に興味を持たれる読者は，最初に Willig (1976) と Hausman (1981) を読むことをお勧めしたい．彼らの論文は，かなり対照的なメッセージを伝えている．

第 2 章 《新》《旧》の厚生経済学と社会的選択の理論

9. 厚生経済学と経済政策

鈴村 1981 年のバーグソン記念論文集に寄稿された論文であなたは，競争が果たす役割をこう書いておられます：「パレート最適を達成するという競争均衡が持つ性質は，決して自由放任を支持する理論的な議論ではなく，多くの状況下では競争の利用を支持する，説得的で実際的な議論であるとはいえない」と．これは興味深い洞察ですが，この洞察から一連の疑問が生じてきます．

第一に，あなたの考え方では厚生経済学の基本定理の最も重要なメッセージはなんでしょうか．

第二に，あなたの考え方では，資源配分のために競争メカニズムを利用することが望ましいとする理論的根拠はどこにあるのでしょうか．競争政策の理論的基礎を，あなたはどのようにお考えでしょうか．

サミュエルソン 競争が賞賛に値するのは，規模に関する収穫が一定である場合か，固定費用のために瘤状を持つ費用曲線が工場数の無限の増大にともなって平準化されて，チェンバリンの記念論文集に寄稿した論文（Samuelson 1967b）で私が示した条件が満たされる場合に限られます．この論文はジョセフの 1933 年の論文にその起源を持っています[12]．競争促進を支持する論拠として，厚生経済学の基本定理に言及されることが頻繁にあることは事実ですが，この言及は誤っています．ミルトン・フリードマンのような人々は，競争ゲームを遂行して，ゲームのプレーから利益を獲得することができるのは特殊な制度的条件が成立する場合に限られることを理解していないのです．固定費用があれば公共財の問題が発生します．有権者の投票を獲得するための自由競争は，トウモロコシを収穫するための自由競争がもたらす利益を生

---

12)　ジョセフの先駆者的な論文（Joseph 1933）は，複製可能なプラントや自由参入の下にある複製可能な企業に所属する U 字型の費用関数が，産業や多数プラントを持つ企業の単位費用関数を漸近的に水平な単位費用関数へ導くことを論証した．この萌芽的な研究を活用して，Samuelson（1967b）は複製可能な生産関数が「漸近的な一次同次性」を持つことを示したのである．

75

第 I 部　福祉と権利

み出すことはないのです.

鈴村　厚生経済学の実践的な有用性をあなたはどうお考えでしょうか. 厚生経済学は, どのようにしてまたどの程度まで, 経済政策の理論的基礎として役に立つのでしょうか.

サミュエルソン　私自身と私の同世代の経済学者たちが追求してきた厚生経済学の殆どは, パレート最適性を実現しないありふれた状況を排除する試みだったといってよいと思います. 私の世代の殆どの経済学者は, 契約曲線を外れた状態にいるよりは, 契約曲線上に位置する状態にいる方が望ましいと信じてきたのです. この信念を支持しないひとがいるでしょうか. あなたの選択が契約曲線を外れた点に限られていて, 初期配分点を通過する 2 つの無差別曲線が囲む領域内の契約曲線上の点の選択をオファーされれば, あなたはこのオファーを受け容れる筈です. しかし, 交渉が開始された時点では, 問題の 2 つの無差別曲線に囲まれた領域内のどの点で交渉が妥結するかは, あなたには分かりません. これこそロナルド・コースが犯した本質的な誤りです. コースが来臨して, 「所有権を設定しさえすればいかなる死重損失も発生しない」と宣言したとき, シカゴ学派の経済学者は欣喜雀躍しました. 彼らがあえて問おうとしなかった疑問は, 「所有権のもとで実現する新しい状況で, 現状 (status quo) と比較して同程度ないし一層望ましいものを獲得できると知らない限り, 誰も所有権のもとで実現される新しい状況に, 同意するわけがないのではないか」という疑問でした. 一般的な所有権のもとで, 所有権を持つ人びとの処遇は改善されますが, 所有権から排除された人びとの処遇は改悪されます. 可能な限りで最善の議論は, 所有権の導入から十分な追加的な利得が発生するために, 利得を享受する人びとは, 損失を被る人びとを補償できるというものです. しかしこの議論は難問を回避しているに過ぎないというべきです. なぜならば, この議論には現状がなんらかの意味で正しいと考える理由があるという, 暗黙の前提があるからです.

　私が 1974 年に公刊した "Is the Rent-Collector Worthy of His Full Hire?" という論文は, ある興味深い定理を提示しました. マーティン・ワイツマン (Weitzman 1974), ジョン・コーエン = マーティン・ワイツマン (Cohen and Weitzman 1975) も同じ定理を独立に証明していますが, その内容は次の通り

です．収穫逓減経済の静学的モデルを前提に有名な《共有地の問題》(problem of the common) を考えてみます．この設定のもとで共有地への自由アクセス均衡は非効率的ですが，私的所有制度のもとでの均衡は効率的です．ところが，可変的な生産要素（労働）への報酬は，私的所有制度の均衡のもとよりも自由アクセス均衡のもとの方が，必ず高くなります．もし政策的な含意を持つ厚生経済学などは存在しないというひとがいれば，実際に分析するまで明らかではない例としてこの定理を挙げることができます．この論文の結論で私が述べておいたように，「パレート最適だけでは決して十分ではない」(Samuelson 1974, p. 10) のです．

　関連性がある別の事例は，マーガレット・ホールの記念論文集に私が寄稿した論文に含まれています．この論文では物事は改善される前に往々にして改悪されることがあることが証明されています．最初の例と同じ設定ですが，今度は共有地の半分を囲い込めるものとします．共有地の半分に対して私的所有権を持てるのです．誰かが所有している半分側では可変的な生産要素の限界生産性は均等になりますが，残る半分では平均生産性が均等になります．1935 年以前の素朴な論者ならば「パレート最適のための条件の，半分でも達成される方が，［それさえも達成されない場合と比較して］確実に望ましい」と述べたことでしょう．この通念は間違っています．三種類の可能な状況，すなわち囲い込みの実行以前の共有地（状況 A），囲い込みが完了した共有地（状況 B），その中間の状態（状況 C）のうちで，中間の状況 C は両端の状況と比較して悪いのです．政策的に意味を持つこの小さな定理からは，多くの示唆を引き出すことができます．この定理は多くの状況の改善が実行されない理由を示唆しています．ダーウィン的な進化に対しても同じ洞察が妥当します．大きな飛躍を達成して脚を持つようになれば，大洋を脱出して陸地を占拠することができます．小さな変化を重ねることにより，どうすればあなたは大きな変化の達成を意義あるものにできるのでしょうか．真の進化論者ならば意識が介在する余地はないこと，進化は単なる過程であるに過ぎないことを理解しています．意識的にあれやこれや操作する利己的な遺伝子などは存在しないのです．

　この論脈でシュンペーターにも言及しておくべきでしょう．彼は《リカー

第Ⅰ部 福祉と権利

ドの悪徳》（Ricardian vice）に繰り返して触れました．彼が認識したリカード
の弱点とは，政策に対して過剰な関心を抱いていたことでした．愚かなケイ
ンズは，リカードの悪徳を克服しさえできたなら，その実力以上に卓越した
経済学者になり得ただろう，というわけです．ガラス張りの家に住むひとは
石を投げるべきではないといわれます．シュンペーターは誰にも助言を与え
ないと明言していましたが，実際には彼は欠かさず私に助言してくれていま
した．彼の政治的な考えはパレートに非常に近いものでしたが，その意見に
到達する道筋は，パレートとはまるで異なるものでした．中流階級の人びと
はヴィクトリア時代の自由を擁護しなかったという理由で，シュンペーター
は彼らを軽蔑していました．シュンペーター自身もリカードの悪徳から自由
ではありませんでした．リカードの悪徳に害されていなければ優れたもので
あった筈の彼の業績は，この悪徳から影響を受けていました．大恐慌に対す
る彼の態度は酷薄なものでした．人口の25％が失業状態にあり，百万単位
で家屋が抵当流れで取り上げられ，1万から1万5000の銀行が閉鎖されて，
預金者には一切支払いがなされない状況で，恐慌はよいことだとシュンペー
ターはいったのです．分析者の倫理的な信念が厚生経済学といかなる影響を
与え合うかを学ぶこと，またそれが分析的な学問成果と視点をいかに不純な
ものにするかについて慎重に考えるようになることは，厚生経済学を学ぶこ
との利点のひとつです．政治的見解が経済学の妨げになることを軽蔑してい
たパレートですが，自説を曲げない点ではまったく人後に落ちないひとでも
ありました．彼の議論の最後の段階では，あらゆる非合理的な物事を分析し
ているパレートですが，その分析を彼は経済学ではなくて社会学と呼ぶこと
を選んだのです．

鈴村 「厚生経済学の奇妙な消滅」というタイトルの論文（Atkinson 2001）で，
アンソニー・アトキンソンは，現代経済学なかんずく大学院の標準的な経済
学のカリキュラムで厚生経済学の主要な関心対象とされてきた社会厚生に関
する評価の基礎が素通りされる傾向が顕著である事実に，強い懸念を表明し
ています．この懸念に対するあなたのコメントと，厚生経済学の将来の展望
に関するお考えを聞かせて下さい．

サミュエルソン 1929年から1935年にかけての大恐慌と，1939年から

第 2 章　《新》《旧》の厚生経済学と社会的選択の理論

1945 年にかけての第二次世界大戦を忘れるにつれ，経済学者たちは不平等により寛容になってきましたし，自分の財布だけを気にかけるようになってきました．殆どの先進国で有権者もまた似た傾向を示しています．あなたが好むと好まざるとに関わらず，それが事実です．

鈴村　厚生経済学と社会的選択の理論が今後進むべき有益な方向について，どのようなお考えをお持ちでしょうか．

サミュエルソン　有益な政策勧告を行うために勧告者が依拠するバーグソン流の社会厚生関数を明示化することに優るとも劣らず重要なことは，どんな社会厚生関数をも拘束せざるを得ない現実的な実行可能性制約に細心の注意を払う必要があるということです．この点を指摘せずには我々は怠慢の譏りを免れません．ある実話がこの点の説明の一助となるでしょう．

　1970 年前後のことでした．当時，全アメリカの大学生たちはヴェトナム戦争に苛立っていました．MIT の経済学部の学生が，私にノーム・チョムスキーと討論することを依頼してきました．チョムスキーは偉大な言語学者であり，現代の秩序を強く批判していました．断れそうにはないと思った私は，大聴衆の前で彼と討論しました．その日のチョムスキーは紳士的であり，我々は MIT の経済学部と経営学部の本拠地で討論しましたが，6 年間も経済学を学んできた MIT の数人の学生が驚く程愚かな発言をしたことに，私はとてもがっかりしました．家に帰るドライブの途中でその午後の討論を思い返していた私は「チョムスキーの信念が持つ構造は，どのようなものだろうか」と自問してみました．正しいか間違っているかはともかくとして，私は次の仮説に辿り着きました：

　　チョムスキーの希望は，アメリカ及び世界中の社会を経済面で組織する際に，調和がとれたイスラエルの集産主義共同体＝キブツをモデルにしたいということだった．数人のメンバーを含む家族は，メンバーごとに相応しい欲求に従って分配を受けるとともに，生得ないし後天的に獲得した能力に対応する貢献を期待されるわけである．

　チョムスキーはこれまでとして，古い周知の論点に関心を絞りましょう．

79

第 I 部　福祉と権利

1917 年から 2000 年までのソ連邦，毛沢東の中国，カストロのキューバ，東独，北朝鮮の最近の経験と，5000 年以上に及ぶ経済史の経験の双方から教訓を求めるとき，準市場経済に経済運営を委ねることを回避し続けた大多数の人びとが，実現可能な高い生活水準と長寿と消費ポテンシャルの両面で，潜在的に可能な持続的成長の実現にみじめなまで失敗した理由は，なんだったのでしょうか．レッセ・フェールの市場システムは許容できない程の不平等とマクロ経済の不安定性を生む蓋然性が高いことを考慮に入れても，私は私的市場への公共的な介入が不可避的に伴うかなりの非効率性を許容しつつ，同時にこれら公共的な介入には制約を課したいと望んでいます．例えば，ジョン・ロールズが私とは立場を異にしてチョムスキー流の積極的現状改革を支持するものとすると，ロールズとサミュエルソンの社会厚生関数は——いくつかの例外を除いて——類似していることが分かっているにしても，彼と私との現実感覚における相違が，それぞれの整合的な規範感覚の相違では説明できない政策上の立場の相違の殆どすべてを説明できる筈です．

10.　おわりに

　サミュエルソン教授は規範的な経済学の歴史的な生成過程について，ほぼ無尽蔵なまで豊かな現場情報の供給源だった．教授の寛大さによって，今回のインタビューでは《旧》厚生経済学，《新》厚生経済学及び社会的選択の理論の様々な側面を広範囲に議論することができた．提供された新鮮な証言は，この研究分野に新規に参入された方々にとって目から鱗が落ちる経験となったのではあるまいか．

　とはいえ，サミュエルソン教授の規範的経済学への多くの貢献のうちには，今回のインタビューで触れる機会がなかったものも，決して少なくはない．そのような貢献のなかでも，自由貿易の利益に関する教授の記念碑的な業績，異時点間の資源配分の効率性とターンパイク定理に関する洞察に満ちた開拓者的な業績，重複世代経済モデルの先駆者的な展開，公共財の理論に大きな影響力を与えてきた貢献などは，とりわけ重要である．サミュエルソン教授

が規範的経済学の全領域に残された遺産に一層の光を当てるためには，機会を改めて新たなインタビューを行う必要がある．サミュエルソン教授が今後も規範的経済学の導きの星であり続けることを著者は期待している．

[追記]

　厚生経済学の分野でサミュエルソン教授の盟友として，社会厚生関数の概念を導入したアブラム・バーグソン教授は 2003 年 4 月 23 日に永眠された．彼の逝去を悼んで，サミュエルソン教授はバーグソンの業績と経歴を回顧する論文を捧げた (Samuelson 2004)．その中で彼は次のように書いている：「89 歳で逝去したとき，アブラム・バーグソンはフランク・タウシッグがハーヴァードで指導者として君臨した時代の最後の生き残りだった．彼はまたジョセフ・シュンペーター，若きワシリー・レオンティエフ，広範囲に渡って業績を残したゴットフリート・ハーバラー，1937 年にハーヴァードに赴任したアルヴィン・ハンセン——かの《アメリカン・ケインジアン》——が指導した新時代の若きスターであり続けた．レオンティエフの二番目の弟子として私はバーグソンを先輩として持ったことを誇りに思っている．バーグソンは，レオンティエフの最初の弟子だった．私の誇りの理由は，厚生経済学における私の貢献が，1938 年の *Quarterly Journal of Economics* に掲載された彼の古典的な論文に，事実上すべてを負っているからである．この論文こそ厚生経済学の分野を初めて明確なものにしたのである」と．

　サミュエルソン教授自身も 2009 年 12 月 13 日に逝去された．論文末尾で期待を述べた第 2 回サミュエルソン・インタビューを実行する機会は，永遠に失われたことになる．教授の経済学，特に規範的経済学に対する不朽の功績を讃えて，ご冥福を衷心よりお祈りしたい．

第 3 章

効率性・衡平性・正義を巡って
──宇佐美誠教授との対話

　　2015 年に『経済セミナー』の編集部は，効率性・衡平性・正義を巡る法
哲学と規範的な経済学の対話を求めて，著者と宇佐美誠氏（京都大学地球
環境学堂教授）の対談「法哲学と経済学の対話」を企画した．本章は『経
済セミナー』No. 686，2015 年 10・11 月号に公刊された対談録に，加筆
と修正を加えたものである．再録を快諾された宇佐美氏と『経済セミナー』
編集部に，厚く感謝申し上げたい．

1. はじめに

編集部　宇佐美先生のご専門の法哲学は『経済セミナー』の読者にあまりな
じみがないかと思いますので，自己紹介を兼ねて，法哲学とはなにかについ
て，最初にお話し下さいますか．

宇佐美誠　法哲学は，法について，一般的かつ原理的に考える分野です．一
般的というのは，憲法，民法といった個々の法律ではなく，法一般を考える，
あるいは法システムのなかで働いている正義・自由・平等などの価値につい
て考えるということです．また，実定法学ですと，例えばある法律が妥当し
ていることを前提して，その法律の解釈を行うわけですが，法哲学では，そ
もそも法が妥当するとはどういうことかを考えるといった具合に，前提にま
で遡って考察するという意味で，原理的なのです．

　この対談のタイトルには「法哲学と経済学の対話」とありますが，私は日
本の法哲学を代表するような者ではありません．そのひとつの意味は，こう

第I部　福祉と権利

いうことです.

　私は,《思想研究》と《論点研究》という区別をしています. 思想研究は,
特定の思想家や特定の学派を理解したり, 検討したりすることを目的として
います. 他方, 論点研究では, 個々の思想家から独立して存在する論点につ
いて考えることが目的です.

　日本の哲学や法哲学, 倫理学では, 従来は思想研究が非常に盛んに行われ
てきました. そうしたなかで, 私は, 思想研究だけでなく論点研究も活発に
なるべきではないかと思いまして, 1990年頃に研究を始めた当初から, 論
点研究を行ってきたわけです. その点で, 私は多くの法哲学者とは違ってい
ます. もっとも, 最近では幸いなことに, 論点研究を専門とする若手も増え
てきました.

編集部　具体的には, どのような論点に関心を持たれているのでしょうか.

宇佐美　この20年ぐらい取り組んでいるテーマのひとつは, 正義の概念が
妥当する範囲を拡張するような研究です. そのひとつの方向性は時間的な拡
張でして, 同一時点で存在する人びとや, あるいはその人びとを取り囲む社
会制度に関する正義とは区別された, 異時点にいる集団の間の正義, つまり
世代間正義について論じてきました. もうひとつは空間的な拡張で, この
10年ほど, 国家を超えたグローバルな正義について考えてきました.

　そのような世代間正義への研究関心もありまして, 鈴村先生が, 2000年
に科研費プロジェクト（地球温暖化問題を巡る世代間衡平性と負担原則）の研究
会で報告をするように誘って下さって, その後は研究協力者として関わらせ
ていただきました. このとき, 鈴村先生をはじめ, 経済学の他の先生方とも
知り合い, それ以来, 大きな刺激を与えていただいています.

編集部　それでは, 鈴村先生の研究領域についてお聞かせ下さい.

鈴村興太郎　私の研究分野は, 厚生経済学と社会的選択の理論です. 経済学
は, 現実の経済制度や経済政策を記述して, 経済の実際の動きを研究する事
実解明的な分野と, あるべき制度や政策を設計者の観点から構想すること,
現実の制度・政策を批判的に吟味すること, 人間生活の改善のために制度や
政策に関する提言を試みることを課題とする, 規範的な分野から構成されて
います. 私自身の研究は, 主として規範的な経済学の基礎論というべき分野

84

で行われてきました.

　規範的な理論への私の関心は, かなり早い時期に芽生えました. 1960 年安保闘争の時代に高校生だった私は, 民主主義や自由主義という規範的スローガンを, 対立する両陣営のいずれも用いて反対陣営を批判していることを, 奇妙なことに思っていました. 社会科学的に幼稚な高校生には, この状況を整合的に理解することはできずに, 民主主義や自由主義という基礎概念を深く理解することは, 将来の課題として残されました. この宿題を意識して, 私は社会科学の総合大学を標榜する一橋大学に進学したわけです.

　私の大学生活は, 講義や演習から学ぶこと以上に, 濫読ともいうべき読書に漬かったものになりました. 私の幸運は, 濫読の過程で遭遇した書物のなかに終生の道標になった三冊の古典があったことです. アーサー・ピグーの『厚生経済学』, ケネス・アローの『社会的選択と個人的評価』, アマルティア・センの『集団的選択と社会厚生』が私の古典です. 高校時代の宿題はこれらの古典を学んで一層大きな社会科学的な課題に拡大されて, 私の研究の大枠となっていったのです[1].

　宇佐美さんが触れられた思想研究と論点研究の二分類を借用していえば, 私はピグー研究, アロー研究, セン研究というような思想研究に携わることは, 殆どありませんでした. 私の研究の主眼点は, 民主主義的な意思決定手続きの公理主義的な特徴付け, 民主主義と自由主義の両立可能性を保証できる条件の発見, 個人の権利と社会の福祉の対立と止揚の可能性, 経済制度や経済政策の在り方を考える際には, 制度や政策の《帰結》に注目する観点に留まらず, 制度や政策の《手続き》に対する評価も考慮する観点に立って, 社会的評価の情報的な基礎を拡張する試みに乗り出すことなど, 論点研究の基礎を追求することに絞られてきたのです.

　ただし, 基礎論を研究する理論家であるといっても, どのような論点研究が社会科学的に重要であるかを判断するためにも, 現実の経済政策と制度改革の現場にもときどき出動して, 基礎論の成果の切れ味を確認するとか, 基礎論的研究の新たな課題を発掘するなど, 理論的な研究と政策論的な研究と

---

1)　著者の経済学事始めについて, 詳しくは鈴村興太郎 (2014) 及び本書第 8 章を参照されたい.

第 I 部　福祉と権利

の往復運動をしつつ現実感覚を磨く必要があることは当然です．私の場合には日本の産業政策，競争政策，通商政策の研究にも取り組んで，この主旨の研鑽を積むことに努めてきました．

編集部　哲学や倫理学との接触にはどういうきっかけがあったのでしょうか．

鈴村　規範的経済学の基礎論を追求しますと，研究の軌道はおのずから哲学，倫理学と自然な接点を持ってきます．先に触れた論点研究の事例を振り返ってみても，民主主義的な社会的意思決定ルールを特徴付けしようとすれば，政治哲学の基礎論を学ぶことから論点の発掘を試みる作業が，民主主義を標榜する現実の政治制度の批判的な観察と並んで最初の数歩になります．また，ミルの『自由論』やバーリンの『二つの自由概念』が指摘したように，民主主義と自由主義は，しばしば対立する要請を，社会的な意思決定プロセスに課します．その対立の発生源を探って対立を止揚する道筋を発見するために，社会的選択の理論は政治哲学との往復運動を行う必要があります．さらに，ピグーが創始した厚生経済学は，人間生活の改善の道具を模索する実践科学でありますが，ベンサムの功利主義の伝統に根差して《最大多数の最大幸福》をスローガンとするだけでは，多数の人びとの福祉の改善の陰で人間の最小限の自由さえ蹂躙される危険性を否めません．厚生経済学の理論的研究は，ロールズやセンが追求する正義論の研究と自覚的なインターフェイスを構築する必要があるのです．この面において，私は大きな幸運に恵まれました．私にとってアマルティア・センは，規範的経済学の最高のメンターのひとりなのですが，彼は政治哲学，道徳哲学，正義論と規範的な経済学とのインターフェイスを構築する点でも，格好の機会を私に与えてくれました．私がハーヴァード大学で研究していた折に，センは哲学部にある彼のオフィスを私に提供してくれたのですが，そのオフィスの右隣には『アナーキー，国家及びユートピア』のロバート・ノジック，左隣には『正義論』のジョン・ロールズのオフィスがありました．ノジックは自由主義的権利論で博士論文を作成中の学生の指導を私に依頼してきて，実り多い対話の端緒ともなりました．

2. 衡平性と公平性

編集部　哲学や倫理学における衡平性や効率性の概念は，経済学で用いられるものとは違うのでしょうか．そもそも，《衡平》と《公平》の使い分けの方法について教えて下さい．

宇佐美　まず《衡平》（equity）の方ですが，法学の世界では，判例法が非常に重要な位置を占めるコモン・ロー系の法体系での概念として理解されていると思います．イギリスや，その植民地だったアメリカ，オーストラリア，カナダなどでは，——これも同じ言葉で紛らわしいのですが——コモン・ローと呼ばれるルールが，判例法の主要な部分となってきました．ただ，一般的ルールを個々の事案に適用すると不都合が生じる場合には，個別に補正するために，エクイティと呼ばれる原理が現れて，これがやがて別の判例法の体系として発展していったわけです．

　法哲学という分野は日本では法学のなかに位置付けられていて，法学部出身者によって担われていますので，《衡平》についても，今お話ししたエクイティという意味で理解されることが多いかと思います．

　ただ，哲学的な話を少し付け加えるならば，equity の起源を遡りますと，例えばアリストテレスの『ニコマコス倫理学』第5部に正義の話があって，そのなかに to epiekes というギリシア語が出てきます．一般的ルールを適用すると個々の事案で不都合が生じるとき，個別に補正する原理のことです．こういう言葉の歴史的背景があって，コモン・ロー系の法体系のエクイティがあるわけです．

　もうひとつの《公平》は fairness に当たりますが，法哲学や政治哲学では，むしろ《公正》と訳されることが多いと思います．fairness という言葉には，もともと審美的な意味があったそうで，美しい（fair）ということですね．晴天だとか，美人だとかが，古い意味だったようです．そこから，行動や判断が麗しい，立派だという意味でも使われるようになり，公正だという道徳的な意味が加わりました．

第 I 部　福祉と権利

　現在の用法を見ながら少し整理しますと，fairness には 2 つの側面がある
と思います．ひとつは，結果が道徳的によいということ．例えば，fair
share（公正な取り分）や，fair wage（公正な賃金）というときには，結果とし
て誰かが然るべきものを受け取るという話です．

　もうひとつ，これは古い意味をひきずっているわけですが，過程や手続き
の面での公正があります．例えば，fair trial（公正な裁判）というものは，最
終的に判決が公正ならばそう呼べるというわけではなくて，両方の主張をき
ちんと聞く，反論の機会を相手方に与えたなど，きちんとした手続きにのっ
とって行われた裁判をいうわけです．

　このように，公正には，人間の行為や，人間の行為が組み合わさった制度
が生み出す結果がよいという意味だけではなくて，行為そのもの，あるいは
制度の過程や手続き自体がよいという意味も含まれている点が重要だと思い
ます．

鈴村　規範的経済学での公平性と衡平性の概念を，私は慎重に区別して用い
てきましたが，この区別が日本で根付くまでには随分長い時間を要しました．

　それには理由があります．公平性は日常的に人びとになじみ深い表現です
が，衡平性という表現は日本では日常的な感覚との距離がありました．経済
学者も衡平性の概念をなかなか受け入れてこなかったのです．衡平性の概念
が国際的に広範に根付いたのは，1970 年代以降のことだといっても大きな
間違いはありません．《無羨望状態としての衡平性》（equity-as-no-envy）とい
う概念にセルジュ・コルム，ダンカン・フォーリー，ハル・ヴァリアンなど
が正確な定義を与えて使い始めて，その後広く定着するようになったのです．
自分と相手の立場を想像上で交換してみても，誰も他人の境遇に羨望を持た
ない場合には当初の状態は衡平であるというのがその要諦です．このアプロー
チは，効用や厚生の基数性も個人間でその大小比較の可能性も前提せず，
資源配分の《善》と《悪》の規範的な判断を行う点では，現代経済学の標準
的な情報的基礎と完全に整合的である点も，広い支持の根拠となっているよ
うです．この無羨望衡平性アプローチは羨望のない状態としての衡平性とパ
レート効率性を同時に満足する資源配分を《公平》（fair）配分と名付けてい
ます．

88

衡平性の概念に関しては，宇佐美さんも触れたもうひとつの重要な論点があります．衡平性を理解する方法には《帰結主義》的アプローチと《手続き主義》的アプローチという二種類の考え方があるという論点です．

帰結主義的アプローチは，帰結の集合で定義される《帰結道徳律》(outcome morality) から出発してその道徳律を満足するという意味で善い帰結を実現する制度や政策を，望ましい制度や政策であると考えます．《パレート効率性》(Pareto efficiency) という帰結道徳律から出発して，パレート効率的な帰結を実現する制度や政策は善い制度や政策であると考える立場が，標準的な厚生経済学が採用してきた帰結主義的アプローチです．これとは対照的に，制度や政策が持つ手続き的な《正しさ》(rightness) を判断する先験的な基準を前提にして，正しい手続きに基づいて実現される帰結は，手続きの正当性を反映して正当な帰結であると考える立場は，手続き主義的アプローチと呼ばれています．

羨望のない状態としての衡平性は，明らかにひとつの帰結道徳律です．1970年代以降の厚生経済学は，羨望のない状態としての衡平性とパレート効率性という2つの帰結道徳律を同時に満足する公平な帰結の存在証明と，公平な帰結を実現する手続きの設計と実装に，活動のひとつの焦点を絞ってきたといって差し支えないと思います．

経済学者の大部分は帰結主義者です．それだけに，手続き的衡平性は経済学を学んでいる方々にはかなり異質な考え方に思われかねません．そこで，ひとつの具体的な論脈でこの考え方の意味と意義を敷衍しておきたいと思います．

1960年代から1990年代頃にかけて，日本とアメリカは両国間の貿易摩擦を解決するために輸出の自主規制や輸入の自主拡大のように二国間で政治的な取り決めを重ねてきました．GATT／WTOレジームという正式な多国間取引ルールと紛争処理メカニズムがありつつ，その外部で二国間交渉による紛争処理の合意をアド・ホックに作ろうとする企てに批判の余地があることは当然です．この批判に対しては，「多国間交渉はあまりに複雑であり，敏速な合意が形成される期待はきわめて低い．二国間交渉によって機敏な紛争処理を達成したうえで，成果をGATT／WTOレジームの最恵国待遇ル

第Ⅰ部　福祉と権利

ールに基づいて協定加盟国に平等に均霑すれば，効率と公平を両立させる紛争処理が可能になる」という主旨の反論がなされてきました．私にはこの反論が正しいとは思われないのです．なぜならば，日米貿易摩擦から影響を受けつつ，二国間協議の課題を設定する場からも実際の交渉過程からも排除される第三国が，必ず存在するからです．こうした第三国は日米二国間の合意の結果から便益を受けるにせよ，この紛争解決の方法には大きな不満を持つに違いありません．彼らは紛争解決のメカニズムに参加する《権利》を剝奪されることから，帰結の《善》に均霑することによっては補償されない不満を抱くことになるからです．

　厚生経済学と社会的選択の理論は，帰結の《善》に専ら関心を絞る《帰結主義》的アプローチに閉じこもらず，《手続き主義》的アプローチにも関心を拡大して，規範的経済学の基礎を充実させる試みに踏み出すべきだと私は考えているのです．

宇佐美　先程いわれた《無羨望状態としての衡平性》で思い出したのは，法哲学者ロナルド・ドゥオーキンの平等論です．彼の平等論の面白いところは，経済学者が衡平の意味として定義したものは，実は平等の意味なのだといったことです．従来，平等とは，例えば2人のひとがいたら半分ずつに分けることだと考えられてきました．ところが，ドゥオーキンは『平等とは何か』のなかで，個人の選択を問わずに皆が同じだけ持つことは，弱い政治的価値でさえなくて，そもそも政治的価値ではないのだといいきっています．

　平等が，個人の選択を問わず等しく持つことではないとすれば，ではそれはなにか．ドゥオーキンの答えは，無羨望状態でした．思考実験として，貨幣の初期量を均一にしたうえで，オークションを繰り返したすえに，あらゆる個人にとって，他の誰が持っている財の束と比べても，自分が持つ財の束の方がよいというとき，平等が達成されているというのです．これは，法哲学が経済学から分析ツールを学んだ顕著な一例です．

　ドゥオーキンの平等論は，その後いろいろな角度から批判を受けて，研究が進んでゆくわけですが，その研究は部分的には経済学者によって担われてきました．これは，経済学から法哲学への影響が，今度は法哲学から経済学へと還流していった例だといえます．

90

鈴村 ドウォーキンは非常に重要な法哲学者だと思います．彼は経済学との接触面を自覚的に活用してきました．彼が平等論のなかに保険市場の考え方を導入してきたのも，厚生経済学の基本定理があってこそのことではないかと思います．基本定理によれば，初期配分が平等であればその初期配分それ自体は効率的ではない場合でも，競争市場における自発的な交換を経由してパレート効率的配分が実現されることになります．私はドウォーキンの発想の基礎には基本定理の洞察があったことは，確かなことだと思います．

3. パレート効率性

宇佐美 今いわれたパレート効率性ですが，法哲学ではこれまで，効率性に対する考慮がなさすぎた．そもそも効率性が法哲学と関連性を持つという認識さえこれまで弱かったという点が問題だと，私は考えています．

　少し説明しますと，法哲学はいくつかの下位分野に分かれていまして，3つという理解と，2つという考え方があるわけですが，少なくとも以下の2つの下位分野については見解が一致しています．ひとつは，法とはなにかを考える《法概念論》です．もうひとつは，法システムが実際に動くときに，そのなかで法的決定の根拠とされ，あるいはそれを批判したり評価したりするときに使われる様々な法価値について考える《法価値論》です．法価値論のなかで主に議論されてきたのは，正義，自由，平等です．ところが，ここには効率性が入っていません．

　法哲学の関心の中心は法システムですが，法システムの基底になっているのは民法です．法学部で最初に履修できる科目には民法が入っているということからも分かるように，民法は，単に並列している法律のひとつではなくて，法システムの基底となっているのです．

　その民法のなかでも重要な制度として，契約や所有権があります．私はいくつかの法科大学院で《法と経済学》を教えてきましたが，学生の大半は，法学の素養はあっても経済学の素養はないのですね．そこで，パレート効率性を説明するとき，必ず契約を例に挙げます．申込みと承諾によって契約が

第I部　福祉と権利

締結され，履行される．そうすると，お互いに契約の締結前よりもよい状態になるわけで，これがパレート改善ということなのだと教えるわけです．そこからさらに一方の状態がよくなるには，例えば，いったん払ったお金を戻してもらうなどしなくてはなりませんから，相手は今より悪い状態になる．これがパレート効率的な状態なのだと．このように，法システムの基底的な一部分になっている契約という制度を理解するときに，効率性の概念は実は大きな関連性を持っているわけです．

それから，所有権をどのように理解するか．もし所有権制度がなければ，自分が現実に持って使っているものを人に取られてしまっても，制度の強制力をもって取り戻すことはできない．そうすると，盗み合いの状態になる．これは n 人囚人のジレンマであって，ナッシュ均衡はパレート非効率的です．この非効率なナッシュ均衡をパレート効率的な均衡に変える制度として，所有権を理解することができるのだと，授業では説明するわけです．

このように，効率性が重要な場面が法システムにはたくさんあるのに，その法システムを考える法哲学のこれまでの研究では，効率性をあまりにも考慮してこなさすぎたと感じています．

鈴村　日本の《法と経済学》は，法学の研究分野のなかでは効率性至上主義に傾斜しているという印象を持って，私は懸念を抱いていましたが……．

宇佐美　そうですね．日本の法と経済学では，効率性の観点からの規制緩和論がひとつの有力な立場として主張されてきたので，その限りでは，先生のコメントが妥当するかもしれません．ただ，法と経済学では，既存の法制度や法現象についてのミクロ経済学的な理論分析とか，あるいは実証研究も行われています．そこでは，効率性は，たしかに重要だがあくまでもひとつの価値であって，他の価値が否定されているわけでは決してないと思っています．

日本に法と経済学が導入されて久しいですし，最近では研究も教育もかなり盛んになっています．それでも，多くの法学者は，法と経済学は自分たちの研究とはまったく異質で，しかも無関係だと考えています．しかし，法と経済学の名のもとでこれまで行われてきた研究だけが，法学と経済学のインタラクションの全体を示しているわけではなくて，様々な新たなアジェンダ

がまだまだあると，私は考えています．

鈴村　法と経済学の現状には効率性万能視の嫌いがあり，それは法学と経済学の相互交流の形として幸せなものではないと私は懸念していましたが，法学と経済学の今後の相互交流には，もっと豊かな可能性がある筈だと，私も期待しています．経済学の側にも社会的決定の《帰結》(consequence) のみに注目する帰結主義的な傾きを補整して，社会的決定の《手続き》(procedure) の公正性とか，最終的な社会的決定の背景にある《選択機会》(opportunity to choose) の豊穣さなどに注目する動向が登場していて，法的システムの正義，自由，平等に価値を認める法哲学とのインターフェイスが，その外延と内包の両面で一層充実されることが，いままさに求められていると思います．

4. 補償原理

鈴村　ドゥオーキンの話に戻りますが，彼は平等の概念を拡張して考えるにしても，そもそもなにに関する平等を考えていたのでしょうか．私は平等性に関しては，つねに尋ねるべき質問が2つあると考えています．第一の質問はWhat is Equality——平等とはそもそもどんな概念か——を尋ねるものです．ドゥオーキンは平等性の概念上の拡張を問題提起して，最終的に成功したかどうかはさておいて，議論が沸騰する場を提供したという意味では大きな成功を収めたと思います．

　第二の質問は，Equality of What——なにに関する平等性か——を尋ねるものです．当初，ドゥオーキンは《厚生》の平等性 (Equality of Welfare) を検討してこの考え方を最終的に否定しました．次に《資源》の平等性 (Equality of Resources) に議論の軸足を移動させて，ドゥオーキンはこの場に大きな足跡を残しています．

　資源の平等論に関しては，かなりの論争の余地があると思います．資源の平等性をターゲットとして，競争的な市場メカニズムをその目標を達成する手段として使うかどうかに関してもまた別の次元の問題があると思います．しかし，ここで私が尋ねたい点は，ドゥオーキンの資源の平等論によって，

第Ⅰ部　福祉と権利

平等性の理論は哲学的な基礎を得たことになるのかという点です.

　資源に関心を寄せる点では，ドウォーキンの資源の概念もロールズの社会的基本財の概念もセンの潜在能力の概念も，資源主義の一種と捉える考え方も可能だと思います．ロールズやセンの立場も視野に収めたうえで法哲学は資源主義をどのように評価しているのでしょうか.

宇佐美　なにの平等かという論点については，厚生主義，資源主義，潜在能力アプローチという3つの立場があります．ご存じのように，厚生主義の最もよく知られた例は，快苦とか選好充足とかの効用を規準にする功利主義ですが，最大化を目指す功利主義と違って，効用の均一化を目指すのが，厚生主義的な平等論です．それに対して，社会的基本財の分配問題として正義を語ったロールズは，おっしゃる通り，資源主義的な平等論の先駆者だといえます．実際，センが1979年の講演『なにの平等か』でこの論点を提起したときには，ロールズを資源主義の提唱者としていました.

　ただ，ロールズとドウォーキンは，同じ資源主義でも重要な点で違っていると思います．ロールズの社会的基本財のリストには，基底的諸自由，職業機会，それから所得や富も入っています．つまり，機会と，機会を使って得られる実体的なものとが，両方入っているわけです．それに対して，ドウォーキンは，機会を資源のなかには入れずに，最終的に得られる私的財を資源として考えた.

　ドウォーキンによる厚生主義批判に対しては，厚生主義の側から，厚生の平等と厚生の機会の平等を区別することによって，反論しようとする動きが出てきました．実は面白いことに，同じ区別は資源についても可能なので，資源の平等と資源を得る機会の平等とを区別できる．潜在能力の場合には，そもそも機会という要素が入っているので，「潜在能力の機会」とわざわざいうのは冗語になってしまいます．それに対して，厚生主義と資源主義については，厚生とそれを得る機会，あるいは資源とそれを得る機会を区別する必要がある．今では，機会を括り出さなかったロールズの地点から，機会を括り出す地点まで，研究が進んできたと思います.

　他方，センは資源主義に対して批判を加え，ドウォーキンはそれへの反論を試みています．ここには2つの難しい論点があると思います．ひとつは，

94

第3章 効率性・衡平性・正義を巡って

個人の外側にある資源について平等の達成を目標にすることが，どこまで説得的なのか．同じ種類の資源を等量だけ持っていても，その資源を使ってできることには，個人間で大きな違いがあるからです．もうひとつの論点は，翻ってセンの潜在能力アプローチをとる場合には，個人によって属性が千差万別で，内的な潜在能力は大きく違うので，このように個人個人で大きく異なるものに関して，平等を本当に説得的に語れるのかという点も，問題とされています．

　私は，いろいろな局面でドゥオーキンの影響を受けていまして，なにの平等かについては，資源主義に近い立場をとっています．しかし，潜在能力という観念の助けなしに資源主義的理論を説得的に提示できるかというと，私は懐疑的です．個人ごとに異なっている潜在能力を類型化して選抜したうえで，これを資源主義的な枠組みのなかに取り入れる必要があるだろうと思っています．

鈴村　重要な問題点のひとつとして，個人間の資源の譲渡可能性があります．あるひとが持つ能力を個人間で譲渡する可能性は基本的には存在しないため，重要な資源の少なくとも一部は，平等に分配する方法がないことになります．また，分配する対象のなかに果物とケーキとワインの他に愛犬も含まれているとすれば，物理的な意味での平等分配は，実行不可能であることになります．物理的に平等分配する方法がない財束を衡平に分配するためには，なんらかの意味で《補償》（compensation）措置を導入せざるを得なくなる——経済学者ならばそう考えていくだろうと思います．

　宇佐美さんが説明されたように，経済学者がいう効率的な状態は物理的に平等な状態ではなく，その状態で財をどう再分配しても，すべての人びとを一層満足させる余地がないパレート効率的な状態を意味しています．異論の余地が殆どないという点で，パレート効率性の概念の有用性は確かですが，この概念だけを用いて分配の正義の問題を解ける状況は，非常に稀であるというべきではないでしょうか．

　簡単な例は1枚のチョコレート・バーを数人で分配する状況です．始めにチョコバーを2等分して半分をドブに捨て，残る半分を全員に分配する状態は，どうみても非効率的です．半分をドブに捨てる代わりに，全員に追加的

第 I 部　福祉と権利

に平等分配すれば，全員をより満足させる余地があるからです．

　次に，物理的な無駄は避けてチョコバーを全員に分配することにします．そのときあらゆる分配方法は，パレート効率的であることになります．物理的には無駄がないどの分配状態から出発して，誰かの満足を改善するためには，別の誰かのチョコバーを削り取る他はないため，削られたひとの満足は減少せざるを得ないからです．

　チョコバーの分配のように，分配対象の財がひとつだけというのは経済学が分析する状況としては非常に特殊です．複数の財を多数の個人に分配する状況を考えてみると，パレート効率性という《善》の基準の射程が延長されることは確かです．とはいえ，財の2つの分配状態を任意にとる場合に，いずれの分配状態が社会的に善い状態であるかを判断するために，パレート効率性基準を活用できる場面は，むしろ稀だというべきです．この場合も，経済学者が助けを求めた手段は，分配状態の変化から受益する人びとと損失を被る人びととの間の仮説的な補償の支払いを導入して，全員一致性を要求するパレート基準の射程を延長する措置でした．

　このように，分配の《善》と《正》を考察する際に，厚生経済学者はしばしば補償の支払いという補助線を引き，議論の隘路を克服することを試みてきました．宇佐美さんにお尋ねしたいのですが，法哲学は補償という補助線をどのように活用してきたのでしょうか．

宇佐美　法哲学で補償という考え方が出てくる文脈は，運の平等主義です．運の平等主義というのは，個人の選択の結果として生じた不利さは社会的に補償しなくてよいけれども，個人が統御できない状況から生じた不利さ，つまり不運な結果については補償するべきだという立場です．これは，選択による運（option luck）と剝き出しの運（brute luck）というドゥオーキンの区別から示唆を得て，1980年代の末から主張されるようになりました．

　運の平等主義は，我々の道徳的直感の少なくとも一部に合っています．例えば，私の買った宝くじが外れた場合に，私が社会から宝くじの代金分を補償されるべきだと考えるひとはいないわけです．その理由は，私は宝くじを買わないでおくこともできたのに買うことをあえて選択したからです．他方で，私が青信号で道路を渡っているときに突っ込んできた自動車に轢かれ，

重度の障害が残って，大学教員の職を失い，その結果として貧しくなったという場合には，もし運転者に資力がなければ社会から補償されるべきだと，多くのひとは考えるだろうと思います．交通事故が，私には防ぎようがない不運だったからです．

このように，運の平等主義は直感に合う一方で，例えば僅かに不注意な選択によって極貧に陥っても，それでも社会的な補償を全面的に否定するべきかなど様々な批判を受けてもきました．また，選択と状況をどのように線引きするかなど，主張者の間で意見が分かれる論点もあります．こうして，個人の選択を平等論で考慮するべきかという問題は，なにの平等かと並んで，平等論の一大論点となっています．

5. ロールズとセン

鈴村　ドウォーキンとの関わりで名前が出たロールズと，ドウォーキンへの批判者として名前が出たセンについてお話ししたいと思います．私が知る限り，センはロールズを批判してきましたし，その批判の舌鋒も激しいものですが，正義論の研究でセンが最も影響を受けて，尊敬の念も隠さない政治哲学，道徳哲学の研究者がロールズであることも確かな事実です．

センのロールズ批判は多岐に渡って，その詳細は『正義のアイデア』（Sen 2009）を参照していただきたいと思いますが，ロールズが提唱した《社会的基本財》（social primary goods）を資源概念の一種とみなして物神崇拝という強い言葉を用いてまで批判したことは，記憶に留めておくべきだと私は思います．ひとの《福祉》（well-being）の物質的な背景に注目するロールズとかドウォーキンとは対照的に，センはひとの生き方・在り方の《善》に関心を絞り，《潜在能力》（capability）という新たな概念を福祉経済学の中枢に据えました．人間の内発的・選択的な可塑性に注目して，善い生き方・在り方を選びとることによって達成可能な福祉を，厚生判断の基礎としたのです．ロールズやドウォーキンとは随分異なる考え方であるように思います．

ロールズとセンの福祉概念の相違には別の側面もありますが，宇佐美さん

第I部 福祉と権利

はロールズとセンの哲学的な関連をどう評価されているかについて，お聞きしたいと思います．

宇佐美 やはり，資源主義か潜在能力アプローチかが，ロールズとセンの間にある大きな意見の違いのひとつだと考えています．もうひとつは，いわば《理論から現実へ》というベクトルか，《現実から理論へ》というベクトルかという点だと思います．

　ロールズが行った重要な区別のひとつに，理想的理論と非理想的理論の区別があります．理想的理論は，正義原理を選択する個人なり社会なりが，自分たちが選んだ原理に後で違反しないと仮定しています．また，社会的諸条件があらかた好ましいものだ，例えば個人が飢餓状態にあるとか，社会に極度の貧困が蔓延しているとかといったことはないと仮定しています．ロールズは，まずはこれらの仮定のもとで，正義に関する議論を構築していくわけです．その後で，これらの仮定を取り除いた非理想的理論の段階へと進んで，正義の理論を補整しながら現実社会の具体的問題に適用するのです．いってみれば，《理論から現実へ》というのが，ロールズの思考法だったわけです．ドゥオーキンの平等論もこれを踏襲しています．

　こういったロールズの思考法は，センにとって不満な点のひとつではないかと思います．彼は，途上国での飢餓とか，先進国も含めて現に存在する差別や抑圧とかの現実社会の問題から出発して，それらを分析し評価するために，社会的選択理論の世界に入り，あるいは潜在能力アプローチを作り上げていったのではないでしょうか．つまり，彼の思考法は，《現実から理論へ》だといえるように思います．

　ですから，ロールズもセンも，自分が身を置く現実社会の諸問題に真正面から応答していて，また学界に大きな足跡を残すような理論を構築したわけですが，ただ思考法のベクトルが大きく違っていると思うわけです．

鈴村 私が見るところ，ロールズとセンの間の大きな対立点はセンの『正義のアイデア』という著書に鮮明に顕れていると思います．出版当時，この著書は私にはミステリーでした．幸いにも，2001年の数カ月間，私はトリニティ・カレッジの Visiting Fellow Commoner として，ケンブリッジ大学で研究に専念する機会に恵まれました．当時のセンの拠点はハーヴァード大学

第 3 章　効率性・衡平性・正義を巡って

にありましたが，彼は頻繁にケンブリッジに戻ってきて，私と議論する機会が数多くありました．タイトルが示しているように，この著書の主題は正義論に絞られていますが，彼の議論の要諦は厚生経済学と社会的選択の理論の論脈でも，重要な洞察を含んでいることを，私は議論の過程で確信できました．その当時の私は 40 数年にわたる規範的経済学の理論的研究を *Choice, Preferences, and Procedures: A Rational Choice Theoretic Approach*（Harvard University Press, 2016）という論文集に集成する作業に没頭していましたが，その最終章の構想は，センとの議論をきっかけに一挙に纏まりました．

　センは，正義論の潮流を《超越論的制度主義》（transcendental institutionalism）と《比較評価アプローチ》（comparative assessment approach）という二潮流に分類します．第一の潮流はルソー，カント，ロールズに代表される正義論であり，正義に適う理想的社会の制度的枠組みを特徴付けることに専念する正義論です．第二の潮流は，アダム・スミス，コンドルセ，ウルストンクラフト，ベンサム，マルクス，ジョン・ステュワート・ミルに源流を持つ正義論であって，理想の社会制度ではなく社会生活の現実を直視してそこに含まれる不正義を矯正して，人間生活を改善する措置を構想することに軸足を据えた正義論です．

　正義論の論脈で提起されたセンの議論は，規範的経済学の現状評価と今後の進路設計の論脈でも重要な問題提起になっていると，私は考えています．宇佐美さんにお尋ねしたいのは，センの正義論の二分法の考え方を踏まえるとき，センとロールズの正義論を改めてどう評価されるかという問題なのです．

宇佐美　今のお話に関わるのですが，ロールズ以後にその重要性がもっと認識されるべきではないかと私が思っている論点のひとつは，超越論的制度主義というときの制度の話です．ロールズは『正義論』の冒頭で，「正義は社会制度の第一の徳である」といっています．あの本は，制度について正義を語っているわけです．このことは，西洋の正義思想史のうえで，実は革新的な性格を持っていると思います．

　古代ギリシアに遡ると，プラトンは，基本的に心の状態として正義を考えていました．魂には，3 つの部分——知的部分，気概的部分，欲望的部分

99

第 I 部　福祉と権利

——があって，各部分が自分の役目に専念して，三者間のバランスがとれて
いるのが正義だというのです．そして，3つの部分のバランスという正義の
理解を，彼はそのまま国家にも適用しました．アリストテレスは，一見する
とプラトンとは非常に異なった正義論を展開しましたが，人間が持っている
徳のひとつとして正義を語っています．では，徳とはなにかというと，魂の
性状（hexis）だというのです．ただし，正義という徳は，魂の性状が他人に
対する行為に顕れるといっています．このように原則的には内面的な正義思
想が，時代を下ると，徐々に外へと向かってゆきます．例えば，ホッブスの
場合には，社会契約を守るという人間の外的な行為について正義が語られて
います．さらに，ジョン・ステュワート・ミルでは，個人の権利という社会
的なものと正義が結び付けられるわけです．

　この長い思想的プロセスを，私は正義の外面化と呼んでいるのですが，そ
の極点に位置付けられるのが，ロールズです．社会制度の徳として正義を語
ることは，我々が日常的に語っている正しさからはかなりズレがあります．
日本語の日常言語では，「正義」という言葉は殆ど使いませんが，人間の行
為や，ひととひとの間柄について正しさを語ります．それに対して，ロール
ズは，社会制度について正義を語っている．社会制度のなかでも，最も公式
の部分が法制度ですから，ロールズの正義論は法哲学の法価値論の関心によ
く合うわけです．これまで多くの法哲学者がロールズに大きな関心を寄せて，
その読解や検討を活発に行ってきた背景には，やはり制度の徳としての正義
という基本前提があっただろうと思うのです．

　しかし，ロールズ以降，それで本当にいいのかという反省が出てきました．
ひとつの問いかけは，「人間の行為についても，正義を語る必要がありはし
ないか」というものです．大方は正義に適った社会制度のもとで，しかし個
人間や集団間では無視できない不正義が起こっている．例えば人種差別とか
ジェンダーの問題です．分配的正義もそのひとつで，ジェラルド・コーエン
は，『あなたが平等主義者なら，どうしてそんなにお金持ちなのですか』と
いう印象的な書名の本（Cohen 2000）を出しました．コーエンや他の一部の
論者は，制度だけではなくて個人の行為についても正義を語ることを主張し
ているわけで，私もそのような視点が必要ではないかと思います．

鈴村　いまのお話は，非常に面白いですね．最後の箇所で「行為に関して正義を考える」という部分は，センの現在の立場とまさしく同じです．ロールズの正義論は理想の制度については雄弁に語ったものの，人間の行為について語るところは少なかったとセンは不満を述べていますが，センのその議論と宇佐美さんのいまの議論とは，親和性があるように思います．

　私が付け加えたい点がひとつあります．宇佐美さんによれば，制度を正義論の中枢に位置付けた点でロールズは西洋の正義論の思想史のなかで非常に革新的だったといわれましたが，私が記憶するプラトンの『国家』はその冒頭で「最初に議論のうえで国家を作ってみよう」といって議論を開始しています[2]．国家制度の設計主義的な考察こそが，プラトンの正義論の出発点なのではないでしょうか．正義論の定義にもよりますが，制度を議論の対象とする哲学という点では，プラトンもルソーも同一の地表に立っているのではと私は思います．ロールズ以前にも，ルソーとカントは正義論を制度論の流れのなかで議論する一方で，行為について議論することはむしろ少なかったという不満が，センの議論の出発点だったのだと思います．

6. 優先性と十分性

宇佐美　1971 年に出版されたロールズの『正義論』では，経済的不平等は最も不利な人びとの最大の利益を生むものであるべきだという《格差原理》

---

　2)　プラトンの『国家』の第 9 巻 592B には，「自己自身の本来の国家」における正義論は「理想的な範型」として「それを見ようと望む者，そしてそれを見ながら自分自身のうちに国家を建設しようと望む者」のために構想されたものであり，「その国が現にどこかにあるかどうかあるいは将来存在するだろうかということは，どちらでもよいことなのだ」（藤沢令夫訳『国家』（下）p. 300）と述べられている．この表現は，ルソーの《自然状態》すなわち「もはや存在せず，おそらくは存在したことがなく，多分これからも存在しそうもないひとつの状態，しかもそれについての正しい観念を持つことが，我々の現在の状態をよく判断するためには必要であるような状態」（本田喜代治・平岡昇訳『人間不平等起源論』p. 27）を連想させる．この種の《反事実的》（counterfactual）な仮想的状況が，人文学，社会科学的認識に果たす重要な役割に関しては，本書第 III 部第 7 章第 3 節「理工・生命系の学術と人社系の学術の重要な差異」で，さらに詳しく触れることになる．

第 I 部　福祉と権利

がなぜ原初状態で採択されるのかを説明する際に，マクシミン戦略を用いて
いました．これは，哲学者が，ゲーム理論を含む経済学から学んだツールを
活用している古典的な例です．ところが，マクシミン戦略の想定に対するジ
ョン・ハーサニの批判や，先程いわれたセンの後年のロールズ批判など，哲
学者に対する経済学者たちからの応答がありました．さらに，ロールズを巡
る論争だけでなく，より広く法哲学を含めた哲学と経済学の接点や相互影響
について眺めてみると，より最近にも非常に興味深い交差が見られます．

　現在，分配的正義論のなかで，なにの平等かと並んで盛んに議論されてい
るテーマのひとつは，いわば平等は価値かです．格差の最小化としての平等
がひとつの主要な価値だということは，これまで当然視されてきたわけです
が，それは本当に価値なのか，それとも平等ではなくなにか別の価値を追求
するべきなのか，あるいは平等が価値だとしても，それはどのような意味で
価値なのかといった問いが，1980 年代から問われるようになりました．

　格差の最小化を目指す平等主義への対抗馬としては，2 つのものがあります．
ひとつは，優先性を唱える優先主義です．これは，絶対的な規準に照らして
個人がより不利である程，その人に利益を与えることがより重要になるとい
う考え方です．デレク・パーフィットは，平等主義者とされてきた論者の主
張のなかには，実は平等と区別される優先性の考え方が含まれていると指摘
しました．優先主義では，平等主義と違って，格差の最小化は，それ自体で
よいという本来的価値ではなく，より不利な人を改善するのに役立つからよ
いという道具的価値だということになります．

　もうひとつの立場は，十分性を主張する十分主義です．ハリー・フランク
ファートは，平等は本当は価値などではなく，誰もが十分性の閾値まで達し
ていることこそが価値なのだと主張しました．この立場では，皆が閾値に達
していれば，それよりも上の領域でたとえ大きな格差があっても，道徳的に
全く問題がないとされます．

　パーフィットもフランクファートも哲学者で，またこの論点について論じ
ている多くの人も哲学者です．しかし同時に，特に優先主義については，国
際学界では，経済理論の中堅・若手や，あるいは経済学と哲学の両方を専門
とする研究者が参入してきて，数学的な分析装置を駆使した研究を行ってお

り，それによってこの領域は精度がかなり上がったわけです．このように，平等は価値かは，哲学的な論点研究で経済学者が大きな貢献をしている顕著な例だといえます．

鈴村 優先性については，私は抽象論では十分議論できないと思っています．具体的な例を挙げると，客船が沈没しつつあるなかで救命艇を下ろして乗客を避難させようとするが，救命艇の数が不足している状況を考えてみます．定員数を超過する乗客を無理に詰め込めば，救命艇も沈没して，本来ならば救助できた筈の乗客の命さえ失う危険性がある．こうしたハード・ケースを視野に収めて，どの乗客を差別的に救助するべきという優先処遇のルールを作成することは，経済学者には荷が重すぎます．哲学者はこの難問に立ち向かう魔法の杖を備えているのでしょうか．

深刻な災害医療の現場ではトリアージュ（選別医療）の優先度原則が広く承認されていて，この優先処遇のルールであれば私にも異論がありません．また一般病院の救急外来における優先処置のルールも，広義のトリアージュ原則として理解できると思います．とはいえ，沈没寸前の客船の乗客は，妊婦や乳幼児を例外として，差別的・優先的な処遇を合理化する《先験的な差異》を持っていないのです．

このように，宇佐美さんが紹介された優先性の原則に対して，私には多少の留保の余地があります．とはいえ，この留保の念は，最近の研究動向を頭から受け付けないという意思表示ではありません．むしろ，私の迷妄を一挙に払拭してくれる研究から学べることを期待して，詳しくは知らない最近の展開に触れてみたいと思います．

宇佐美 平等か優先性か十分性かという論争で語られている優先性というのは，救命艇に誰を乗せるかとか，災害医療で誰から治療するかといった非常に危機的な状況を想定していません．多くの場合には，所得再分配の文脈が想定されています．所得ゼロにより近いという意味で，より不利な個人に利益を与えることは，有利な個人に利益を与えるよりも道徳的に重要だというのが，優先性の考え方です．ここでの道徳的重要性は，平常時と非常時といったいわば不連続関数の形では考えられておらず，連続関数の形で理解されているわけです．

103

第 I 部　福祉と権利

　では，非常時について，哲学はこれまでどういう姿勢をとってきたかといいますと，ひとつの伝統的な応答は，非常時は正義の射程外だというものでした．例えば，ヒュームは，財の稀少性が——この言葉は彼の時代にはもちろんなかったわけですが——著しいときには，正義は語れないといっています．ごく僅かな食べ物しかなく，しかし飢餓状態の人びとが大勢いるときには，他人が手に持っている食べ物を奪っても，不正義とはいえないというわけです．現代でも，ロールズは，正義が必要となり可能ともなる条件である正義の状況の一部として，穏当な稀少性を挙げています．彼らのような考え方も理解可能ではありますが，それでもやはり，極端な稀少性のもとでさえ，より正義に適った分配を探求する意義はあるのではないか．ヒュームやロールズが考えたよりも広い範囲で，正義は妥当すると思えるのです．

鈴村　それはよく分かります．穏当な稀少性の状況でしか妥当性を持たない正義論だけでは，飢饉や飢餓，深刻な災害や戦争などに直面する都度，ただ無力感を覚えて立ち竦む他はなくなってしまいます．ミネルヴァの梟は夕闇に飛翔するというヘーゲルの法哲学の序言を思うたびに，規範的な経済学を専攻する私も，穏当な条件のもとで最善の制度を構想することに留まらず，悲惨な現状を改善する漸進的な手段を探求する義務を強く意識しています．

宇佐美　理想的理論の成果を修正しながら，現実の場面にこれを適用する非理想的理論をもっと発展させてゆく必要があると，私も思っています．これはもちろん「言うは易く，行うは難し」なのですが……．

　最近の論文のひとつでは，大災害直後の被災者救援とか復旧とかの文脈で分配問題を考えるなかで，従来の分配的正義論の成果を活用しつつ修正しようと試みています．これまでの平等は価値かの論争では，人びとの分配状況をある一時点で切り取って見たうえで，格差の縮小とか，不利者の優先とか，あるいは十分性の閾値の設定が議論されてきました．それに対して，災害直後には，災害前の特定の時点での分配状況を参照点としたうえで，それと比較したときの各人の損失分を見る必要があります．つまり，ひとつの特定時点での分配状況でなく，異時点間での分配状況の変化を見なければなりません．

　そのうえで，例えば活断層の真上だと知りつつ，安値なので土地を買って

104

第 3 章　効率性・衡平性・正義を巡って

家を建てたら，地震で倒壊してしまったという場合に，全額の公的補償をするべきかという問題を考えるときには，運の平等主義が有用でしょう．しかし，活断層の上にあえて家を建てたひとだからといって，当面の住居の提供まで拒むべきではない．これは，基底的ニーズに基づく閾値を設定して，閾値までは選択を問わず万人に補償するという十分主義的な発想を，運の平等主義と組み合わせていることになります．

　これまでの分配的正義論は，理想的理論に重点を置きすぎる傾向があっただけではなく，非理想的理論の段階でも，想定する問題場面が平常時に限られていたと思います．今後はむしろ，非理想的理論を積極的に開拓すると同時に，非常時にまで視野を広げたうえで，従来の研究成果をどう適用できるか，またうまく適用できない場合にはどこをどう改良するべきかを考えてゆかなければならないと思っています．

鈴村　そうですね．大規模な自然災害は，自然科学のみならず人文学・社会科学にとっても非常に大きな試金石だと思います．規範的経済学も政治哲学・道徳哲学・法哲学も，分析の目的に都合よく作られた人為的な寓話の世界に留まらず，現実の挑戦的な問題に視野を広げて，抽象的な基礎論の切れ味をチェックする試みに大胆に乗り出すこと，その成果を基礎論の現場に持ち帰って，抽象的な基礎論に新鮮な問題意識を注入することが必要だと私は考えています．

7. 世代間の正義と衡平

鈴村　規範的な経済学にとってのみならず法哲学にとっても，抽象的な基礎論の切れ味をチェックする挑戦的な問題の一例は，この対談の冒頭で宇佐美さんが言及された世代間の正義と衡平性の問題であると思います．

　規範的な経済学者の立場から世代間正義の問題に重要な一石を投じたのは，アルフレッド・マーシャルと同時代にケンブリッジ大学で道徳哲学，経済学を講じていたヘンリー・シジウィックの『倫理学の方法』でした．彼によれば，人びとが生まれた時点に関する差異は，彼／彼女を現在世代の人びとと

105

第I部　福祉と権利

差別的に処遇すべき根拠としては，まったく無意味です．将来世代の人びとには現在世代の人びとと無差別的な処遇を請求する平等な権利があるというのです．

　シジウィックが主張した世代間の無差別的な処遇の原理は，その限りでは非常に説得的な要請に思われます．しかし世代間衡平性の厚生経済学を構想する人びとにとっては，パンドラの箱のように難問を閉じ込めて後の災いの種を播いた要請でもありました．

　チャリング・クープマンスは，活動分析の先駆者としてノーベル経済学賞を受賞した重要な経済学者です．彼は1960年の論文（Koopmans 1960）でシジウィックが仕込んだパンドラの箱を開けて，世代間衡平性の経済学と倫理学の試金石を発見したのです．クープマンスとピーター・ダイアモンド（Diamond 1965）を先駆者として，世代間衡平性の厚生経済学は，シジウィックの世代間の無差別的処遇の原理と全世代の効用流列に関するパレート原理を満足する社会的評価ルールのうちで弱い連続性を満足するルールは論理的に存在しないことを示唆しています．この定理は世代間衡平性の厚生経済学の進路を阻む第一の障碍です．

　第二の障碍は人間の《可塑性》（malleability）に根差しています．この点に触れる際，私はいつもケビン・コスナー主演の映画『ウォーターワールド』を思い出します．世界戦争が起こり地球文明は破壊されるが，ようやく生き延びた人びとが海上で生存のために争っているという設定です．史上最悪の映画に挙げられる愚作ですが，唯一つ興味ある特徴として，登場する人びとは激変した環境に適合して，水掻きを持つ水棲人間になっているというのです．自然的・社会的な環境の大変化に適応して，人間の個性は時間の流れの過程で変化するという意味で人びとは可塑的であるという観察は，フィクションの世界においてのみならず，ノーマルな社会においても否定できない事実です．世代間衡平性の論脈において，この事実が教える含意は重要です．現在世代の人びとは，遠い将来世代の人びとの個性がいかなるものかを知らないまま，将来世代に対して衡平な処遇を与える義務を負うことになるからです．

宇佐美　将来の人間は海に棲んでいるかもしれない，と（笑）．そんな環境

の変化に応じて変わってしまった人間が，どんな効用関数を持っているのか
は，私たちにはまったく見当もつきませんね．

鈴村 この事実に留意すると，なにを基準として将来世代を現代世代と衡平
に処遇するという表現ができるのか．規範的判断の情報的な基礎を人びとの
効用ないし厚生に求めることができなければ，世代間の処遇の衡平性を構想
する情報的基礎はどこに新たに求めればよいのか．世代間衡平性の規範的な
考察の困難な理由の一端がここに顕れていると思います．

　ところで，将来の世代を現在の世代と衡平に処遇する根拠は，本来どこに
求めるべきなのでしょうか．現在世代の資源の一部を犠牲にして，遠い将来
世代の福祉のために地球環境を改善する努力をしても，将来世代から見返り
を受ける可能性はありません．現在世代とはるか将来の世代は，経済学の標
準的なパラダイムである《交換》は持ち得ないのです．そのため，将来世代
は現代世代の犠牲にただ乗りしているではないかという不満が募り，将来世
代を現在世代と衡平に処遇する義務の根拠が雲散霧消する可能性があります．

　将来世代の問題まで視野を広げることは，法哲学と規範的経済学のいずれ
にとっても魅力的な挑戦です．この挑戦を受けて立とうとする限り，我々が
現在持っている分析枠組みを根本的に吟味して，補強や再建の努力を重ねる
必要があります．むしろこの必要性を我々にシグナルとして送る点にこそ，
世代間衡平性の経済学と倫理学の意義があるのだと，私は考えています．

8. 法哲学と規範的経済学の光明と果実

宇佐美 今お話しいただいたような先端的なテーマについて考える際にも，
先程パレート効率性という基礎概念に即して私がお話しした点が成り立つよ
うに思います．つまり，経済学で開発され発展させられてきた様々な理論装
置を，我々法哲学者はもっと学ばなければならないと思います．

鈴村 経済学者がもっと法律学への理解を深めるべき点もたくさんあります．
この問題を考えるとき，私の念頭に即座に浮かぶのは，競争に関する経済学
と法律学のインターフェイスの問題です．

第 I 部　福祉と権利

　独禁法のひとつの基本概念は《私的独占》（monopolization）です．現在で
も私的独占の概念を的確に説明できる経済学者は，あまりいないのではない
かと思います．経済学者は《独占》（monopoly）は説明できて当然ですが，
独占と私的独占はまるで異なる概念なのです．この点を理解しないと，競争
政策の経済学的機能に関して大きな誤解が残ることが懸念されます[3]．

　厚生経済学と社会的選択の理論は，法現象を直接扱う研究分野ではなく，
法の概念の哲学的な考察をしているわけでもありませんが，個人的な権利を
社会的に尊重しつつ，公共の福祉の促進を保障する制度の設計と選択の問題
のように，法制度の設計と選択の問題と密接に関連する論点は，社会的選択
の理論にたくさんあります．これらの課題を巡って法哲学者と経済学者の共
同研究が進んで，法学と経済学の相互理解が深化することを私は強く念願し
ています．

　法哲学と規範的経済学の《光明》と《果実》の問題ですが，本来この表現
は，《旧》厚生経済学の創始者ピグーが用いたものです．彼は，経済学への
一般の期待は，《光明》に対する期待というよりは，その《果実》に対する
期待であると述べています．

　私には，ピグーの感覚がよく分かります．果実の期待を担ってこそ，光明
を追求する基礎的な作業が重要になるのであり，抽象的な理論から実際的な
応用へと単線進行で進むような経済学観は無邪気に過ぎると思います．とは
いえ果実に対する社会の期待を，精緻な理論の研究に取り組む研究者に性急
に押し付けて，多様な基礎研究のシーズを事前に選別することも，愚かだと
いうべきです．効率と衡平を追求する規範的経済学の場合にも，果実の社会
的な期待と光明の学術的な期待の複線進行的な関係を深く理解することが持
つ意義は，十分強調されてしかるべきです．

宇佐美　今後の法哲学の《光明》と《果実》に関連して，わが国の法哲学に
とっての2つの課題と思えるものについてお話ししたいと思います．ひとつ
は，一般と特殊についてです．最初にご紹介したように，法哲学は，法を一
般的かつ原理的に考える分野ですが，日本の法哲学はこれまで一般的という

---

3)　この概念的な区別に関しては，本書第 II 部の第6章を参照していただきたい.

108

性格が特に強かったといえます．法概念論では法概念一般に関して，また正義論では正義・自由・平等について，かなり一般的・抽象的に考察する研究が蓄積されてきました．

　他方，法哲学の国際学界では近年，特定の法制度に焦点を絞って分析するという種類の研究が，急速に進んでいます．例えば，所有権，契約，不法行為，刑罰あるいは憲法上の権利では表現の自由などです．こういった新しい研究は，コモン・ロー系である英語圏の法哲学者によって今は主に進められています．しかし，これからは，わが国の法哲学者も，大陸法系に属しつつアメリカ法の影響も見られるという日本法の特徴を活かしながら，特定の法制度の哲学的な分析に参入していく必要があると思っています．

　もうひとつの課題は，原理と応用に関わっています．先程，経済学について，抽象的理論から実際的応用への単線的進行ではなく，両者の間の複線的関係が重要だといわれたことにも関係しますが，理論的な概念や原理を現実問題に応用することは，本来は決して一方通行の作業ではなくて，むしろ具体的応用から抽象的原理へのフィードバックがある筈です．鈴村先生のご業績から私が本当に多くを学んできた世代間正義や，あるいはグローバルな正義は，正義論のフロンティアとでも呼ぶべき領域ですが，これらの具体的な文脈に正義原理を応用することによって，正義一般の研究が修正や洗練化を求められるのであって，そこが重要だと思うのです．

　今後の日本の法哲学は，一般的レベルだけではなくて特殊的レベルも，それから原理的問題だけではなく応用的問題も射程に含めてゆく必要があると思います．そうすることで，特殊から一般へのフィードバック，あるいは応用から原理へのフィードバックが生じてくる筈です．このように研究の幅を広げつつ深めていく際には，法哲学者は——私自身も含めて——，経済学の研究蓄積や経済学者との協働から，たくさんのことを学べるだろうと期待しています．

鈴村　原理的な研究の《光明》と応用的な研究がもたらす《果実》は，研究の健やかな推進にとっていずれも不可欠な誘因であると思います．とはいえ，ここには2つの陥穽があることを銘記すべきです．第一の陥穽は，現実経済の欠陥を補って，経済生活の改善の道具を整えることを重視して，原理的な

第 I 部　福祉と権利

基礎研究に窮屈な拘束衣を着せる危険です．政府が設定するイノベーション目標に忠実な応用研究を選別的に助成する一方では，《果実》の期待には直結しない基礎研究を冷遇する近視眼的な学術政策は，長期的には研究の基礎的な土壌を破壊する危険性を秘めているのです[4]．第二の陥穽は，基礎研究の孤高な理想を神聖視するあまり，研究者は社会の負託に応えて研究の水路を構想する原理的な義務を負うことさえ忘却する危険性です．経済学と法学は，これら二重の陥穽を明確に意識したうえで，自らの比較優位と時代の課題を睨んで研究活動の軌道設計を考える義務があると，私は思います．

　抽象的な議論に過ぎないと思われるかもしれませんので，私がよく知る偉大な理論家を例に挙げて，以上の議論を具体化したいと思います．第一の例はケネス・アローです．一般均衡理論の精緻化，社会的選択の理論の創始，情報と不確実性の理論と医療経済学の開拓と基礎付けなど，稀有な基礎研究を積み重ねた理論家アローですが，彼を知るすべての人びとは，彼の鋭敏で広範な社会的関心，社会科学と自然科学を問わず彼が忍ばせる該博な知識と洞察力に，強烈な印象を刻まれています．彼が挙げた基礎的な研究成果は，表面的には非常に抽象的・原理的な装いを纏っていますが，彼の研究の光明に誘導されてこそ社会的な《果実》の期待に応える応用的・政策論的な研究は，確かな軌道を走ることができたのです．

　第二の例はアマルティア・センです．彼の研究は，母国インドの慢性的な貧困や悲惨な飢饉と飢餓の歴史的経験から，強烈な動機付けを得ていることは明白です．とはいえ，彼の研究の精粋は，アローが創始した社会的選択の理論の革新的な拡充と，その射程の飛躍的な延長をもたらしたこと，規範的な経済学の哲学的基礎を深く掘り進み，ロールズ以降の正義論に大きな波紋を広げたことにあるといってよいと思います．彼の基礎研究は，論点を例示するためにインドの歴史的経験に触れるにせよ，その本質は精緻な理論展開と浩瀚で鋭利な先行研究の批判と精査にあるのです．センの研究の凄さは，《果実》の期待を意識して精密な基礎研究に取り組んで，その研究成果の《光明》を人間生活の改善に活用する往復運動にあると，私は考えています．

---

4)　この陥穽に関しては，本書第 7 章の第 4 節，第 5 節も参照していただきたい．

第3章　効率性・衡平性・正義を巡って

　大経済学者アルフレッド・マーシャルは，経済学者が備えるべき資質の要諦は「冷徹な頭脳と温かい心」（cool head and warm heart）だと喝破しました．私はマーシャルのこの言葉を，経済学者には，冷徹な学理と社会を改善する情熱を兼備するとともに，次世代にその知見と意欲を継承させる教育を目指す義務があると読み替えて，納得しているのです．

第II部　競争と規制

Competition occupies so important a position in economics that it is difficult to imagine economics as a social discipline without it. Stripped of competition, economics would consist largely of the maximizing calculus of an isolated Robinson Crusoe economy. Few economists complete a major work without referring to competition, and the classical economists found in competition a source of regularity and scientific propositions.

Harold Demsetz, *Economic, Legal, and Political Dimensions of Competition*, Amsterdam: North-Holland, 1982, p. 1.

　正統派のミクロ経済学によれば，競争機構は市場経済の資源配分に際して優れた機能を分権的に発揮する精密な制度的な仕組みである．この信頼の根拠を尋ねれば，大多数の経済学者は競争が果す以下の3つの機能を挙げる筈である．第一に，自然が真空を嫌うように，競争は資源配分に含まれる無駄を発見して駆逐する機能を持っている．これを《稀少資源の効率的配分機構》としての競争の機能と呼ぶ．第二に，激しい競争過程を生き延びるためには，企業は最高の武器として，様々な革新を導入する努力を持続する必要がある．すなわち，競争には《革新導入の誘因機構》としての機能がある．第三の機能は《私的情報の発見・拡散機構》としての競争の機能と呼ばれている．この機能を理解するために，ある事業がひとつの企業に独占されている状況を考えてみよう．この独占企業を外部から見ると，企業内部の重要な情報——費用構造，需要構成，統治構造，雇傭契約，職場規律など——は，その多くが企業秘密のヴェールに覆われて不透明である．これに対して，同じ事業に従事する複数の企業が熾烈に競争していれば，競争相手の市場を奪うとか，新規需要を発掘するなど，企業間で競争する過程で市場に関する情報が複数の企業によって独立に発見されて，次第に透明性を増していくことになる．

第II部　競争と規制

企業内部に関する情報も，競争過程で徐々に拡散して透明性を増していかざるを得ない．また，競争から隔離された組織では因襲的な慣行や抑圧的な位階制などで活躍の機会に恵まれなかった才幹も，熾烈な競争に晒されて組織の存亡が危ぶまれる状況では伝統を無視して活躍する機会に恵まれて，埋没していた知的資源の社会的な活性化に導く可能性がある．この事実を示す簡潔な表現こそ《私的情報の発見・拡散機構》としての競争の機能なのである[1]．以上で述べた三機能に注目して競争の浸透は社会的に《善》をなすと考えるのが正統派ミクロ経済学の通念的な競争観である．競争に関するこの理解は，もしある事業部門やある分業が，社会的に有益なものであるならば，競争が一層自由で一層一般的になるほど，社会にとってますます有益なものとなるだろうと述べたアダム・スミスの『国富論』に直結する伝統となっている．

　これに対して，日本では戦前以来一貫して，競争はせいぜい必要《悪》だと看做す対照的な競争観が根強く存続して，競争は放置すれば《悪》をなすものであり，効果的に競争を制御する行政的な管理と規制のもとでのみ，時と場合次第で《善》をなす社会的な仕組みに過ぎないとする通念が，支配的な影響力を保持してきた．正統派の経済学の通念とは対照的なこの通念は，福沢諭吉が『福翁自伝』に書き留めた幕末期のエピソードのなかに，既にその姿を顕している．

　あるとき福澤は，アメリカの経済学の教科書の概要を翻訳して，徳川幕府の役人に見せたことがある．興味をもった役人は，幕府中枢の高官に見せるため全巻の翻訳を勧めた．翻訳の途中で福澤は，従来の日本語の語彙に含まれない概念には新たな訳語を工夫して翻訳作業を進めたが，彼がこの機会に考案した重要な訳語こそ《競争》（competition）だった．完成した翻訳は依頼主の幕府役人を大いに感心させたが，彼がついに理解しなかった考え方こそ，市場経済の推進機構として競争が担う役割だった．経世済民の基本原理を，市井の民が利益を求めて競い争うことに求める書物を御老中に見せることはできないという役人の頑な姿勢を崩すため，福澤は江戸市中では八百屋が客を競い合って値段が決定されて，市場経済の円滑な機能の推進機構となって

---

1)　競争が持つこの重要な機能を的確に指摘したのは，フリードリッヒ・ハイエクである．例えば，Hayek（1978）を参照されたい．

いることを縷々説明したが，役人を呪縛する伝統的な通念の支配をついに払拭できず，福澤の翻訳は没になったのである．

　競争の機能を巡るこれら2つの伝統的通念は，戦後もしばしば重要な論争の伏流となってきた．第II部に収録する三編のエッセイは日本の産業政策と競争政策の相克，電気通信事業の民営化と規制改革，日本の流通業において新規参入を束縛した大店法システムの改革，八幡・富士両製鉄の合併事件を巡って多数の経済学者が展開した反対運動など，具体的な事例に触れつつ，競争と経済厚生に関する《通念の衝突》の姿を確認すること，競争のメカニズムが担う様々な機能の意義に新たな理解の光を投射することに充てられている[2]．

---

2)　競争と経済厚生に関する著者の理論的な研究の精粋は，*Choice, Preferences, and Procedures: A Rational Choice Theoretic Approach*, Cambridge, Mass.: Harvard University Press, 2016 の Part VI に収録されている．

第4章

競争メカニズムを見る福祉の経済学の視点

　人びとの《福祉》（well-being）の改善を求める観点から経済システムの在り方を理性的に評価して，現実の経済システムの不備を指摘して改善措置を提案するとか，望ましい経済システムの在り方を表現する一群の公理を挙げて，これらの要請を満足する経済システムの設計可能性と特徴付けを考えることが，福祉の経済学の基本的な課題である．本章は，政治的には民主主義的，経済的には自由主義的な経済システムの主要なエンジンというべき競争メカニズムに焦点を絞って，経済システムを考察する福祉の経済学の視点を浮き彫りにすることを課題としている．

　本章の起源は，横浜国立大学経済学部で行って『エコノミア』第42巻第2，3号，1992年3月号に公刊された講演記録だが，加筆・修正を経て，伊丹敬之・加護野忠男・伊藤元重編『企業と市場』（リーディングス《日本の企業システム》第4巻）有斐閣，1993年に再録されている．本書への収録を許諾された編者及び出版社に厚く感謝したい．

　この章の初出掲載時のタイトルは，競争・規制・自由という経済学のキー・コンセプトを並べたものになっていた．競争と規制は，経済を運営する対立的な原則を表現する対概念であり，規制と自由も異なる意味で対概念である．これらの二組の対概念を複眼的に使用して，経済システムを見る《福祉の経済学》の基本的な視点を浮上させることが本章の目的である．取りあげる論点の多くは，規範的経済学の理論的な動向に関係しているが，具体的な論脈に即して理論的な論点を平易に述べるため，日本における競争と規制，規制と自由に関わる具体的な問題に触れつつ，論点を徐々に肉付けしていくこと

第II部　競争と規制

にしたい.

1. 競争に関する2つの通念

　第II部のイントロダクションで説明した競争の3つの機能——《稀少資源の効率的配分機構》としての機能,《革新導入の誘因機構》としての機能,《私的情報の発見・拡散機構》としての機能——に注目して,競争の役割を《善》とみなすのが正統派経済学の伝統的な競争観である.これに対抗して戦前以来一貫して日本では,競争の役割に関する対照的な見方——無政府的な競争は《悪》であり,秩序ある協調は《善》であるとする見方——が根強く支配してきた.

　これら2つの対立的な競争観は,競争政策と産業政策の枠組みを設計するに際しても,鋭く対照的な処方箋を与えることになる.正統派経済学の競争観に依拠すれば,自由な競争を激しくすることは経済の成果を改善する確実な手段なのだから,競争の仕組に対する行政的な干渉は,原則として回避すべきである.これに対して,競争は《悪》,協調は《善》とする伝統的な競争観に従えば,競争は放置すれば《悪》をなす仕組みであり,これを的確に制御する行政的管理と聡明な規制のもとで,ときとして《善》をなすメカニズムであるに過ぎないことになる.

　戦前,戦後を通じて,日本の経済規制を司った人びとの間では,競争は《悪》,協調は《善》という伝統的通念が根強く支配してきたといっても大過はない.経済メカニズムに対する国家の強権的介入が目立つ戦前期はいうまでもなく,基本的には分権的な市場メカニズムを活用して経済運営がなされてきた戦後期においても,日本の産業政策と経済規制は市場機構に対する行政的介入を頻用してきたのである.また,大戦後初めて日本の土壌に移植された競争法(独占禁止法)に立脚する競争政策も,ごく最近に到るまで,産業政策と経済規制に対していかにも旗色が悪かったことは否み難い事実である.だが,産業政策の最盛期とも称される高度成長期を経て,二度にわたる石油危機と頻発する国際摩擦に揺れた激動の過程で,競争は《悪》,協調は《善》という

通念の支配には次第にひび割れが目立ってきたように思われる.

もっとも, 徐々に浸透しつつあるこの変化は, 競争は《善》とする正統派の経済学の競争観が競争は《悪》, 協調は《善》だという通念を理論的に打破してもたらされたとはいえそうにない. ガルブレイスは『豊かな社会』(1958年) で「通念 (conventional wisdom) の敵は観念ではなくて事実の進行だ」と述べたが, 競争は《悪》, 協調は《善》という通念にも, この絶妙な警句は的確に妥当するように思われる.

2. 競争観の変容 (1)：電気通信事業における競争と規制

1970年代以降の競争観に変容をもたらした「事実の進行」の例は数多いが, 以下では2つの具体例に絞って簡潔に説明することにしたい. 第一例は, 政府規制の管理領域と「無政府的」競争の支配領域の境界線を一挙に変革した技術革新である. 第二例は, 国境を越えて, 競争ルールの国際的な標準化を制度的に確立しようとする国際交渉の進展である.

前者については, 電気通信事業を事例として説明することができる. 1985年以前の国内の電気通信事業においては, 日本電信電話公社 (電電公社) による法的独占が認められていた. この制度的枠組みの選択は, 必需的な性格を持つ電信・電話サービスを全国にあまねく公平に供給するという通信政策的・公共政策的な観点と, 電気通信ネットワークを新たに構築するためには巨額の固定投資が必要になるという技術的・経済的な観点があいまって, 電気通信事業は自然独占性を持つと判断されていたことに起因するものだった. しかし, 電気通信分野に生じた新たな技術革新は, 少なくとも長距離通信ネットワーク事業に関する限り事業の自然独占性を払拭した. 例えば, 東京と大阪を結ぶ長距離通信ネットワークは, マイクロウェーブや光ファイバー・ケーブルを利用して旧来の技術と比較して遥かに安価に構築することが可能になった. なかでも, 高速道路の中央分離帯や新幹線の線路側溝のように, 既存ネットワークを利用して光ファイバー・ケーブルを敷設できる場合には, この可能性は非常に現実的なものになる. 膨大な固定投資を, 重複的に支出

第II部　競争と規制

する必要がなくなり，長距離通信ネットワーク事業への新規事業者の参入の可能性が大きく開かれたわけである．産業組織の在り方を設計する立場から見ると，電気通信事業に競争原理を導入する可能性が新たに開いたことになる．

この「事実の進行」を背負って，臨時行政調査会の第三次答申に基づいて電気通信事業は 1985 年に《自由化》された．その結果，電気通信事業への新規事業者の参入が原則的に可能になった．この措置と並行して電電公社は《民営化》されて，日本電信電話株式会社（NTT）が誕生した．自由化・民営化措置に触発されて，長距離通信ネットワーク事業には新たに旧国鉄系の日本テレコム，日本道路公団系の日本高速通信，京セラ及びソニー系の第二電電の新規事業者（NCCs）が参入して，NTT と競争する寡占的な産業組織が誕生したのである．

素朴に考えると，1985 年テレコム改革によって法的独占に代わる競争的産業組織が形成されたのだから，この改革以降は行政当局による規制的介入は背景に退いて，競争の仕組みがそれに代替するものと期待することは自然である．だが，規制と競争の守備分担の問題は，実際にはそれほど単純ではない．競争の実効性を保障することを目標とする規制をテレコム改革以降にも持続すべき理由が，少なくとも 2 つ残されていたからである．

第一に，長期間にわたって日本の電気通信事業を法的に独占して事業経験を蓄積してきたうえに，技術開発能力においても遥かに卓越する NTT と，事業として新たに立ち上がったばかりで幼児期にある NCCs との間には，ガリバーと小人以上に巨大な格差が存在していた．それだけに，両者を同一の土俵で対等に競争させれば NTT が NCCs を圧倒することはいとも容易であって，テレコム改革が排除した法的独占の代わりに NTT による私的独占が，競争的淘汰を経て成立する高い可能性があった．この事実に注目すれば，NTT と NCCs との競争が実効性を持つ程度に NCCs が成熟する段階に到るまで，NTT の優越的な市場支配力に制約を課す主旨の《非対称的規制》を適用することには，それなりの根拠があったことになる．

この第一の理由は，あくまで経過的措置として保護的な規制を正当化するものに過ぎず，その点では国際貿易理論における幼稚産業保護論と類似して

第4章　競争メカニズムを見る福祉の経済学の視点

いる．これに対して第二の理由は，単に経過的措置とはいえない規制の根拠
を与えるものだった．NTT のネットワークは長距離・地域を統合する通信
ネットワークだが，NCCs のネットワークは長距離通信ネットワークに限定
して構築されていたために，NCCs の長距離通信サービスの提供は NCCs だ
けでは完結せず，NTT の地域通信ネットワークとの接続を確保しない限り，
NTT と NCCs の競争は実現しないという重要な非対称性が存在していたか
らである[1]．

　例えば，東京の居住者が NCCs を用いて大阪の友人に電話しようとすると，
この通話は発信と受信の両端で NTT の地域通信ネットワークを経由せざる
を得ない．東京発信の通話は NTT の地域通信ネットワークに乗って NCCs
の長距離通信ネットワークの関門に接続され，次いで NCCs の長距離通信
ネットワークに乗って大阪の関門に到着して，最後に大阪の NTT 地域通信
ネットワークに乗って最終的受信者である友人宅に到着することになるから
である．このことは，NCCs の長距離通信サービスは，自前の長距離ネット
ワークが競争相手である NTT の地域ネットワークと両端で円滑に繋がって
はじめて完結するという特異な性質を持つことを意味していた．これに対し
て，統合ネットワークを保有する NTT は，自前のネットワークだけで送信
者と受信者を接続することができる．NTT と NCCs の間の構造的非対称性
が両者の競争条件に著しい不公正を生まないことを制度的に保障するために
は，ネットワークの公正な接続ルールを確立すること，ルールが適正に遵守
されることを監視することが必要とされたのである．競争原理が導入された
後にも，ある種の電気通信事業規制が依然として存続せざるをえない第二の
理由がここにあった．

　このように，テレコム改革直後の電気通信事業では，競争促進的・非裁量
的な性格を持つ規制が存続することは自然でもあり，原理的な根拠もあった．
しかし，電気通信事業を管轄する権限を獲得した郵政省（現在では総務省）が

---

1)　NCCs が長距離通信事業に部分的に参入する選択を行った理由は，地域通信網を新規
に構築する費用はあまりに膨大で，統合通信網を構築しない限り事業に参入する方法
がない場合には，潜在的競争者が実際に競争に参加する誘因がなかったからである．
日本の電気通信事業全体の効率性から見ても，地域通信網に重複投資を行うべき理由
は存在しなかったという点も，ここで指摘しておくべきだろう．

第II部　競争と規制

行った電気通信規制は，競争促進的・非裁量的な構造規制の仕組みを踏み越えて，裁量的な行動規制にまで及んでいた．この点を次に眺めてみたい．

電気通信事業に対する規制を根拠付ける電気通信事業法（当時）の第10条と第18条は，この事業への新規事業者の参入と既存事業者の撤退をいずれも郵政大臣（当時）の許可事項としていた．しかも，参入と撤退を許可する条件は，郵政大臣（当時）に大きな裁量余地を委ねる形式で規定されていた．競争産業への参入と撤退は事業者にとって最大の戦略的意思決定事項であり，この意思決定に成功すれば報酬は大きいにせよ，失敗した場合に受ける損失は致命的な打撃となりかねない．そのため，事業者は競争手段の充実と事業分野の選択に際して細心の注意と努力を払う誘因を，もともと備えている．その誘因を媒介項として，産業全体の経済的成果が高まる仕組みだったのである．しかるに，参入と撤退が監督官庁の裁量的規制の下に置かれれば，競争手段と事業分野の選択も競争市場の判決以上に規制官庁の許認可権限を考慮してなされることは避け難い．事実，日本の電気通信規制のその当時の枠組みでは，料金及びサービスという競争手段の選択に関しても事業者の自主決定の余地は大幅に制限されていて，監督官庁の認可を得ることが要求されていた．このことは，産業間・産業内のいずれの競争に対しても，監督官庁による裁量的な行動規制が大きな制約を課していたことを意味している．これこそ当時の日本の電気通信事業における競争の実態だった[2]．明らかに，1985年のテレコム改革直後の日本の電気通信事業で競争を管理した裁量的な行動規制は，競争促進的・非裁量的な構造規制とはまるで異質な制度的な枠組みだった．この制度的な枠組みの下の競争は《管理された競争》とか《手錠を嵌められた競争》と表現されるに相応しいものだったのである．

技術革新という《事実の進行》によって，電気通信事業において競争原理が活用される素地はできたにせよ，競争は《悪》，協調は《善》とする伝統的通念は粘り強く生き延びて，導入された競争の実態を大きく変質させた．これまた『豊かな社会』でガルブレイスが述べているように，「ナポレオンの近衛師団と同じく通念は死んでも降伏しない」というべきである．通念の

---

2)　日本の電気通信規制と1985年のテレコム改革に関する一層の詳細については，奥野・鈴村（1993）及び鈴村（1996）を参照されたい．

粘り強い支配の終焉の始まりは，規制による競争の管理によって拘束されてきた電気通信事業が，国際競争に大きく遅れをとった事態をもはや放置できなくなった1990年代後半のことだった．当時の橋本龍太郎首相のリーダーシップのもとで，電気通信事業における競争に嵌められた手枷が，ようやく解錠されたのである．この場合にも通念の支配の敵は理念ではなくて《事実の進行》だったことに，改めて読者の注意を喚起したい．

3. 競争観の変容（2）：構造協議と流通規制改革

　競争観に生じた変容の背景をなす《事実の進行》の第二例は国境を越えて競争ルールの標準化を制度的に確立するための国際交渉の進展である．ひとつの興味深い事例として，日米構造協議と流通規制改革を考察してみたい．
　日米構造協議は日米の貿易不均衡を是正するために，国境における非関税障壁の撤廃を要求するには留まらず，国内の取引慣行，行政慣行，法制度とその運用実態に到るまで，相互の批判と調整の対象に含めて行われた日米の二国間協議である．1989年に開始された協議だが，90年に纏められた最終報告を象徴した戦略的な協議対象は《大規模小売店舗法》［略称：大店法］を中核に持つ日本の流通業の参入規制だった．
　大店法は，ある地域の小売業に新規参入することを企てる大規模店舗と，既存の小売業との間の調整を制度化する目的で，1974年に導入された法律である．いかにもローカルな性格を持つ大店法とその運用実態が，なぜ日米構造協議の焦点になったのかと問えば，大規模小売店舗は輸入製品の取扱高が大きいため，大規模小売店舗に対する参入障壁が除去されれば，アメリカからの輸入の増大が期待されるという理由が挙げられていた．しかしこれは全く表面的な理由付けに過ぎず，大店法とその運用実態に対するアメリカの激しい批判と改善要求は，この事例に即して日本の法制度とその運用実態の不透明性・非効率性・不公正性を正面攻撃して，日本の法制度と行政慣行，取引慣行の国際的標準化を求める突破口にする戦略的意図に根差していた．それだけに，我々は構造協議以前の大店法とその運用実態の不透明性・非効

率性・不公正性の実態を正確に理解することから，議論を開始する必要がある．

　構造協議以前の大店法の形式的仕組みは，それほど複雑でも怪奇でもない．既に述べたように，大規模小売店舗がある地域に参入しようとする際，既存小売業との事業調整を義務付けるのが大店法の主眼だった．この調整の最初のステップは大規模小売店舗の設置者に義務付けられた三条届出であり，この届出は通産大臣（当時）に提出される建前だった．この届出を受理した通産大臣（当時）——実際は都道府県知事を経由するが——は大店法に依拠する調整の開始を公示しなくてはならない．この公示手続きがとられた後に，最小限でも7カ月を経過しなければ，大規模小売店舗の開店はできない建前になっていた．これが大規模小売店舗の新規開店手続きの第一の関門である．

　次に，開店予定日から逆算して最低限5カ月以前に，その大規模小売店舗で営業しようとする小売業者が，五条届出を通産大臣（当時）宛に提出することを義務付けられて，新規開店手続きの第二の関門となっていた．届出を受理した監督官庁は申請された大規模小売店舗の開店がこの地域で営業している既存小売業者に及ぼす影響を検討しなければならない．影響の程度が相当程度以上だという恐れがあれば，通産大臣（当時）は，《大規模小売店舗審議会》［略称：大店審］という機関に諮問することになるが，国が諮問する中央の機関であるだけに，日本全国に散在する地方都市の詳しい事情に大店審があまねく精通している筈はない．そのため大店審は五条届出が提出された都市の商工会議所あるいは商工会に，必要な検討を委任することになる．この委任に応えて商工会議所ないし商工会が組織する検討機関が《商業活動調整協議会》［略称：商調協］であり，これこそが大店法システムの曲者だった．

　建前としての大店法によれば，大規模小売店舗の開店の影響はさほど重大ではないと商調協が判断すれば，この主旨の答申が

商工会議所あるいは商工会 ⇒ 大店審 ⇒ 通産大臣（当時）

と諮問とは逆順に遡って，結局のところ通産大臣（当時）は大規模小売店舗の開店を異議なく承認することになる．一方，大規模小売店舗の開店の影響は相当程度以上となる恐れがあると商調協が判断する場合，通産大臣（当時）

は大規模小売店舗の開店計画に店舗規模の縮小，開店日の繰り下げなど，影響の程度を緩和する主旨の勧告を行うことになる．この勧告に基づいて当初の計画が修正されることはあっても，建前としての大店法には大規模小売店舗の新設を通産大臣（当時）が《拒否》する権限を賦与してはいない．大店法に基づく参入規制は《届出・勧告制度》であって，けっして《許可制度》ではなかったのである．

　先に曲者と呼んだ商調協は，大店法に明記された正式の調整機関であって，その構成メンバーには明文化された制約が課されていた．直接の利害関係者は排除されていて，消費者や学識経験者も参加することになっていた．さらに，商調協の審議期間には明確な上限が課されていて，審議のいたずらな長期化に対する制度的な歯止めが存在していた．問題はこの商調協が制度発足の後に度重なる変質を遂げて，大店法の運用実態の不透明性・非効率性・不公正性を生み出す主役になっていったことである．

　商調協の変質の最初の一歩は，三条届出と五条届出の間に非公式な仕組みとして《事前商調協》という制度を持ち込む形で踏み出されている．事前商調協は，2つの点で正式の商調協とはその性格を全く異にしていた．第一の相違点はその構成員である．非公式な仕組みであるだけに，事前商調協の構成にはなんらの制度的制約も課されていなかった．そのため，事前商調協は直接の利害関係者が補償や妥協を大規模小売店舗の設置者から獲得する交渉の場へと転化して，消費者や学識経験者の出る幕は消えたわけである．第二の相違点は，その調整期間に対する歯止めである．三条届出と五条届出の間に位置するだけに，事前商調協における調整協議には時間的制約が課されていなかった．この仕組みによって大規模小売店舗の新設をめぐる調整が一挙に不透明化，長期化したのは，至極当然のことだったというべきである．

　もともとは地元関係者との調整の実を上げるために導入された事前商調協がこのような変質を遂げて，調整の著しい遅延をもたらした状況を改善するために，監督官庁である通産省（当時）は，1979年の行政指導によって三条届出と五条届出の間に最長8カ月という上限を設けている．しかし，この行政指導によって調整の無制限な遅延に歯止めがかかった結果，補償や妥協を求める交渉の場はさらに時間的に繰り上げられることになった．従来から通

産省（当時）は，建物設置者が三条届出を提出する以前に地元の利害関係者に対して《事前説明》を行うことを行政指導していたが，この事前説明の場が《事々前商調協》とでも呼ぶべき調整協議と補償交渉の場へと転化したのである．もともと事前説明は大店法に基づく調整が開始される以前の非公式の手続きだったから，この場が実質的な交渉の舞台となってしまったことは，大規模小売店舗の新設を巡る調整が従来以上に不透明化，長期化することを不可避的に意味していた．事実，結局は大規模小売店舗の新設が実現した場合でも10年以上の調整期間を要した事例とか，調整の無原則な長期化と交渉費用の膨大化を見越して新規参入を断念した事例は，大店法の歴史のなかに累々と存在している．日米構造協議において噴出した大店法の不透明・非効率・不公正な運用実態に対する批判は，まるで根拠のないことではなかったのである．

　大店法に基づく参入規制の不透明性・非効率性・不公正性は，日米構造協議で批判されるのを待つまでもなく，本来日本の国民にとって大問題だった．国の法制度としての大店法に基づく参入調整の仕組みが非公式な交渉により形骸化して，正式な法的調整機構の中核にある商調協が《確認商調協》と称されるに到った実態は，法律の制度化の在り方として許されるものではない．また，交渉過程で支払われる調整費用は結局のところ大規模小売店舗の開設後に地域の消費者に転嫁されるわけであって，非公式な交渉の社会的費用を最終的に負担するのは一般消費者であることも看過できない問題である．そのうえ，不透明・非効率・不公正な参入障壁によって競争から保護された小売業からは，意欲的な事業者が創意と革新によって急速な成長を遂げる《夢》が消えたことも，重要な問題として指摘されるべきである．競争を勝ち抜くための革新意欲に代わって，調整過程から最大限の補償を獲得する交渉技術こそ優先される小売業になっては，大店法システムによる手厚い保護のもとでも，小売業の衰退は押し止めようがないというべきである．

　この主旨の大店法システム批判を行い，小売業における競争と革新の復位を求める声が国内になかったわけでは決してない．とはいえ，大店法システムを下支えする競争は《悪》，協調は《善》という通念の支配は，競争こそ《善》とする理論の攻撃だけでは，殆ど揺るがなかった．この場合にも通念の支配

第4章　競争メカニズムを見る福祉の経済学の視点

を打破したのは《事実の進行》だった．競争ルールの国際的標準化を求める
世界の趨勢が日本の流通規制をターゲットとして日米構造協議の形をとって
押し寄せたとき，大店法システムの解体に到るひび割れが初めて走ったので
ある．事実，全国の都道府県・日本商工会議所・全国商工会連合会宛に大店
法の運用適正化を求める通達を通産省（当時）が出したのは，日米構造協議
の中間報告を巡る激しい応酬を経た1990年5月のことだった．これをうけ
て自治省（当時）も，全国都道府県知事宛に行き過ぎた独自規制の迅速な緩
和を求める通達を出している．その後，91年5月には大店法それ自体も改
正されて，日本の流通規制の不透明性・非効率性・不公正性を是正する措置
は着実に進み出したのである[3]．

　シェイクスピアが『ジョン王』で洞察したように，「害悪も消え去ろうと
するとき，その消え去る瞬間に最大の害悪を示すのが常」であるだけに，よ
うやく命運が尽きたかに思われる大店法システムの行く末に関しては，今後
とも注意深い監視が必要である．とはいえ，日本の流通業において競争は《悪》，
協調は《善》という通念の絶対的支配が終わったことだけは，おそらく間違
いないといえそうである．

4．正統派経済学の通念

　これだけの議論を踏まえて，以下ではさらに3つの論点を検討することに
したい．第一は，競争は《悪》，協調は《善》とする通念に問題があるにせよ，
それと対抗的な競争は《善》とする正統派経済学の通念には全く問題がない
のかという論点である．第二は，競争を経済運営の基本原理とすることには，
そもそもいかなる長所があるのかという論点である．第三は，競争による効
率性の追求はある種の《権利》の社会的保障と矛盾する可能性があるという
論点である．

　第一の論点に関しては，競争は《善》という正統派経済学の代替的な通念

3）　日本の流通規制の経済的帰結に関する詳しい議論は，鈴村（1991）を参照されたい．

第 II 部　競争と規制

にもまた問題があると指摘しなくてはならない．アルフレッド・マーシャルには「経済学における短い命題はすべて誤っている」という有名な警句があるが，彼のひそみに倣って，我々は「競争に関する短い通念はすべて誤っている」というべきなのである．事実，最近の理論的産業組織論の成果によれば，競争は《善》という通念を裏切って，競争が社会的に望ましくない事態を引き起こす理論的事例が数多く存在する[4]．競争と規制に関する経済学的真理はいたって平凡である．全面的な規制のみならず全面的な競争も，経済を運営する基本原理として常に《善》をなす保障はないのである．ある種の条件が整っている場合には競争の促進が社会にとって《善》をなすが，この条件が欠ける場合には，競争の仕組みを補完する聡明な規制が必要とされることになる．どういう状況においては競争を経済運営の基本原理とするべきか，またどういう聡明な規制の仕組みならば競争原理に失敗が起こる事態を効果的に補整できて，治療薬の副作用を最小化することができるか——このような問題に対して適切な処方箋を的確に書くことこそ，経済政策の設計と運営にミクロ経済学が寄与するひとつの道筋なのである．

5. 競争と自由

　第二の論点に関しては，このエッセイの冒頭で説明した競争の 3 つの機能——《稀少資源の効率的配分機構》としての機能，《革新導入の誘因機構》としての機能，《私的情報の発見・拡散機構》としての機能——が，少なくとも解答の一部を提供する．しかし，競争が持つこれらの機能は，すべて資源配分メカニズムの設計と選択に携わる政府ないし計画機関の観点から見た競争の長所である[5]．競争の長所としては，システム内部の経済主体（生産者，消費者）の観点に立つ評価も加えなければ，明らかに不十分である．この後者の観点から競争の長所を考える場合に必要不可欠なキー・コンセプトこそ

---

　4)　その典型的な一例は，寡占的市場における数量競争に関する《過剰参入定理》（excess entry theorem）である．Suzumura and Kiyono (1987)，Suzumura (1995, 2012)，鈴村（1994）及び Suzumura (2016a, Part VI) を参照せよ．

第 4 章　競争メカニズムを見る福祉の経済学の視点

《自由》なのである.

　経済運営の基本的なメカニズムが競争に求められる社会では，生産者にせ
よ消費者にせよ，市場で利用可能な機会を自律的に活用して自らの満足（生
産者ならば利潤，消費者ならば効用）を自律的に追求する《選択の自由》を持
っている．このように，個々の経済主体に自由な選択の機会を平等に与える
点に，競争原理が持つひとつの重要な長所があることは間違いない．しかし，
選択の自由が持つ価値は，その自由を行使すれば利潤ないし効用を最大化す
る選択肢を採用できるという手段ないし道具としての価値に限られるものだ
ろうか．選択の自由には，《手段的な価値》(instrumental value) に加えて《内
在的な価値》(intrinsic value) もあるのではなかろうか.

　論点を具体化するために，ここでひとつの思考実験を試みてみたい．人生
は明らかに選択の連鎖からなっている．いま仮に，あなたの従来の選択が完
全に満足できるものであって，これまでの人生にはなんの悔いもないものと
しよう．その場合でも，もう一度人生を生き直す機会が与えられたとき，「あ
なたは既に最善の選択を行ったのだから」という理由で従来と全く同じ人生
経路を選択の余地なく割り当てられたならば，あなたはなにか重大な権利を
奪われたと感じるのではなかろうか．選択の機会を持ち，実際にその機会を
自律的に活かして選択の自由を行使することからは，選択結果が与える満足
とは独立に，自分の運命を決定する手続きに自らの意思で係わる固有の満足
感が得られるのではなかろうか．この質問に肯定的に答える立場こそ自由に

---

5)　これまで説明した競争の 3 つの機能は，なんらかの社会的な《善》を追求するうえ
で競争がその道具として役に立つという《手段的価値》(instrumental value) に注目
するという意味で，共通点があった．例えば，《稀少資源の効率的配分機構》としての
機能は，効率的な資源配分という社会的な《善》を追求するうえで競争が持つ手段的
価値に注目する評価方法である．また，《革新導入の誘因機構》としての機能は，市場
経済のエンジンである革新の導入という社会的な《善》を追求するうえで，競争が持
つ手段的価値に注目する評価方法である．《私的情報の発見・拡散機構》としての機能は，
分散して私的に所有される情報を活性化して，公共的な利用に供するという社会的な《善》
を追求するうえで，競争が持つ手段的価値に注目する評価方法である.

　これに対して，競争的メカニズムには，社会的な《善》を追求する道具という手段
的な価値を離れて《内在的価値》(intrinsic value) も潜んでいることにも注目すべき
である．本節で導入する《自由》の視点は競争の内在的価値という視点と密接に結び
付いている.

129

第II部　競争と規制

内在的価値を認める立場に他ならない．競争を経済運営の基本原理とする社会は，手段的価値と内在的価値を兼備する自由を社会内部の個々の経済主体に平等に賦与するという意味で，自由な社会なのである．

この考え方をさらに一歩進めると，経済システムを評価するもうひとつの重要な視点が浮かび上がってくる．その視点は自由の《内在的価値》を説明する際に使用した「自分の運命を決定する手続きに自らの意思で係わることに伴う満足感」という表現と，密接に結び付いている．

ここでもひとつの例を用いて論点を明瞭にしたい．3人の子供にケーキを分配する状況を念頭におこう．この状況で，父親がケーキを3等分して子供に分配する《パターナリスティックな分配方法》と，子供たちが相談した結果，3等分に合意する《参加民主主義的な分配方法》とでは，ケーキの物理的な分配方法は結果的に同一でも，子供たちが感じる主観的満足感はまるで異なるものとなるのではなかろうか．自由の《内在的価値》を重視する立場とは，「《パターナリスティックな分配方法》のもとでの均等分配」と，「《参加民主主義的な分配方法》のもとでの均等分配」をはっきり別物と考える立場のことである．この立場を正確に表現するためには，ある社会状態の《善》を評価する際に，その社会状態の客観的記述と並んで，その社会状態を実現する社会的プロセスないしメカニズムを評価の対象に組み入れさえすればよい．ケーキ分配の問題に即してこの方法を例示すれば，

（3等分されたケーキ，パターナリスティックな分配方法）

という（状態，メカニズム）の組を，

（3等分されたケーキ，参加民主主義的な分配方法）

という（状態，メカニズム）の組と比較してその優劣を評価することこそ，この方法の核心なのである．

自由の内在的価値を認める立場をこのように論理的に追究すれば，社会状態の相対的望ましさを評価する際の情報的基礎として，（社会状態の客観的記述，社会状態を実現する社会的プロセスないしメカニズム）という順序付けられた組に対する個人の選好判断を用いる必要があるという基本的認識に

到達する．経済システムを見る《福祉の経済学》の視点と我々が呼ぶものは，手段的な価値と内在的な価値を兼ね備えた自由を社会的評価の中核に据えて，この意味で拡大された情報的基礎に立脚する社会認識の方法に他ならないのである[6]．

6. 権利と効率

　競争の仕組みを経済運営の基礎に据える社会に対しては，弱者を犠牲にして効率性を追求する冷酷な社会だという非難が頻繁に浴びせられる．例えば，長距離通信事業に競争原理が導入されて，需要密度が高い競争地域では長距離通話料金が下がり，逆に需要密度が低くNCCsが参入しない地域や市内の電話料金が上がる料金体系の構造調整が起これば，たとえ競争によって事業全体としては効率性が改善されるにしても，この政策措置は必需的な電話サービスをあまねく公平に供給する電気通信事業の義務を忘れるものだという主旨の強い批判が浴びせられる．また，大店法の改正によって大規模小売店舗の新規参入が自由化されれば，流通業の効率化は結果的に達成されるにせよ，この政策措置は社会的弱者である生業的な零細小売業者に対する配慮を欠くものであるという批判が浴びせられる．

　この問題を冷静に検討するためには，ここで《権利》の概念を導入して問題の性格を明確にする必要がある．権利の概念は競争・規制・自由について論理を推し進めるときには避けて通れないキー・コンセプトである．

　はじめに，大店法システムによる流通業の参入規制を例として説明することにしたい．構造協議以前の大店法システムの問題点を論理的に追いつめると，《地域商業権》とも呼ぶべき権利の主張と流通システムの社会的な効率性の要求が一般に両立困難であるという問題に辿り着く．《地域商業権》という表現は，ある地域で先に小売業を開始した事業者は新規に参入を企てる

---

6)　この意味で拡張された情報的基礎に立つ福祉の経済学を具体的・理論的に実践する作業に興味を持たれる読者は，Suzumura（1999a）及びSuzumura and Xu（2001, 2003, 2004）を参照のこと．

第Ⅱ部　競争と規制

事業者に，事業活動の調整を要求できるという《権利》を指している．この主旨の権利を賦与する規定は憲法，商法，独占禁止法，大店法，その他日本の法律のどこにもないが，大店法システムの事実上の意味は《地域商業権》の侵害に対する補償の支払いを制度化して，権利と効率の間の衝突を解消する非公式な制度を提供したことにある．

　また，電気通信サービスのあまねく公平な供給義務の例の本質は，シビル・ミニマム的サービスの普遍的で公平な供給を要求する《権利》と電気通信事業の社会的な効率性の要求が，必然的に衝突することを示唆する点にある．

　個人の権利と社会の効率性の不可避的衝突は社会的選択の理論の重要問題である．この問題を提起したアマルティア・センは個人の自由を尊重される権利の主張と，社会的選択のパレート効率性の要求をいずれも満足する公共的意思決定プロセスは論理的に存在しないという重要な不可能性命題を樹立して，権利と効率が一般的・論理的に矛盾するという問題を我々の眼前に提示したのである[7]．

　この問題を解決する方法は基本的に2つある．その第一は，個人的権利の不可侵性を重くみて，権利の社会的尊重を貫くためには資源配分のある程度の非効率性は当然の犠牲として受容すべきだと考える方法である．その第二は，個人的権利と考えられている要求の基礎を見据えて，この主旨の権利の賦与は社会的非効率性という大きな対価を支払うに値するか否かを，冷静に評価する方法である．第3節で説明した大店法システムへの批判はこの論理を辿って《地域商業権》という暗黙の権利を否認して，流通システムの社会的効率性の回復を主張するものだといい換えることができる．必需的な電気通信サービスのあまねく公平な供給の問題に対してもこの2つの方向で問題を理性的に追求することが可能であるし，対立の本質を抉るために必要でもあると思われる．

　声高に要求される個別利益をすべて権利と認めて《権利のインフレーショ

---

7)　センの不可能性定理に関しては膨大な研究が存在するが，Sen (1970b/2017, Chapter 6*; 1992a), Gaertner, Pattanaik and Suzumura (1992), Pattanaik and Suzumura (1996), Suzumura (1983a, Chapter 6) 及び Suzumura (2011; 2016a, Part IV) から読者はその主要な論点を理解することができる．

ン》の進行を放置すれば，いっそう声高な利益の要求にもひるまずに個人の本質的な権利を擁護する逞しい社会は生まれない．個人的権利に対する社会的尊重を貫くためには，まずもって権利がそれにふさわしい倫理的な基礎を備えているか否かを慎重に検討するべきである．社会的選択の理論においてセンの問題提起に触発された自由主義的権利論の研究は，自由主義的権利の倫理的基礎を尋ねる哲学的な研究と相まって福祉の経済学の重要な構成要素として慎重な吟味に値するように思われる[8].

7. 日本の公共的意思決定プロセス：《福祉の経済学》の観点

　最後に，1985年のテレコム改革以降の電気通信事業に立ち返って，テレコム改革の審議プロセスを一例とする日本の公共的意思決定プロセスの在り方について，《福祉の経済学》の立場から簡潔なコメントを述べたい．

　私見によれば，経済の重要な制度的枠組みを決定する公共的意思決定プロセスは，少なくとも以下の3つの要請を満足している必要がある．これらの要請を満たせないプロセスを経て決定される制度的枠組みは，人びとが自発的にその制度の確立と維持に努める誘因に乏しく，制度の持続可能性に欠如する懸念があるからである．

　第一の要請は《不偏性の要求》であり，公共的意思決定プロセスは特定の利害の推進に偏る歪みを持ってはならないことを要求している．第二の要請は《透明性の要求》であって，公共的意思決定プロセスは国民に対して代替的な制度的選択肢のコストとベネフィットを透明に公開することを要求している．第三の要請は《機会の衡平な提供の要求》であって，公共的意思決定プロセスは最終的な公共的決定に対して国民各層が影響力を行使する機会を衡平に提供すべきことを要求している．不偏性・透明性・機会の衡平性というこれら3つの基準に基づいて評価すれば，テレコム改革の審議プロセスを例とする日本の公共的意思決定プロセスは，多くの問題点を残しているよう

8）　この点に興味を持たれる読者は，Suzumura (2016a, Part IV) 及びそこで引用されている文献を参照していただきたい．

第Ⅱ部　競争と規制

に思われる.

　よく知られているように，日本の公共的意思決定プロセスで中核的な地位を占めてきたのは，政府の各種審議会である．そもそも，1985年テレコム改革の端緒を開いた臨時行政調査会もひとつの審議会だったし，改革以降の電気通信事業に係わる重要な公共的意思決定の軌道をデザインする役割は，この事業を管轄する郵政省（当時）の諮問に応えて電気通信審議会が担っていた．この公共的意思決定プロセスにはそれなりの成立根拠がある．意思決定の総合性と機動性の観点からこのプロセスには長所もあることは公平に認めるべきである[9]．とはいえ，審議会における審議プロセスはすべてが非公開であって，意見陳述や意見聴取も審議会の外部には公開されない建前になっていた[10]．そのうえ審議会の委員の選任は監督官庁の裁量に委ねられていて，審議の結果の最終的な取り纏めに際しては，監督官庁が事務局として答申案を練って，全員一致を取り付ける根回しを行う慣行があった．このような仕組みで管理・運営される審議会で，監督官庁の規制権限を制約する主旨の公共的選択が行われること，利害が広く薄く散らばる社会階層の立場が公共的選択に的確に反映されることは，敢えて不可能とはいわないまでも，至極困難であることはあまりにも自明である．控え目にいっても，監督官庁やその管轄下の産業の利害には反しても，一般国民の《福祉》にとっては重要な公共的意思決定が，審議会方式の公共的意思決定プロセスによって衡平に行われるという制度的保障が乏しいことは，否定できない事実ではあるまいか．

　不透明・非公開であるうえ，不偏性や機会の公開性の原則の制度的保障にも乏しい公共的意思決定プロセスであるにせよ，結果としての公共的決定のみに国民の関心が集中しており，しかも審議プロセスを管理・運営する官僚の善意と能力への手放しの信頼が広く共有されている場合には，問題が深刻に表面化する場面はないかもしれない．だが，結果的に選択される社会状態のみならず，社会状態を選択するプロセスないしメカニズムに対しても，い

---

9)　公平性と衡平性の2つの概念の使い分けについては，本書第3章を参照のこと．

10)　現在では審議会の議事録は原則的に公開されるようになって，この面では日本の公共的選択プロセスの透明性が多少とも改善される兆しがあることは喜ばしい進展である．

まや国民の関心が次第に高まりつつあるように思われる.《福祉の経済学》は,このような関心を分析の中枢に据える規範的経済学の試みに他ならないのである.

第**5**章

通念破壊の異端の経済思想
──篠原三代平教授との対話

　篠原三代平教授は，戦後日本の経済学の展開過程で，特異な役割を担った経済学者である．日本経済の独創的な実証分析を推進して，戦後日本の経済学界に数量経済分析を着床させることに貢献した教授は，分析手法に関しては精緻化の一途を辿る計量経済学とは一線を画して，逞しい直観と手書きの図表を駆使する独自な方法を用いて，理論的な洞察と歴史的な方向感覚を重視するスタンスを確立していた．この特異な分析方法を教授は自らメノコメトリックスと称していた．篠原教授は私が最も尊敬する数理経済学者だった二階堂副包教授とは両極端ともいうべき対照的な研究者だが，大学院時代の私にとっていずれも卓越した経済学者のロール・モデルだった．

　マサチューセッツ工科大学のアリス・アムスデン教授は，フルブライト交換教授として京都大学に滞在された折に本書の著者と共同でフルブライト留学生の面接委員として作業されたことがある．面接作業の疲れを癒す雑談中に，我々はそれぞれが《異端》の経済学者・篠原三代平教授に関心を持っていることを発見した．篠原教授と面談する機会を得たいという彼女の要望に応えて設営した篠原教授との数度の面談は最終的にはインタビュー論文に成熟して，*Journal of the Japanese and International Economies*, Vol. 15, 2001 に掲載・公刊された．本書への再録を許諾して下さった *Journal of the Japanese and International Economies* 編集者及び出版社 Academic Press に感謝申し上げたい．

第 II 部　競争と規制

1. はじめに

　篠原三代平教授（1919 - 2012）は高名だが型破りの経済学者であると広く
看做されている．事実，多くの経済問題に対して，教授は他の主要な経済学
者とは異質で独特の視点を持っていた．今回の対話で教授は，初期の自らの
人格と経済学の形成に影響を与えた経済学者として，ハイエク，フリードマ
ン，クズネッツ，マハループなどから学んだ経験を回想するとともに，日本
の産業政策に対して教授の初期の研究が与えた影響，日本の長期経済統計の
構想と整備，バブルと不景気の経済分析，景気循環と経済危機，アジアの経
済成長について，自由・闊達に語られた．戦前の大不況を体験して経済学に
進み，戦後の復興期と高度成長の時代に多大な影響力を持った篠原教授との
インタビューは，アムスデン教授及び著者をはじめとする後継世代にとって，
豊かな情報と洞察に触れる貴重な経験だった．

　篠原教授の経済学者としての経歴のハイライトを型通りに紹介すれば，
1973 年度の理論・計量経済学会——日本経済学会の前身——の会長に選出
された教授は，1998 年には文化功労者の栄誉に浴されて，2006 年には文化
勲章を授与された令名の高い存在である[1]．だが，教授は自らを既成の型に
収まらない異端の経済学者と称された．多くの問題について他の主要な日本
の経済学者と異なる意見を大胆に表明して，孤立さえ辞さない気骨ある信念
の持ち主であり，通念を打破して新たな知見を創造することこそ学者の使命

---

　1)　篠原教授は 1919 年 10 月 26 日に富山県で生まれ，1940 年 3 月まで高岡高等商業学校
　　で，その後 1942 年 9 月に卒業するまでは東京商科大学（後の一橋大学）で，経済学を
　　学んだ．教授は 1946 年 4 月から 1950 年 1 月まで東京商科大学の特別研究生だった．
　　1950 年 2 月に一橋大学経済研究所の助教授に就任した教授は，1955 年 9 月から 1957
　　年 2 月までジョンズ・ホプキンズ大学とスタンフォード大学の客員研究員を務めた．
　　著書『消費函数』によって 1961 年 3 月に大阪大学から博士号を授与された後，1962 年
　　2 月に教授は一橋大学経済研究所の教授に昇進したが，1970 年 4 月には学生運動の不
　　穏な状況下で一橋大学を辞任して，経済企画庁の経済研究所所長に就任した．1973 年
　　3 月に同所長を退任した教授は成蹊大学経済学部教授に転進して，1980 年 3 月までそ
　　の職を務めた．その後東京国際大学の経済学教授に就任して 1995 年 3 月に引退した．
　　成蹊大学と東京国際大学に在任中，教授は財団法人統計研究会の理事長も務めている．

第 5 章　通念破壊の異端の経済思想

だと折々に語った篠原教授にとって《異端の経済学者》という旗印はまこと
に相応しいものに思われる.

　篠原教授の長い経歴には,経済企画庁や通商産業省（通産省）など,有力
な中央官庁との緊密な関係も含まれている. 高度成長期の経済政策の企画と
実践の中枢に位置した両省庁だが,教授自身は経済政策に関する意思決定に
自らが果たした役割は殆ど偶発的なものに過ぎなかったと述べている.

　学術と政策の両面にわたり,篠原教授は出る杭を打つ伝統的社会に対して
自らの考え方を勇敢に発信された. 教授は独創的な研究者であるだけでなく
エリート主義の経済学者が捕らわれがちな通念からは独立して,多くの問題
に対して一般の人びとの関心を喚起する役割を果たした. その一例として,
1968 年に表面化した八幡・富士両製鉄の合併事件に好意的な篠原教授の発
言は,合併を批判する多数の経済学者が結束して推進した反対活動のなかで,
絶対的な少数派の立場に教授を置いた[2]. また,1950 年代後半から 1960 年
代前半にかけて,日本経済の重化学工業化を推進する通産省の政策に理論的
な根拠を与えた教授の試みは,正統派経済学を通念的に支配した静学的な比
較優位の理論と真っ向から対立する,大胆な模索の一側面だった. さらに,
教授は経済活動の成果を記述する GNP 指標を経済厚生の観点から補完する
指標の開発を試みた最初の日本人経済学者だった. 教授が経済企画庁経済研
究所の所長時代に公表された《純国民厚生》(Net National Welfare: NNW) は,
同時代に活躍した日本人経済学者からは真剣な注目を浴びることはなかった
といっても公平性を欠くことはなさそうである[3][4]. 篠原教授は一貫して景

---

　2)　八幡・富士合併事件に対する当時の正統派経済学者の反対行動は本書第 6 章に収録
　　　したインタビュー論文（岡村・鈴村 2013）で詳しく検討されている.

　3)　この不評の一側面として,当時の京都大学経済研究所の馬場正夫教授は,NNW とは
　　　「なにが・なんだか・わからない」という複合的な表現の略称であるというジョークを
　　　飛ばされたことがある.

　4)　《経済厚生の測定》と呼ばれる領域では,ジェームズ・トービンとウィリアム・ノー
　　　ドハウスをはじめとする複数の先駆者がすでに 1960 年代後半に多くの成果を挙げている.
　　　例えば,Nordhaus and Tobin (1972, p. 4) を参照せよ. 篠原教授が回想するように,
　　　National Bureau of Economic Research のジョン・マイヤーやトーマス・ジャスター
　　　もまたこの論脈で言及に値する. とはいえ,教授が開発した推定方法は,トービンや
　　　ノードハウスが使用したものよりも直接的なアプローチであることには,注意を喚起
　　　する価値がある.

第II部　競争と規制

気循環論に強い関心を持続して集中的に研究してきた．この分野は戦後最悪の不景気に見舞われていた時代の日本では，大抵の経済学者から時代遅れの経済学だと評されることさえあった．

篠原教授の慣習への抵抗はナショナリズムの観点から最もよく理解できるように思われる．ここでいうナショナリズムは，欧州で伝統的に軍事行動と内向的成長に関連付けられてきた閉鎖的ナショナリズムではなく，民主主義的な体制の下で世界最先端の技術に追いつこうとする国のナショナリズムである．それは，ヘンリー・ロソフスキーの言葉を借りれば《選択的隔離》のナショナリズムであり，幼稚産業を育成して，特定の対外取引を規制しつつ他の対外取引を自由化して，企業を国有化するナショナリズムだった．篠原教授は，標準的な経済学の教義が教授の直観の理論的な擁護に失敗する場合には，それらの教義に縛られることはなかった．教授自身の実証研究が規模の経済性に関する直観を支持しない場合にも，教授の信念はこの流れに沿うものだった．

しかし，篠原教授の思想は根拠が希薄な妄想だったわけではまったくなく，西欧の経済学がいまだ単一のパラダイムに収束していなかった時代の独創的な学者だった教授の師（大熊信行教授）に強い影響を受けた考え方だった．篠原教授は西欧の経済学者からも直接影響を受けたが，この影響は教授が自らで選びとったものだった．篠原教授のように，市場機構への政策的干渉を排除しない経済学者がハイエクやフリードマンのような自由主義的な経済学者を称賛していることを，一体だれが予想できただろうか．

因習的通念の打破を担う人間が，勝利のための酸素を確保できて生存適地を得られたということは，よく誤解されるほどに日本の知的環境が因習に束縛されてはいなかったということか，あるいは——草分け的な政治家には学術的支援が必要であったのと同様に——創造的な経済学者に必要な政治的支援が開かれていたということか，いずれかを意味するように思われる．通産省は，理論的な確信からではなく篠原教授の構想が通産省のアジェンダを支持するものであったために，教授を尊重する立場をとっていたように思われる．とはいえ明治期の殖産工業思想の残滓を継承する通産省のアジェンダは，事実の進行に伴う陳腐化を免れず，ほどなく因習的通念に転化して発展的な

第 5 章　通念破壊の異端の経済思想

解消の過程を不可避的に辿ることになった.

　我々は，篠原教授が 80 歳の誕生日を迎えた直後の 1999 年 12 月と 2000 年 1 月の二度にわたって東京で教授にインタビューして，2000 年 12 月には最後の補足的インタビューを行った. 本章はこれらの素材を活用して，通念破壊の異端者を自負する篠原教授の個人的な回想を記録に留めたものである.

2. 初期の研究者人生への影響

アリス・アムスデン／鈴村興太郎　あなたの経済学の成長に最も大きな影響を与えた経済学者は，だれだったのでしょうか.

篠原三代平　17 歳だった 1937 年のことですが，私は大熊信行教授の講義に感銘を覚えました[5]. 彼は経済学における独創性の重要性を強調しました. 当時の大抵の日本の経済学者は，外国の教科書を輸入・翻訳しているだけでした. 明治時代には，武士階級上がりの人の方が，学術的な経済学者よりも経済政策の決定に責任を持っていました. 彼らは政府の役人になって，海外へ赴き，異なる政治経済システムの在り方を学びました. 1930 年代頃まで大学の講壇経済学者はアダム・スミス，ディヴィッド・リカード，カール・マルクス，ロバート・マルサスなど外国の経済学者の書物を学んで，外国の知識を吸収しているだけでした. 大熊教授はまるで違いました. 彼の師である福田徳三教授の指導が素晴らしかったのです. 福田教授はドイツで学び，ルヨ・ブレンターノ教授とドイツ語の共著を書いています[6].

---

5)　大熊信行教授（1893 - 1977）は東京商科大学を卒業して 1927 年に高岡高等商業学校の教授になった. 戦時中の活動のために占領軍に追放された後，富山大学経済学部長に就任した大熊教授は，その後神奈川大学と創価大学の経済学部教授を歴任された. 著名な経済学者であることに加えて，彼は詩人や社会批評家としても知られていた.

6)　東京商科大学を卒業した福田徳三教授（1874 - 1930）はドイツに留学して，ルヨ・ブレンターノ教授（1844 - 1931）の下で学んだ. 福田教授は当時の最も著名で影響力の大きな経済学者のひとりであり，多くの学生を育て，彼らはそれぞれに影響力を持つ学者になった. 福田教授の研究領域は広大であり，経済理論のみならず経済史をも含んでいた. 日本における厚生経済学の研究は教授によって開始されたといっても過言ではない.

第II部　競争と規制

　大熊教授はマーシャルの *Principles of Economics* をテキストに使いましたが，実際には資源配分の理論がマーシャルの場合どのように構成されるかを例示するためだけにこの書を使いました．大熊教授は，資源配分の理論はマーシャルの場合のみならずスミス，リカード，メンガー，マルクスの場合にも経済学の最重要部分だと考えていました．当時の日本におけるマルクス経済学者は，歴史的な資本主義経済過程に重点的な関心を持っていたのですが，大熊教授はマルクスの場合にも資源配分の抽象的な法則が存在することを強調しました．大熊教授の経済学は，資源配分の理論と古典派の成長理論を結び付けた点で独創的でした．家計は消費単位とも生産単位とも仮定されていました．生産単位としての家計という考え方は，いまやゲーリー・ベッカーなどの経済学者には当然と看做されていますが，大熊教授はその先駆者なのです．彼はまたジョン・ラスキン，ウィリアム・モリスの思想を好み，彼らに関して書物を書いています．特に，ラスキンの考えを取り入れて大熊教授は人的資本への投資の重要性を強調しました．これらの新しい思考法は，若い学徒には非常に刺激的でした．私は枠にはまらない学者とみなされていますが，その因習打破の起源は大熊教授にあるのです．

　また，大川一司教授からも別種の影響を受けました．彼は私に実証研究の重要性を理解させてくれました[7]．大川教授は国民所得と関連するデータの推計に乗り出して，1874〜1940年の日本の長期経済統計の編集・推計作業のリーダーとして働きました．彼の著書『食糧経済の理論と測定』（1945年）は実証的な仕事に対する私の関心を強めました．この本は戦前の農業の支出と生産に関する調査に基づいて，食料に対する需要と生産構造に関する詳細な実証分析を試みたものでした．それまでの私は，理論的な事柄にしか関心を持っていませんでした．25歳で大川教授の著書を読んだのですが，それは将来の私の研究計画を劇的に再構成する大きな役割を演じました．

アムスデン・鈴村　一般均衡理論に代表されるような標準的な経済学は，だ

---

　7)　大川一司教授（1908-1993）は東京帝国大学で農業経済学を専攻した後，1950年に一橋大学経済研究所教授に就任した．日本農業に関する計量経済学的研究への先駆的な貢献と，日本の長期経済成長の数量経済史的な研究を先導したことで広く知られている．

第5章　通念破壊の異端の経済思想

れから学ばれたのでしょうか.

篠原　福田徳三教授の主要な弟子である中山伊知郎教授から，私は一般均衡理論を教わりました[8]．また，この理論の一層の精粋を安井琢磨教授や高田保馬教授の著作から学びました[9][10]．外国語に精通された中山教授は，英語，フランス語，ドイツ語を自由に操っていました．中山教授に対する福田教授の指導は伝説的なものであって，クールノー，ゴッセン，ワルラスの3人の経済学者の著作だけを読むように指導されたのです．現在の標準からいえば中山教授はよい数理経済学者ではないかもしれません．しかし，彼の直観は非常に優れていました．ワルラスを読むことによって中山教授はつまらない細部に拘泥せず，本質的な正しい方向へ行きました．彼はシュンペーター，ケインズ，ハイエクが好きでした．中山教授は賢人であり，その座右の銘は「経済の安定と進歩」でした．中央労働委員会での賃金交渉における有能な仲裁者であり，エネルギー溢れる人物として広く知られていました．短歌も作り，詩人でもありました．

アムスデン・鈴村　マルクスには影響されましたか.

篠原　いいえ．当時マルクスを学ぶことは不可能でした．私は大熊教授及び慶應義塾大学の小泉信三教授の著書から間接的にマルクスを学びました[11]．小泉教授の著書『マルクス死後50年』はとても優れた本でした.

アムスデン・鈴村　あなたの景気循環への関心は，中山教授を通してシュン

---

8)　中山伊知郎教授 (1898 - 1980) は，東京商科大学を卒業した後に，ドイツでジョセフ・シュンペーター (1883 - 1950) の下で学び，数理経済学，特に一般均衡理論を専攻した．日本に近代経済学を導入して普及させる過程で，教授は大きな役割を果たしたと広く認識されている．純粋理論の研究者として出発した彼は多くの政府の会議のまとめ役を務めることで，実際の社会に影響力を持つ知識人となった.

9)　安井琢磨教授 (1907 - 1995) は東京帝国大学を卒業して，日本における経済理論と数理経済学の発達に主導的な役割を果たした．教授の経済学への貢献の評価については，Negishi (1996) を参照のこと.

10)　高田保馬教授 (1883 - 1972) は，京都帝国大学で社会学を専攻した．第二次大戦後には，大阪大学社会経済研究所の初代所長に就任して，同研究所を分析的・数量的経済学の日本における中心に育て上げた．社会学及び社会経済学の高度に独創的な体系を構築した社会科学者であり，権力などの社会学的な要因を強調した．教授はまた高名な詩人であり，社会批評家でもあった.

11)　小泉信三教授 (1888 - 1966) は慶應義塾大学を卒業して古典派経済学の研究と日本に近代経済学の思考方法を導入した貢献で知られている.

143

第Ⅱ部　競争と規制

ペーターからきたものですか.

篠原　私は中山教授を経由してシュンペーターの影響を受けましたが，さらにサイモン・クズネッツの影響も受けました. ハイエクも私に大きな衝撃を与えました. *Road to Serfdom* (1944) は読んでいませんが，*Prices and Production* (1931), *The Pure Theory of Capital* (1941), *Profits, Interest and Investment* (1939) は好きでした. ケインズ，ピグー，ヒックス，ルンドバーグなども読みましたが，ケインズとハイエクが最も魅力的でした. ケインズとハイエクは両立不可能だと思われていますが，長期循環の急激な上昇局面では我々はポジティブ・サム，つまりケインジアン＝シュンペータリアン局面にあるが，長期循環の完全雇用または資源の天井局面では我々はゼロ・サムの局面，すなわちハイエク流の袋小路にあると，私は固く信じています. この点に関する私の思考方法は学部生の時代から変わっていません.

3. フリードマン，クズネッツ，マハループ

アムスデン・鈴村　近代経済学者のうちで最も尊敬する人物はだれですか.
篠原　大抵のアメリカ人経済学者は過剰に技術的だと感じています. しかしミルトン・フリードマンは素晴らしい想像力を持つ驚くべき経済学者です. 私はそのような経済学者が好きです. 彼はいつも面白くて，通説に挑戦していました. 私は彼の *Theory of Consumption Function* (1957) を読み，日本のデータに応用してみましたが当てはまりはよくありませんでした. フランコ・モディリアーニのライフ・サイクル仮説，ジェームズ・デューゼンベリーの相対所得仮説を含むどんな他の代替的な仮説も同様でした. 新しい理論を導入する必要があることは明らかでした.

　1962 年から 1963 年に，私は変動為替レートに関するフリードマンの著作からも影響を受けました. それ以前の私は変動為替レートの概念を理解していませんでした. フリードマンの論文を三度読んで私は別人になりました. 当時，日本は固定為替レートを維持していました. 日本の円が増価するためには為替レートを変動させる必要があると私は確信するようになりました.

第 5 章　通念破壊の異端の経済思想

1960 年代後半, 円は 1 ドル 360 円に固定されていました. 私は購買力平価 (PPP)
基準の観点から, 円はだいたい 1 ドル 280 円から, さらに 260 円まで上昇す
る必要があると信じていました. さもないと, 過剰輸出が国内のインフレを
もたらすでしょう. しかし, PPP 基準を使っても, 適切な為替レートの計
算は難しかったのです. 適切な値を見つけるためには, 変動為替レートの導
入が必要だと感じていました. これが経済企画庁の経済研究所長当時の私の
立場でした. この考えを持っていたのはおそらく私のみだったでしょう. 他
の経済学者はすべて固定為替レートを維持したがっていました.

　1990 年代はじめに日本経済研究所 (Japan Economic Research Institute:
JERI) のレポートを書いた折, 私は考え方を根本的に改めました[12]. 巨大な
国際資本移動の下では, 変動為替レートは支払いの安定化に資さないことが,
私には明らかになったからです. 複数国間で資金の急激で巨大な移動がある
と, 一国の国際収支は変動為替レートの下でも不安定化しうるのです.

　現在でも私は, 途上国には変動為替レートを採用するように助言しますが,
クリーンな変動制度ではありません. これもまた中山教授が持っていた意見
で, フリッツ・マハループと論争していました. マハループは頻繁に日本を
訪れました. 彼は完全な変動為替レート制度を主張していました.

アムスデン・鈴村　サイモン・クズネッツとフリッツ・マハループの影響に
ついて, 説明して下さいますか.

篠原　1955 年にジョンズ・ホプキンズ大学を訪れていた私は, クズネッツ
から多くを学びました. 彼には私を学生のように扱ってほしいと頼みました.
毎週課題が出されて, あれこれを推計せよと指示されました. 彼の大著
Commodity Flow and Capital Formation, Vol. 1, 1938 にもお世話になりまし

---

12)　*The International Monetary System Reconsidered: Floating Exchange Rates and a*
　　Multiple Key Currency System, JERI, December 1992. 日本経済研究所は高橋亀吉氏を
　　初代理事長として 1946 年に創立された研究所であり, 創立の目的は「当時, 政府は
　　GHQ の指令に対処するという目先の仕事だけで奔命に疲れていた. 目先の問題から離
　　れて, 少し根本的な問題に関する研究は民間の有志がやるほかない. その任務の一端に,
　　まず日本経済研究所を設立しよう」(高橋亀吉氏) と記されている. 1981 年には, 日本
　　開発銀行 (現在の日本政策投資銀行) を中心に経済界から出資者・賛助会員を募って
　　財政基盤を整備して再出発した. 従来は経産省・文科省管轄下の財団法人だった日本
　　経済研究所は, 2010 年に一般財団法人に移行した.

145

第II部　競争と規制

た．コモディティ・フロー法によって，アメリカにおける資本構成を推計したものです．それ以降，私は戦前期の日本（1914 ～ 1936 年）の固定資本構成を推計してみました．後にヘンリー・ロソフスキーと江見康一が，私の推計を明治期に延長しました．私はまた長期の消費支出をクズネッツにならって推計しました．

クズネッツは国民所得と国民総生産を《国富》として定義したいという，強い願望を持っていました．彼は GNP から経済厚生に関係のない政府支出の諸項目を排除したがっていました．たとえそれらの諸項目が，有効需要の重要な発生源である場合でも，彼の願望は揺るぎませんでした．私が《純国民厚生》の指標を思い付いたとき，クズネッツ流の考え方を取り入れることができました．

クズネッツとの交流では，難しい面もありました．日本の《二重構造》という私の考えを彼は嫌いました．彼が好んだ消費拡大の役割よりも，輸出に頼った成長を強調する私の考えも，彼は嫌いました．戦前期における消費の推計は，実際にはクズネッツの予想に反するものでした．

マハループもジョンズ・ホプキンズ大学で私に大きな影響を与えた経済学者です．私の英語能力が乏しいため，彼は私を取るに足りない経済学者だと思っていたようでした．私が農業部門と産業部門を含んで日本の経済成長に関する論文を書いた際には，彼はそれを認めて 25 項目もの質問をされました．方法論に関しても，別の論文を書きました．彼はその論文をクズネッツとエヴセイ・ドーマーに見せてお互いに議論したと，私に伝えてくれました．当時の私は若く見えても大抵の大学院生より年上で，方法論と国際経済学について多くを知っていました．これらの論文以降，マハループは私をよく自宅に招いてくれました．資本と景気循環に関するオーストリア学派の理論について，彼と議論する機会もありました[13]．私はある意味ハイエキアンなので，

---

13)　資本と景気循環に関するオーストリア学派の理論とは，具体的にはハイエクの理論を意味する．Hayek（1941/2007）や Hayek（1939/1975）で詳細に説明されているように，ケインジアンの理論と対照的に，ハイエクの理論は次の 3 つの特異性を持っている．(1) ケインジアンの理論は資本財と労働がともに過剰供給にあるという前提を置いている．そのため投資の増加は有効需要の増加を生む．これがいわゆる《乗数効果》である．有効需要の増加は投資の増加を生む．これがいわゆる《加速度原理》である．

第5章　通念破壊の異端の経済思想

オーストリア学派について我々は自由に語ることができました．マハループはドイツ人ですから，私には彼の英語は理解しやすいものでした．

4．初期の篠原教授の業績が日本の産業政策に及ぼした影響

アムスデン・鈴村　教授の初期の研究活動が日本の経済政策，特に産業政策に大きな影響をおよぼすに到った経緯をお聞かせ下さい．

篠原　一橋大学経済研究所の教授として，研究所が発行している『経済研究』に論文を執筆する必要がありました．その論文のひとつが「産業構造と投資配分」（『経済研究』第8巻第4号，1957年10月号）であって，混合市場経済における投資配分の基準，すなわち「所得弾力性基準」と「相対生産性成長率基準」を解明したものです．その当時の日本の繊維産業は，単位費用の観点から他の産業に対して比較優位を持っていました．比較優位の静学的理論にこだわっていれば繊維産業は通産省によって奨励されていたことでしょう．しかし，鉄鋼業や重工業は単位費用が高くても，鉄鋼や重工業製品が高い所得弾力性を持ち生産性向上の高い可能性を持っていたのであれば，世界と比較して日本が高い成長率を実現するためには，鉄鋼業や重工業を奨励するべきでした．通産省の若手官僚が私の論文を読み，自宅にきて議論をしました．彼らは，通産省の政策イニシアティブを正当化するために，私の考え方を取り入れたがっていました．戦略的に重要な産業を奨励する通産省の産業政策

換言すれば，ケインジアンの理論は経済のポジティブ・サムの局面に関心を置いている．それとは明確に異なり，ハイエキアンの理論は経済のゼロ・サムの局面に関心を置いている．そこでは生産資源はすでに完全に利用されている．そのため，消費の過剰な増加は投資の減少を招かざるを得ない；(2) 一度不景気に陥ると両理論はともに全体的な過剰供給を予想するが，類似性はそこで終わる．ケインジアンの理論で不景気を引き起こすのは投資に対する貯蓄の過剰だが，ハイエキアンの理論では信用創造に媒介された貯蓄に対する投資の過剰である；(3) オーストリア学派の景気循環論の核心は経済のゼロ・サム局面で消費と投資が対立する状況にあるので，理論の焦点は雇用や産出などの集計的な変化ではなくて，消費部門に対する投資部門の相対的ウェイトにある．すなわち，投資財と消費財の相対価格の変化，利子率と利潤率の変化こそが重要である．

147

第Ⅱ部 競争と規制

に関することで，私が行ったことはこれがすべてです．

　私は特に動揺も気後れもなく，静学的理論から動学的理論に移行しました．通産省の若い人びととのみが喜んでくれました．私は自らの仕事が彼らの求めていた重化学工業の奨励を正当化する論理を提供すると考えました．当時の私はナショナリストであり，日本の所得と生産水準を高めることに主な関心を持ちました．そのため輸出は根本的に重要でした．日本の輸出を拡大する政策の指針について，静学的な比較優位の理論はなにも教えてくれませんでした．最初に私はゴットフリート・ハーバラーとジェイコブ・ヴァイナーの業績から国際貿易の理論を学びました．しかしヴァイナーは単なる平均賃金ではなく，産業間の賃金の差異を考慮に入れていたとはいえ，両者とも静学的だったのです．

アムスデン・鈴村　投資配分基準の理論的背景として導出された，交易条件効果に関する篠原方程式は，ハリー・ジョンソン方程式（Johnson 1954）と非常に似ています[14]．どのような関連がありますか．

篠原　我々の考えが似通ったのは偶然です．私の考えは戦前期の日本経済を研究することで得られました．日本の輸出の伸びは凄まじく，当時の世界では最高でした．スウェーデンの輸出も急激に伸びていましたが日本には及びませんでした．日本の予想以上に大きな輸出の拡大は，世界の所得弾力性を通じて世界経済の成長の作用によるものでした．しかし日本の交易条件は，明治時代（1868～1912年）末期に比べて昭和時代（1926～1989年）の初めには半分以下に低下しました．日本の交易条件の長期にわたる低下を受けて，日本の輸出の拡大は加速される必要がありました．さもなければ国際収支が悪化したでしょう．なぜ日本の輸出成長率はあれ程高かったのか．私は交易条件の役割について研究を始めました．これが私の基本方程式の背景です．その結果がたまたまハリー・ジョンソンのものと似ていたとはいえ，背後にある研究の動機はまるで違っています．

---

14)　2つの国で物価水準が一定のままであり，時間を通じて貿易収支均衡が維持されるとする．そのとき，基本的なジョンソン＝篠原方程式によって，第一国の輸出が所得弾力的であればあるほど，第一国の成長率は高くなる．そしてその成長率は安定した物価と貿易収支の均衡と両立可能である．これが篠原教授の所得弾力性基準に他ならない．

148

第5章　通念破壊の異端の経済思想

アムスデン・鈴村　あなたの考え方と幼稚産業保護論との間に関連はありますか.

篠原　私はハーバラーなどから間接的に幼稚産業保護論を学びました.　私は日本の技術者と企業者の潜在能力を信頼しています.　また,　日本が他国から先進的な技術を導入できたなら,　様々な産業で収穫逓増が発生すると信じています.　これらの条件下で輸出水準を高めることは,　日本の戦後の産業拡大にとっては現実的な可能性だったのです.　1950年代と1960年代の日本のような発展途上国は,　産業の成長を加速させる権利を持つというのが私の信念です.

アムスデン・鈴村　収穫逓増に関するあなたの考えの基となったものはなんですか.

篠原　直観です.　近代の経済発展は,　収穫逓増現象に多くを負っています.　戦争直後の年に私は日本のコブ・ダグラス型生産関数を推計しました.　その当時の日本の技術進歩は,　最先端の技術を借用して非常に急速でした.　収穫逓増現象が起きているに違いないと私は直観しました.　しかし,　多重共線性のために,　収穫逓増現象を統計的に推計するのは,　大変難しかったのです.　最も有能な統計学者でさえ収穫逓増を正確には推計できませんでした.　このように,　私は生産関数を実証的に研究したものの,　自分の研究に頼るわけにはいきませんでした.　私はデニソン型の全要素生産性の上昇が他の先進国と比較して日本においてとても高いという事実に依拠して,　収穫逓増の重要性をぼんやりと感じていたのです.

アムスデン・鈴村　いわゆる《フェルドールンの法則》に関するニコラス・カルドアの研究のように,　当時のヨーロッパの研究からは影響を受けましたか[15].

篠原　影響はありませんでしたが,　私はニコラス・カルドアは好きでした.　なぜならば,　初期の経済発展には製造業の成長が重要だという認識を,　彼が

---

15)　生産性の成長と生産量の成長の間の実証的な関係は《フェルドールンの法則》として知られている.　これは1949年のP. J. フェルドールンの先駆的な調査に基づくもので,　生産量の成長は生産性の成長の決定に主要な役割を果たしていることを示唆するものである.　多くの研究のうちでも特にKaldor（1966）を参照せよ.

149

第 II 部　競争と規制

持っていたからです．収穫逓増は，いくつかの製造業において最大になる傾向があり，少なくとも当時ではそうでした．カルドアの見解は脱工業化社会についてのダニエル・ベルの見解と対立するものでした．

アムスデン・鈴村　重化学工業に関するあなたの研究は，かつて一橋大学の先輩だった赤松要教授の研究に関連があったり，影響を受けたりしましたか．

篠原　そうは思いません．赤松教授が産業発展の雁行的形態，すなわち追いつき生産循環理論として知られる興味深い仮説を提示されたことは事実です．それは，特定製品の輸入の時間的プロファイルの後にその国内の生産が続き，次にその輸出が続き，これらの時間プロファイルが，「順序良く翔んでいる自然界の雁が，ちょうど飛行機が飛ぶときの陣形のように，逆 V 字を形作る」のと同じような型を示すという趣旨の仮説です．赤松教授の理論（Akamatsu 1961, 1962）は，比較優位論の動学的な構想から出発しているものの，「所得弾力性」や「相対生産性成長」といった私の産業選択基準とは，なんの関係もありません．

アムスデン・鈴村　あなたは通産省の産業政策を支持した少数の日本人経済学者のうちで，有力なひとりでした．あなたの支持の背景について，お話し下さいますか．

篠原　現在ではさらなる産業政策は導入したくないと私は考えていますが，当時は他の先進国と較べて日本の所得水準はとても低かったので，離陸するためには産業政策が必要でした．途上国の国内企業に意欲と能力があって，当該産業が収穫逓増状態にあれば，政府が「幼稚産業」を育成するなんらかの政策を採用することは適切であると，私は信じています．このことは，外国資本を直接流入させるよりも，外国企業の技術のライセンスを得て国内企業の拡大を図ることがナショナリスト的であったにせよ，変わらずに適切だと思います．

　しかし産業政策は，どこかで止めなければなりません．これは重要な問題です．日本はもはや，いかなる産業政策も必要としなくなりました．産業の保護は，大国になる経路を進むに伴って徐々に廃止される必要があるのです．日本が実際に辿った経路は，幼稚産業の保護を徐々に廃止していくひとつの経路であったと信じています．私はもはやナショナリストではありません．

第5章　通念破壊の異端の経済思想

国際派になったのです．現在の私は自由貿易が日本のためになると確信しています．

　しかし，大抵の日本の経済学者は初期の段階でも産業政策に反対しました．彼らは学術の流行の奴隷であるのです．常にぐらついて，その時々に流行に寄り掛かる．なぜなのか私には分かりません．流行に乗ることが，進歩的であると考えているようです．

アムスデン・鈴村　あなたは，1969年の八幡・富士両製鉄の合併事件を支持した唯一の主要な経済学者でした．これについて説明していただけませんか．

篠原　大抵の人びとは，なぜ私が通産省の産業政策や八幡・富士の大規模な合併を支持したのか理解していませんでした．また，私はこの合併に確かに賛成したけれども，日本の鉄鋼業の設備能力の決定に通産省が干渉することに強く反対していたことは，なぜか忘れられているようです．私は高炉への設備投資を調整する，通産省の干渉を廃止するように主張しました．実際，連続精錬プロセスの導入において，新日本製鉄の技術は，競争者のものよりも速く発展しました．もし通産省が設備能力の投資を調整していたら，新日本製鉄の生産能力を相当程度削ぐことになったでしょう．八幡と富士の合併は新日本製鉄の誕生という結果になったのですが，世界市場での競争があったため，実際には価格の硬直化はもたらされませんでした．ハイエクとフリードマンは合併に処する政府の強制権限の方こそ危ぶんでいました．彼らは，価格の硬直性は競争政策よりむしろ自由な外国貿易を加速させることで克服できるものと信じていました．私はまた大規模な合併に対する私の支持は，選択的であったことを強調したいと思います．紙パルプ産業において提案された合併の事例を支持しなかった事実が，そのなによりの証拠です．同様に，公正取引委員会に参与して，日本の多くの産業の硬直価格を廃止する幅広い努力をしていた経済学者たちに，私は反対していません．

　私が全く理解できないのは，かつて八幡・富士の合併の事例ではあれほど積極的に対応した日本の経済学者や公正取引委員会が，大企業の間で進められているさらに大きな合併の事例に対してなぜ完全な沈黙を守っているのかということです．

151

第II部　競争と規制

アムスデン・鈴村　日本政府へのあなたの助言には，なにか一般的なルールはありますか.

篠原　私はつねに責任から自由な立場にいました．政策的な意思決定の外部者として，結果を恐れずいいたいことをいえる立場にいたのです．先程も述べたように，私は収穫逓増についての論文を自発的に書き，通産省の官僚は私を訪れて議論をしました．中小企業についての論文を私は書きましたが，それは中小企業が支配的であるいくつかの産業では比較的高い成長が見られるという観察に基づくものでありました．この論文を読んで中小企業庁の長官がそのテーマに関する小委員会の委員長に就任するように，私に要請されました．すぐに政策が変更されて，中小企業は市場の力に隠れるよりも，むしろ効率的になりました．小さいビジネスを豊かにする方法として，社会政策ではなく経済政策に大きな力点が置かれました．私はある問題に関する論文を書き，興味を持った政府省庁はそれを吸収しました．彼らは私に情報を求めて，私はそれを供給したのです．これはアメリカの場合とは，大きく異なります．アメリカでは政府の政策的な意思決定に対して，日本以上に学術的な関与がなされていると思います．日本では官僚のリーダーシップがとても強いのです.

アムスデン・鈴村　「アメリカでは政府の政策的な意思決定に対して，日本以上に学術的な関与がなされている」と最後におっしゃいましたが，それには多くの人が驚くのではないでしょうか．日本ではアメリカよりずっと多くの学者が政府の諮問委員として貢献しています．この点をさらに詳しく説明して下さいませんか.

篠原　「アメリカでは政府の政策的な意思決定に対して，日本以上に学術的な関与がなされている」といったとき，諮問委員会で働く日本の学者の数は私の念頭にはありませんでした．私が意味したところは，政府の政策的意思決定や政策を実装する際に責任ある学術的貢献がなされるケースはアメリカよりも日本の方がはるかに少ないという事実の観察です．実際日本における諮問委員会の枠組みは，政府省庁が自ら実装したいと考えている政策を承認するために，権威付けのメカニズムとして機能していると思います.

5. 長期経済統計について

アムスデン・鈴村　初期のあなたに対する大川教授の影響について話された際に, 後に日本の長期経済統計の編集と推計において, 彼と協働されたことに言及されました. この野心的な計画はどのようにスタートしたのかご説明下さいますか.

篠原　私が一橋大学経済研究所に所属したのは 1950 年のことですが, その翌年ロックフェラー財団の資金提供を得て, 長期経済統計 (LTES) プロジェクトがスタートしました. この計画は 38 年後に完成したのですが, 参加した研究者総数は 23 名に達しました. 対象期間が 1874 年から 1940 年までと長期にわたったという点で, LTES はまさに野心的なプロジェクトでした. 明治初期の多種多様な統計的ボトルネックを迂回する努力も必要とされました. このプロジェクトの出発点は, 一橋大学の山田雄三教授によって推計されて, 1951 年に発表された国民所得データでした. まだ改善の余地が多いものでしたが, これはまさしく画期的な業績でした. 我々の当初の意図は, 山田教授の推計を洗練して, 一層発展的で, 正確なものにすることでした. しかし, 明治初期に戻れば戻るほど, 使用できる素材が乏しくなりました. 「なにもないよりは少しでもなにかあった方がいい」という堅い信念に導かれて, 推計の方法を設計するに際して創造的かつ想像的であることによって, 得られる限りの情報から, できるだけ多くの内容を絞り出すことに最大限の努力を注ぎました. この過程で我々はサイモン・クズネッツから大いに励まされました. 彼の熱烈な支持は, 研究の前進のために不可欠な推進力になりました.

アムスデン・鈴村　大川教授とはどのように協働されたのですか.

篠原　大川教授は, LTES プロジェクト全体の強力で創造的なリーダーでした. 彼の門下生の梅村又次教授は, チーム全体で不可欠なメンバーであり, 農林業, 労働力, 地域経済統計の巻を担当しました. 私自身は大川教授の門下生ではないものの, 仲が良くてお互い自由に話せる関係にありました. 私

第II部　競争と規制

は鉱工業の巻の責任者であり，個人消費支出の巻の責任者でもありました．梅村教授と私はプロジェクト全体を進めるにあたって，大川教授の主要な協力者でした．

　大川教授はとても賢明で，チーム・メンバーに統一された推計方法を，中央集権的に押し付けるようなことはありませんでした．メンバーは大きな自由裁量を与えられており，自身の担当領域に関する限りでは，自身の推計方法を開発していました．バラバラの方法で得られた推計を国民所得推計に統合するために必要な調整や修正を行うのは，大川教授の仕事でした．彼はLTES プロジェクトにおける「ブルドーザー」とあだ名を付けられていました．実際，これだけの大きさと複雑さを持ったプロジェクトは，大川教授のような強力で創造力に溢れたリーダーなしには完成しなかったでしょう．

アムスデン・鈴村　一橋大学の長期経済統計の将来の利用者に，書き残しておきたい個人的な注意などはありますか．

篠原　統計データは，一度編集や推計がなされると，以降の利用者に「客観的」かつ「正確」だと認識されることは殆ど避けがたいことです．しかしLTES 推計は，標準的な計算機を使用する数多くの助手の仕事を慎重に統合して得られたものであることを，心に留めておくことが重要です．LTES の利用者は，これらの推計に盲目的に依存しないように注意すべきです．また，集計された推計は，できる限り都道府県や企業のデータを使ってチェックすることが望ましいとも思っています．

アムスデン・鈴村　日本で完成された記念碑的な LTES を補完する仕事について，なにかご示唆いただける点がありますか．

篠原　他のアジア諸国へプロジェクトを拡大することによって，日本のLTES を補完するという計画は，日本の推計と比較可能な長期間をカバーするつもりなら，途方もなく難しい作業であることが判明することでしょう．日本以上に他のアジア諸国では情報の欠如が顕著かつ破壊的であるからです．推計の地域的な拡張ではなく，日本の戦時中と戦後すぐの期間をカバーする方が，望みがあるように思います．

6. 日本のバブルと不景気について

アムスデン・鈴村 1990 年代の日本の長期不況について，教授のお考えを聞かせて下さいませんか．

篠原 第二次大戦以前，世界は 1720 年代の南海ミシシッピ・バブル以降で 5 度の大不況の危機を経験しました．日本の平成バブルを加えれば，6 度にわたって大規模なバブル及びスタグネーションがあったわけです．すべての事例において，過剰流動性は戦争または戦争に匹敵するような要因による，過剰な公的負債に起因するものでした．大規模なバブルは常に過剰流動性と軌を一にしてバブルの崩壊は企業及び銀行における不良債権の突然の増加を惹起して，長期の不景気とスタグネーションをもたらしました．日本の現在の不景気も平成バブルの崩壊によってもたらされたのです．

アムスデン・鈴村 数人のアメリカ人経済学者は日本の問題の根源をミクロ的要因ではなくマクロ的要因に求めています．日本は金融庁が犯したマクロ経済的な調整ミスによって苦しんでいるという意見に，あなたは賛成なさいますか．

篠原 私はマクロ経済的な要因がミクロ経済的な要因より重要だということに賛成します．しかし，日本が金融庁の不手際によって苦しんでいるという結論には同意できません．確かにいくつかの政策上の誤りが存在したことは認めますが，彼らの責任は 30% 未満でしょう．70% 以上は先行する大規模なバブルに責任があります．

　このバブルはアメリカが日本に強い政治的な圧力をかけたことから生まれました．特にレーガン政権は財政赤字と貿易収支の赤字という国内の「双子の赤字」を解消するために，日本に急速な国内需要の拡大を要求したのです．当時日本は累積した財政赤字を減らそうとしていたのですが，拡張的な金融政策を余儀なくされました．マネーサプライは名目 GDP 成長率の 2 倍の率で増加しました．これこそ平成バブルとその後の長期にわたる不景気の主要な原因です．私はアメリカの圧力に屈する決定をした前川レポートに対して

第Ⅱ部　競争と規制

批判的です[16].

　アメリカの双子の赤字は，利子率の上昇と民間投資の減少を導きました．1992年民間固定投資はGDPのわずか9.9%でした．財政赤字が徐々に減少し始めて黒字化してくると，利子率は横ばいになり低下し始めました．投資対GDP比率は上昇局面に入りました．そのため，1990年代に投資は増えたのです．

アムスデン・鈴村　無視するには巨額に思われる日本の財政赤字について教授のお考えはいかがでしょうか．

篠原　政府の主要な目標は日本経済が安定した復調局面に入るために十分な資金を提供することであるべきです．1, 2年間の財政赤字は避けられません．経済が復調したあと，財政改革が行われるべきです．現在は財政改革や構造改革よりも，平滑化政策に明確に強調点が置かれるべきです．これが日本の政策順位についての私の見解です．

アムスデン・鈴村　構造改革は経済を活性化するうえで建設的ではないのでしょうか．

篠原　長期的にはそうですが短期的にはそうではありません．深刻な不景気の状況では，過激なリストラは混乱をもたらすばかりであってなんの利益ももたらしません．前任の橋本内閣が総辞職した原因がこれです[17].

アムスデン・鈴村　しかし，より多くの公債を発行することで経済を活性化しようとすれば，構造的な問題は将来的にもっと解決困難になりませんか．

篠原　拡張的な政策を1, 2年に限定すればいいのです．回復過程をまずは保障すべきです．これが私の熟慮の結果です．

---

16)　日本銀行前総裁前川春夫氏を議長にした経済構造調整のための特別委員会は，1987年4月にいわゆる前川レポートを提出した．このレポートは日本の国際収支の不均衡を内需の調整によって減らすべきことを強調した．さらに，規制緩和や国際的政策協調，社会的共通資本への投資，関税の引き下げなどが，内需の拡大のためになされることを推奨した．これに対して，2年以上据え置かれていた日銀の公定歩合は1987年2月に3%から2.5%に引き下げられ，マネーサプライは1987年には10.4%，1988年には11.2%，平成バブルの最中の1989年には9.9%の率で引き上げられた．

17)　このインタビュー前後の日本の歴代内閣は第二次橋本龍太郎内閣（1996.11.7 ～ 1998.7.30），小渕恵三内閣（1998.7.30 ～ 2000.4.5），第一次・第二次森喜郎内閣（2000.4.5 ～ 2001.4.26）だった．

156

アムスデン・鈴村 日本政府はすでに何年も経済刺激策をとっているが，うまくいっていないとは思いませんか．

篠原 我々は現在，公的債務を減少させるか，デフレ・スパイラルを止めるか，2つの決定の岐路に立っています．どちらも害悪ですがより害の小さい方を選ぶ必要があります．

　1931年，日本経済が深刻な不景気の底にあったとき，私は12歳でした．零細商店の息子でしたが，父の店は本当に閑散としていました．支払なしの貸し売りが積み上げられていました．小さな少年でさえ，大規模な不景気のみじめさを痛感しました．内閣が採用した緊縮的金融政策に，私は強い反感を持ちました．叔父は小さな銀行の頭取でしたが，破産しました．1919年から1933年の間に銀行の数は68％減り，経済の実態面に破滅的な影響が及びました．現在そのような事態を避けるため，短期的にはケインジアン的に行動する必要があります．明確な上昇傾向に一度経済を乗せた後は，財政改革をして公的債務を徐々に減少させる必要があります．短期的な目標と長期的な目標は，同時に追求することはできないのです．

アムスデン・鈴村 繰り返しになりますが，さらなる支出を積み重ねるには累積する公的債務があまりに大きいために，多くの日本の経済学者が早急な構造改革を求めるなかでは，あなたは異例であると感じます．

篠原 その点で私は特別ではありません．若くて有能な経済学者の間でも，似たような見解が持たれています．実際金融システムの構造改革の半分以上は，特にデフレ・スパイラルと大不況の圧力のおかげですでに完了しているのです．

アムスデン・鈴村 その他に日本政府が行うべきことはありますか．

篠原 殆どありません．窮極的には速やかな回復は新しい先導的部門の出現に依存しています．それを作り出す自信を，通産省は欠いています．新しい活力ある部門の創出は民間のイニシアティブに依存しているのです．

　1980年頃に執筆したいくつかの論文で言及したように，「逆投資循環」が過去50年間，日米の間に存在してきました．1981年投資GDP比率がアメリカにおいてピークに達したとき日本においては低く，アメリカの投資GDP比率が最低だった1991年に，日本は最高でした．アメリカが債務を減

第II部 競争と規制

らすには長い時間を要して金融改革はその一環でした．アメリカ経済は
2000年から2002年がピークであろうと思いますが，その期間日本経済は景
気の谷でしょう．日米双方にとって，回復は強い技術進歩や規模の経済性を
伴った戦略的な部門に依存します．日本においてかつては鉄鋼業，次に自動
車，その後は電子機械へと戦略的部門は交替してきました．現在の問題は，
アメリカ経済の回復を許容する新しい情報技術産業と整合的な新産業が，日
本に出現するかどうかということです．もしそのような新産業が出現すれば，
日米間の「逆投資循環」は継続されるでしょう．現れなければ逆関係は消滅
するでしょう．政府の改革や金融改革よりも日本にとって重要なのは，新し
い先導的な部門を促進するための「構造改革」に着手する産業側の能力です．
日本がそのような産業生成に成功できるかどうかは分かりません．この領域
で政府にできることは本当に限られています．

7. 景気循環と経済危機について

アムスデン・鈴村 「逆循環」と伺いますと，あなたが景気循環をテーマに
して多くの研究をされたことを思い出します．しかし多くの経済学者は景気
循環と経済危機についてあなた程には研究していません[18]．それはなぜなの
でしょうか．

篠原 おそらくケインズ革命によるのでしょう．それによって経済学者は，
景気循環と経済危機は時代遅れのテーマであると考えるようになりました．
ポストケインジアンの経済学者のみが景気循環への関心を持続しています．

この領域で私の貢献がもしあるとすれば，いわゆるジュグラー循環を発見
したことにあります．これはアメリカ，日本，東アジアにおいて約10年の
期間を持つサイクルです．少なくとも1973年の第一次石油危機まで，10年
サイクルの規則性は比較的明確です．いわゆる《資本ストック調整原理》が
この現象を説明します．企業の活力を所与として，企業家は設備能力不足の

---

18) Kiyotaki and West（1996）はその優れた例外である．

158

局面では売り上げの増加よりも速いスピードで投資を増やします．過剰能力の局面では投資を下方修正します．もし２つの局面が交替的に訪れれば投資売り上げ比率もまた約10年の周期を伴って循環的な動きを示します．戦後の経済においてこの現象が起きていることを世界の経済学者が認めない理由が私には分かりません．

アムスデン・鈴村　10年循環は，なんらかの規則性を持って存在するのでしょうか．

篠原　アメリカと日本の過去20年を調べて，私は民間固定投資GDP比率において20年の周期への移行を発見しました．異なるサイクルの間の相互作用を考慮に入れれば，このシフトは説明できると信じます．特に長期循環の下方シフトの特徴は，サイクルの20年への延長に寄与しているかもしれません．

　およそ過去半世紀にわたって，世界の経済学者は中期の投資変動の存在を失念しているように思います．同様に，危機の暴発が無視するにはあまりに大きくなるまで，金融危機の存在を思い出せないでいるように思います．

アムスデン・鈴村　日本政府は「中期投資循環」の存在に関心を示したことがありますか．

篠原　経済企画庁の『経済白書』は1962年にこの問題を取り上げています．1955から1962年の間に，二度にわたる激しい投資ブームがありましたが，日本のGDPは2.4倍に増加しました．しかし，民間固定投資は4.8倍に増加しました．この調査は投資の方向転換は不可避であると予測して，その結論は多くの論争を巻き起こしました．1961年に私は，約5年後には投資GDP比率の下方修正が避けられなくなることを予測する論文を書きました．この論文が1962年の白書に先行して影響を与えたといえるでしょう．事実，民間固定投資GNP比率は1961年度に20.1％だったものが，1965年度には15.1％にまで下がりました．これは，戦後日本において政府が固定投資循環の存在を認めた最初の事例であると思います．しかし，日本の学術的な経済学者の大多数はこの認識に批判的でした．恐らく「投資の方向転換」を予期することは金融政策や財政政策の有効性を否定する敗北主義または運命主義に他ならないと，彼らは考えたのでしょう．

第II部　競争と規制

アムスデン・鈴村　投資循環の存在を認めたうえで，それに対処できる適切なマクロ経済政策をなにかお考えですか.

篠原　実際に数多くの反循環的政策が日本において採用されましたが，循環的な投資の活力は一貫して存在して，1955年から1970年の急成長の時代に強められさえしました. 下村治博士を中心に，《成長論争》がありました[19]. 彼は，1960年から1964年まで首相を務めて日本の10%の高度成長を促進した池田勇人氏の有名なブレーンでした. 彼の考え方によれば，1956年の56.0%から1957年の28.4%という民間固定投資の驚異的な増加は，急速な経済発展の新しい局面への移行を保証するものに他なりませんでした. そのため，いまにも起こりそうな投資の方向転換や中期的不景気に警鐘を鳴らすのではなく，彼は新しい経済へと移行させる積極的なマクロ経済政策の採用を主張しました. 彼の10%成長の予測は1957年から1962年の驚異の5年間に実現されました. この予測は，池田内閣の《国民所得倍増計画》が設定した公式目標である7.2%さえも凌いでいました. 下村博士は，彼の予測が需要サイドと供給サイドの両方から支持されていると主張しました. 彼の見解に私は詳細な批判的評価を下しました. その弱点の一つは限界資本産出比率が安定的であるという主張にありました. 限界資本産出比率は低成長率の国では高くて高成長率の国では低いというのが，実証された事実なのです.

　彼の見解に私は現在でも批判的ですが，10%成長率に関する限り彼の積極的な主張を称賛しています. しかし，遅かれ早かれ，設備能力不足局面での投資ブームは，過剰能力局面での投資の方向転換に席を譲らざるを得ません. 経済のダイナミズムを考えると，中期の投資変動を抑圧しつつ，固定投資GDP比率を一定に保って安定成長を維持するようなマクロ経済政策はありえません. 景気循環は資本主義の不可欠な部分であり慎重な分析に値します.

---

19)　下村治博士（1910-1989）のキャリアは金融庁で始まり，1953年に日本銀行の政策委員会委員になった. 高度成長の強力な提唱者であって，1950年代後期から1960年代初期の日本の高度成長を予想した下村理論は，池田内閣の所得倍増計画に強く影響した. 1964年から1974年にかけて博士は日本開発銀行の研究所長を務めている.

8. アジアの経済成長

アムスデン・鈴村 日本近隣の東アジア諸国の急成長は持続可能であるとお考えですか.

篠原 1955年から1970年までの日本の経験を考えると, それは成長を測る指標次第だと思います. 韓国と台湾が, 現在この段階を終えつつあるという兆候があります. 急成長の最終段階にあるのです. ASEAN諸国は, 1997年の通貨危機からダメージを蒙りましたが, 短期の不況のあとは, 高度成長を持続できるでしょう. しかし, この成長が20年以上続くとは, 私は予想していません.

このように, すべての国はより緩やかに成長するでしょうが, 所得水準ではより高い成長を達成するでしょう. 小さな経済でも連携すれば日本と比肩しうるでしょう. 労働をシェアする方法を確立する必要があります. それらの諸国に進出する日本企業も彼らのイノベーションの手助けをできるでしょう. なんらかの結合を確立すれば, 彼らが日本レベルの富に到達することは可能になるでしょう. もし中国まで含めれば, アメリカのような巨大経済でさえも, これを無視することはできなくなるでしょう. これらの諸国は経済的に発展する潜在能力を備えていると思います.

アムスデン・鈴村 彼らの成功の鍵はなんでしょうか.

篠原 政府, ビジネス, 文化です. 彼らは文化を政治・経済の制度的枠組みに反映させるべきです. アメリカやヨーロッパでさえも, 彼らの文化を改革する必要があるといっています. この必要性を説明する新しい理論が必要です.

日本のマネーサプライ対GDP比率と比較すると彼らのマーシャルのkは非常に低いのです. これは財政構造が依然として弱いことを意味しています. 日本の場合, この比率はとても高く財政構造はとても先進的です. そのため, 一度ショックがあって資本価格の下落が生じると, 経済の残りの部分に及ぶ影響はとても大きいのです. 韓国, 台湾やその他の国では, マーシャルのk

第II部　競争と規制

が小さいのでショックの波及はそれほど大きくありません．経済を上昇傾向に戻すためにマネーサプライを増加させることができます．マネーサプライの拡大により，経済活動を活性化させることが可能です．結果として，マーシャルの k は日本の水準に近づくでしょうが，それ以前には実体経済へのバブルの影響はそれ程大きくありません．しかしこの仮説は検証される必要があります．

アムスデン・鈴村　あなたは文化によって正確にはなにを意味しているのでしょうか．それは東アジア諸国の成功をどのように説明するのでしょうか．

篠原　文化とは，民族的，宗教的，世俗的な信念や慣習などの複雑な構造を意味します．これらは，仕事のインセンティブや規律，労使関係や産業組織，企業間関係に見られる諸国間の差異を説明するために本質的な役割を担っているように思われます．情報技術のさらなる発展やそれに付随する世界経済の国際化は将来的に世界をさらに同質化するでしょうが，日本，韓国，その他の東アジア諸国を含むアジア経済の歴史的な発展は，それらの文化的要因と大きな関連があると感じざるを得ません．しかし，この仮説も検証される必要があります．

第6章

独禁法と競争政策：八幡・富士両製鉄の合併事件を中心にして——小宮隆太郎教授との対話

　　1968 年に表面化した八幡・富士両製鉄の合併事件を巡り，当時の産業界，政界，官界，学界では賛否両論が渦巻いた．経済学者と法学者の一部には，この合併が及ぼす影響に強い懸念を抱き激しく警鐘を鳴らす人びともいた．特に，100 名を超す中堅・若手の経済学者が結集して「近代経済学者による大型合併に対する意見書」という反対声明を公開した行動は大きな反響を呼んだ[1]．それだけに，彼らが結束して反対行動を取った経緯はどのようなものだったのか，原始独占禁止法（以下《独禁法》と略称）が戦後改革の一環として成立して以来の産業政策と競争政策の緊張関係のなかでこの事件にはどのような意義があるのか，当時の経済学者たちが標榜した反対根拠は，日本の製鉄業のその後の展開及び独禁法と競争政策に関する理解の進化に照らして，どこまで正当化される論理構成であったかなど，重要な論点は山積している．これらの論点を意識しつつ，公正取引委員会競争政策研究センター（以下《CPRC》と略称）は当時の近代経済学者の反対活動で中心的な役割を担われた小宮隆太郎教授（事件当時は，東京大学経済学部助教授）をお招きして，当時の経済学者が反対行動に結集した経緯・背景及び反対根拠を中心に，二度のインタビューを行った．当時著者はCPRC 初代所長として，このインタビューを企画・実行する役割を果たした．インタビューの筆記録は小宮教授の修正を得て，日本経済政策学会の機関誌『経済政策ジャーナル』に公刊された[2]．

　　この企画に全面的に協力された公正取引委員会競争政策研究センターの諸氏，特に『経済政策ジャーナル』への公刊論文の共著者・岡村薫氏と，独占禁止法を巡る法学者と経済学者のスタンスの相違点を巡る討論に貢献

---

1)　この意見書は「大型合併と国民経済　八幡・富士問題をめぐる財界首脳と近代経済学者の論戦」『週刊東洋経済』1968 年 7 月 3 日号，pp. 4-46 に公表されている．

163

第 II 部　競争と規制

された林秀弥氏，このインタビュー論文を本書に再録することを許諾され
た『経済政策ジャーナル』には，ここで明記して厚く感謝申し上げたい．

1. 日本の独禁法と競争政策：戦後改革から 1960 年まで

鈴村興太郎　小宮先生のお話を伺うに先立って，議論の土壌を共有する目的
で，日本の経済学界を取り巻いていた戦後の状況を簡単に確認したいと思い
ます．

　戦争直後の日本の経済学の主流はマルクス経済学によって席捲されていて，
経済の実証分析もマルクス経済学の概念的枠組みに依拠する研究者の影響力
が強かったと認識しています．マルクス経済学者以外ではドイツ歴史学派の
流れを汲む学者が多く，マルクス経済学者のうちにもドイツ歴史学派の流れ
と合流したひとが多かったと思っています．戦後しばらくの間，日本の近代
経済学は主に理論的な研究に傾斜していて，近代経済学に基づく実証研究が
高い水準で盛んになったのは，おそらく 1950 年の半ば以降のことではない
かと思います．この状況に強いインパクトを与えたのは，1950 年代から 60
年代にアメリカ，イギリスへ留学した若い経済学者たちでした．帰国した彼
らは，近代経済学の概念的枠組みと分析道具を駆使する日本経済の実証分析
によって，日本の経済学界に新鮮な影響を及ぼしました．小宮先生が 1959
年秋季の理論経済学会・計量経済学会における報告を踏まえて，翌年『経済
セミナー』に公表された「日本における経済学研究について」は，現実の日
本経済の実証研究に大きな影響を及ぼした画期的な提言だったと評価されて

---

2)　八幡・富士の両製鉄の合併事件を含む大型合併の事実経緯に関する詳細は，公正取
　　引委員会事務局編（1977）『独占禁止政策 30 年史』を参照されたい．ここでは，企業
　　合併に関する日本の独禁法裁判の事例は八幡，富士両製鉄の事件を含めて二例（もう
　　一例は東宝・スバル事件であって公取委審決は 1950 年 9 月 29 日，東京高裁判決は
　　1951 年 9 月 19 日，最高裁判決は 1954 年 5 月 25 日に出されている）しか存在しないこ
　　と，この合併がもし実現すれば，日本最大の鉄鋼メーカーとなるのみならず，世界の
　　粗鋼生産量でもアメリカの US スチールに次ぎ，イギリス鉄鋼公社と第 2 位を争う規模
　　の企業が誕生することになったという事実のみ，確認しておくことにしたい．

第6章　独禁法と競争政策：八幡・富士両製鉄の合併事件を中心にして

います[3]．しかし，日本の経済政策思想の中核には，当時の標準的な経済学の考え方には収まらない秘教的な通念が根強く存続して，率直な意思疎通の障害となっていたことは，否定できない事実でした．貝塚啓明教授が日本の産業政策の定義を自問自答して「産業政策とは通産省が行う政策である[4]」という皮肉な表現をされたのは，まさに正鵠を射ていたと思います．

　1960年代の日本経済の高度成長と国際経済システムへの復帰を経て，1960年代後半に浮上した八幡・富士両製鉄の合併事件の背景として，日本の経済学界の動向に関するこのような最小限の理解を前提にしたいと思います．

1.1　競争政策との最初の出会い

鈴村　それでは本論に入ります．小宮先生は，標準的な経済理論を現実問題に適用することの重要性を早くから説いてこられましたが，八幡，富士合併問題に対する先生のご関心は，どのような発想と背景に根差していたのですか．

小宮隆太郎　八幡製鉄所と富士製鉄所が合併する計画を公表したのは1968年のことですね．当時私は，八幡，富士合併事件という個別ケースに関してのみならず，独禁法や競争政策に関して多少とも学んでいましたが，独禁法や競争政策に関心を持ったのは1956年から59年にかけてハーヴァード大学に留学していたときの経験がきっかけになっています．

　留学当時，私は既に東京大学の助教授でしたから，学位を取るような留学を認めてもらうわけにはいかなかった．もっとレベルの高いことを勉強するため，ハーヴァード大学のワシリー・レオンティエフ教授[5]のところに行きました[6]．私が留学していた当時のアメリカの大学院では経済理論と経済史

---

　3)　早坂忠・正村公宏『戦後日本の経済学　人と学説にみる歩み』日経新書，1974年，p. 73.

　4)　貝塚啓明『経済政策の課題』東京大学出版会，1973年，p. 167.

　5)　Wassily Leontief (1905 - 1999). 投入産出分析の創始者．「投入産出分析の発展と重要な経済問題に対する投入産出分析の応用」を称えられて1973年度のノーベル経済学賞を受賞．

165

第II部　競争と規制

と統計学が最も重要な必修科目でした．最初の1年半か2年程度で必修科目の単位をとり，その後「一般試験」と呼ばれる少人数の口頭試問を受けます．Thesis Prospectus へと進むためにはこの口頭試問に合格しなくてはならないのです．この試問では試験担当の4〜5人の先生から現実に起こっている経済問題が出題されるため，学生はその半年程度前から『ニューヨーク・タイムズ』や『フィナンシャル・タイムズ』などの経済記事をかなり読む必要があります．新聞記事にある経済問題について経済学的な観点から答えるという応用経済学の知識が多少ともないと，Ph. D. 論文の執筆には進めない仕組みでした．応用経済学の重要な分野は金融論，財政学，国際経済学，産業組織論でした．当時の産業組織論では競争政策が相当の比重を占めていました．これらの分野に私は多少なりとも関心を持つようになりました．

　ところが，私が日本に帰ってきてみたらこういう問題を研究している経済学者は殆どいなかったのです．

鈴村　小宮先生が館龍一郎先生[7]と共著で1964年に出版された『経済政策の理論』（勁草書房）は，先程列挙された応用経済学の分野を網羅的に扱って分野横断的な経済政策論を展開しておられます．特に，最終部では産業組織論が取り扱われて，そこで独禁法の話も登場しています．この教科書を作ったのは，アメリカと日本の経済学界の教育の仕組みのギャップを埋める意図がおありだったからでしょうか．

小宮　あの本は1959年から1964年までの間『日本経済新聞』の「やさしい経済学」欄に掲載した記事その他の論稿を集めて，一冊の本にまとめたものです．『日経』の「やさしい経済学」は，その当時の一橋大学と東京大学の経済学者が交代に1人ずつ書く方針で，『日本経済新聞』の社主・円城寺さん[8]が都留重人先生[9]と私の先生（木村健康教授[10]）と3人で相談されてスタート

---

6)　小宮教授は1956年6月より1959年3月までアメリカに留学された．最初1年間 Visiting Scholar として研究された後，都留重人教授を通じてレオンティエフ教授と巡り会って，1957年6月以降はレオンティエフ教授が主催する Harvard Economic Research Project に勤務された．

7)　館龍一郎（1921‐2012）．当時は東京大学経済学部教授．

8)　円城寺次郎（1907‐1994）．日本経済新聞社の社長在任期間は1968〜1976年．

9)　都留重人（1912‐2006）．当時，一橋大学経済研究所教授．本書補論I参照．

第6章　独禁法と競争政策：八幡・富士両製鉄の合併事件を中心にして

したものです．私は経済学の基本的な考え方を書こうと思って執筆しました．

　私の経済学の考え方は他の経済学者とはちょっと違っていると思います．私は，経済学で理論を習っても，実際にそれが使えなければ無意味だと思っています．現実の経済に対して理論を使うことが，経済学を理解するうえで非常に大事だと考えるのです．

　先程もいいましたように，アメリカでは博士論文を書く前に「一般試験」で口頭試問を行って，学生が現実の経済問題に理論をどの程度適用できるかをテストします．日本の経済学教育にはそうした要素が現在でも殆どないのではないかと思います．具体的な経済問題と理論を結び付ける視点こそが，日本の経済学に最も欠けているものではないでしょうか．

　例えば，ポール・サミュエルソン[11]，ジョセフ・スティグリッツ[12]，ポール・クルーグマン[13]の経済学の教科書には実例が数多く書いてあります．実証と理論を結び付けないと経済学にはならないのです．日本語のマクロ経済学の教科書には，失われた10年とバブルについて殆ど書かれていません．日本の大学には殆ど経済学部があり，マクロ，ミクロの経済学の教育を担当している学者が大勢いるのですが，日本の事例に殆ど触れていない教科書が使われています．みんな学校で勉強することと実際の日本経済の現象は別だと思っているのです．それを直さない限り日本の経済学は進歩しないと思います．

1.2　日本の独禁法の背後にある特殊事情

鈴村　話を少し戻します．先生はアメリカから帰国された後，独禁法と競争

---

10)　木村健康（1909 - 1973）．当時，東京大学経済学部教授．

11)　Paul A. Samuelson（1915 - 2009）．「静学及び動学的経済理論の発展に対する業績と経済学の分析水準の向上に対する積極的貢献」を称えられて，1970年度のノーベル経済学賞を受賞．本書第2章参照．

12)　Joseph E. Stiglitz（1943 - ）．「情報の非対称性を伴った市場の分析への貢献」を称えられて，2001年度のノーベル経済学賞を受賞．

13)　Paul R. Krugman（1953 - ）．「貿易パターンと経済活動の立地に関する分析への貢献を称えられて，2008年度のノーベル経済学賞を受賞．

第II部　競争と規制

政策に関心を持ち，経済学的に分析しようと思っておられたとのことでした
が，当時の日本の独禁法と競争政策に対しては，どのような認識をお持ちだ
ったのでしょうか．

小宮　日本の独禁法と競争政策を考える前に確認しておかなくてはならない
点は，日本の独禁法の成立過程には他国にない特殊事情があったことです．
この事情を理解するためには，日本と同様に敗戦国だったドイツと比較して
日本の特殊性を照らし出すとよいと思います．

　日本は戦争に負けて，GHQ（連合軍最高司令部）による占領が続きました．
その時期に戦後経済改革といわれるものがいくつか実行されています．まず
農地改革，それから労働基準法，労働組合法，労働関係調整法という，労働
三法による改革が行われました．これらの改革には，いずれも戦前に多少の
萌芽がありました．しかし，その次に行われた財閥解体と独禁法の制定は，
敗戦処理の過程で全く新しく登場してきた改革案でした．

　財閥解体が行われた背景には，日本が他国を侵略したときに，財閥が協力
したという側面があります．戦後経済を民主化するにあたって経済力の過度
集中を排除するための改革のひとつとして最初に行われました．占領初期に
は，財閥解体によって日本の経済力を弱体化させようという観念も占領国側
（米・英）にはかなりありましたが，朝鮮戦争によってソ連との対立が厳しく
なって，そういう観念がなくなりました．

　当時存在していた大財閥は三井，三菱，住友，安田の4つですが，そのう
ちで本当に財閥らしい財閥は三井，三菱，住友でした．それら三大財閥には
財閥本社があって，三菱なら三菱と名前が付く会社の株の圧倒的な大多数を
所有して，様々な重要案件を決定していました．財閥解体は本社の持つ株式
を分散させ，個々の会社も全部細かく分けるやり方で実行されて，純粋持株
会社は一切認められなくなりました．1997年に禁止規定が廃止されて持株
会社が再び認められるようになるまでは，日本では純粋持株会社を原則的に
禁止するという状況が続いていたのです．

　当時の経済界のみならず政界でも，財閥が強制的に分割・解体されたこと
にかなり後まで多くの関係者が怨念を持っていました．独禁法に関しても，
日本とは全く異質な法律が外国から持ち込まれたという認識が広範に持たれ

168

第6章　独禁法と競争政策：八幡・富士両製鉄の合併事件を中心にして

ていました．特に，戦争で負けた世代の財閥関係の人びとの間には，解体された財閥を元に戻したいという思いが非常に強く存在していました．独禁法や公正取引委員会（以下では《公取委》と略称）に対する世論の支持が多少とも得られるようになるのには，長い年月がかかりました．

鈴村　日本とドイツでは，ともに戦後復興の過程で独禁法が制定されています．両国の大きな違いはどこにあったのでしょうか．

小宮　第二次大戦直後には，アメリカがシャーマン法を持つのみで，その他の国には独禁法も競争政策もありませんでした[14]．ただし，シャーマン法の根底には，イギリスのコモン・ローがあります．コモン・ローは議会が制定したものではなく，裁判官の判決の積み重ねによって形成されてきました．コモン・ローには「買い占め」を意味する "cornering" の規定があり，違法とされていました．そうした考え方の延長線上に1890年成立のアメリカのシャーマン法がありました．アメリカの独禁法の淵源を辿れば，イギリスのコモン・ローに辿り着くのです．

　イギリスでは "cornering" は違法という判断は続いていたかもしれませんが，独禁法はありませんでした．まして他のヨーロッパ諸国には，独禁法に該当するものは皆無だったのです．ヨーロッパでは日本よりも後に「競争政策」あるいは「競争維持政策」と呼ばれるものができましたが，カルテル規制に重点があって日本ほどに《私的独占》の禁止と規制は重視されてこなかったようです．実際には，日本でも競争政策のなかで《私的独占》が「重視」されてきたとはいえませんが，独禁法の条文では《私的独占》は大きな顔をしています．

　ただし，ドイツ（東西ドイツの統一までは西ドイツ）の場合には，ナチスの支配下では日本と同様にカルテルを奨励して，その結成を指示までしていましたが，戦後暫く経ってようやく「競争維持政策」を重視するようになっています．

鈴村　日本が独禁法と競争政策に対して抱いていたルサンチマンは，ドイツ

---

14)　1945年以前に競争関係法を有する国には，OECD加盟国のなかではアメリカ以外にカナダ（1889年），オーストラリア（1906年），メキシコ（1934年），ポルトガル（1936年）があった．

169

第 II 部　競争と規制

では存在しなかったのでしょうか.

小宮　ドイツも日本と同様に第二次大戦の敗戦国であり，アメリカ軍とイギリス軍の占領地域ではかなり厳格な「経済力集中排除」政策が採られました. しかし日本とは異なり，占領下では「競争政策」に関する法律は制定されず，占領終了の後に，初めて本格的な競争政策の法律が制定されました[15]. カルテルはナチスの時代の経済政策と結びついて記憶されてきた側面もあって，日本のような独禁政策に対する違和感，ルサンチマンは西ドイツにはあまりなかったようです. むしろ，ドイツの民間経済人の間にはナチスの経済政策に対する反感が強く，カルテルや統制のない《自由経済》が歓迎されたのではないかと思います.

　日本の独禁法は占領下における帝国議会最後の立法ということで，1947年の4月に制定されています. その点では日本の方がドイツよりもはるかに従順だったのです. おそらく4カ国の分割統治ということが占領下のドイツに憲法と独禁法ができなかったことと，密接に絡んでいるように思います. さらに，占領統治下で国の根幹に関わる方針を決めることをドイツ人は望まなかったのではないでしょうか.

鈴村　《自由経済》という言葉ですが同時期の日本にも《自由経済》という発想はあったのでしょうか.

小宮　日本の戦後経済の特徴を理解するためには，戦前から考えていくことが重要です. 戦前日本で行われていた統制経済は，日本の特徴として挙げることができるでしょう. 統制経済下の日本では，競争が望ましいとか，プライス・メカニズムでいろんなことが調節されるのが経済の本来の仕組みだという観念は，非常に乏しかったと思います. 私はマーケット・メカニズムといっていますが，同じことはプライス・メカニズムといい換えてもよいでしょう. 現在の新聞ではこうした言葉も目にすることがありますが，当時の日本では，そうした理解は《自由経済》という言葉で表現していたように思います. おそらく英語には《自由経済》に相当する言葉はないと思います.

鈴村　英語で表現すれば「フリー・マーケット・エコノミー」とでもいうの

---

15)　「競争制限禁止法」(1957年7月27日公布，1958年1月1日施行).

170

第6章　独禁法と競争政策：八幡・富士両製鉄の合併事件を中心にして

でしょうか.

小宮　そうなれば，どうしても「マーケット」を入れる必要がありますね．
日本語を直訳して「フリー・エコノミー」としたら大変なことになる．それ
でも日本では《自由経済》という言葉が比較的頻繁に使われていました.

　この言葉が意味する自由経済の思想が多少とも持たれていたのは，東洋
紡[16]とか日清紡[17]といった，関西の紡績会社でした．これらの企業の人びと
が自由経済思想を持ちえた背景には，東京から離れていたという事実と輸出
で繁栄していたという事実が挙げられると思います．これらの企業は世界各
地の原綿を輸入して，製品へと加工していました．日本において綿業が世界
でも有数なものとなったのは，紡ぐ前の綿段階の混棉技術に優れていたから
です．その技術を背景に，この二社をはじめ綿紡績の会社は世界中を相手に
原料を購入して製品を販売していたのです[18].

　こうした企業以外には，経済界で自由なほうが良いというひとは，日本に
は殆どいませんでした．戦前の日本でどうだったかは知りませんが，戦後の
財界では電力会社と銀行，鉄鋼など，政府との結び付きが非常に強い企業の
発言権が大きかった．そうした会社においては，自由・独立で世界を相手に
競争するという気持ちを持って財界でも積極的な役割を果たしたひとは私が
知る時代には殆どいなかったと思います．国際的な感覚を持つ財界人は非常
に少なかったのですが，日本郵船株式会社の有吉義弥[19]氏は，ロンドン駐在
の期間が長くて，当時の数少ない国際的な感覚を持ち合わせた財界人の稀な
例だと思います.

　戦前の日本ではドイツと同様にカルテルが奨励されていました．カルテル
を作ってそれを通じて何でも決めていたのですが，こうした行動が生まれる
背景には，概して日本には競争やアウトサイダーを望ましくないとする観念
があったのではないでしょうか.

---

　16)　東洋紡績株式会社．1882年創業の日本の紡績業界の名門企業．本社は大阪府.
　17)　日清紡績株式会社．1907年設立．2009年に主要事業を会社分割して日清紡ホール
　　　ディングス株式会社という持ち株会社に移行．現在の本社は東京都.
　18)　詳しくは1884-1963年に東洋紡会長を務めた関桂三氏の『日本綿業論』（東京大学
　　　出版会，1954年）を参照せよ.
　19)　有吉義弥（1901-1984）．日本郵船社長，会長を歴任.

第II部　競争と規制

鈴村　ドイツで《自由経済》の思想が，競争政策として受け入れられたのは，なぜなのでしょうか．

小宮　《自由経済》思想のバックボーンともいうべき人びとが，西ドイツにはいました．ドイツ西南部のフライブルク大学教授だったワルター・オイケン[20]をリーダーとする《フライブルク学派》の人びと，あるいは "ordoliberalism (neo-liberalism)"，"German neo-liberalism" の人びとが，自由主義経済の流れを，思想的に支えていました．彼らの思想が，戦後ドイツの経済政策に活用されていったのです．

西ドイツ初代首相コンラート・アデナウアー[21]のもとで14年間にわたり経済相を務めて後に第二代首相となったルードヴィッヒ・エアハルト[22]は，オイケンの自由主義思想に強く影響されたといわれています．彼によって，自由な市場システムと社会福祉政策を結合した《社会市場経済》（Soziale Marktwirtschaft）の政策が展開されました．社会市場経済の政策とは，福祉を重視すると同時に，市場経済も重視する考え方でした．

この考え方にオーストリア出身のノーベル経済学者フリードリッヒ・ハイエク[23]が親近感を持ち，シカゴ大学からフライブルク大学に移ってきました．彼はグンナー・ミュルダール[24]とともに1974年度のノーベル経済学賞を受賞しています．

このようにドイツの経済政策には，ナチズムのような極端な思想がある一方，自由な市場でいろいろな物事が調整されるのが望ましいという考え方も他方にあって，ナチが滅びた後の戦後ドイツの第一代の首相，第二代の首相は，自由経済思想に基づく経済政策を採用したのです．

戦前の日本では，自由主義者と呼ぶに相応しい人びとは寥々たるものです．

---

20)　Walter Eucken (1891 - 1950).

21)　Konrad Adenauer (1876 - 1967).

22)　Ludwig Erhard (1897 - 1977).

23)　Friedrich Hayek (1899 - 1992). ノーベル経済学賞の受賞理由は「貨幣理論及び経済変動理論に関する先駆的な業績と，経済現象・社会現象・組織現象の相互依存関係に関する鋭い分析を称えて」というものだった．

24)　Gunner Myrdal (1898 - 1987). ノーベル経済学賞の受賞理由は，ハイエクの場合と同様に，「貨幣理論及び経済変動理論に関する先駆的な業績と，経済現象・社会現象・組織現象の相互依存関係に関する鋭い分析を称えて」だった．

石橋湛山[25]，吉野作造[26]，清沢洌[27]，河合栄治郎[28]などでしょう．吉野作造さんは経済のことはあまり扱っていませんし，河合栄治郎さんも哲学・思想を主にしていました．所属こそは経済学部でしたが，河合さんは経済学にはあまり通暁しておられなかったようで，トーマス・ヒル・グリーン[29]の自由主義に基づいて，社会主義思想に関する本を書きました．

　これらの人びとは，自由主義者ではありましたが《自由経済》思想の支持者とは必ずしもいえないと思います．強いて挙げれば石橋湛山でしょうが，経済問題に関して石橋湛山は《自由主義者》というよりは，ケインジアンでした．ジョン・メイナード・ケインズ[30]は，当時のイギリスの「自由党」の支持者であって「リベラル」ではありましたが，「真性」の「リベラル」は，ケインズとケインジアンは政府介入の必要性を強調する「干渉主義者」だと考えていました．日本は自由主義，殊に経済面で自由や市場経済中心という観念が乏しかったと思います．それが日本とドイツが大きく違うところです．

　少し話がずれますが，歴史的な事件について考えるときには，歴史の流れをつかむことが非常に大事な視点です．ケインズが『一般理論』[31]の最後の箇所で，経済政策は利害関係の調整のなかで決定されると考えている人びとも，実際には過去の時代の支配的な観念に囚われていて，その影響の方がはるかに重大な経済政策の決定要因であると指摘しています．人びとは，一世代前の経済学者の破綻した考え方に囚われていて，その考え方を通して経済政策を考えているというのです．人びとが受け入れる観念は大体20歳代までに固まり，30歳を過ぎるとなかなか変わらない．ケインズが『一般理論』でいろいろ説得しても年長の人たちは殆ど受け入れませんでした．ジョセフ・シュンペーター[32]もケインズと同主旨のことを言っています．彼によれば，

---

25)　石橋湛山（1884 - 1973）.

26)　吉野作造（1878 - 1933）.

27)　清沢洌（1890 - 1945）.

28)　河合栄治郎（1891 - 1944）．小宮教授のゼミの先生である木村健康教授の指導教授.

29)　Thomas Hill Green（1836 - 1882）.

30)　J. M. Keynes（1883 - 1946）.

31)　Keynes（1936）: *The General Theory of Employment, Interest, and Money*.

32)　Joseph A. Schumpeter（1883 - 1950）.

第 II 部　競争と規制

経済学者の重要な仕事はすべて 30 歳代以前にやり終えています．ケインズの場合であれば，*Economic Consequences of the Peace* に彼の考え方の基本は全部書かれています．あれはケインズが 36 歳頃の作品です．マルクス[33]の『共産党宣言』もそうです．あれは 30 歳そこそこで書かれていますね．

1960 年代当時の資料などをお読みになると，現在とは随分違うなと感じられると思いますが，これまでお話ししたような背景が，日本の独禁法の特殊な成立事情としてあったことを認識しておくべきだと思います．

1.3　公取委の冬眠時代

鈴村　1947 年に日本の原始独禁法が成立して同年に公取委は銀行カルテルに対して最初の審決を出しています[34]．この案件を含めて同年には 5 件の審決が出されました．しかし，翌年の審決数は 2 件に減少しています．その後審決数は徐々に増えていきましたが，やがて《公取委の冬眠時代》と呼ばれる時代に入り，ただ単に審決数が少ないのみならず公取委の組織も最小となった 1953 年に到ります[35]．この時期の独禁法と公取委を先生はどう見ておられますか．

小宮　公取委が殆ど機能しなかった背景のひとつには，通産省（現在の経産省）による輸入割当制度をはじめ，戦時中の統制経済から引き継がれてきた各種の割当制度の存在があります．1950 年代に到るまで，日本では激しいインフレと厳しい経済統制が続いていました．通産省は原材料の輸入割当を手段として生産量を割当てるとともに，外国からの新技術の導入には外貨による支払いを許可制にすることによって，民間企業を長くコントロールしていました．銀行貸出や社債発行についても，大蔵省（現在の財務省）や日銀によ

---

33)　Karl Marx (1818 - 1883)．カール・マルクスとフリードリッヒ・エンゲルスの『共産党宣言』は，1848 年に出版されている．

34)　昭和 22 年（判）第 1 号「株式会社帝国銀行他 27 名に対する件」同意審決（審決集 1-1)．

35)　「冬眠時代」という表現に関連して高瀬恒一・黒田武・鈴木深雪（監修）『独占禁止政策苦難の時代の回顧録』公正取引協会，2001 年は，1957 年から 1961 年の間を「公取委の休眠期」と称している．

第6章　独禁法と競争政策：八幡・富士両製鉄の合併事件を中心にして

って，割当制・金利統制が行われていました．物資は「マル公」という公定
価格で売買しなければなりませんでした．公定価格を決定するために，企業
はカルテルを作りそこで生産量から資材の配分に到るまで経済統制が実行さ
れました．政府は結成されたカルテルを利用して，その指示の実効性を確保
してきたのです．

　当時，通産省が輸入割当てを行った理由は，日本の外貨準備が乏しいこと
でした．国内の企業が海外の企業に技術の使用料を払う場合もライセンシー
契約を結ぶ場合も，外貨が少ないために通産省から許可をもらわない限り特
許料を払えなかったのです．通産省は多数の許認可権限を持っていましたが，
なかでも最も重要なのは，輸入と技術導入に関する許認可権限でした．それ
が1950年代の状況でした．この状況下の統制経済とインフレの時代には，
公取委はやることがなかったのですが，1951年過ぎから一時的に審決に到
るケースがかなり増加しました．これは物価統制の廃止を背景にした一時的
な現象であり，いわゆる公取委の冬眠時代はその直後にやってきます．審決
集を見ても，1年間に6件とか7件とか，ごくわずかな審決しかありません．

　公取委が冬眠時代を迎えたひとつの理由には，その当時の公取委が優勢な
経済官庁と衝突していたことが挙げられます．公取委の委員長は大蔵省出身
のひとが多かったのですが，そのひとりに長沼弘毅[36]という人物がいたとい
うことをご存知でしょうか．恐らくシャーロック・ホームズの研究の方が有
名な方ですが，大蔵省で次官まで務めた後に公取委委員長に就任しました．
長沼さんがどこかに書いたエッセイに，委員長に任命されたとき池田勇人さ
ん[37]が肩をたたいて「君の仕事は何もやらないことだよ」といった言葉に送
られて公取委に着任したと書かれています．「なにもやるな」といわれて委
員長になるのは驚きですが，その逸話をエッセイに書くことはさらに驚きで
す．公取委の冬眠時代のひとつの逸話です．

　私のもうひとつの思い出は，新聞社が購読料を協定して値上げする行為に

---

36)　長沼弘毅（1906–1977）．1958年3月，公正取引委員会の第三代委員長に就任．

37)　池田勇人（1899–1965）．第一次岸信介内閣（1957.2.25〜1957.7.10）において大蔵
　　大臣を務めて，日米安全保障条約の改定を終えて岸内閣が退陣した後に首相を務めた．
　　長沼弘毅氏は第2次岸内閣のもとで公取委委員長に就任している．

175

第Ⅱ部　競争と規制

関わっています．その当時，『日経』以外の『朝日』『読売』『毎日』『産経』は，同じ時期に同じ幅で購読料を引き上げるのが慣行でした．公取委の事務局はこの値上げを独禁法違反ではないかと指摘して，トラックで1，2台分の膨大な証拠を収集・調査して，新聞各社が共謀して一斉値上げしたことは間違いないという判断に到達しました．委員長もそう考えたのでしょうね．ところが，肝心の公取委の委員会は共謀的な価格引き上げの拘束力に関する確実な証拠は存在しないといって，結局この共謀行為を不問に付しました．協定価格を決めたにもかかわらず，どこかの新聞社がそのとおりの価格設定を実行しなかったときどのように制裁するかに関して何も決めていなかったから，この共謀行為は拘束力のある決定とは認め難いという判断を下したのです[38]．私はこの決定は言語道断だと思います．協定に違反したときの制裁方法まで決めていなくても，共謀して一斉に値上げをしてそれが罷り通った以上，拘束力がある行為であるというべきです．一斉に価格引き上げをしたという共謀の証拠は十分にあるが，協定を守らなかったメンバーへの制裁の方法に関する決定には証拠がないから，無罪放免にするという判断は理解できません．この頃から公取委の事務局はやる気をなくしてしまったようです．公取委の冬眠時代はこのように始まったのではないかと私は思っています．

鈴村　公取委の冬眠時代を招いた背景にあったのは，通産省との対立だったというお話ですが，官庁間のこうした対立は諸外国でも見られたことだったのでしょうか．

小宮　新聞に関する上記の話は，通産省と公取委の対立というよりも，新聞各社が政治家・内閣に働きかけたのではないでしょうかね．その当時，新聞や出版の監督官庁は公式にはどこの役所かと通産省の人に訊きましたら，「軽工業局の紙業課ですかね」という答えでした．輸入する用紙の割当を担当していたのでしょうか．監督官庁という仕組みは日本独特のシステムだと私は思います．

　1960年代にドイツに行った折，私はドイツで自動車産業を担当しているのはどこの役所で，何人ぐらいの人が実際に担当しているのかと，その後に

---

38)　昭和34年（査）第8号「株式会社朝日新聞社ほか29名に対する件」（昭和34年8月13日不問決定）昭和34年度公正取引委員会年報，pp. 79-80.

第6章　独禁法と競争政策：八幡・富士両製鉄の合併事件を中心にして

西ドイツの経済相・財務相になったハンブルク大学教授カール・シラー[39]に尋ねたことがあります。彼は経済省で自動車産業の統計を担当しているひとは2人いるが，それ以外には自動車産業を担当しているなんてひとはいないと答えたのです。日本では通産省は製造業一般，食品加工業は農水省，造船は運輸省，製薬は厚生省という具合に，この産業はどの官庁の担当だという管轄は全部決まっているのではないでしょうか。日本以外の先進諸国ではこのような管轄区分の決まりは存在しないだろうと思います。

　かつて OECD は，インフレなき成長について研究するために専門家8，9名位で構成されるグループを作り，私もその委員として参加しました。ポール・マクラッケン[40]をチェアマンとするグループ（通称マクラッケン・グループ）の委員の1人だったレイモン・バール[41]というフランス人に，フランスの貿易省では何人ぐらいが仕事をしているのかと聞いたところ，officer は20人位だとのことでした。私が知る限りでも，当時の日本の通産省には通商局と通商政策局があって，職員総数20人などという規模ではありませんでした。フランスの10倍でも済まない程いたのではないでしょうか。ところが，フランスの貿易省は総数20人なので，個々の貿易に携わる企業を主管官庁として監督するという観念は，フランスにはないのだろうと思いました。

鈴村　電気通信事業を例として見ると，郵政省（現在の総務省）がこの事業を管轄していた時代，省内の電気通信局で大体20人位の官僚が規制業務を担当していました。これに対して，アメリカで電気通信を管轄する FCC（Federal Communications Commission：連邦通信委員会）にはエコノミストと弁護士を合計して多数の雇用者がいて，アメリカの方が巨大な組織で電気通信事業の規制を担当していました。この規模の組織を持っていてすら，伝統的な公益事業規制を電気通信事業に対して適用しようとすれば，規制機関と被規制企業との間の非対称情報の壁は乗り越え難かったため，結局は誘因規制を導入する方向へと規制方法を変更する選択が行われたのだと私は理解しています。この例を念頭に置くとき，規制機関の規模に関する先生の観察事実とは逆の

---

39)　Karl Schiller（1911 - 1994）.
40)　Paul W. McCracken（1915 - 2012）.
41)　Raymond Barre（1924 - 2007）.

第 II 部　競争と規制

事例もありそうに思われるのですが……．

小宮　アメリカの電気通信事業の場合には通信法（The Communications Act）があって，その法律が定めることを実施・監視する部局が決まっていると思います．私は法律・制度のことはよく知らないのですが，日本の場合には各官庁の行政的な権限はあまり細かいところまで規定されていなくても，一般的な監督権限によって縦割りで民間企業がコントロールされているという点に，違いがあるのではないでしょうか．

　日本では，どこかの産業で難しい問題が発生すると，総理大臣はその産業を専ら管轄する省庁の大臣を呼びつけて，すぐに善処せよと指示します．例えば，20〜30年も前のことですが，民間の会社が新しい形の社債を発行したいと考えると，その会社は証券会社と相談して，証券会社は大蔵省証券局の担当課にいって相談する（あるいは頭を下げて頼む）が，アメリカならそんなことはしないで証券会社が社債を専門とする弁護士と相談する．役所が何をいっても決定的なことは裁判所で裁判に勝てるかどうかだから，とのことでした．

　アメリカの場合，例えば反トラストの事例であれば，FTC[42]と司法省の両方が管轄しています．司法省の反トラスト部局には弁護士が150人位いるそうですが，それぞれの担当業務は法律で明確に決まっているのではないでしょうか．日本の八幡・富士両製鉄の合併事件のように，競争政策，独禁法の担当ではない大臣や官僚が合併賛成の旗を振るというようなことは，アメリカではあり得ないのではないでしょうか．

鈴村　アメリカの場合には，先程の電気通信規制の例でいえばFCC[43]と司法省が関係してくるうえ，各州の公益事業委員会も州内の規制を管轄する権限を持っています．ある事業を監督する権限を専有する省庁がある日本の場合とは，事業規制に関係するステークホルダーの構造に大きな違いがあるということでしょうか．

小宮　そうですね．アメリカではどこか特定の官庁とも結び付きのない企業はたくさんあると思います．日本ではそうではない．最近はともかくかつて

---

42)　Federal Trade Commission（連邦取引委員会）．
43)　Federal Communications Commission（連邦通信委員会）．

第6章　独禁法と競争政策：八幡・富士両製鉄の合併事件を中心にして

の日本では，輸入割当，輸出許可，設備投資調整，不況カルテルなどは通産省が監督官庁として専管していました．それに対して公取委がいろいろいうことは，頭からけしからんという反応があったようです．

鈴村　しかし，通産省にいくら権限があったとしても，法に基づかない行政指導による規制には，従う義務はないのではないでしょうか．

小宮　法令には，漠然とした行政指導の根拠が書いてあるだけだったのではないでしょうか．監督官庁がどういうことを授権されているのかは具体的に書かれていなくて，企業が行政指導に従うべき法的な根拠がはっきりしない場合が少なくなかったのでしょう．そこで通産省等の監督官庁は，輸入割当制・開銀融資・技術輸入の許認可権限を活用して企業が行政指導に従うように誘導していたのではないでしょうか．

鈴村　確かに，行政指導をバックアップする担保措置があってこそ，非公式の規制の有効性が保証されていたのでしょうね．これからお話しいただく1960年代には，行政指導の有効性を支えてきた割当権限は日本が国際経済システムのフル・メンバーに復帰する過程で次第に失われていきました[44]．また，1994年に「行政手続法」が制定されて，行政指導の適格性を行政側と被規制企業側が争う法的手段が初めて整備されたことになります．しかし，監督官庁による非公式な規制は，依然として存続しているように思われます．やや先走りになりますが，現状で企業側が行政指導に従う理由はどこにあると先生はお考えでしょうか．

小宮　現在でも，どこかに新工場を建設することになると，企業は地元と相談しなければなりません．そのとき本省がそのプランに賛成しなければ，地元との交渉は進みません．すべての省庁から，県に官僚が派遣されていますので，その官僚を通して中央省庁の後押しを確保して，地元の県庁と市町村の後押しを獲得する梃子としなければ，新工場は建設できないのです．企業が製造工場を建設する際，建設予定地の自治体から補助金をもらう場合にも，中央の管轄省庁の後ろ盾がなければ補助金はもらえず，スムーズに話が進ま

---

44)　日本は1955年にGATT加盟を認められたが，GATT 35条に依拠して日本に不適用を継続する国は1970年代まで存続した．日本がOECDへの加盟を認められたのは，1964年のことだった．

179

第 II 部　競争と規制

ないでしょう.

　例えば東京都がごみ処理施設を新たに建設する際には, 建設会社にはすべて東京都の役人が天下りしていて, 彼らが調整機能を果たしていると報じられています[45]. 現在の日本のシステムでは, 役人を経由して中央官庁の意向に添った行動を採らないと, 物品を納入できないわけですね. また, 警察官僚の定年は相対的に早いのですが, たいていの自動車教習所には定年後の警察官が 1, 2 名は行っているようです. 天下りの警察官を受け入れない教習所は, やっていけないのでしょうかね. 交通信号機の納入の談合事件がありましたが, 信号機を納入している会社の殆どが警察官僚の天下りを受け入れていると聞きました[46]. 日本の公共調達の仕組みは天下りシステムと密接に結び付いている感じがしています. このような慣行をやめろというのなら, 監督官庁の職員の定年退職後をどうするかを考えなくてはならないでしょう.

　冬眠時代が終わった後に公取委の活動が活発化し始めると, 監督官庁の利害と衝突することが様々に生じて, 独禁法の適用除外措置が導入されました. 私は最近 30 年間のことは殆ど知らないのですが, 現在も公取委がなにかやるというときには, その業種の監督官庁と衝突することが, 往々にしてあるのではないでしょうか.

　悪質なケースの一例は, 石油のヤミカルテル事件だったと思います[47]. この事件の判決を私は詳しく読んでいませんが, 石油ヤミカルテル事件は子供の「おねしょ」だというのが私の持論です. この事件では, 石油会社がヤミカルテルを結んで一斉値上げすると決めたとき, その現場には石油業界を担当する通産省の役人が二人来ていたそうです. 役所の指導で, 価格を一斉に値上げしようとしていたのです. ところが, 実際に値上げをしたところ, 公取委から独禁法違反だといわれて石油会社は最高裁まで争うのですが, 結局石油ヤミカルテルは独禁法違反となりました. 監督官庁の「指導」の下で値

---

　45)　「40 兆円の監査報告／公共事業はなぜ高い (2) ／予定価格のベール」『日本経済新聞』1994 年 11 月 5 日号.

　46)　平成 16 年 (納) 第 99-103 号「警視庁が発注する集中制御式交通信号機新設等工事の入札参加業者に対する件」(審決集 50-657).

　47)　最高裁昭和 59 年 2 月 24 日第二小法廷判決 (昭和 55 年 (あ) 第 2153 号私的独占の禁止及び公正取引の確保に関する法律違反被告事件) 刑集 38 巻 4 号 1287 頁.

180

第6章　独禁法と競争政策：八幡・富士両製鉄の合併事件を中心にして

上げしたのですから，本来は「ヤミ」カルテルとはいえないのでしょうが……．

　子供は「おねしょ」したときに，夢のなかでお父さんが「おしっこをしてもいいといったからおしっこをしたんだよ」と泣きべそをかいていうことがあるでしょう．それと同じで，通産省がカルテルをやるように指導して，その場に役人が二人もいたのに，後になってあれは違法だといわれて最高裁では独禁法違反で敗訴して処罰されたのでは，業界としては承服しかねますね．この事件は日本の産業政策と競争政策のコンフリクトの実態をよく象徴する「傑作」だと私は思うのです．通産省の行政指導に従わなければ通産省から睨まれることになる．だからといって行政指導に従えば独禁法による摘発を受けて，裁判では通産省は知らん顔をする．これでは民間側も困惑すると思うのですね．

2.　八幡，富士の合併問題と近代経済学者

2.1　八幡，富士の合併問題

鈴村　先生のお話によって，原始独禁法は GHQ に押し付けられたものだという認識が日本では広く抱かれていたこと，原始独禁法の成立（1947 年）から 1960 年代に到るまで，公取委の競争政策は通産省の産業政策と衝突しつつ，往々にして産業政策に従属的なスタンスを余儀なくされたことが，浮き彫りになったと思います．この状況を背景にして，1968 年に八幡製鉄と富士製鉄の合併計画が公表されました．この計画の公表に際して小宮先生はどんな感想をお持ちになりましたか．

小宮　なぜ八幡製鉄と富士製鉄が合併しようとしたか，その計画が進んだのはなぜかという問題に関して，私の理解はほぼ次のようなものです．八幡と富士の合併後に誕生した新日鉄の最大の株主は日本興業銀行（興銀）でした．他方，興銀の筆頭株主は新日鉄でした．興銀は両社と「一心同体」だったように私は思います．

181

第 II 部　競争と規制

　この事実は，興銀が八幡と富士の両方に融資していたことを示しています
が，当時の興銀の中山素平[48]さんは，出資している両社が膨大な設備投資を
して高炉を造って，過剰設備になったら困ると考えていました．両社が同時
に着工して巨大な新設備が稼働すれば過剰設備となることは避け難く，両社
を始めとして製鉄各社の財務状況は良くありませんでした．この問題を解決
する妙案は合併だと中山さんが着想したのではないでしょうか.

鈴村　中山さんが合併の発案者，仲介者だったという先生の推測には，なに
か裏付けがあったのでしょうか.

小宮　そういう新聞報道もあったようです．発表当日の新聞がどう書いたか
は知りませんが，発表後しばらくたってからの報道は，この合併計画は中山
素平さんの発案で進んだという論調でした[49].

　合併が実現した後の事実の経過は，八幡の君津工場が先に着工して，富士
の大分工場はその後に着工しています．実際に高炉に火を入れて稼働したの
は，君津では 1968 年 11 月，大分では 1972 年 4 月でした．この設備投資の
調整は，かなり大きなベネフィットをもたらしたと思います．過剰設備が創
出されて，鉄鋼の値段が急激に下がるとか，他の会社も困るといった事態が
避けられたのです.

鈴村　八幡と富士が高炉建設の順序を決める際，合併という究極的なカード
を切る必要がなぜあったのでしょうか．合併による過剰設備を阻止すること
のベネフィットは大であったにせよ，だからといって合併の推進が必然的な
選択だったと結論することはできません．その点について，もう少しお話を
敷衍していただけないでしょうか.

小宮　設備投資調整の必要性が説かれたのはこのときが最初ではありません
が，合併という選択肢が議論されたことは，従来なかったと思います．合併
という究極的なカードしかないほどに，この当時の設備投資の調整は，非常
に難しい状態にあったのだと思います．その当時，設備投資の調整が業界の
話し合いでまとまらない場合には，通産省が問題を預かって決めることが，

---

48)　中山素平（1906 - 2005）.

49)　例えば，1969 年 10 月 31 日付け『朝日新聞』の記事「鉄鋼合併の内幕マンモス誕生
　　まで（上)」を参照せよ.

第6章　独禁法と競争政策：八幡・富士両製鉄の合併事件を中心にして

慣行とされていました．通産省には《産業構造審議会》（産構審）という公式の意思決定機構があって，そこでまとまらない案件は通産省が預かり，自ら選択を行うという仕組みになっていたのだと思います．

これに対して，住友金属の日向方斎[50]さんは通産省の行政的介入に絶対反対を唱えて頑強に抵抗していました．結果的に見ると，八幡製鉄，富士製鉄と比較して，住友金属と川崎製鉄の設備シェアはだんだん増えてきていました．

住友金属が鉄鋼業界の設備投資調整に頑強に反対した理由は，おそらく企業として大きくなる過程でかなり苦労した経験に連なっていると思います．住友金属は，世界銀行に融資を依頼したとき，株価が額面すれすれの企業には融資できないといわれた苦い経験を持っています．そこで，戦後初めて「無額面株」なるものを発行して増資を行い，多少とも自己資本を増やしたうえで世銀融資を受けました．

住友金属が設備投資調整に強硬に反対していた理由のもうひとつは，東京と比較して関西の方が，競争的なスピリットが多少とも強いことが挙げられると思います．既に触れたように，関西の東洋紡とか日清紡の経営者には，お上の世話にはならないという戦前の自由主義的な経済思想の気風が残っていました．日向さんもそういう考え方から設備投資の調整に強く反対しておられたのだと思います．

八幡，富士の両会社の企業体質は，戦後かなりの時期まで東洋紡や日清紡とは明らかに違っていました．両社の源は「官営八幡製鉄所」であって，鉄鋼は配給制だったからです．なにをどれだけ作って，どこにどれだけ配給するかという戦争中の統制経済が完全に払拭されたのは，1950年に始まった朝鮮戦争の後のことではないでしょうか．

八幡製鉄，富士製鉄から鉄鋼を購入するために本社に行くと「諸商人待合所」というところで待たされる．そこで話し合って交渉がまとまれば，八幡・富士の担当者は「それでは供給しましょう」という，と聞きました．他の業界では買って下さればお客さんという感じだけれども，八幡，富士にはそう

---

50)　日向方斎（1906 – 1993）．元住友金属工業社長．

いう観念は全然なかったというのです．合併事件が起こった時期の八幡製鉄と富士製鉄には普通の民間企業という体質はあまりなくて，官営八幡製鉄所の後身でしかなかった．官営企業の痕跡を残した八幡製鉄と富士製鉄が新規参入して競争スピリットが旺盛な住友金属や川崎製鉄とやり合って，ジリジリと押されている——そういう時期だったと思います．

鈴村 通産省の産業への介入といえば，自動車産業に対しても積極的に集約化を図って，規模の経済を享受するために車種を絞る国民車構想を推進するなど，様々な産業政策を試みていました．鉄に対して通産省は，自動車産業以上に重点的に様々な行政的介入を行っています．鉄鋼の《公開販売制度》はその最たるものだと思います．しかし，自動車産業の場合には通産省の政策意図は殆ど実現されず，あからさまにいえば失敗しています．鉄の場合には通産省の考え方からいえばもっと積極的に関わっていったように思われます．八幡，富士の合併事件の場合には，通産省は具体的にいかなる役割を果たしたのでしょうか．

小宮 いろいろ積極的にやっていたと思います．そのころ，東大の私のゼミの卒業生から聞いたことなのですが，通産省の職員として民間企業の合理化計画を推進する仕事をして，民間企業に対する開銀融資を仲介するために，通産省と日本開発銀行を連日往復していました．彼は通産省で国のために働くつもりでいたのに，民間企業のために働かされて，毎日開銀に頭を下げに行っているのはどうも面白くない，といっていました．通産省は，開銀融資のように民間企業に影響を及ぼす様々な梃子を持っていて，それを駆使して産業政策を推進していたのです．開銀融資以外にも，通産省は特許の輸入やライセンスの許認可権限を別の梃子として持っていました．これらの梃子は，設備投資調整などを実行する際に，民間企業を従わせる手段として活用されたのです．

　自動車業界には通産省にお百度を踏んで優遇を求めるメンタリティが，他の業界と比較して少なかったようです．その当時の通産省と民間産業との関係は，産業ごとに非常に違っていたのです．

　東洋レーヨン[51]が《室町通産省》と呼ばれた時期がありました．ナイロンが欲しいものは東洋レーヨンから買っていましたが，割当てを行っていたの

第6章　独禁法と競争政策：八幡・富士両製鉄の合併事件を中心にして

は東洋レーヨンでした．ナイロンは現在よりはるかに広範に利用されていて，供給が需要に追いつかない状態にありました．だからこそ，みんな東洋レーヨンの室町本社に押しかけて，購入割当をもらう申請をしていました．室町通産省というあだ名はそこから付いたのですが，その事実は逆に通産省がどのように民間企業から見られていたかを，よく伝えているように思います．

2.2　財界・政界の賛成論

鈴村　八幡・富士の合併に対して財界の反応はどうだったのでしょうか．
小宮　財界は圧倒的多数で合併賛成の大合唱でした．公聴会の記録[52]を見ても，独禁法の知識をまるで持たない人びとが，賛成だ，賛成だといい募っています．《価格監視機構》を設置するのなら賛成だとか，研究開発を熱心にやるのなら賛成だとか，全く意味がないことをいっています．賛成だといっている大会社の社長などは，ほぼ全員が興銀に動員されて出席していたのだと，私は思っています．

　どういう理由によるものかは知らないけれど，閣僚級の政治家のなかで宮沢喜一[53]氏を始め何人かは賛成論でした．この場合にも，賛成論者は本質とまるで関係ない点に言及して根拠薄弱な賛成論を唱えていました．国際競争力の強化につながるとか，経営基盤が改善されるとか，研究開発を熱心にするのならば認めてやれとか，どれもまるで無意味な論点です．公聴会の記録を見ても問題を理解しないまま単に賛成論の大合唱をしていたのです．

　私がこの合併計画に強く反発したひとつの理由は，産業界，官界，財界が，独禁法と競争政策のロジックを理解しないまま，的外れな賛成論の圧力で押し切ろうとしたことです．こういう動きに対して，私は大いに憤慨したのです．公取委は，独禁法を根拠法規とする準司法機関であって，独禁法に関わる事件に関する判断については，一定の法的手順が規定されています．この

---

51)　現在の東レ株式会社．
52)　公正取引委員会事務局経済部調整課「八幡製鉄株式会社および富士製鉄株式会社の合併に関する公聴会速記録」1969年4月10日．
53)　宮沢喜一（1919‒2007）．

第II部　競争と規制

法的手順によれば，委員会の5名のメンバーが意見を述べて，多数決で最終判断を決定することになっています．

国税不服審判所も一種の準司法機関ですが，そこになにか案件が掛かって，ある会社がこれだけ納税しろという命令に不服を申し立てたときに，責任ある立場の政治家が日本の国際競争力にとってこの会社は大切なのだから，納税額を負けてやれなどというとすれば，誰が見てもオカシイでしょう．それと同じことが，八幡製鉄，富士製鉄の合併事件についていわれたわけです．研究開発能力の強化に努めるならば，会社に有利なように合併を承認するなどと，政治家が口出しをするのもまるでオカシイ話だと私は思います．

鈴村　企業合併の是非を判断する法的な手続きが独禁法に規定されていて，準司法機関である公取委がその手続きを執行する正当な権限を賦与されているのに，外野から様々な干渉が行われる．しかも財界人とか産業政策当局のみならず，責任ある閣僚級の政治家までが干渉的な発言をすることに，先生は強く反撥されたということですね．

小宮　ええ．法的な検討が粛々と進んでいるときに，なにも知らない人びとが合併を認めてやれということをガンガンいって，賛成論の旗を振るのが私には許せませんでした．この事件に関しては，やはり興銀の中山素平さんの影響力が強かったのでしょうね．通産省の意見も非常に強かったと思います．この際に公取委にダメージを与えておくという思惑も幾分あったのかもしれません．

2.3　近代経済学者の反対運動

鈴村　八幡・富士両製鉄の合併事件に対する近代経済学者の反対行動及び発言について，具体的にお尋ねしていきたいと思います．このインタビューの冒頭で，先生は現実の経済問題——日本の独禁法と競争政策など——との関わりで経済理論を実際に適用して初めて，経済学は意味を持つ学問になるのだという主旨のお話をされました．八幡・富士両製鉄の合併事件で，日本の経済学の歴史では最初のことだと思いますが，100人を超える近代経済学者が結束して反対を表明しています．反対グループの重要メンバーだった小宮

第6章　独禁法と競争政策：八幡・富士両製鉄の合併事件を中心にして

先生は，この事件に対して当時どのように考えておられたのか，改めてお聞かせ下さい．

小宮　そもそも八幡製鉄，富士製鉄の合併はやはり大事件でした．この事件の前にも，「過度経済力集中排除法」で分割された財閥系の商社が再結集して，財閥系の銀行もひとつにまとまり，製造業では 1964 年に三菱系三重工が合併していました．八幡製鉄と富士製鉄が合併すると表明したほぼ同じ時期には，王子製紙系の三製紙会社も，合併計画を表明しています．しかし，王子製紙の方は仲間同士で話がまとまらず，途中で合併計画を断念しました．

先程も述べたように，八幡，富士の合併計画に対しては，もともと公取委で独禁法の規定に照らし合わせて審査して，これを承認するかどうかを決めることが本質であった筈です．それにもかかわらず，合併賛成論者は昔は一緒だったのだから認めてやれとか，国際的に規模が過小だから認めてやれとか，合併後に価格監視機構を作ればいいとか，問題の本質とは全く無関係なことをいっていた．このような合併推進論は，率先して法律を守るべき閣僚や公務員にあるまじき態度だと私は思いました．それが一番気に入らなかった．公取委の独自な機能に対する社会的な認知度を高めないとだめだと思ったのです．

鈴村　結束して反対を表明した近代経済学者たちの間で，先生のその考え方は共通して持たれていたのでしょうか．

小宮　反対意見の提言をしたときの代表者は，館龍一郎先生と建元正弘[54]さんになっていただいたと思います．主に両先生を中心に，旗を振っていたひとは全部で 10 人程度いたと思います．反対論者をグループとして組織することに最も貢献されたのは，渡部経彦[55]さんだったのではないでしょうか．当時渡部さんは京都大学経済研究所に所属していて，頻繁に東京と大阪の間を行ったり来たりしていました．この反対声明に関して実際に中心的役割を担ったのは，代表の館先生，建元さんを含む 10 名程度の発起人役を務めた方々でした．私はそのなかでは一番若い部類でして，決してリーダーではありませんでした．

54）　建元正弘（1924 - 1997）．「意見書」の発表当時は，京都大学経済研究所助教授．
55）　渡部経彦（1926 - 1976）．「意見書」の発表当時は，京都大学経済研究所教授．

第 II 部　競争と規制

　反対声明に署名したみなさんの思いは殆ど同じでした．このうちの何人か
はその後もいろいろと書かれ，座談会[56]にも出たりされていますが，やはり
この機会に独禁法と競争政策を広く認識してもらいたいという気持ちが強か
ったのではないでしょうか．

鈴村　内田忠夫[57]先生もグループの中心メンバーでおられたようですね．

小宮　内田さんは最も中心的な人物でした．近代経済学者が強く反発した根
底にあったのは，八幡・富士両製鉄の合併事件は，日本の経済システムに深
くかかわる問題だという認識だったのではないでしょうか．

鈴村　八幡・富士の合併計画に反対声明を出した独占問題懇談会ですが，こ
のグループのメンバーはどういう形で結集されたのですか．記載された発起
人には，建元正弘，内田忠夫，上野裕也[58]，熊谷尚夫[59]，青山秀夫[60]，荒憲
治郎[61]，藤野正三郎[62]，村上泰亮[63]，福岡正夫[64]，今井賢一[65]，館龍一郎，
西山千明[66]，野田一夫[67]，辻村江太郎[68]，都留重人という多彩な名前が含ま
れていて，当時の日本の経済学界の代表的な方々を分野横断的に網羅したか
に思われます．これほどまで異質な人びとを，どんな仕組みで組織されたの
ですか．これらの方々は独禁法と競争政策に関して，どの程度まで共通認識
を持っていたのでしょうか．

小宮　意外なひとが発起人になっていますね．たしか宇沢弘文[69]さんも発起
人をされていました．隅谷三喜男[70]先生も，賛同者になっていただいたと思

---

56)　「(特別討論会) 大型合併と国民経済——八幡・富士問題をめぐる財界首脳と近代経
　　　済学者の論戦」『週刊東洋経済臨時増刊』1968 年，pp. 4-46.
57)　内田忠夫 (1923 - 1986)．当時は東京大学教養学部教授．
58)　上野裕也 (1926 - 2016)．当時は成蹊大学経済学部助教授．
59)　熊谷尚夫 (1914 - 1996)．当時は大阪大学経済学部教授．
60)　青山秀夫 (1910 - 1992)．当時は京都大学経済研究所長．
61)　荒憲治郎 (1925 - 2002)．当時は一橋大学経済学部教授．
62)　藤野正三郎 (1927 - 2012)．当時は一橋大学経済研究所助教授．
63)　村上泰亮 (1931 - 1993)．当時は東京大学教養学部助教授．
64)　福岡正夫 (1924 -)．当時は慶應義塾大学経済学部教授．
65)　今井賢一 (1931 -)．当時は一橋大学商学部助教授．
66)　西山千明 (1924 - 2017)．当時は立教大学経済学部教授．
67)　野田一夫 (1927 -)．当時は立教大学経済学部教授．
68)　辻村江太郎 (1924 -)．当時は慶應義塾大学商学部教授．
69)　宇沢弘文 (1928 - 2014)．当時は東京大学経済学部助教授．

第6章　独禁法と競争政策：八幡・富士両製鉄の合併事件を中心にして

います．そのなかで断然知恵者は渡部経彦さんでした．計画を組織化して，いろいろな機関や大学に頼み，めぼしい人にも頼んで，賛成者を増やしていく．新聞記者との会見は土曜日にやるとか，経団連の記者クラブに行ってやるのがいいとか，そういう知恵は全部渡部さんが出したのです．

　反対声明を公表するまでの経緯としては，まず発起人がこういうことでやりたいという草案を作成して，それを多数の近代経済学者に送って賛成のひとをできるだけ多く呼び集めたということなのです．呼び掛けの文書は東大で 4，5 人が協力して書いたと思います．その文書を主な大学と発起人にお願いして，さらに手分けして頼んでいきました．しかし，呼びかけに返事をくれた 100 人の近代経済学者が，その後も日本の独禁法と競争政策に関心を持ち続けたというわけでは必ずしもなく，多くの場合そのとき限りのものでした．この懇談会は反対声明を公開する目的で作られたものですが，世の中は普段から共同で研究していて，その結果こうした反対声明に到ったのだと受け取ったのではないでしょうか．本当はそうじゃなくて，これは一大事だから反対しようという一時的なものだったのです．

　ですから，こういう問題にあまり関心がない方も参加されていたと思います．反対声明に署名した方々のなかには，なぜ参加されたのかよく分からない方もおられます．それでも，これ位になったら多少インパクトを与えられるのではないかと考えて，できるだけ多くの方々に声をかけました．

鈴村　このような政策的な問題に関して学者が集まって意見を表明する行動は，まったく前例がなかったのでしょうか．

小宮　署名行動は以前もたくさんあり，左派の人びとは盛んにやっていました．例えば，ヴェトナム戦争に関して学会で反対声明を発表することもありました．しかし，私はその種の声明を学会が出すのはオカシイと思ってきました．学会とは，特定分野の学問を研究するために集まっている任意団体であり，多数決でも全員一致でも，学会の目的と関係ないことについて決議するのは無効ではないでしょうか．政治的なイシューについて，学会などが決議して発表するというのは，私には自由主義を理解していない行動に思われ

---

70)　隅谷三喜男（1916 – 2002）．当時は東京大学経済学部教授．

第II部　競争と規制

ます.

　学者が集まって社会に問題提起をして，それが当時の世の中に多少なりと
も影響を与えた事例には，1971年の「円レートの小刻み調整についての提言」
があります．この提言は，36名の近代経済学者が構成する「為替政策研究会」
として公表されました．八幡・富士の場合と同様に『週刊エコノミスト』誌
でも大きく取り上げられ，開銀設備投資研所長の下村治さんや，日銀理事の
吉野俊彦さんなどと，シンポジウムも開催されました[71].

鈴村　八幡，富士の合併反対の場合は，関心のありそうな近代経済学者に署
名を求めるはがきを送り，自発的に協力を表明された方々が，事後的に独占
問題懇談会を構成することになった，と理解すればよいのですね.

小宮　そうです．賛意を伺うはがきは，アンケート調査にもなっていました.
独禁法違反の疑いが濃いのではないかということを多数決で問いました．篠
原三代平[72]さんはそれは無意味だといって非常に強く批判されていたことを
覚えています．篠原さんの批判には確かに一理あると思いました．詳しく研
究していない人びとにある事項について独禁法違反か否かを問うて，その票
数を発表するのは「学者的」ではないと批判されても仕方ないというべきで
しょう.

鈴村　しかし，なぜ100人もの署名を集めて反対を表明しようと考えられた
のでしょうか．学界のマジョリティであるグループとして反対しているのだ，
という姿勢を打ち出さないと意味がないという意識がおありになったのか，
その辺の感覚をもう少しお話しいただけないでしょうか.

小宮　やっぱり渡部経彦さんと内田忠夫さんの感覚だったと思います．どう

---

71)　小宮隆太郎，天野明弘の両氏を代表幹事とする36名の経済学者は「円レートの小
刻み調整案についての提言」を発表（『日本経済新聞』1971年7月11日号掲載）して，
各方面に大きな反響を呼んだ．詳しくは週刊エコノミスト編集部「『円切上げ』提言の
論理と問題点」『週刊エコノミスト』第49巻第30号，1971年，pp. 30-32を参照せよ.
提言発表時，天野明弘氏（1934 - 2010）は神戸大学経営学部助教授.

72)　篠原三代平（1919 - 2012）．当時，一橋大学経済研究所教授．教授の経済学への貢
献と，その評価に関しては，Alice Amsden and Kotaro Suzumura, "An Interview
with Miyohei Shinohara: Non-Conformism in Japanese Economic Thought," *Journal of
the Japanese and International Economies*, Vol. 15, 2001, pp. 341-360［本書第5章に邦
訳を収録］の参照を求めたい.

第6章 独禁法と競争政策：八幡・富士両製鉄の合併事件を中心にして

せ反対声明を出すのなら，かなりの人数，しかも全国的とはいわないまでも
広い範囲の方に話しかけて，意見表明の会見は日曜の新聞のトップになるよ
うに土曜日に行うなど，インパクトを与える手段を尽くすという感覚ですね.

　私は，こういうやり方をしたからこそ，成功したのだと思います. こうし
た行動をとったからこそ，世の中が「話はそう簡単じゃない」ということを
理解したのだと思います.

鈴村　第1回の声明文を独占禁止懇話会が発表した後も，第2，第3と反対
の声明文が引き続いて公表されていますが[73]，小宮先生は後続した反対声明
には参加されておられなかったようです. それはなぜだったのでしょうか.

小宮　私は，1969年の1月からしばらくの間，反対運動には全然参加しま
せんでした. ちょうどその頃東大紛争がありまして1969年1月19日は安田
講堂の攻防戦で2日間にわたって機動隊と学生がやり合うことがありました.
東大は改革案を作るために改革倫理調査会を作りまして，私は調査会組織小
委員会の委員長と本委員会の委員をやって，毎日会議をしていました. 日に
よっては朝10時から夜中近くまで会議が続き，しかも本郷のキャンパスで
会議は開催できないので，本郷以外の東大のキャンパスに集まってやってい
ました. そういう状態が1969年の1月の冒頭から，8月20日頃まで続いて
いたのです. それに掛かりきりとなって八幡，富士問題には時間が割けなく
なったわけです[74].

鈴村　林信太郎[75]氏と柴田章平[76]氏の対談記録『産業政策立案者の体験記録』
(2008年)の序文には小宮先生と内田先生が永野富士製鉄社長，林氏と一緒に，
東大で公開討論会を行ったと書いてありますね.

小宮　この事実については私の記憶にはありませんね. この本では「階段教
室」と書いてありますが，経済学部には階段教室はなかったので，駒場で開
催された集会ではないでしょうか. 私が知らない間にそうした学生集会が行
われたことは十分あり得ることです. 内田先生の名前が出ているのでマクロ

---

73)　「公取委「内示」に対する意見書」1969年2月25日，「独占禁止法四五条一項にも
　　とづく措置要求書」1969年3月8日.

74)　『大学改革準備調査会　第一次報告書』1969年10月，東京大学，参照.

75)　林信太郎 (1921-2008). 元通産官僚. 1967年当時は大臣官房調査課長.

76)　柴田章平 (1936-). 元公正取引委員会事務局長. 公正取引協会会長.

第II部　競争と規制

経済の観点から討論会が行われたと捉えられて，私の名前がでたのかもしれません．いずれにせよこの集会に私は関わっておりません．

2.4　独占（モノポリー）と私的独占（モノポライゼーション）

鈴村　実は，近代経済学者の反対声明に署名された人びとの間には，反対の根拠に関する考え方の相違がかなりあったというのが，主要メンバーの論文や対談での発言を拝見して，私が受けた率直な印象なのです．その代表的一例は，『中央公論』1968 年 9 月特大号に掲載された「大型合併になぜ反対するのか」というシンポジウムです．このシンポジウムは王子製紙の合併に関して開催されたもので，八幡・富士のケースに際して反対声明を公表したグループの中心メンバー 6 名（今井賢一，上野裕也，内田忠夫，小宮隆太郎，村上泰亮，渡部経彦）が参加しています．シンポジウムの冒頭で問題提起をされた村上泰亮教授は，同じ特集号に掲載された「競争原理と合併問題」という論文で「大型合併に関する論争が華やかなわりにあまり生産的でない理由のひとつは，『競争』という基本概念に関する了解が十分でないということである」と発言しています．村上教授自身は「経済学における『競争』とは『市場に登場する何人も……価格支配力を持たないこと』である」と定義されて，「『競争』とは市場の状態が全体として持つある客観的性質である」と結論されています．シンポジウムの座長役の内田先生は，村上報告を踏まえつつ「いったい競争という［言葉］はどういう意味で使うのか，この点を最初にはっきりさせておきたい」といわれて討論を発進させています．その後の議論の口火を切った小宮先生は「村上さんは，競争というのは個々の企業が価格支配力を持たないことだと書かれているが，競争と独占は『程度の差』であって，競争は白，独占は黒というものでは必ずしもない．むしろ現実の事態は多くの場合に，白と黒の中間の灰色であって，比較的白に近い灰色とか比較的黒に近い灰色というのが実状ではないか．しかも問題を判定するためには，なるべく長期で見る．それからさらにニュー・エントリーの可能性ということも考慮に含めて考えたいと思う」と述べられています．この発言に続く議論は他の 5 名の出席者全員が小宮批判，村上支持でほぼ一致していますが，

192

第6章　独禁法と競争政策：八幡・富士両製鉄の合併事件を中心にして

競争概念に関する理解の統一が確立されたとはいえそうにありません. 村上流の《状態》としての競争概念が, 独禁法に登場する競争概念と整合的な考え方であるかという基本的な問題も, 本来は重要な論点となるべきだったのではないかと思います. 実際にはこの議論は深まっていきませんでした.

　八幡, 富士の案件にせよ, 王子製紙系三社の案件にせよ, それに対する反対論の根底には問題の案件には《競争の実質的制限》をもたらす恐れがあるという判断が潜んでいます. それだけに競争概念の意味に関する異論の余地が払拭されていないことに, 私は多分に驚きと困惑を感じています. そのあたりを少し敷衍していただきたいと思います.

小宮　競争自体をどう考えるかという論点は, 非常に難しい問題ですね. 私はこのシンポジウムに参加した経済学者のなかでは, 比較的, 産業組織と独禁法に関心を持っていた方でした.

　例えば, 1971 年から 73 年にかけて岩波書店から出版された『現代経済学』全 10 巻のうち, 最初の 3 巻は『価格理論 I 〜 III』で, その『価格理論 III』の 4 分の 3 は「産業組織」に当てられています. その「産業組織」の部分は, 公式の著者, つまり今井・宇沢・小宮・根岸・村上の 5 人のうちで, 今井さんと私が書いた部分です. ご承知のように, その後今井さんは産業組織, その他産業に関する問題をご自分の中心的な研究領域とされてきました.

　そうした背景もあり, 私にとっては例えば「参入阻止価格」とか「有効競争」という概念は, 先程のシンポジウムが開かれた 1968 年頃には周知のことで, 今井さんはもう既にはっきり産業組織論, 独禁政策を念頭に置いて話をされていました. しかし, 村上泰亮さん等は「産業組織論」には馴染みがなく, 独占や競争を「ミクロ経済理論」の次元で考えていたと思います.

　私が, 競争と独占をはっきり黒と白というのではないと強調していたのは, 典型的な例としてレストランや, ホテル, 書物などの市場で行われている製品差別化のように, 独占的競争が様々にあるということからです.

　ただし, その当時, 経済学上の《モノポリー》あるいは《オリゴポリー》と, 独禁法でいう《私的独占》つまり《モノポライゼーション》との区別は, 全然ついていませんでした. 1969 年 4 月 10 日に開催された八幡・富士に関する公聴会の場では, 私は多少モノポリーとモノポライゼーションは違うと

193

第Ⅱ部 競争と規制

いうことに気づいた発言もしているのですが，全般的にあまり理解していなかったように思います．しかし，その当時ですら他の人びとは，独禁法とはミクロ経済学でいう独占を禁止している法律であると思っていました．

鈴村 「大型合併は是か非か」という特集記事が 1968 年 6 月 1 日の『日本経済新聞』「経済教室」に掲載されています．賛成論＝篠原三代平先生，反対論＝小宮隆太郎先生と対立的に紹介されていて，一見賛成論者と反対論者の全面対決の図式のようですが，内容的には決して融和が不可能な主張の正面衝突にはなっていません．詰まるところ，両先生の間を分かったのは，大型合併による《競争の実質的制限》の蓋然性に対する判断の差異でした．競争の機能や設備投資調整の評価などは，むしろ両先生の考え方には共通点が多かったように思われます．『中央公論』のシンポジウムにおいて，《競争》の概念を巡って小宮先生が孤立（！）した事態を想起すればこの点はかなり印象的です．小宮先生にあって篠原先生になかった論点は，独禁法の形骸化を招きかねない政治家や官僚たちの節操なき賛成論に対する強い反撥です．この点を終始強調された小宮先生のぶれのないスタンスに対して私は敬服する他はありません．他方で，近代経済学者 100 名の反対論を結集する手続きに対して，異論を提起された篠原先生のご見識にも私は敬意を表したいと思います．

　これだけ申し上げたうえで，当時の賛否両論を現在時点で振り返るとき，その当時の論点を先生が現在どのように評価なさっているかを，お尋ねしてみたいと思います．当時を振り返ってコメントをいただけましたら幸いです．

小宮 篠原先生のいろいろなお考えと私はよく対立しました．衝突したことは多かったのですが，どこがどう違うかといえばもうひとつよく分からないことが多かったように思います．大型合併のときはどうだったですかね．

　実際には，設備投資調整は業界でまずやって，それがまとまらないと結局は通産省が決めてこれでやれということで実行されていました．それ自体我々から見れば違法なのです．篠原先生はどうお考えだったのでしょうか．放置しておけばまとまらないという観点から，官庁が決めるのはいいことだという感覚だったのでしょうか．

鈴村 篠原先生の合併賛成論は，通産省による設備投資調整を放棄して民間

194

第6章　独禁法と競争政策：八幡・富士両製鉄の合併事件を中心にして

企業による設備投資を野放しにすることを前提にするものでした[77].

小宮　設備投資を野放しにすれば，きっと業界は適当に相談して調整したことでしょう．

鈴村　近代経済学者グループの反対意見の表明など多くの反響を呼んだ八幡・富士両製鉄の合併事件は，その後公取委の審査を受けています．審査の過程で開かれた公聴会では，産業界からは八幡と富士の競争企業である同業他社，需要者である鉄道や自動車工業会なども，意見を聴取されています．学界からは法学者，経済学者が数名呼ばれて意見を聴取されていますが，小宮先生もそのなかにおられました．

小宮　その当時，法学部出身で独禁法に熱心なひとは，正田彬[78]さんだったと思います．でも正田さんには，独禁法は厳しければ厳しい程いいという単純な傾向があって，経済学的な側面などはあまり話されなかったように思います．正田さんだけではなく，当時の法学者の皆さんは経済学的な側面には殆ど言及されていなかったのです．そのために，公取委がこういう案件の公聴会で意見聴取したいと考える法学者はいませんでした．私が出席した公聴会には，鈴木竹雄[79]さんが出てこられたけれど，鈴木さんはもともと，独禁法のことはあまり扱っておられない先生でした．

鈴村　その当時の記録によりますと，この公聴会には内田先生と小宮先生が，一緒に出席しておられます．

小宮　内田先生と二人で出席しましたが，主として私が話したように記憶しています．その場で私は，当時の公正取引委員会委員長の山田精一[80]さんに厳しく追及されています．

　その時点では私も，独禁法をよく理解していませんでした．特に，独禁法がモノポリー（独占）を取り締まる法律ではなく，モノポライゼーション（私的独占）を取り締まる法律だということを，よく理解していませんでした．山田委員長は法律の立場から私的独占の観点に立って問題を考えておられて，

---

77)　この点について，本書第5章に収録した篠原教授とのインタビューの第4節を参照のこと．

78)　正田彬（1929 - 2009）．当時は慶應義塾大学産業研究所教授．

79)　鈴木竹雄（1905 - 1995）．当時は東京大学名誉教授．

80)　山田精一（1908 - 1991）．公正取引委員会第7代委員長（1967年6月～1969年11月）．

195

第Ⅱ部 競争と規制

経済学の独占とか寡占などの概念はよく分からないと思っておられました.

寡占理論はなかなか難しいものです. 例えば, 潜在的参入者という考え方があります. 潜在的参入者が存在する場合には, 独占状態を確立した企業でも, 安易に価格を引き上げるとすぐに新規参入が行われて, 独占企業はその地位を奪われることになる. そのため独占企業は, 新規企業の参入を妨げられるギリギリのところまでしか価格を上げることはできず, そこで独占価格が決まるという理論です. しかし当時は, そんな精密な寡占理論までは考えずに, ミクロ経済学の初歩の独占理論に基づいて, 独占を取り締まるべきであるとか, 独占に近づくから合併は認めるべきではないとかいっていたと思います.

法律家の方はそんなものは関係ない, 私的独占の方が重要だといわれます. 私的独占という言葉は公聴会のなかでも登場してきますが, 独立した企業が事業活動をできないようにすることとか, 市場を支配して他の企業が市場に参加できないように排除することなどを指しています. 独禁法には私的独占は禁止すると書いてありますが, それは経済学者のいう独占とは違うのです.

基本的にいって, 法律家と経済学者の考え方にはかなりの距離があります. この距離が生じるひとつの理由として, 経済学者はモデルを用いて問題を抽象化して考えます. 企業は利潤を最大にするように行動する経済主体ですから, 独占だったら限界収入と限界費用が一致する点で生産量を決めるというように考えるわけです. これに対して, 法律家はまず企業とはなにかということを, あらかじめ具体的に決めなければなりません. 例えば開業医は企業かなど, そこから始めなければなりません. すべて具体的なものに結び付けて考えるので, 私的独占に関しても, 具体的にどういう行為をやったから私的独占であるといった論理の筋道を辿るのです. 例えば, ある分野でひとつの企業が成功して次第にその規模を拡大して, ある分野で独占状態を確立しても, その《状態》にあるという理由だけで企業に対して独禁法を適用して処罰する根拠は, 法学的には存在しないのです.

無線で操縦するヘリコプターを製造するヒロボーという会社[81]があります.

---

81) ヒロボー株式会社. 1949 年設立. 広島県府中市に所在.

第 6 章　独禁法と競争政策：八幡・富士両製鉄の合併事件を中心にして

元々は広島紡績という会社で，私が以前に広島県所在のヒロボーを訪問したときには，他に競合するメーカーはなかったようです．現在ではヤマハ発動機などが新たに参入して，ヒロボーの独占ではなくなったようですが，その当時のヒロボーは独占状態にありました．独占企業を独禁法で取り締まれるかといえば，恐らく取り締まる手段はありません．独禁法は独占を禁止することはできないのです．

　しかし，独占状態にある企業が新しく参入する企業を妨害して参入できないようにするとか，類似の活動をしている企業と合併するなど具体的な法律行為があった場合には，その行為が私的独占であるかどうかを個別的に判定して，それはやめなさいということはできるのです．

CPRC　先生が指摘されたように，法学者は事業者とはなにかとか違法行為の要件はなにかなど，定義や構成要件から議論に入る形になります[82]．

小宮　経済学者はそれを理解しないでしょう．

CPRC　はい．経済学者の思考方法と法律学者の思考方法は依然として違いが続いていると思います．対話もありそうでないという状態が現在も続いているのではないかと思います．

小宮　経済学者は，そんなことは我々とは関係ないとしていますが，やはり法律学の考え方と経済学の考え方の両方がよく分かるひとでなければ，独禁法と競争政策に関する適切な判断はできないのではないでしょうか．八幡，富士事件当時の公述記録を見ていても，独禁法が多少とも分かっているひとは殆どいなかったと思います．私もあまり理解していなくて山田委員長に厳しく追及されました．山田さんは本当に立派な方だと私は感心しています[83]．

CPRC　公聴会における最後のあたりでは，山田委員長は理路整然と追い詰めていましたね．

小宮　ええ．あれだけ世間が騒ぎ学者も騒ぐなかで，冷静沈着に本来の独禁

---

82)　本節の CPRC 側の発言の多くは林秀弥氏によるものである．

83)　八幡・富士の合併審決が出された後に，小宮教授は『日本経済新聞』［経済教室］で山田精一公取委員長に関して「委員長がともかくも毅然たる態度を堅持したことには，多くの人々が称賛の拍手を惜しまないであろう」と評されている（『日本経済新聞』1969 年 11 月 8 日号）．

第Ⅱ部　競争と規制

法にふさわしい解釈をして，いくつかの分野について必要な措置を執ったうえで，合併を承認しています．長沼弘毅さんが委員長の時代なら，全然だめだったでしょうね．山田さんは終始一貫して冷静沈着で，公聴会での質疑応答でも非常に要点を衝いた質問をされています．他方，物事の判っていない参考人の陳述に対しては，殆ど発言しておられません．

CPRC　私的独占で独禁法違反というときには，私的独占を行う《行為》を取り締まることを考えています．独占《状態》を取り締まる道具が公取委にあるかといえば，従来的な道具箱のなかにはありません．

小宮　アメリカには，独占《状態》を解消する3つの手段があります．子会社の株式譲渡，企業分割，企業内の部門の分割の3つの "D"，すなわちDissolution, Division, Divestiture です．日本の独禁法には，独占《状態》になっているから分割するという考え方は全然ないのでしょうか．

CPRC　独占《状態》に対しては，弊害があった場合にそれを除去するために，いわゆる《構造措置》が規定されています．1977年改正で導入された規定ですが，実際に発動されたことはありません．競争過程で次第に集中が進んで独占《状態》が誕生した場合，それに手を付ける方法はありません．

小宮　1977年改正というのはどのような改正なのですか．

CPRC　八幡，富士事件のときには，独占《状態》の規制がありませんでした．経済法学者のなかでも独禁法の厳格化を要求する立場の人びとは，反競争的な行為が存在しなくても一定の弊害要件を満たせば，企業分割など市場構造に直接メスを入れられる規制を導入すべきだと強力に主張しました．それが1977年改正につながって構造規制の導入に結実したのだと思います．

　学説史的にいえば，独禁法の要件である「競争の実質的制限」を《状態》と見るか，あるいは《行為》と見るかをめぐって，かつて経済法学において論争がありました．丹宗昭信[84]先生と今村成和[85]先生という北海道大学の独禁法学者を中心として行われた論争です．論争当事者の一方によれば「市場支配」とは「市場支配力の行使された状態」です．この立場では「市場支配」は「市場支配力」とは異なる概念です．現に市場支配力の弊害が顕在化する

---

84)　丹宗昭信（1927 - 2014）．当時は北海道大学法学部教授．
85)　今村成和（1913 - 1996）．当時は北海道大学法学部教授．

ことこそ「競争の実質的制限」なのであり，それが「市場支配」という「状態」を示していると考えます．対照的に，現在に到る経済法学の通説であるもうひとつの立場の人びとは，状態概念としての「市場支配」と行為概念としての「市場支配力（の行使）」を区別することは，解釈の域を超えると考えます．彼らは，「競争を実質的に制限する」という表現は市場支配力の形成・維持・強化を意味すると考えることで足りると考えるのです．そもそも，市場が独占状態にあるために価格が高くなっている事態に対して独禁法が手を付けかねていることへの反発があって，独禁法はそれに対してなにか対抗手段を持つべきだという議論がありました．1977年改正の思想的な背景となった論争ですが，現在はあまり議論されていません．

2.5 産業政策と近代経済学者

鈴村　最後に産業政策に対する経済学者の考え方について，小宮先生の見解をお尋ねしたいと思います．

「日本の経済計画」という英文論文[86]で，先生は日本の産業政策に評価すべき点があるとすれば，通産省（現在の経産省）の産業構造審議会のように，産業に関する情報が交換される公共的メカニズムを作ったことだとお書きになっています．裏返していえば戦略的産業の保護育成とか，産業構造の策定とか，過当競争の排除など，往々にして日本の産業政策の精粋と考えられてきた政策に対して，先生は殆どその意義を認めておられないように窺えます．このような理解は，現在でも先生の産業政策に関する考え方を正しく捉えていますでしょうか．

小宮　産業政策に関しては，『日本経済新聞』の［経済教室］に連載した記事[87]のなかで，私は産業政策に関わった経済学者を第一世代，第二世代，第三世代と分類して述べたことがあります．第一世代の経済学はマルクス経済

---

86)　R. Komiya, "Planning in Japan," in: Bornstein, M., ed., *Economic Planning: East and West*, Cambridge, Mass.: Ballinger, 1975, pp. 189-227. この論文の邦訳は小宮隆太郎『現代日本経済研究』東京大学出版会，1975年に収録されている．

87)　小宮隆太郎「日本の産業政策：政策論議の回顧と展望」『日本経済新聞』「経済教室」1985年11月18日～23日．

199

第 II 部　競争と規制

学でありますが，それはソ連型の経済計画の経済学でもあります．戦後日本の産業政策の源流を辿れば，日本支配下の満州国の工業化をやっていた人びとが，日本でも同様の考え方で戦後復興を推進しようとした政策なのです．

　マルクスの『資本論』第二巻を読まれたことはないでしょうか．『資本論』のこの部分は拡大再生産表式論です．国際貿易は一切考えない閉鎖モデルで，第一部門という生産手段を作る部門は重工業に，消費財を作る第二部門は軽工業に対応すると考えられています．通産省が戦後に推進した産業政策は，重工業を大きくすることを目指していました．途中からもうひとつ「化学」が加わって重化学工業化ということになり，重化学工業に重点を置いて戦略的な産業を発展させていったのです．こうした考え方はマルクスの拡大再生産表式論から出てきているのです．満州に行った人びとも，そういう考え方で満州を発展させようと考えました．戦後日本の経済復興の過程でも，有沢広巳[88]さんが拡大再生産表式論を《傾斜生産方式》という形で入れて，経済発展モデルのように日本で使われてきたのです．この考え方の影響は尾を引いて，1960 年代に重化学工業化というモデルになだれ込みました．この伝統に，日本の産業政策は根強く囚われていたと私は思っています．

　日本の重化学工業化に理論的な背景を作られた篠原三代平さんは，ハリー・ジョンソン[89]の国際収支の奇妙なモデルを使って所得弾力性の差で重化学工業化の正当性を説明しようという試みをしていました．

鈴村　篠原先生ご自身は，重化学工業化の理論的根拠を求めてジョンソンとは独立にあのモデル[90]を作ったとおっしゃっていました．それはともかくとして，戦争直後の傾斜生産方式のみならず，60 年代の重化学工業化に到るまで，マルクスの拡大再生産表式論の影響は日本の産業政策に一貫して浸透していたと先生はお考えなのですね．

小宮　通産省が直接にマルクスの拡大再生産表式論から学んだとはいいませんが，終戦直後の傾斜生産方式は，有沢先生が直接的に，あるいはソヴィエ

---

88)　有沢広巳（1896 - 1988）．当時は東京大学経済学部教授．

89)　H. G. Johnson, *International Trade and Economic Growth: Studies in Pure Theory*, London: George Allen & Unwin, 1958（小島清監修，柴田裕訳『国際貿易と経済成長』弘文堂，1970 年）．

90)　篠原三代平「産業構造と投資配分」『経済研究』第 8 巻，1957 年，pp. 314-321.

第6章 独禁法と競争政策：八幡・富士両製鉄の合併事件を中心にして

ト連邦の計画経済の基礎とされるフェルドマン[91]のモデルを通じて間接的に，拡大再生産表式論から来た考え方に基づいて構想されたものです．この考え方がその後の産業政策の発想に伝承されていったように思われます．

戦後の産業政策でもうひとつ強調された考え方は，重要物資の価格を低位で安定化するという目標の設定です．重要物資とは鉄，石炭，電力などを指していますが，これらの重要物資の価格は低く抑えなければならないと考えられていたわけです．しかし，特定の生産財の価格を低くするという目標の設定は，標準的な経済学ではなんの合理性もない考え方です．経済運営の目標は人びとの経済福祉の最大化であって，最終消費財を皆が豊富に消費できるようにすることこそ合理的な考え方です．重要物資の価格の低位安定は，無意味な考え方だという他はありません．途上国の開発戦略として，そういう政策を推奨する学者はいないでしょう．しかし，戦前期から戦後にかけて粗鋼等の価格は安く，消費財の価格は高くして，基礎物資の配分は資材の配給制度で行っていたわけですが，戦争が終わった後でさえ，重要基礎物資の価格の低位安定という考え方をなぜ引きずっていたのでしょうね．

終戦直後の貿易統制が緩和されて国際貿易が盛んにできるようになったとき，最初は繊維と雑貨の輸出で外貨を獲得すること程度が，当時の日本では関の山でした．しかし，戦後初期はともかくとして間もなく家庭用のミシンとか，カメラとか，トランジスタ・ラジオのような工業製品の輸出が増えていき，それで外貨を稼ぐ時代になりました．けれども通産省は，こういう製品を作っている産業を重要だとは，考えていませんでした．産業政策で通産省が最も力を入れたのは，いわゆる重要基礎物資でした．鉄鋼とか金属とか電力など，重工業製品の生産の促進を優先的に助成したのです．輸出とか技術の移入なども，そういう産業を優先して行われてきました．

このような政策の優先度を正当化するために，重化学工業化こそ日本の比較優位の確立のために必要だという議論がなされたことがありますが，カメラ，トランジスタ・ラジオ，テレビなどは軽工業か，重工業かと問われたら，答えに窮したのではないでしょうか．

---

91) Gregory A. Feldman (1884 - 1958).

201

第II部　競争と規制

　私は，重化学工業化とか重要基礎物資の価格の低位安定など，戦後の産業政策当局が経済学的には無意味な目標に囚われ続けたという事実は，若き日に体得した考え方，あるいは国全体としても若い時期に取り組んできた考え方から脱却することが，いかに困難かを示すものだという以外には，説明できないと思います．重化学工業化の方はさすがに現在では経産省を呪縛していないでしょうが，重要基礎物資の価格安定の方はどうでしょうね．現在でも石油価格が高騰して灯油やガソリンの価格が高騰する際の騒ぎを思うと，多少の不安がありますね．稀少になった物資の価格が高くなるのは合理的なことです．

　産業政策論の第一世代も通産省も，国際経済学の比較優位の理論を理解していないという点では，同類だったと思います．実のところこの点は現在に到るも同様ですね．一般のマスコミも国際貿易の基本原理を理解していない点では同じです．国際競争力という概念で大抵のことを考えているのですが，こんな呪文をいっている間はだめですね．産業の問題はこれでは全然理解できません．国全体の国際競争力などはナンセンスそのものです．この点について，ポール・クルーグマンも非常に厳しいトーンで *Foreign Affairs* 誌に書いています[92]．国々の間の競争は，コカ・コーラとペプシ・コーラの競争とは全く次元が異なることだが，マスメディアや通俗学者はそれが分かっていないという趣旨のことを，クルーグマンは書いていました．

鈴村　産業政策論の第二世代，第三世代に関しても，引き続いてもっとお伺いしたいところですが，いただいた時間が尽きました．最後になりますが，八幡・富士両製鉄の合併事件に際して，合併が承認されれば鉄鋼市場に大きな影響が生じると予想しておられたと思いますが，現時点で振り返るとき，当時の予想をどのように評価しておられるでしょうか．また，近代経済学者の反対運動の意義を，現在どのように評価しておられるでしょうか．

小宮　合併の影響については，鉄鋼価格の上昇とか，暗黙の協調が生じるとか，そういう事態を予測していました．

　近代経済学者の反対声明は，世論に対してかなり影響を及ぼしたのではな

---

92) P. Krugman, "Competitiveness: A Dangerous Obsession," *Foreign Affairs*, March/April 1994, Vol. 73, No. 2, pp. 28-44.

いでしょうか．公取委を鼓舞する役割を果たして，産業政策の主務官庁と公取委との関係の改善にも，影響を及ぼしたのではないかと思います．

鈴村 監督官庁について，現在はどのように見ておられますか．

小宮 監督する側と監督される側との結び付きが割とリベラルになったのは，通産省が最初だったと私は理解しています．農水省と食品工業とか，厚労省と製薬会社などと比較して，通産省が開明的な方向に転換したのがなぜ早かったかというと，海外勤務の経験のある官僚の比率が高かったからだと思います．ある年齢に達するまでに海外勤務の経験がない官僚は，通産省には殆どいないと思います．

鈴村 お忙しいところを，長時間にわたって貴重なお話をいただきまして，大変ありがとうございました．先生の一層のご健康と今後のご活躍をお祈りして，今回のインタビューをこれで閉じたいと思います．

3．おわりに

このインタビューが浮き彫りにした多くの論点のうちで，以下の二点を特記して読者の関心を喚起しておきたい．

第一の論点は，合併審査など公共的な意思決定に際して《正当な手続き》(due process) を尊重することの重要性である．小宮教授が強調されたように，八幡・富士の合併事件に際しては責任ある立場の政治家と財界のリーダーが賛成論を大合唱して，公取委が正当な手続きにしたがって審査するプロセスに，政治的・社会的な圧力を加える憂慮すべき事態が見られた．この事態の渦中にあって，当時の山田精一委員長が冷静沈着に正当な法的手続きの執行を貫徹したことは十分な称賛に値するが，日本の競争政策の執行プロセスはその後どれほどの成熟に到っているだろうか．

第二の論点は，独禁法の理解と競争政策の執行の両面で，法学者と経済学者の相互補完的な協力関係が，八幡，富士事件当時には殆ど見られなかった事実である．競争政策の執行プロセスで経済分析を活用することの必要性については，欧米の状況を背景にして日本でも認識が深まりつつあるが，法学

第Ⅱ部　競争と規制

と経済学のインターフェイスが今後一層充実されることを期待したい[93].

---

93)　法学者と経済学者が独禁法と競争政策に関する共同研究を推進した具体例として，後藤晃・鈴村興太郎編『日本の競争政策』東京大学出版会，1999 年及び岡田羊祐・林秀弥編『独占禁止法の経済学——審判決の事例分析』東京大学出版会，2009 年を挙げておきたい．

　最近の競争法と経済学との相互乗り入れについて，『公正取引——競争の法と政策』No. 794，2016 年 12 月号の「特集　競争法と経済学」も参照されたい．

第 III 部　制度の設計と選択

A further word on the subject of *issuing instructions* on how the world
ought to be: philosophy, at any rate, always comes too late to perform this
function. As the *thought* of the world, it appears only at a time when
actuality has gone through its formative process and attained its com-
pleted state. ... When philosophy paints its grey in grey, a shape of life has
grown old, and it cannot be rejuvenated, but only recognized, by the grey
in grey of philosophy; the owl of Minerva begins its flight only with the
onset of dusk.

> G. W. F. Hegel, *Elements of the Philosophy of Right*, edited by A. W.
> Wood and translated by H. B. Nisbet, Cambridge, UK: Cam-
> bridge University Press, 1991, p. 23.

　規範的経済学は人びとの福祉を改善する経済学の原理的な研究，現存制度
と政策の在り方を批判的に検討して，福祉改善の軌道に乗せる制度・政策の
設計と実装をその課題としている．マックス・ウェーバーが学生を対象に行
った講演で述べた警告には，この分野を研究する人びとが社会との接点を考
えるうえで重要な示唆が含まれている[1]：

　政策は教室で取りあげられるべきでないといわれるが，私もこれには賛成
である．予言者や煽動家は，教室の講壇に立つべきひとではない．予言者や
煽動家に対しては，普通「街頭に出て，公衆に説け」といわれる．街頭では
批判が可能だからである．これに対して，彼の批判者ではなく彼の聴講者に

---

1)　本節の議論は，著者の一橋大学創立 140 周年記念講演（「一橋大学と規範的経済学の
　伝統──理論経済学と経済政策論の対話」『一橋大学創立 150 年史準備室ニューズレター』
　第 2 号，2016 年 3 月）の最終節に基づいている．

第 III 部　制度の設計と選択

だけ面して立つ教室では，予言者や煽動家としての彼は沈黙して教師として
の彼が語るのでなければならない．もし教師たるものが，自分の知識や学問
上の経験を聴講者に伝えるかわりに，自分の政治的な見解を彼らに押し付け
ようとするならば，その行動は教師として無責任の極致だと私は思う[2]．

　残念ながら，無責任きわまる煽動家はどの時代にも完全に消滅することは
ない．この意味で，マックス・ウェーバーの警告は，現在も的外れではない
と思われる．とはいえ，制度や政策の在り方の規範的な研究をすべて非科学
的だとして排斥するべきだとか，この分野の成果の講義は，教育課程から追
放するべきだという結論が論理的に従うわけではない．制度や政策に関する
規範的な判断は制度・政策の是非に関する評価に基づく作業であり，社会を
構成する人びとはそれぞれ個性的な評価の担い手である．それだけに，市民
の一員である教師が，自己の評価を無反省・無自覚に神聖視して，彼／彼女
の観点から最善な制度・政策を聴講者に押し付ける作業を講壇で行うなら，
彼／彼女はウェーバーがいう意味の煽動家であり，教育者として講壇に立つ
資格はない．だが，市民が形成する個性的な評価を社会的な評価に集約する
手続きを理論的に研究して民主的で効率的な社会的評価の形成に必要な条件
を明るみに出すこと，この社会的評価の観点から現行の制度や政策を改善す
るために実現可能な制度や政策の選択肢を整理すること，人びとの自律的な
協力を得て，現存する制度や政策を改善するための条件を発見することなど，
規範的経済学の研究者が科学者としての立場から担うべき任務は数多くある．
この観点に立った講義の聴講者は，煽動家の幻想に惑わされずに社会の制度
や政策に関する判断を形成するための《作法》を学んで，社会人としての知
的成熟を身につけることを期待することができる[3]．規範的経済学の研究と
講義は，知的に成熟した次世代の社会人を育成する義務を負う大学が担う必
須の責務の重要な一部なのである．

---

　2)　Max Weber（1917/1919, 尾高訳 pp. 47-50）．訳文には僅かながら著者の修正を加え
　　たことをお断りしたい．
　3)　経済制度や経済政策の在り方に関して判断するための《作法》に関して一層詳しく
　　は『規範的経済学への招待——制度の設計と選択の作法』有斐閣（近刊予定）を参照
　　して戴きたい．

第III部は，制度や政策の評価と設計という規範的経済学の基本的な視点から学術研究を取り巻く制度や政策の在り方を批判的に検討して，建設的な発言を試みる（第7章）こと，自らの研究の離陸・成熟過程を振り返り規範的経済学の研究を志す人びとに《経験知》の移譲と助言を試みる（第8章）こと，早稲田大学及びロンドン・スクール・オブ・エコノミックスで行った最終講義と招待講演を踏まえて，著者自らの研究の軌跡を簡潔に解説するとともに，今後の規範的経済学に期待される発展方向に関して，私見を展開する（第9章）ことに視点を絞って，講義・講演・インタビューの記録を素材とする論文を選択して収録している．

　第III部で駆使する規範的経済学の基本概念は，第I部及び第II部で準備した効率性，衡平性，競争機構の論理と倫理など，すでに読者が周知の概念だが，これらの概念を適用して我々が考察する制度や政策には，経済制度や経済政策に留まらず，研究・教育の制度や政策にまで及ぶ場合も含まれる．これには明白な理由がある．規範的経済学が鋳造して駆使してきた分析概念は経済の制度や政策に留まらず，広汎な社会制度や社会政策の考察に際しても普遍的な有効性を持つことを，第III部で例示できると著者は確信している．プディングの味は食べてみて分かるように，第III部を読了した読者が著者のこの確信を共有して下さることを祈念している．

第7章

経済制度の設計と選択を越えて
――競争のフラクタル構造

> No man is an Island, entire of itself;
> every man is a piece of the Continent, a part of the main;
> if a clod be washed away by the sea,
> Europe is the less,
> as well as if a promontory were … ;
> any man's death diminishes me,
> because I am involved in Mankind;
> And therefore never send to know
> for whom the bells tolls;
> it tolls for thee.
>
> John Donne,
> *Devotions upon Emergent Occasions* (1624), *Meditation* XVII.

1. 競争の機能と評価

どの個人も孤立した質点ではなく，人類社会の構成メンバーとして，人間

＊本章の初稿に対して，猪木武徳教授，岩井克人教授，西尾章治郎教授，平野眞一教授，星岳雄教授，堀元教授，蓼沼宏一教授から，懇切なコメントと激励を賜って改善することができた．また，著者が日本学術会議副会長を務めた時期（2006年10月〜2011年4月）には，金澤一郎会長（脳科学・神経医学）をはじめ，様々な分野の研究者と積み重ねた議論から，日本の学術を推進するために必要な制度と政策に関して，深い知見を学んで裨益することができた．ここに明記して感謝したい．当然ながら本章の主張の文責は著者個人のみに帰属する．

第 III 部　制度の設計と選択

関係の濃密な網の目のなかにある．だが，どの個人の場合にも，人類社会との間には数多くの中間社会の多層構造が挟まれている．家族という最小血縁社会から出発して，小学校，中学校，高等学校から大学に到るまでの階層的な教育社会，企業組織や行政組織あるいは研究組織など，職位と報酬を得る目的で選択的に所属する職業社会，国家社会及び国際社会など，個人が組み込まれる社会関係は多層的な複雑構造を持っている．この複雑構造の各層では，その層を構成するプレーヤー相互間の利害を調整するメカニズムとして競争が普遍的に役割を果たしている．事実，家族内部の役割分担や成果分配を巡る競争，学校や企業への参加の権利を求める競争，学校内部や企業内部の評価と称賛を求める競争，市場の獲得を巡る企業間競争，政策の優先順を競う産業間のコンテスト，自国に有利な国際分業や国際取り決めを希求する国家間の競争など，人びとは複雑な社会関係の重層構造を貫通して相似した競争のメカニズムに参加して生きているのである．競争のこの重層構造は複雑な全体の構成部分の内部に全体の複雑性が再現される点で，《競争のフラクタル構造》と呼ばれるに相応しい[1]．

　本書第 II 部（競争と規制）は，競争のフラクタル構造のなかで企業間競争の層に関心を絞って，競争の経済学的な機能の評価に専念していた．競争のこの《場》を念頭に置いて，著者は《稀少資源の効率的配分機構》としての機能，《革新導入の誘因機構》としての機能，《私的情報の発見・拡散機構》としての機能を識別して競争メカニズムの特徴とその役割を分析した．本章では競争のフラクタル構造の企業間競争の層以外においても，第 II 部で整備した分析的な枠組みと概念構成が有効性を持つことの例示を試みる．この試みの舞台としては，大学その他の研究・教育機関が構成する学術コミュニティにおいて，競争のメカニズムが果たす役割とその意義を選択することにした．競争のフラクタル構造の他の層に対してこの主旨の考察を試みることは，関心を持たれる読者にお任せすることにしたい．

---

1)　フラクタルとは，部分を拡大すると全体と相似になる複雑な図形を意味している．複雑性の本質を部分と全体の相似性に求めたフランスの数学者ブノワ・マンデルブロによって，1975 年に導入された概念である．

第7章　経済制度の設計と選択を越えて

2.《学術の両輪》論：
理工学・生命科学系 versus 人文学・社会科学系[2)]

　理工学・生命科学系［略称：理工・生命系］の学術研究と人文学・社会科学系［略称：人社系］の学術研究は《学術の両輪》であるという比喩が，頻繁に使用されている．本章ではこの陳腐な比喩を退けて，人社系の学術と理工・生命系の学術の補完的な位置付けを新たに考案すること，その観点に立って

---

2)　規範的経済学の一研究者である著者が，学術コミュニティの制度設計や学術の推進のための助成制度に関して発言する理由と根拠を，あらかじめ明らかにしておきたい．
　　第一に，京都大学及び一橋大学に附置された経済研究所で国内の研究生活の大部分を過ごしたうえで，早稲田大学政経学部で大規模大学での教育経験を積んだ著者は，日本の経済学の研究・教育の制度設計と助成政策の在り方について，実体験に根差す知見を積み重ねてきた．この知見を踏まえて，学術コミュニティの制度設計や学術の推進のための助成制度に関する発言をすることに，著者は一種の義務意識すら覚えている．
　　第二に，著者の研究・教育活動の節目には，イギリスではケンブリッジ大学，ロンドン・スクール・オブ・エコノミックス，エセックス大学，オックスフォード大学，アメリカではスタンフォード大学，ペンシルヴァニア大学，ハーヴァード大学に滞在して，日本とは制度的な構造も研究者の意識も異なる環境を経験する幸運に恵まれた．この経験も一因となって，著者は日本の学術制度と学術政策を客観的に観察する機会を頻繁に持つことになった．日本の制度と政策を《内部》から体験して獲得した知見と《外部》から観察して獲得した知見を相補的に活用すれば，意義ある発言が可能になるものと著者は考えている．
　　第三に，著者は科学研究費補助金［略称：科研費］制度と Center of Excellence［略称：COE］制度による研究助成から裨益したのみならず，これらの助成制度の審査体制にも深く関わって，公的研究助成制度の仕組みとその運営を，審査側と被審査側の両面から深く体験する機会を積み重ねてきた．また，日本の科学者コミュニティの代表機関である日本学術会議の幹事，副会長として，日本の学術の在り方に関して人文学・社会科学の研究者のみならず，理工学・生命科学の研究者とも協力して，様々な政策提言を検討して公表する経験を持ってきた．同じ制度と手続きを学術の様々な分野の視点から複眼的に眺めた経験は，学術コミュニティの在り方を広い視野から批判的かつ建設的に考えるために，多少なりとも役立つ筈だと思われる．
　　公共的な意思決定過程に参与したものの心得として，著者は守秘義務を非常に真剣に受けとめている．以下に述べる見解は，日本の学術の制度と政策に関わった経験を反芻して紡ぎ出した著者の私的な感想であって，審議過程の内容を公開するものでは全くないことを，念のために明言しておきたい．

211

第 III 部　制度の設計と選択

日本の学術研究を推進するために必要な制度と政策について，著者の私見を述べることを試みたい.

　比喩に真剣に反論するのは無粋なことながら，研究者層の厚み及び規模，公的な研究費の配分額など，どの観点から眺めても理工・生命系の学術研究と人社系の学術研究の間には歴然とした規模格差があることは，紛れもない事実である[3]. この格差をそのまま反映して自転車の両輪を作れば，巨大な前輪と矮小な後輪を持つ初期の自転車（ペニー・ファージング）のようになろう. この自転車に強力なブレーキを装備すると，急ブレーキをかけた途端に車体はつんのめって，激しく転倒することは避け難い[4]. 著者の私見によれば，理工・生命系の研究と人社系の研究の間の持続的な相補関係を表現する適切な比喩は，航空機の主翼と尾翼である[5]. 理工・生命系と人社系の間の規模格差を考慮するとき，右翼にせよ左翼にせよ，主翼の一方は理工学であり，他方は生命科学であると考えるのが現実的であって，人社系は小さな尾翼に位置付けるのが的確な指定であるように思われる. この位置付けは，理工・生命系の学術と比較して人社系の学術を軽視することを意味しない. 尾翼のない航空機は安定して飛ぶことは不可能であるのと同様に，人社系の学術の小さな尾翼に的確に補完されてこそ自然科学の巨大な両主翼も安定して機能できるからである[6]. 学術の振興・助成に関わる公共政策を考える立場の方々は，学術の主翼と尾翼の機能分担のイメージを是非とも共有してほしいと著

---

　3)　著者は，人社系の研究者の年間研究費を指してそんな僅かな研究費では一本の実験さえ不可能だといい放った，理工・生命系の若い研究者と同席したことがある.

　4)　1980 年代の後半のこと，著者はオーストラリア国立大学（ANU）に滞在して 6 カ月を研究と講義に専念する機会を得た. その間，セミナーに招かれてニュージーランドを訪問した際に，ペニー・ファージングはいまだに人気が高く大規模な競技レースも開催されていることに著者は驚いた. 結構なスピードでゴールした途端に，競技者は大きな前輪の上部にある座席から飛び降りて引き倒すのが，勢い付いたペニー・ファージングを制御する唯一の方法だった. スリルに富んで面白いレースだが，理工・生命系と人社系の学術の持続的な相補関係のモデルとしては，いかにも相応しくないと著者が考える契機を与えてくれた経験である.

　5)　著者が日本学術会議の副会長として《科学と社会委員会》（社会に向けて発信すべき問題を審議する委員会）の舵取りにあたっていたとき，理工・生命系の学術と人社系の学術の相補関係の在るべき姿を説明する際には——対内的にも対外的にも——著者は航空機の主翼と尾翼の比喩をしばしば引き合いに出していた.

者は希望している．人社系の学術に対する冷遇が目に余る学術政策の最近の
スタンスは，実際には相対的な優遇を受けているかに見える理工・生命系の
学術に対しても，恵まれた将来を約束するものとは思われないからである．
学術諸分野が創造する《知識》を，人びとの福祉の改善に役立つ《智慧》の
水路に誘導する人社系の学術の研究は，理工・生命系の学術の研究にとって
も無視できない重要性を持つことを，重ねて強調しておきたい．

3. 理工・生命系の学術と人社系の学術の重要な差異

　学術振興のための制度と政策を考える前提として，理工・生命系の学術と
人社系の学術の間にある重要な差異を確認することにしたい．第一の差異は，
理工・生命系の学術とは対照的に，人社系の学術は異なる価値観に依拠する
研究活動が競合的に推進されて，社会の諸側面に理解の光が照射されること
に，内在的な意義を認めるべき根拠があることである．それだけに，統一的
で標準化された分析の枠組みが学術研究者の大多数に共有されていて，客観
的・論理的な証明や実証的・実験的な証拠立てによって，正解がおのずから
顕示されるというイメージは，人社系の学術分野の場合には必ずしも妥当し
ないというべきなのである[7]．

---

6)　ある大学で学術会議の公開講演会が開催された折，学術会議副会長としての挨拶で
著者がこの比喩に触れた際に，主催大学の工学系の学長はステルス戦闘機は尾翼なし
でも飛ぶといって，著者が本題に入るための序論に異議を唱えられた．招待者側への
礼儀としてその場での反論は避けたが，木を見て森を見ない偏狭な知性に触れた思い
を味わって，人社系の知性の広範な共有を重視する著者の信念はこの経験によって強
化されることになった．

7)　理工・生命系の学術と比較して人社系の学術が備えるこの特徴は，絶対的な特徴と
いうよりは相対的な特徴——程度の差——である．事実，理工・生命系の学術の場合
でも，標準的パラダイムに変化が生じる契機は，伝統的に共有されてきた分析的枠組
みに挑戦して競合的な着想を追求する異端者（ミュータント）の登場であることが，
決して稀ではない．しかし人社系の学術の場合には，競合的な研究パラダイムの競争
的共存の根源は研究者が堅持する人間的・社会的価値観の差異に根差していて，標準
的なパラダイムともいうべき学術観が共有されることは，そもそも通則というよりは
例外だというべきなのである．

第 III 部　制度の設計と選択

　理工・生命系の学術と人社系の学術の間に認められる第二の差異は，人社系の学術分野では，研究成果の意義を測る時間的スケールが非常に長いことが少なくない点である．この経験的な事実は，人文学と社会科学には文学，哲学，歴史学，考古学，言語学など短期的成果を求めにくい分野が含まれることにもよるが，社会科学のうちでも基礎論的な分野では，研究の社会的な意義が次第に明らかになるまでに長期的な時間的視野が必要とされることが稀ではないことについても，十分な認識が共有されるべきである[8)9)]．

　以上の2つの差異は，理工・生命系の学術と人社系の学術を対照する座標軸として，相対的によく理解されている．だが人社系の学術にはもうひとつ重要な特徴があって，理工・生命系の学術と人社系の学術を対照する第三の座標軸となっていることに注意したい．この特徴とは，現実に存在する人びとや社会に関する《現存状況に関する事実的な情報》（factual information on existing situations）のみではなく，《仮想的状況に関する反事実的な情報》（counterfactual information on imaginary situations）も，人社系の学術にとって重要性を持つことである．

　仮想的な状況に関する反事実的な情報源を重視する古典的な一例は，ジャン＝ジャック・ルソーの《自然状態》（state of nature）――「もはや存在せず，恐らくは存在したことがなく，多分これからも存在しそうにもないひとつの状態，しかもそれについての正しい観念を持つことが，我々の現在の状態をよく判断するためには必要であるような状態」（J.-J. ルソー『人間不平等起源論』[10)]）――を情報源にして，現実の状態に対する正しい評価と理解を獲得

---

8)　人文学の学術研究の多くはこの意味でスロー・サイエンスであるという事実の意義を日本学術会議で著者に納得させたのは，野家啓一教授（科学哲学）だった．

9)　物理学や生命科学の分野でのノーベル賞の授賞が象徴しているように，自然科学の場合にも，基礎的な重要業績が正当な評価と認知を得るまでに数十年を要する事例は，決して稀ではない．それにも関わらず，理工・生命系の学術研究が短期的成果を性急に求める学術政策に追い立てられて時間的な視野を狭め始めて，スロー・サイエンスとしての基礎研究の根が弱体化しつつあるのみならず，いずれは臨界点を超えて日本の基礎研究が衰弱する懸念さえ払拭できない現状を憂慮する声は，見識ある科学者の間で高まっているのが現状である．

10)　ジャン＝ジャック・ルソー，本田喜代治・平岡昇訳『人間不平等起源論』［岩波文庫］岩波書店，1968 年，p. 27.

する方法である．20世紀後半以降の道徳哲学，政治哲学に根本的な影響を及ぼしてきたジョン・ロールズの『正義の理論』（Rawls, J., *A Theory of Justice*, Cambridge, Mass.: Harvard University Press, 1st edn., 1971; 2nd edn., 1999）は，ルソーの構想を彷彿とさせる《原初状態》（original position）という虚構の《場》を設定して，偶然的な運・不運や社会的な偶発事態によって左右されない正義の原理を選択する交渉の舞台とする構想を展開したことも，この論脈で指摘しておくべきである[11]．

仮想状態に関する反事実的な情報源のもうひとつの重要例は，アダム・スミスの《想像上の境遇の交換》——他人の境遇に想像上で我が身を置いて，彼／彼女が表明する感情の適宜性を判断する情報的基礎とする考え方——である．この考え方を現代の社会的選択の理論に接続して規範的経済学の射程を拡張する嚆矢を放ったのは，アローだった[12]．彼の示唆を活かして，厚生経済学と社会的選択の理論の視野を衡平と正義の理論，貧困と飢餓の理論と計測など，人びとの福祉の改善を志向する実践的な研究とのインターフェイスの構築に貢献したのは，センの *Collective Choice and Social Welfare*, 1st edn., 1970 の Chapter 9 & Chapter 9* だった．

『道徳感情論』[13] 冒頭に置かれた次のパラグラフは，スミスの考え方の発想源を鮮やかに示している[14)15]：

いかに利己的であるように見えようとも，人間本性のなかには他人の運命に関心を持ち，他人の幸福をかけがえのないものにするいくつかの推進力が

---

11)　Rousseau（1755/1964，本田・平岡訳 p. 27）．ロールズの理論を旋回軸とする現代正義論の包括的・批判的な展望として，Sen（2009）に言及しておきたい．

12)　Arrow（1963, Chapter VIII, Section IV, pp. 114-115; 1977）を参照のこと．

13)　Adam Smith（1759）．

14)　高訳『道徳感情論』pp. 30-32．訳語には僅かではあるが著者の修正を加えていることを明記しておきたい．

15)　スミスの《想像上の境遇の交換》モデルは現代の厚生経済学に重要な位置を占めている《無羨望状態としての衡平性》（equity-as-no-envy）アプローチのひとつの水源地となっている．このアプローチに関心を持たれる読者には，さしあたり Varian（1975）の参照をお勧めしたい．また，《想像上の境遇の交換》を梃子として社会的選択の理論の情報的な基礎を拡張する試みに関しては，Suzumura（2016a）の Part III に収録した論文を参照のこと．

第 III 部　制度の設計と選択

含まれている．人間がそれから受け取るものは，それを眺めることから得る喜びの他にはなにもない．憐れみや同情がこの種のものであり，他人の苦悩を目の当たりにして，事態をくっきりと認識したときに感じる情動に他ならない．……これが他人の窮状に対する一体感の源泉であること，それが苦悩している人物との想像上の立場の交換により引き起こされること，苦悩している人物が感じるものを我々が心に浮かべて心を動かされたりすることは，完全に自明だと理解されるべきとまでいえないまでも，多くの明白な観察によって例証されていることである．

これら古典的な例だけでは《仮想状態に関する反事実的な情報》が人社系の学術の知の獲得に果たす重要性を十分納得されない読者のために，焦眉の急を告げている現代の環境的な外部性の問題——《地球温暖化》（global warming）の問題——を例にとって，現在世代が現実に直面する意思決定の問題を考察するためにも反事実的な情報が重要な意義を持つことを説明してみたい[16]．

　地球温暖化は，産業革命期以降の全世代の活動——生産活動でも消費活動でも——が排出した温暖化ガスが，オゾン層に長期的に蓄積したことに起因するというのが，通説的な理解である．現在世代は温暖化の進行による地球環境の劣化からマイナスの影響を受けているが彼らの生産・消費活動は温暖化ガスの発生源の一部でもあるため，温暖化現象の一方的な《被害者》だといい張るわけにはいかない．とはいえ，地球温暖化の《加害者》は現在世代のみではなく，少なくとも産業革命期以降の全世代なので，現在世代が地球温暖化の加害者責任を全面的に負う理由はないという主張に加担するひとは，少なくはないと思われる．また，地球温暖化の進行によって，最も過酷な影響を受ける《被害者》は遠い将来に登場する世代だが，彼らは現在世代にとって未知の人びとであって，地球上にまだその姿を現していない．現在世代

---

16)　以下の議論の詳細については，鈴村興太郎「世代間衡平性の厚生経済学」『経済研究』Vol. 3, 2002, pp. 193-203 並びに K. Suzumura and K. Tadenuma, "Normative Approaches to the Issues of Global Warming: Responsibility and Compensation," in: J. Roemer and K. Suzumura, eds., *Intergenerational Equity and Sustainability*, New York: Palgrave/Macmillan, 2007, pp. 320-336 を参照されたい．

が温暖化の進行から受ける被害はおそらく受忍限度内に留まっているだけに，地球上に登場していない遠い将来世代の福祉を改善するために，現在世代が温暖化問題に対処する措置にコミットして，その費用負担を自発的・一方的に甘受することは考えにくい．温暖化対策の費用負担に同意するように彼らを説得できる論理は，もしあるとすればどのようなものだろうか．

この論理を求めて，人口に膾炙した《黄金律》（Golden Rule）——「己の欲せざるところ，他に施すことなかれ」（孔子『論語』第8巻衛霊公）——を機械的に援用することには，本質的な無理がある[17]．著者が現時点で到達したひとつの論理は，温暖化対策を単独で選択する立場にある現在世代は，歴史的経路の選択責任に伴う補償の義務を負うという筋立てである[18]．

現在世代の視点から見れば，過去世代は歴史のヴェールの彼方に姿を消していて，既に地球上には存在しない．彼らが行ったこと，行うべくして行うことを怠ったことの責任を追及するとか，補償の支払いを要求することは，眼前に迫る危機に対処する政策の選択肢としては無力である．遠隔した将来世代に目を向ければ，彼らは遠い将来の不確定性の霧の彼方にいて，眼前に迫る危機の解決策を現在世代と協力して模索する可能性は閉ざされている．そのうえ，遠い将来世代の数，構成及び人格は現在世代が実行する政策次第

17）　その理由の一端は，黄金律に対してジョージ・バーナード・ショーが述べた，皮肉に満ちた切り返しに求められる．彼によれば，「己の欲するところ，他に施すことなかれ．彼らの嗜好は我々の嗜好と異なっているだろうから」（G. B. Shaw, "Maxims for Revolutionists," in his *Man and Superman: A Comedy and a Philosophy*, Cambridge, Mass.: The University Press, 1903）である．温暖化の論脈ではショーの警句は重要な点を突いている．現在世代が採用する温暖化対策次第で将来世代の人格，嗜好，規模，社会構造は大きく影響されて，「彼らの嗜好は我々の嗜好と異なっているかもしれない」からである．

　　　人格の可塑性を巡る深い哲学的な考察に興味を持つ読者には，D. Parfit, *Reasons and Persons*, Oxford: Oxford University Press, 1984 の参照を勧めたい．

18）　この論理は脚注16に挙げた蓼沼宏一氏との共同論文で到達した考え方である．我々の議論の出発点はロナルド・ドゥウォーキン，マーク・フローベイ，ジョン・ローマーによる《責任と補償の原理》であるが，彼らの理論は世代間衡平性の問題に直接的に適用可能な条件を備えていない．新しい酒を収容するためには，古い革袋にも革新が必要とされるのである．鈴村＝蓼沼論文はそのような革新のひとつの試みを提案している．この議論の出発点となったドゥウォーキンの論文は，R. Dworkin, *Sovereign Virtue: The Theory and Practice of Equality*, Cambridge, Mass.: Harvard University Press, 2000 に収録されている．

第 III 部　制度の設計と選択

で可塑的であって，現在世代が政策を設計・選択する時点では不可知性のヴェールに包まれている．

地球温暖化問題に備わるこのような構造——特に将来世代の《可塑性》（malleability）——に留意するとき，この問題の論脈でしばしば主張される《権利と義務》のパラダイムは支持不可能であることを，以下の論法で確認することができる．権利論の主唱者は，現在世代の怠慢によって進行した極端な気候変動から深刻な影響を蒙る被害者である将来世代は，現在世代に有効な政策措置の採択を要求する《権利》を賦与されるべきであり，現在世代は将来世代の権利の行使に誠実に対応する《義務》を賦課されるべきだと考えている．将来世代の可塑性を考慮に入れれば，この権利を賦与される将来世代とは，現在世代が温暖化対策を怠った場合に登場する世代——世代 F——と考えるべきである．だが，世代 F による権利行使に現在世代が誠実に応えて義務を果たせば世代 F は消滅して，代わりに世代 F*——現在世代が温暖化対策を採用した場合に登場する将来世代——が登場することになる．だが，自らに賦与された権利の行使によって自らの存在が抹消されるような権利の賦与は，明らかに不条理である．地球温暖化問題の対処措置を採用するように現在世代を説得する論理としては，権利＝義務の理論は無効であるといわざるを得ないのである．

権利＝義務のパラダイムを棄却して我々が提唱する代替的なパラダイムは，現在時点から遠い将来時点に到る歴史的な発展経路の選択責任が，現在世代に排他的に帰属することに注目する．遠い将来世代の総数，構成及び彼らの人格を規定する現在世代の選択は，遠い将来世代にその責任を問えない外部的な要因である．議論を単純化するために，現代世代の選択肢は地球温暖化の進行を緩和する政策（r），温暖化の進行は放置するが，将来世代の福祉を改善する社会資本の蓄積に貢献する政策（s），温暖化の抑制にも，社会資本の蓄積にも貢献しない政策（t）の三種類に限定されるものとする．このとき，現代世代が選択肢 t を選べば，遠い将来世代は彼らが選択責任を負う理由がないまま，激烈な気候変動によって危機的な状況に陥ることになる．地球温暖化問題に適用された《責任と補償の原理》は，現代世代による選択肢 t の採用を排除して，選択肢 r あるいは s の採用によって遠い将来世代に補償の

第7章 経済制度の設計と選択を越えて

支払いを行うべきことを説得する論理として，機能することになるのである．

さらに《責任と補償の原理》は，地球温暖化の起因者としては部分的な責任を負うだけの現在世代が，あえて全面的な責任を引き受けるべき理由を説明して説得する論理としても役立つことを示すことができる．この論証の精髄は次の思考実験によって簡潔に例示することができる．

[地球温暖化防止措置の思考実験]　地球温暖化の進行を放置すれば平均気温は今後 100 年間に 3 度上昇するものと予測されている．この温暖化の 50％は現在世代の活動に起因するが，残る 50％は過去世代の活動に起因している．気温が 1.5 度上昇すれば，大災害が発生することは避けられない．災害の発生を避けるためには，気温上昇は 1 度以下に抑制されなくてはならない．

現在世代が，自らの活動に起因する 50％の気温上昇の責任しかとらないならば，平均気温の上昇の抑制は 1.5 度に留まり，大災害の発生は抑止できないことになる．これは明らかに責任と補償の原理に悖っている．この結果に対して，現在世代と並んで責任を負うべき過去世代に平均気温を抑制する政策措置を求めても，過去世代は歴史のヴェールの彼方にあって眼前の危機に対処する共同責任を問うことは虚しい立場にいる．

こうして，歴史的な経路の選択責任を担って温暖化の進行を阻止する可能性を持つのは，ひとり現在世代のみである．責任と補償の原理は，現在世代がこの状況では全面的・一方的な責任を引き受けて，平均気温の上昇を 1 度以下に留める措置を取るべきことを要求すると考えるべきである．

■

この思考実験は，人文学・社会科学的な《知》の獲得手段として，反事実的な情報が重要な意義を持つことを例示して，学術のこの分野の特質を抉り出すものだと，著者は考えている．

理工学・生命科学系の学術と人文学・社会科学系の学術との間には，これらの重要な差異がある．両分野の学術の研究・教育を創造的に推進するための制度と政策を構想する立場の人びとは，これらの差異を意識しつつ的確な制度・政策の構想に取り組んで戴きたい．

第 III 部　制度の設計と選択

4. 学術を推進・助成する制度と政策：
公的な研究助成の競争的配分制度を巡って

　国立大学の運営の基盤的経費とされる《国立大学運営費交付金》は，長期的・継続的な削減の趨勢を辿り，地道な基礎研究の財政的な基盤が沈下する深刻な状況にある[19)20)]．それだけに，日本学術振興会が管轄する科学研究費助成事業は，日本の学術研究の将来にとって，非常に重要な役割を担っている[21)]．

　公的な研究資金を，申請された研究プロジェクトに公平に配分するためには，研究課題の実行可能性や申請者の適格性を判定するための情報源として，研究経験と鑑識眼を兼備して，厳正で公平な審査プロセスに貢献する意志と能力を持つ研究者の審査協力が，決定的な重要性を持っている．とはいえ，研究者間のピア・レビューに依拠する審査プロセスは，申請者側と審査者側

---

19)　運営費交付金の配分は，学生数などに比例する従来の機械的な配分を改めて，大学の研究・教育の成果を評価して，成果に応報的な傾斜配分方式に改められた現状にある．学術に対する資金配分に競争原理を導入する考え方は，基盤的な運営費交付金の配分にさえ，既に浸透しているのが現状なのである．

20)　2004 年の国立大学の法人化以降，運営費交付金は一割以上もの削減を受けて，それを主要財源として研究者に配分される個人研究費も応分の削減を受けている．運営費交付金の削減を大規模な研究助成の競争的な獲得によって補塡する考え方は，優れた研究・教育を選択的に優遇・推進するうえで効率的・誘因整合的な制度的工夫であるかのように思われるかもしれない．だが，人社系，理工・生命系の如何を問わず，学術には研究者の独創的な発想に基づく地道な基礎研究が，脚光を浴びる機会も，大規模な助成に浴する機会もないまま，意志強固で信念を持つ研究者の粘り強い努力によって，長期的には卓越した成果に結実した例が数多くある．このような研究者にとって，運営費交付金から得られる僅かな助成でさえ，干天の慈雨のように研究の命脈を保つ効果を持っている．この事実を，学術政策の設計と実装に携わる方々には，是非とも銘記して戴きたいと切望する．

21)　日本学術振興会の公式サイトでは，科学研究費助成事業（学術研究助成基金助成金と科学研究費補助金）は「人文学，社会科学から自然科学まですべての分野にわたり，基礎から応用までのあらゆる『学術研究』（研究者の自由な発想に基づく研究）を，格段に発展させることを目的とする『競争的研究資金』であり，ピア・レビューによる審査を経て，独創的・先駆的な研究に対する助成を行う」仕組みであると説明されている．

第7章　経済制度の設計と選択を越えて

の双方に多大な時間と精力の割愛を要求することは否定できない事実である.
このプロセスに関わって申請者側も審査者側も疲弊を重ねる現状に鑑みて,
公的な研究資金の競争的配分制度に対するシニカルな反応が増大しつつある
こと, ピア・レビュー制度をあからさまに揶揄する発言さえ散見されている
ことに, 著者はいささか憂慮を深めている. 民主主義的な政治制度に関する
チャーチルの警句[22]をもじっていえば, ピア・レビューの審査制度はおぞま
しい仕組みだが, どの代替的な選択肢と比べてもまだしもましな仕組みであ
るといわざるを得ない. 研究者の自由な発想に基づいて構想・申請される研
究計画を, 公平な審査に基づいて助成する制度を健全に成熟させようとすれ
ば, 学術コミュニティを形成する人びとは, 審査側と被審査側の双方に所属
する可能性 [立場の互換性] を持つものとして, 誠実なコミットメントを回
避するべきではない. この義務の根拠を問われれば古典的な《黄金律》を挙
げさえすれば十分である[23].

　著者は, 科研費制度の在り方を検討してその改革の道筋を検討する審議会
に参加する経験を重ねてきた. この経験に鑑みて, 現行の科研費の制度には
警戒を要する二つの罠が潜んでいると著者は懸念している. いずれの罠も,
人文学・社会科学系の学術と, 理工学・生命科学系の学術の間隙に, 仕掛け
られている.

　第一の罠は, 人社系の学術と理工・生命系の学術との融和困難な異質性を
強調して, 科研費制度の《分野別の細分化》へと誘導する装置である. 人社
系の基礎研究なら殆ど一年間支えられる研究助成を指して, そんな少額では
ひとつの実験さえ不可能だといい放つ自然科学系の研究者と, 少額の助成を
得て, 人間社会の在り方の深い理解とその改善方法の模索に取り組む人社系

---

22)　チャーチルの警句は, 本書第Ⅰ部（福祉と権利）の冒頭の辞に, 詳しく引用されて
いる.

23)　地球温暖化に対処する現在世代の義務の根拠付けという論脈では妥当性を持たない
と著者が判定した《黄金律》だが, 科研費申請のピア・レビュー制度を根拠付けると
いう論脈では, 著者はその判定を躊躇なく覆したい. ピア・レビュー制度の場合には
申請者と審査者の立場の互換性を自然に前提できるが, 地球温暖化対策の責任分担を
制度化する論脈では, 現在世代と遠い将来世代の立場の互換性は原則的にあり得ない
からである.

第 III 部　制度の設計と選択

の研究者を同一の制度に収容することの難しさを思うとき，この罠に制度の
設計者を引き寄せる誘惑はそれなりに強いことが懸念される．第二の罠は，
細分化された学術分野内で隔離された競争を行うことの非効率性を意識する
余り，学術分野間の大きな差異に対する適切な配慮を欠く一様な制度を推奨・
維持して，いずれの学術分野にも――逆方向の――無理な皺寄せを結果的に
招く誘惑である．この第二の罠を著者は《プロクルステスのベッド》と名付
けている．ある分野には過大だが別の分野には過小な上限を共通して設定す
れば，競争的な資金配分に非効率的な歪みが生じる可能性が高いからである．

　日本の学術の堅実で持続的な発展のため，科研費の制度設計に学術の叡智
が真剣に傾けられて，二重の罠を避ける的確な道が発見されて実装される日
が早急に訪れることを著者は切望している．

5. 学術を推進・助成する制度と政策： 競争メカニズムの役割を巡って

　学術政策の実装の手段としてしばしば言及されている競争メカニズムにも，
規範的経済学の立場からコメントを述べておきたい．このコメントは批判的
な性格のものではあるが，学術政策の推進手段として競争メカニズムが担う
役割を明らかにする点で，以下の議論には建設的な意義があると著者は考え
ている．

　学術政策の実装手段として競争メカニズムが担う機能を理解するためには，
学術各分野における《研究者間競争》と，大学その他の研究機関の《組織間
競争》を，別個に考察することが有効である[24]．

　著者が念頭に置く大学間競争の典型的な事例は，大規模な研究助成の獲得
を目指す大学が鋭敏な競争的エッジを持つ研究チームを選抜して，公的助成
の獲得を目指す競争メカニズムである．この大学間競争メカニズムには，評
価に値する《光の側面》と学術の進化を歪めかねない《陰の側面》の両面が

---

24)　面倒で複雑ないい回しを避けるため，これ以降では大学その他の研究機関の《組織
　　間競争》を，簡潔に《大学間競争》と呼ぶことにする．

第7章 経済制度の設計と選択を越えて

あることに，読者の注意を喚起したい．

　私見によれば，大規模な研究助成の獲得を目指す大学間競争の《光の側面》は本書第4章で説明した《私的情報の発見・拡散機構》としての競争の機能と密接に結び付いている[25]．減少を続ける運営費交付金を補完するためにも，研究機関としての大学の研究能力を可視化するためにも，大規模かつ優遇的な研究助成の獲得競争に勝ち抜くことは大学にとって死活の優先課題である．それだけに，学内ポリティックスや学内ヒエラルキーによって陽の当たる場所にいなかった研究者も，全く異なるルールが支配する大学間競争ゲームに直面する状況においては，研究能力と国際的な評価次第で研究チームの基幹メンバーとして前面に登場する機会が拓かれることになる[26]．このことは，大学間競争には学内の閉鎖的な伝統のヴェールを剝ぎとり，研究能力と専門的な評価を兼ね備えた研究者を発見して，活躍の《場》を与える重要な機能があることを教えている．大学間競争の仕組みに，他のいかなる欠陥があるにせよ，《私的情報の発見・拡散機構》としての大学間競争の機能が，日本の大学の研究環境を清涼化したことの意義は見失われてはならない[27]．

　大規模な公的研究助成の獲得を目指した大学間競争の《陰の側面》とは，学術政策によって導入された競争は研究活動から自生的・自発的に誕生した仕組みではなく，政策当局によって設計され，実装された《管理された競争》の仕組みであるという事実と，密接に結び付いている．2002年度に公募が

---

25)　第4章で説明したように，競争メカニズムの機能には《稀少資源の効率的配分機構》としての機能，《革新導入の誘因機構》としての機能，《私的情報の発見・拡散機構》としての機能の三種類がある．大学間競争を優れた仕組みと考える人びとの大部分は，専ら《稀少資源の効率的配分機構》及び《革新導入の誘因機構》としての機能を念頭に置いて，学術政策と競争メカニズムのマッチングを評価してきたように思われる．

26)　大学間競争のゲームの性格を理解せずに，学内ポリティックスと学内ヒエラルキーを尊重して構成されたチームを無思慮にも競争場裡に押し出す大学は，競争のゲームが厳しくプレーされる結果として，敗退の軌道を自ら選択したことを悟ることにならざるを得ない．

27)　この意味で，大学間競争には研究者を《自由》にする側面があるのだが，この論脈でも《自由》は二重の意味を持っている．第一意味は本文中で説明した．第二の意味は，大学内部でしか通用しない権威や序列による《保護》から離れた研究者は，研究業績を普遍的な測度で評価する競争環境の荒野に立って吹き渡る烈風に身を晒すことになるという意味で，非学術的な《保護》から《自由》な存在になるということである．

第 III 部　制度の設計と選択

開始された 21 世紀 COE プログラム（The 21st Century Center of Excellence Program），その後継企画として 2007 年度に公募が開始された GCOE プログラム（Global COE Program）のような大規模助成計画は，複数年度にわたる優遇的な助成の獲得を目指して応募する大学が学内で研究チームを編成して申請する研究計画から，審査機構による書類審査と（絞り込まれた計画を対象とする）インタビュー審査を経て最終的に選ばれる仕組みである[28]．

　この競争のゲームのルールを設計する役割とゲームの進行をモニターして競争の公正性を担保する役割は，学術政策を管轄する行政機関に委嘱された学術専門家の委員会に委ねられた．この優遇助成プログラムの実績を観察してみると，ルール設計の事前的な公正性とゲームがプレーされるプロセスの手続き的公平性に，大きな瑕疵があるようには思われない．大学間の《管理された競争》ゲームに著者が抱く懸念は，個別的なプログラムの内容に対するものというよりは，先行プログラムが終了した後に，後継プログラムが直ちに発進するという学術政策の連鎖構造を貫通して，学術の在り方に関する壮大なデザインが垣間見えることへの懸念である．このデザインは，学術の自生的・内発的な進化を促進するという理想とは異質な設計主義的合理性に基づいているように思われる．この異質な観点とは，学術の研究成果の産業的な応用を重視して《社会のための学術》を優先する戦略的な観点である．この観点に立つ学術のグランド・デザインは，その楯の反面として，自由な発想に基づく基礎研究が学術の豊穣な土壌を培って，多くの研究のシーズに結実する可能性を相対的に軽視して，《学術のための学術》の生存適地を狭隘にする危険性を秘めている．短期的な視点では合理的に思われる政策が，長期的には回復困難な学術の貧困に導きかねない危険性を，日本の学術に責任を持つべきすべての人びとには，是非とも意識に留めてほしいと著者は願っている[29]．

　学術の各分野における《研究者間競争》についても，簡潔に言及しておき

---

28)　COE プログラムは《研究拠点形成事業費等補助金制度》による文部科学省の事業であり，正確には科研費とは別の制度である．ここでは大学の研究プロジェクトへの公的な研究助成制度という意味で，科研費制度と同列に COE プログラムにも言及しているのである．

第 7 章　経済制度の設計と選択を越えて

たい．研究者個人と彼／彼女を中心とするグループの振興と助成を主導する
競争的資金は，前節で触れた科学研究費補助金（科研費）である．基盤的経
費を源泉とする研究費が先細り状況にある現状では，科研費の獲得を目指す
研究者間競争の重要性は，従来以上に高まっている．

　研究者間競争の在り方に関しては，人文学・社会科学系の研究成果を評価
する制度の再検討と再整備が，焦眉の課題であると著者は考えている．現行
の評価制度は，申請された研究計画を，数値化可能な評価基準を可能な限り
活用して，ピア・レビューに基づいて実行する仕組みになっている．これに
対して，人文学の大宗を構成する哲学・史学・文学の研究者及び社会科学の
一部の研究者には，現存社会で支配的な価値に順応的な研究スタンスと研究
評価の仕組みに強い違和感を持つ人びとがいる．彼らの考え方では，現存す
る価値の拘束衣を脱ぎ捨て，本来かくあるべき社会（counterfactual society），
あるべき人間（counterfactual individual）の姿を提示することこそ，学術研究
の意義である．彼らはまた，人文学・社会科学系の学術は，理工・生命系の
学術に追随する研究評価の方法に縛られるべきではなく，スロー・サイエン
スに相応しい独自の評価制度を確立すべきだと考えている．

　この批判的な学術観と現行の評価方法への違和感に対してある程度の理解
を持つ著者ではあるが，スロー・サイエンスとして人社系の学術を特徴付け
たからといって，学術コミュニティの透明性と公開性と公平性を支える評価

---

29)　日本の学術のグランド・デザインを描く作業は，競争的な学術推進・助成プログラ
　ムのルールの設計や，競争的な審査・評価プロセスの管理とは別建てに，政界・産業界・
　財界・官界のメンバーが大宗を占める会議で進められるのが実態であるかに思われる．
　競争的な学術推進・助成プログラムの設計と実装の枠組みは，この仕組みによって構
　想されたグランド・デザインを踏まえて，段階的に学術の行く末を誘導するために，
　管轄機関によって設計・管理されている．著者は，学術のグランド・デザインに関す
　る公共的な熟議が，政界・産業界・財界・官界などの代表者を含めて行われることを，
　原理的に批判したいとは思わない．大学院教育を受けて学位を取得して，厳格な査読
　制度雑誌で評価を確立した研究者だけが，学術の在り方のグランド・デザインを構想
　する能力と資格を持つなどと考えるのは，明らかに学者の独善だと思うからである．
　さりながら，学術のグランド・デザインに参与する方々には，自らの経歴と背景に根
　差す見識と洞察を傾けることは当然のこととして，学術の意義と役割に関して，公共
　的判断の不偏性と将来社会に生きる世代への責任を自覚して，叡智に満ちた熟慮の判
　断を行って戴きたいと期待している．

225

第III部　制度の設計と選択

制度を可視化する必要性は，高まることはあっても低まることはないということは大いに強調したいと思う．スロー・サイエンスとしての人社系の学術の特徴を十分踏まえた評価制度を設計して提案する義務は，この分野の研究者によって果たされる他はないというべきである．評価制度の客観化と可視化は原理的に不可能だとあくまで主張するのであれば，そもそもどのような評価方法に基づきこの分野の人事は行われているのかという反問に対して，説得的な回答を提出する準備を整える必要がある．理工・生命系の自然科学を模倣する必要は全くないが，人社系の研究成果に対する独自の評価の基準を明確化する必要性まで否定すれば，人社系の研究者の独善を譏る叱声が，さらに高まることは不可避である．人文学・社会科学の独自性を強調しつつ，その独自性を組み込んだ評価基準を客観化・可視化する必要性から目を逸らすならば，学術社会における人文学・社会科学に対する信認が毀損されかねない瀬戸際にあるというのが私の現状認識なのである．

6. おわりに

　大規模な研究者チームに対する優遇的な助成制度にせよ研究者個人や少数の研究者チームに対する小規模の基盤的な助成制度にせよ，競争メカニズムの活用は，現在では学術助成スキームに普遍的に行き渡っている．しかし，助成制度のこの競争的な仕組みで発見される研究者のグループや個人の優劣の階梯は決して固定的なものではないことに留意すべきである．『鏡の国のアリス』が赤の女王から学んだように，「ここでは同じ場所に留まるためには，全速力で走り続けるしかない．どこか別の場所に行きたいのなら，せめて全速力の2倍の速さで走らなければならない」[30]のである．競争的メカニズムを活用する学術社会は，先に指摘したように二重の意味で《自由》な社会であると同時に，既存の秩序や権威に安住することは許されない点で，ダイナ

---

30)　Lewis Carroll, *Through the Looking-Glass and What Alice Found There*, in *Complete Works of Lewis Carroll* with an Introduction by Alexander Woollcott and the Illustrations by John Tenniel, London: The Nonesuch Press, 1932, p. 152.

ミックな社会でもあるというべきなのである.

　《競争のフラクタル構造》の各層で個人が組み込まれる競争のメカニズム
が期待される機能を的確に実現できるためには，競争ルールの事前的設計を
的確に行うこと，競争プロセスを衡平にモニターして，ルールから逸脱する
行為には公正に対処することが，社会制度の設計と選択を聡明に行うための
鍵である．この点の重要性は競争のフラクタル構造のどの層においても銘記
されるべきだが，特に大学その他の研究・教育機関が構成する学術コミュニ
ティの担い手には，日本の学術社会の健全かつダイナミックな発展の基礎を
逞しく確立・維持するための深慮を，衷心から期待したい.

第8章

規範的経済学と社会のインターフェイス
──ウォルター・ボッサール，マーク・フローベイ両教授との対話

　　厚生経済学と社会的選択の国際専門誌 *Social Choice and Welfare* は，北フランスのカーン大学で開催された国際会議で，著者が Condorcet Lecture という招待講演を行った機会に，ウォルター・ボッサール，マーク・フローベイ両教授による著者とのインタビューを企画（2007年10月4日）した．このインタビューを論文に纏める作業は，その後遅々として進まなかったが，ボッサール教授が早稲田大学の著者の研究室を訪問した機会に完成して，最終的に *Social Choice and Welfare*, Vol. 44, 2015 に公刊された．この論文の完成を寛大に待って，その邦語版の本書への収録も快諾されたウォルター・ボッサール，マーク・フローベイの両教授と出版社 Springer Verlag に厚く感謝したい．

　　この論文を完成させる作業と時期的に並行して，著者は『厚生と権利の狭間』という研究者自伝を執筆して公刊（ミネルヴァ書房，2014年）したが，その一部には本章と部分的に重なりを持つ部分がある．本書の読者のうち，本章と並行して『厚生と権利の狭間』の一読に向かわれる方がおられれば幸いである．

1. 経済学への最初の一歩

ウォルター・ボッサール＆マーク・フローベイ　最初に，あなたを経済学，とりわけ社会的選択の理論と厚生経済学の研究に誘った動機をお尋ねしたいと思います．あなたの学生時代には標準的なミクロ経済学，とりわけ社会的選択の理論や厚生経済学の理論にあなたが触れる機会は，殆どなかったと聞

第 III 部　制度の設計と選択

いています．あなたがこの分野に興味を抱いたのは，いつ，どのような経緯によってのことだったのですか．

鈴村興太郎　私の経済学の教育は，1962 年に一橋大学で始まりました．一橋大学は，人文学・社会科学の分野では日本で最も優れた国立大学のひとつです．古き良き時代だったこともあり，現代の学生が受講するような標準的な方式で経済学が教えられることは，殆どありませんでした．多くの教師は標準的な経済学を標準的なカリキュラムに基づいて教えることはせず，自分が関心を持つ事柄について自説を語りました．森嶋通夫教授といえば，日本の経済学の水準を大きく引き上げた数理経済学者ですが，彼によれば日本の経済学者の大多数は学会では借物の通説を語って，反論や批判に晒されるおそれがない大学の教壇では，勝手な自説を述べていると痛罵されたことがあります．森嶋教授の説を初めて知った折に私が少なからず痛快感を覚えたことには，根拠がないわけではなかったのです．当然のことながら現在では日本の経済学教育は飛躍的に改善されて，一橋大学でも標準的なカリキュラムが確立されています．

　いまでも記憶に鮮明なのは，ある老教授の開発経済学に関する講義の初日の経験です．彼は有名な学者であると後になって知りました．当時私は学部の三年生でした．イントロダクションの言葉もないまま，彼はいきなり学生に背を向けて，黒板にカラフルな絵を描き始めました．この創作活動には 30 分以上が費やされました．学生たちは困惑して，これはなんだというささやきが教室を満たしました．彼が芸術的な仕事を終えたとき，黒板に姿を顕したのは，仏陀が蓮の葉の上で瞑想している姿でした．我々に向き直った教授は，これは経済涅槃図であると宣言しました．講義はそれで一段落がついたのか，彼は喫煙タイムを宣告して教室を出ていきました．当然ながら彼の演劇的な行動に私は仰天しました．その当時の私が，意思決定の民主的方法のパフォーマンスを学問的に理解するという個人的な渇望に支配されていなかったなら，私にも彼の演技を楽しむ余裕があったかもしれません．しかし，当時の私でも，学問的なキャリアを追求したければ厳格な学術的訓練を身につける必要があると認識する程度には，学問に立ち向かう姿勢を理解していました．そのため，ある講義を従順に聴講する価値はないと感じたら教

第8章 規範的経済学と社会のインターフェイス

室を捨てて，図書館で多くの時間を過ごすことが，私には自然な選択でした．そのためもあって，私は体系的な訓練を受けた学者ではなく，自らが選択した書籍による自己教育に基づく学者になりました．

とはいえ，《社会科学の殿堂》を標榜するだけに，一橋大学ではいくつかの素晴らしい講義も行われていて，私の研究者人生の出発点で貴重な手引きを与えてくれました．また，一橋大学の充実した図書館でミクロ経済学とその関連分野に関する2, 3の優れた書籍と遭遇したことも，私の人生の大きな幸運でした．私が巡り合った書籍のなかには，根岸隆教授の『価格と配分の理論』，二階堂副包教授の『現代経済学の数学的方法』，ケネス・アロー教授の『社会的選択と個人的評価』が含まれていました[1][2]．これらの著作は，その後の私の研究者人生において，生涯の伴侶となっています．

2. 民主主義的決定方法への関心の芽生え

ボッサール＆フローベイ あなたは意思決定の民主的方法の性能を研究する願望をすでに持っていたといわれました．その関心はどのように育まれたのですか．

鈴村 古い話になりますが，私の願望の源泉は1960年代の高校時代に遡ります．連合国による戦後日本の占領が《サンフランシスコ平和条約》の締結によって終了して，日本が完全な独立を得た1951年9月8日に，《日米安全保障条約》が締結されました．この条約によってアメリカは《占領》軍から《駐留》軍に名前こそ変っても，極東地域での軍事的存在を確立する基地を

---

1) 根岸教授の著書は，やがて彼の古典 Negishi (1972) の核心部になった．二階堂教授の著書は，佐藤和夫教授によって後に英訳され，Nikaido (1970) は数理経済学の世界における著名なテキストブックになった．アロー教授の著書（Arrow 1951）は，社会的選択の理論の最大の里程標となった古典である．

2) 森嶋通夫教授（1923-2004）が創設した大阪大学社会経済研究所の同僚だった二階堂副包教授（1923-2001）は，後に一橋大学経済学部に移籍された．一橋大学の大学院生として在籍していた私にとって，二階堂教授の指導のもとで数理経済学の芳香を嗅ぐ機会を得たことは，短期間のこととはいえ，私の研究者人生の初期における幸運だった．

第 III 部 制度の設計と選択

獲得して，日米安全保障関係の基礎が築かれたのです．この 1951 年条約の改定が日米関係を揺るがす大問題となったのは 1959 年のことです．1960 年1 月 19 日に《日本国とアメリカ合衆国との間の相互協力及び安全保障条約》がワシントン DC で調印されました．この条約案が批准のために日本の国会に提出されると，日米間の安全保障関係に対する激しい反対運動——いわゆる《1960 年安保闘争》——が勃発しました．衆議院が最終的にこの条約を承認（1960 年 5 月 20 日）すると，安保闘争は重大局面を迎えました．社会党の衆議院議員は，衆議院の委員会をボイコットして自民党の衆議院議員が議場に入るのを阻止しようとしたが，彼らは警察によって排除されました．この排除措置は，全学連[3]，労働組合の活動家，一部の市民による大規模なデモと暴動を惹起しました．アイゼンハワー大統領の公式訪問を阻止して岸信介首相を辞任に追い込んだのは，このデモと暴動のうねりでした．しかし，参議院は衆議院の承認後，法定された 30 日以内に票決することに失敗して，新安保条約の批准は 1960 年 6 月 19 日に期限切れで国会を通過したのです．

　1960 年代の日米安全保障条約を巡る闘争は，地方の一高校生であった私に，民主主義的な意思決定手続きの長所と短所について真剣に考える契機を与えました．安保闘争を戦った両陣営——自由民主党と対立陣営——は，異口同音に《民主主義の崩壊の危機》を声高に語っていましたが，民主主義という同一の言葉を使用しつつも，両陣営がまるで異なる内容を意味していることは，未熟な高校生にさえ明らかでした．しかし，民主的な意思決定方法の意味と意義を明確に理解することは，社会科学にまるで通暁していない当時の私には到底無理でした．とはいえ，一高校生であった私にも，資本主義圏と社会主義圏という対立する陣営間の冷戦下で独立直後の日本が立つ不安定な足場は，よく分かっていました．この状況下で，日米間の相互協力及び安全保障条約の締結という《選択結果》は単に分別ある決定であるのみならず，殆ど不可避的な選択であるように思われました．しかし，協定の成立過程で自由民主党が用いた政治的な策略は，《選択結果》の適宜性のみを楯にして

3）　当時の全学連の情報宣伝部長は，その後，分権的経済計画の理論と企業理論の研究を経て比較経済制度論を開拓した青木昌彦氏だった．興味を持たれる読者には，本書補論 II に収録した青木教授への追悼論文の参照を求めたい．

第8章 規範的経済学と社会のインターフェイス

正当化するにはあまりにも醜悪なものでした．反対陣営が対抗的に使用した煽動と挑発も，指導権を巡る内部の見苦しい暗闘も含めて，《民主主義》という青い鳥を希求するプロセスとして，私にはとても承服できませんでした．戦後日本の大きな分岐点になった安保闘争を傍観しつつ私が育んだこの思いは，意思決定方法を評価する視点として最終的な選択結果に注目する《帰結主義》的な視点と，最終的な選択に到るプロセス及び手続きに注目する《非帰結主義》的な視点があるというおぼろげな認識に導きました．社会科学に未成熟な高校生にとっては，この認識の萌芽に辿り着くことだけで精一杯でした．

　この認識の萌芽を胸に秘めて私は一橋大学への進学を決めたのです．社会科学の総合大学と呼ばれる一橋大学では，私の素朴な認識を鋭い分析に導く道標を学ぶことができる筈だと期待しての選択でした．

ボッサール＆フローベイ　アローの『社会的選択と個人的評価』は，自らの研究課題を追求する過程で独力で取り組んだ書物の一冊だったと，あなたは語られました．学部生だったあなたはどのようにしてアローの古典と出会ったのですか．

鈴村　アローの研究と彼の一般不可能性定理に出会ったのは殆ど偶然の仕業でした．学部一年生の頃に，毛沢東思想に強く傾倒していた教授が私に割り当てられた必修の基礎数学のクラスを担当しました．1960年の安保闘争の熱気はすでに去っていましたが，彼は担当する基礎数学の教育の責任を放棄して，自民党政権を倒すために国会にデモに行けと，学生を扇動しました．毛沢東の『実践論』『矛盾論』を読み，エッセイを提出しさえすれば，基礎数学の単位は俺が保証すると彼は宣言したのです．不信感を拭えない私は，彼の講義もエッセイの課題も無視して，自身のアジェンダを追求する自由な時間を図書館で有益に過ごしました．この折に読んだ書物の中には，ジョン・ステュアート・ミルの『自由論』，マックス・ウェーバーの『プロテスタンティズムの倫理と資本主義の精神』，ジョセフ・シュンペーターの『資本主義・社会主義・民主主義』が含まれています．基礎数学の単位はテキストブックを自習して無事に獲得しましたが，標準的なカリキュラムに沿って基礎数学を堅実に学ぶ機会を剥奪されたことには，痛恨の思いが残りました．経済理

233

第 III 部　制度の設計と選択

論を学ぶうえで必要な数学は，自ら選択した数学書によって自習したものに留まりました．数年後のこと，私がブリティシュ・カウンシル・スカラーとして留学したケンブリッジ大学では，ユニバーシティ・アドヴァイザーとなったフランク・ハーン教授に，基礎数学を堅実に学び直したいと相談しましたが，彼は too late としてその希望を退けて，最先端の研究課題との対決に直進することを，私に指示されました．

　学部三年生になったとき，私は偶然にも毛沢東思想の教授がその昔に執筆した論文を図書館で発見しました．一般経済均衡と社会的選択理論に関する高踏的な解説（論評？）論文でした．好奇心から彼の論文を速読した私は，ケネス・アローの一般不可能性定理の解説に初めて触れたのです．毛思想の教授がなにを論じていたかは完全に忘れましたが，アローの定理そのものに私は魅了されました．図書館の別棟の本棚に駆けつけた私は，『社会的選択と個人的評価』（Arrow 1951/1963）の第二版をそこで発見したのです．

　1964 年の夏期休暇の大半はアローの古典との孤独な格闘で過ぎました．技術的な詳細を当時の私は完全には理解できなかったとはいえ，眼前に突如展開された理論的な眺望に魅惑されて，その後の数週間を私は，知的な酩酊状態で過ごしました．民主的意思決定方法に対する私の素朴な関心は，この著書との幸運な出会いと相まって社会的選択の理論の研究へと私を導くことになったのです．とはいえ当時の私には，この研究に深く従事するためには必要な数学的な鍛練と論理的な成熟が完全に不足していることを，私は十分に自覚していました．しかし，遅かれ早かれ，アローが端緒を開いた研究課題に自分が戻ってくることを，私は当時から確信していました．

3. 厚生経済学との最初の遭遇：
サミュエルソン，ピグー，ミッシャン

ボッサール＆フローベイ　厚生経済学に対するあなたの関心は，どのように始まったのですか．ミクロ経済学の規範的側面に興味を持つに到った経緯はどうだったのですか．

第 8 章　規範的経済学と社会のインターフェイス

鈴村　ほぼ同時期の私は，ポール・サミュエルソンの古典『経済分析の基礎』
（Samuelson 1947）の第 8 章（厚生経済学）で，厚生経済学の簡潔な歴史を学習
していました．全体としては素晴らしい古典ですが，初心者には非常に難解
な表現もあって，簡潔に過ぎるという印象を持ちました．サミュエルソンが
《制約条件下の最大化》と《経済均衡の動学的安定性》を基本原理として，
経済学に一貫した分析的シナリオを付与する構想に厚生経済学も収容しよう
とする研究プログラムは，当時の私は正確に表現できませんでしたが，一種
の違和感を覚えました．次に私はエドワード・ミッシャンが公刊した厚生経
済学の展望論文（"A Survey of Welfare Economics, 1939-1959," *Economic Journal*,
1960）を読みました．この論文以前の 20 年間に厚生経済学のフロンティア
で行われてきた研究を素早く俯瞰する目的には役立ちましたが，ミッシャン
がこの論文の冒頭で次の主旨の宣告を述べていることに私は非常に衝撃を受
けて，大きな落胆も味わいました．

　　多くの人びとを魅了し続けてきたものの，いまだかつて厚生経済学の研究
　に生涯を捧げた経済学者はひとりもいない．厚生経済学は人びとが道楽半分
　に手を出して暫く取り組むがやがて捨ててしまい，おそらくは良心の痛みを
　感じて戻ってくるような研究分野なのである．経済学の他の部門以上に厚生
　経済学の発展過程に均質性が欠けること，その分析に整合性が見られないこと，
　ごく最近に到るまで厚生経済学のいくつかの部分の間に危機的な断絶状況が
　続いてきたことの説明は，ある程度まで厚生経済学のこの特異な性格に求め
　られる．

　この落胆状況にあった私は，ピグーの古典『厚生経済学』（Pigou 1920）と
正面から取り組む幸運に恵まれました．塩野谷裕一教授による《計画経済論》
講義に出席した私は，この講義の内容は経済計画の理論とも計画経済の機能
実態とも無関係であって，ピグーの古典を詳細に解説するコンメンタールで
あることにすぐに気付きました．最初は「ブルータス，お前もか」と思った
私でしたが，ピグーの厚生経済学の創業の理念や理論的なシナリオを学習す
るうちに，原著の第四版を精読する意欲が湧きました．その序文を読んで，

235

第 III 部　制度の設計と選択

私は——『社会的選択と個人的評価』を読んだときとは少し違う意味で——心が躍る興奮を覚えました.

　経済学者がやり遂げようと努力している複雑な分析は，単なる頭脳の鍛錬ではない．それは人間生活の改善の道具である．我々を取りまく悲惨と汚濁，一部の富裕家族の有害な贅沢，多数の貧困家族を蔽う恐るべき不安——これらは無視するには余りに明白な害毒である．我々の学問が求める知識によりこれを制御することは可能である．暗黒から光明を！　この光明を探し求めることこそ，「政治経済学という陰惨な科学」が，この学問に直面する人びとに提供する仕事であり，この光明を発見することは恐らくその褒賞である.

　厚生経済学の創始者ピグーの創業宣言は，彼が開拓した進路の探索に乗り出す動機を私に与えました．また私は，ピグーの創業の理念と，その40年後に書かれたミッシャンの冷淡なコメントとの間にある深い懸隔に，当惑を覚えました．厚生経済学への私の関心は，この懸隔が生じた理由を理解して，創業者の理念に相応しい厚生経済学を探求する方法の発見を目指す願望から出発したのです.

ボッサール＆フローベイ　あなたの社会的選択の理論と厚生経済学への関心がどのような背景を持っていて，どのような著書や論文によって喚起されたものなのかはよく理解できました．この領域であなたに影響を及ぼした日本の経済学者は誰だったのでしょうか.

鈴村　当時活躍されていた日本の経済学者のうち，社会的選択の理論に重要な貢献をされた研究者には，稲田献一（1925 - 2002），村上泰亮（1931 - 1993）の両教授がおられました．彼らの業績を私は欧米の学術誌で見つけて，興味深く学びましたが，両教授が研究と教育をされていたのは別の大学でのことでした[4]．当時の日本では他大学の教授に研究指導とかアドバイスを求めて学生が訪れることには，慣習的に非常に敷居が高かったのです．私が実際に稲田教授，村上教授に個人的にお会いしたのは，研究者として自立した後の

---

4)　大阪大学社会経済研究所に移籍される以前，稲田教授は東京都立大学（現在では首都大学東京）教授だった．村上教授は東京大学教養学部の教授だった.

第 8 章　規範的経済学と社会のインターフェイス

ことであり，彼らは厚生経済学と社会的選択の理論への関心をその遥か以前
に失っていました．

　アローの古典を通して社会的選択の理論を意識するようになった私が自己
教育の次の段階で圧倒的な影響を受けたのは，アマルティア・センの『集団
的選択と社会厚生』(Sen 1970b) からでした．彼の著書は，雄弁で説得的な
説明能力と読みやすさで最初の接近は容易なのですが，深い洞察力と哲学的
な視野の広さには，圧倒的な迫力を感じました．また，1968 年の世界計量
経済学会の極東会議で，私は彼の研究報告を直接聞く機会に恵まれました[5]．
センの報告は《パレート派リベラルの不可能性定理》(Sen 1970a) の初期の
姿であり，稲田教授が予定討論者としてコメントされていました．

4．規範的経済学への関心の源泉と背景

ボッサール＆フローベイ　厚生経済学と社会的選択の理論に対する関心は，
殆ど偶然だったとあなたは示唆されましたが，おそらく経済学の他分野より
も規範的な経済学に関心を持つ動機をあなたは持っておられたのでしょうね．
この方向にあなたを導いた興味の源泉はなんだったのでしょうか．

鈴村　厚生経済学と社会的選択の理論への私の知的関心には，2 つの明確な
背景がありました．第一の背景は，資本主義経済制度と社会主義経済制度と
いう対立的な経済制度の性能比較と制度間競争への関心です．第二の背景は，
多分 1960 年代の半ば頃まで我々を陰に陽に制約していた，日本の伝統的な
社会的・経済的な家族規範と社会慣習です．これらの背景を簡潔に説明して
みたいと思います．

　すでに説明しましたように，日本が完全な独立を回復したのは，資本主義
と社会主義の両制度間の冷戦下のことでした．1960 年の安保闘争は，この
状況を考慮に入れてはじめて理解できます．私が経済学部の初学年の頃です
が，社会主義経済制度と資本主義経済制度の合理的な機能を巡る激しい論争，

---

5)　極東会議の誕生と変遷の歴史については，Suzumura (1999b) を参照のこと．

第 III 部　制度の設計と選択

いわゆる《経済計画論争》(Economic Planning Controversy) が，1930 年代に
あったことを知りました．資本主義経済制度は，競争的な市場機構の円滑な
機能に基づいて永続的な繁栄に導くと思われていましたが，ニューヨーク株
式市場の崩壊とそれに引き続く世界的な大不況によって信認を失って，深刻
な危機に陥りました．これに対して 1917 年のロシア革命を経て誕生した社
会主義経済制度は，揺籃期の脆弱性をようやく克服して，資本主義経済制度
の持続可能な代替的選択肢に成熟しつつあると思われていました．1930 年
代の経済計画論争は，対立する両経済制度の実際の機能を巡るものではなく，
両制度が合理的に機能する可能性を巡る論争でした．この論争において中心
的な役割を演じた経済学者は，オスカー・ランゲ (Lange 1936-37, 1938) とフ
リードリッヒ・ハイエク (Hayek 1935) でした．この重要な論争の理論的な
焦点は，次のように要約できると思います．

A. 結果的に達成される資源配分の効率性の観点から，資本主義経済制度
　 と社会主義経済制度の機能を評価して比較すること．
B. 意思決定手続きの民主性や個人的自由の社会的尊重との両立可能性の
　 観点から，資本主義経済制度と社会主義経済制度の機能を評価して比較
　 すること．
C. 制度が追求する公共的な目標を定めるうえで，分散された個人情報を
　 活用する効率性（情報的効率性）の観点から，資本主義経済制度と社会主
　 義経済制度の機能を評価して比較すること．

個別的な観点に立つ評価は，その観点から二つの経済制度の性能を比較す
る作業の基礎として，論争の当事者たちに活用されています．ランゲは社会
主義経済制度を擁護して，資本主義経済制度を批判するために，ハイエクは
資本主義経済制度を擁護して，社会主義経済制度を批判するために，これら
の観点からの評価を縦横に駆使して，激しく論争を展開したのです．
　私の理解によれば，1930 年代の経済計画論争は，発想も粗雑で分析には
多くの精緻化の余地が残されているものの，経済《制度》を歴史的な《与件》
ではなく理性的な《設計》と《選択》の対象となる《変数》と看做す経済学

の嚆矢を放った重要な論争でした。この事実を感じ取った私は，厚生経済学と社会的選択の理論への関心の背景として，経済計画論争を終生にわたって意識し続けてきたのです[6]。

厚生経済学と社会的選択の理論に私が関心を持った第二の背景は，若き日の個人的な体験に根差しています。戦後の占領政策を指揮した GHQ（連合軍最高司令部）は，日本の経済制度を民主化する目的で，様々な《戦後経済改革》(Postwar Economic Reforms) を導入しました。農地改革は，不在地主から小作農への農地移転を容易にすることによって，自作農を数多く創出することを目指す改革でした。財閥解体は，戦前日本で支配的な影響力を発揮した家族支配の金融複合体（財閥）の統制から創造的な経済活動を解放して，自律的な生存適地を確保する政策でした。競争政策の母国アメリカから独占禁止法と競争政策を移植した政策は，競争の自由を保障するルールを制定・実装して市場機構の円滑な機能を目指す改革でした。労使関係の民主化を目指す制度改革も相補的な役割を担って，戦後の経済改革は日本の経済的な民主化の軌道を敷いて，伝統的な社会と経済に大きな衝撃を与えたのです。

経済的民主化を目指すこれらの制度改革にも関わらず，少なくとも 1960年代半ばまでの日本社会と家族制度の深層には伝統的な道徳や慣習が，濃密に残存していました。私は陶器の生産や卸売に携わる家族の長男に生まれたのですが，家族にせよ，親戚にせよ，近隣の人びとにせよ，私がやがて家業を継いで，生涯小さな故郷の町に留まることは，殆ど自明のことと思われていました。高等教育の選択でさえ，零細家業の後継者としての将来の活動に役立つように方向付けを受けていたと思います。中等教育を受ける機会にも恵まれない境遇を経て，独力で自営業を立ち上げた父には，息子の進学先として文学，歴史，理工学，医学を専攻する選択肢は，全く理解できない進路でした。私が社会科学を学ぶために一橋大学を選択して進学した背景には，民主主義的な意思決定手続きへの関心に重ねて伝統的な家族制度と社会慣習

---

6) 事実，遥か後年になってアロー，センの両教授とともに *Handbook of Social Choice and Welfare* を編集（Arrow, Sen, and Suzumura 2002, 2011）したときに，私は経済計画論争の主要論点を，厚生経済学と社会的選択の理論の研究分野を整理する手段として活用した。経済計画論争の経緯と背景に関する簡潔な評価は鈴村興太郎『社会的選択の理論・序説』東洋経済新報社，2012 年で与えられている。

第 III 部　制度の設計と選択

が暗黙裡に課す制約と妥協する工夫という側面もあったことは事実なのです．厚生経済学と社会的選択の理論への私の関心の深部には，制度を一定不変な《与件》としてではなく，選択可能な《変数》と考えるこの分野の基本的な発想への憧憬があったのです．

ボッサール＆フローベイ　人生のある時点で，あなたが全く異なるキャリアを辿る危険性があったと聞いています．そうならなかったことを幸いなことに思いますが，若き日のあなたは歌舞伎役者という経歴に興味を持ったことがあるのですね．

鈴村　それは極端な誇張です．私は洗練された歌舞伎役者を目指す能力も，意思も持っていませんでした．一橋大学の学生サークルには，伝統的な舞台芸術を研究するグループがあって，歌舞伎の歴史と演技を学んでいました．その活動の一部として，東銀座にある歌舞伎座に頻繁に通って最上階にある最安価の座席——ときには立ち見——で著名な役者の素晴らしい演技を鑑賞しました．歴史，理論，実技の全面にわたり舞台芸術を学習しますと，自然にその実演を試みたいという野心への道が拓いてきます．幸いにも若く将来性のある歌舞伎役者に教えを乞うことは，その当時それほど難しいことではありませんでした．その学習の延長線上で，新作歌舞伎の一演目を選択して上演する野心が芽生えました．我々のリーダーは真山青果の『頼朝の死』を選択して，私には鎌倉幕府の創立者・源頼朝の死の真相の解明を試みて暗殺されてしまう，源頼家という主役が割り振られました．この無謀な企ては，2つの理由からあっさり瓦解しました．すぐに明らかとなった第一の理由は，歌舞伎の上演に必要な資金は，学生が調達できる程度など遥かに超えることでした．第二の理由は，当時の日本人としては高い（約 180 cm）私の身長でした．歌舞伎役者としては私の身長は too much だったのです．時代物歌舞伎には乗馬するシーンがあるのですが，馬もまた二人の歌舞伎役者が演じます．前脚と後脚を担当する二人は伸ばした腕を組んで，騎乗する役者は組んだ腕の上に座るのです．私が乗馬すると私の足は依然として地面についたままで，『頼朝の死』の悲劇は一挙に喜劇に変わる危険性があったのです．歌舞伎役者としての私のキャリアは開幕する以前に終幕を迎えて，歌舞伎への私の情熱は遠距離観劇だけで発散されることになりました．

5. 帰結主義 versus 非帰結主義，厚生主義 versus 非厚生主義

ボッサール＆フローベイ　厚生経済学と社会的選択の理論に関するあなたの研究に対する質問に進みたいと思います．社会的選択に対するあなたの非厚生主義的アプローチは，大きな影響力を持ってきました．厚生主義と非厚生主義の論争におけるあなたの立場と，この分野におけるあなたの貢献内容をお話し下さい．

鈴村　アロー（Arrow 1987, p. 124）が的確に指摘したように「経済政策や社会政策は，社会や経済を構成する多様な人びとに対して必ずなんらかの帰結をもたらすことになる．少なくともアダム・スミスの時代以降では，経済政策に関わる議論に際して人びとにもたらされる帰結に基づいて代替的な政策の善悪を評価すべきであることが，当然視されてきた」のです．とはいえ，経済政策の善悪を個人に及ぶ帰結のみに依拠して評価する伝統には，批判の余地が多々あります．

　第一に，アリストテレスの『ニコマコス倫理学』によれば，「善きものには，しばしば有害な帰結が伴っている．財産を持ったために破滅したひともいるし，勇気を持ったがために殺されたひともいる」．ヨハン・エッカーマンが記録したゲーテの言葉によれば，「我々が行うすべての選択にはその帰結が伴うが，正しく適切な選択が常に善き帰結に導くわけではなく，悪しき選択が善き帰結に導くこともある」．マーク・トウェインは進んで「善き意図が生む帰結の半分は悪であり，悪しき意図が生む帰結の半分は善である」とも主張しています．経済政策の《帰結》は，その政策の善悪を判断する情報的基礎として，排他的な信頼を寄せることはできないように思われます．

　第二に，集団的な意思決定には，その決定が最終的に導く《帰結》とその帰結に導く決定方法に内在する《手続き的特徴》の2つの異質な側面があるという高校時代に培った素朴な洞察を，私は終始維持しています．両側面の重要性を相対的に秤量する仕方次第で，集団的な意思決定方法の長所と短所に関する判断には顕著な相違が生まれます．集団的な意思決定方法の手続き

第 III 部　制度の設計と選択

的特徴を無視して，政策の善悪を帰結に専ら基づいて判断する偏った評価の
方法には，大きな異論の余地があると私は考えています．

　第三に，アローの『社会的選択と個人的評価』が嚆矢を放った社会的選択
の理論は，一見すれば明らかに帰結主義的な情報的基礎に立った理論です．
とはいえ，その初版の末尾には以下の文章（Arrow 1951, pp. 89-90）があって，
私が留保の余地を残さずにアローの理論を帰結主義的アプローチと断定する
ことを躊躇する理由となっています：

　　これまでのところ，社会状態を定めるベクトルの要素を吟味して，逆説から
　　の脱出路を発見する試みは全くなされていない．このような試みのうちでも
　　特別に興味深い分析は，社会状態を定義する様々な変数のうちで社会的選択
　　を媒介するプロセスそのものに注目する分析である．この線に添う分析は，
　　個人が選択手続きそれ自体に価値を認める場合には，とりわけ重要である．

　このように，厚生経済学と社会的選択の理論への帰結主義的アプローチを，
選択手続きや潜在的な選択の機会集合など，非帰結主義的な情報を導入して
補完する可能性を探索することには，もっともな理由があるのです．アロー
の洞察力に富んだ示唆を最大限に利用して，またセンの先駆的な試みからも
学習して推進した私の研究は，帰結主義と非帰結主義の一般的な対比のみに
留まらず，2つの対照的アプローチの並行した公理的特徴付けも試みています．
この後者の研究は，ヨンシェン・シューとの共同論文に結実しました[7]．
ボッサール＆フローベイ　厚生主義と非厚生主義の対比についてはいかがで
しょうか．
鈴村　厚生経済学と社会的選択の理論の主流は，帰結主義的な情報的基礎を
一層限定して，厚生主義的帰結主義［略称：《厚生主義》］に絞り込む方向に向
かっていました．非帰結主義的な情報的基礎に依拠して帰結主義的な情報的
基礎の不備を補完する方向とは逆に，帰結を記述する方法を精密化すること
が，主流派の考察の出発点だったのです．政策が個人にもたらす効用ないし

───────────
7)　Suzumura（1999a, 2000）及び Suzumura and Xu（2001, 2003, 2004）を参照のこと．

242

厚生の平面に顕れる限りで帰結に関する情報を活用して政策に関する判断を行う接近法は，厚生主義的帰結主義［《厚生主義》］と名付けられています．これに対して，帰結を記述する手段として，個人の効用や厚生を越えて追加的な情報を求める場合，我々は非厚生主義的帰結主義［略称：《非厚生主義》］の分枝に属する接近法を採用することになります．社会的選択の理論の多数派は，効用や厚生の基数性と個人間比較不可能性を追加的に要請して，厚生主義的な情報的基礎をさらに精緻化した立場を選択しています．このように精緻化された情報的基礎は1930年代のミクロ経済学の序数主義革命を反映しているのみならず，基数的で個人間で比較可能な効用に立脚したベンサム＝ピグーの伝統にロビンズが浴びせた批判（Robbins 1932）を継承したものでもあるのです．アローは『社会的選択と個人的評価』でこの情報的基礎を継承したうえで一般不可能性定理を樹立して，《厚生経済学の貧困》の源泉を白日のもとに晒したのだと私は解釈しています．

6. パレート派リベラルの不可能性定理

ボッサール&フローベイ　厚生主義と非厚生主義の問題に関しては，センはどのような影響をあなたに与えたのでしょうか．

鈴村　厚生主義と非厚生主義の問題に関する私の研究は，個人の自由主義的権利の理論と不即不離の関係にあって，センのパレート派リベラルの不可能性定理が浮き彫りにした矛盾――パレート原理という厚生主義の要請と個人的権利の社会的尊重という非厚生主義的な要請の間の矛盾――に触発されています[8)9)]．センは彼の定理を梃子として，厚生主義の絶対的な権威の座を揺るがすことに成功したのです．《新》厚生経済学及び社会的選択の理論に対して厚生主義的なアプローチが振るってきた広範な影響を考えれば，センのパレート派リベラルの不可能性定理が学界に大きな衝撃を与えたことにはなんの不思議もないと，私は考えています．

---

8)　Sen（1970a; 1970b, Chapter 6*; 1992a; 2017, Chapter A5*）を参照せよ．

第 III 部　制度の設計と選択

　センのリベラル・パラドックスは，アイザイア・バーリン（Berlin 1958, pp. 15-16）の次のような洞察を私に想起させたことも，お伝えしておくべきでしょう．

　　民主主義と自由主義との関連は，これらの思想を擁護してきた多くの人びとの想定を超えてはるかに薄弱なものである．自分自身の支配者でありたいという願望，少なくとも自分の人生が制御されるプロセスに参加したいという願望は，行動の自由な領域を求める願望と同じく心からの願望であって，歴史的にいえば後者への願望以上に起源が古いものだろう．しかし，それらは同じものに対する願望ではない．実際には，両者はあまりにも異なる願望であり，究極的に我々の世界を支配するイデオロギー間の激突に導いたのである．

　このように，厚生主義と非厚生主義の対立の問題に対する私の関心は最も深い意味でセンに影響されています．個人的自由を社会的選択の理論の論脈で表現する方法に関して，やがて私はセンとは異なるゲーム形式の権利論の開拓に向かったのですが，この問題に対する私の研究がセンのオリジナルな貢献を抜きにして誕生しなかったことは，私には明らかな事実なのです．

　厚生主義 versus 非厚生主義，及び，帰結主義 versus 非帰結主義を巡る論争に関しては，誤解を解くために以下の注釈も加えておきたいと思います．まず，厚生情報を専ら信頼して理論を築く慣行は規範的経済学の貧困に責任

9）　1949 年にクリーブランドで開催されたエコノメトリック・ソサイエティ冬季大会でアローが一般不可能性定理を発表したときのこと，論争好きのカナダ人政治経済学者デーヴィッド・マッコード・ライトが聴衆のなかにいた．彼はアローが社会厚生関数に課した公理には個人の自由の尊重が含まれていないという点で，アローと彼の定理を激しく攻撃した．*Social Choice and Welfare* が企画したアローのインタビュー "An Interview with Kenneth Arrow" (Kelly and Arrow 1987) でこの経緯を知った私は，彼にライトの批判にどのように答えたかを尋ねた．アローには当時の回答の記憶がなかったが，ライトの批判には次のように答えられたはずである：「新たな公理の形で個人的自由に対するあなたの定義を具体的に提案して下さい．その公理を私の公理に追加して拡張された公理の集合は，一層非整合的になるだけのことです」と．しかし，20 年以上後に，センの論文（Sen 1970a）が *Journal of Political Economy* に掲載されるまでは，だれも個人の自由に対して公理的な表現を与えることはなかったのである．

第8章　規範的経済学と社会のインターフェイス

を負うべきであるにせよ，だからといって厚生主義的な情報的基礎を非厚生
主義的な情報的基礎で全面的に置き換えることが必要なわけではありません．
規範的評価を適切に基礎付けるためには，厚生主義的な情報的基礎を非厚生
主義的な情報で補完することが必要だということに過ぎません．同様に，非
帰結主義的な情報的基礎が果たすべき役割は，帰結主義的な情報的基礎を完
全に置き換えることではなくて，それを的確に補完する必要があるというこ
とに過ぎません．

　厚生主義 versus 非厚生主義，帰結主義 versus 非帰結主義を巡る問題への
私のスタンスは，およそこのようなものです．

ボッサール＆フローベイ　あなたを非厚生主義に導いた契機は権利だったの
ですね．権利と自由，選択の自由，外部的な社会規範及び外部的規範一般の
問題などは，厚生経済学と社会的選択の理論の伝統的な枠組みに追加される
べき考察事項であるとして提案されてきました．あなたの考え方によれば，
伝統的に確立された枠組みの大部分は選択の内部的整合性へのセン（Sen
1993）の批判によって修正されるべきでしょうか．

鈴村　センの批判をどう受けとめるべきかという問題に対して，私は現在も
完全に納得できる解答を持っていません．選択行動によって顕示される選好
に内在的な整合性を要請して，選択行動の全貌を合理化しようと試みる《顕
示選好》(revealed preference)の理論に対しては，《合理化可能性》(rationalizability)
としての合理性はトートロジーに過ぎないという批判がロバート・サグデン
などによって提起されています．センは，合理化可能性を保証するか否かに
は関わりなく，選択の内部的整合性を意味する公理一般の説得力に疑問を提
起する巧妙な例を挙げて《事例含意的な批判》(Case Implication Criticism) を
提出しています．これらの批判には，選択の合理性及び内部的整合性の意味
と意義を内省する機縁として説得的なものもあるとはいえ，私は合理的選択
の理論を性急に一括処分することには賛成しかねる思いがあるのです．

　例えば，外部的な社会規範を根拠にして，選択の合理性や内部的整合性を
批判する議論に対しては，ウォルターと私が行った共同研究（Bossert and
Suzumura 2009）は選択肢の機会集合に制約を課す外部的な社会規範を内部
化すれば顕示選好の理論を再整備することができて，合理化可能性としての

245

第 III 部　制度の設計と選択

合理性理論のエッセンスはそのまま維持されることを示しています．ご承知のように，外部性の内部化によって外部性に起因する市場の失敗を回避する工夫を凝らすことは，伝統的な公共経済学の常套手段です．

　これとは対照的に，伝統的な社会的選択の理論を社会的選択を行う手続きやプロセス，最終的な社会的選択の背後に横たわる選択の機会集合の豊穣性を考慮して拡張する試みに対しては，社会状態の概念を拡張すれば，伝統的理論のエッセンスは修正なく維持可能であるという主旨で，応答がなされています．この応答には，社会的選択を行う手続きやプロセスを例にとって，反論しておきたいと思います[10]．議論の具体化のために，社会的な選択手続きを表現する道具立てとして，プレーヤーの集合 $N = \{1, 2, \cdots, n\}$ ($2 \leq n < +\infty$) と社会状態の集合 X ($3 \leq \#X < +\infty$) に対応する《ゲーム形式》(game form) の集合 $\mathbb{G}$ で，代替的な選択手続き全体の集合を表現します．そのとき，社会状態 $x, y \in X$ と，ゲーム形式 $\theta, \eta \in \mathbb{G}$ に対して，拡張された社会状態 (x, θ) [resp. (y, η)] は狭義の社会状態 x [resp. y] が社会的選択手続き θ [resp. η] の仲介で実現されることを意味するものとします．このように拡張された概念的枠組みで拡張された社会状態を改めて分析のプリミティブとして採用すれば，伝統的な社会的選択の理論を維持できるという保証はあるのでしょうか．この設問への私の解答は否定的です．その理由を示すため，この社会で支配的な均衡概念を $\mathcal{E}$ で示せば，狭義の社会状態に対するプレーヤーの選好順序のプロファイルを $\boldsymbol{R} = (R_1, R_2, \cdots, R_n)$ で表記するとき，ゲーム $(\theta, \boldsymbol{R})$ の均衡で成立する狭義の社会状態の集合は $g_\theta(\mathcal{E}(\theta, \boldsymbol{R}))$ で表現できます．ただし g_θ はゲーム形式 θ の《帰結関数》(outcome function) です．そのとき，拡張された社会状態 (x, θ) が《実現可能》(feasible) であるといえるのは，$x \in g_\theta(\mathcal{E}(\theta, \boldsymbol{R}))$ が満足されるとき，そしてそのときのみです．これに対して，狭義の社会状態を対象とする標準的な理論において，ある社会状態 x が実現可能であるのは，狭義の社会状態の機会集合 $S \subseteq X$ に対して $x \in S$ が満足されるとき，そしてそのときのみです．2つの実行可能性の概念の間には，明瞭な差異があります．ある社会状態 x が狭義の実行可能性を持つか

---

10)　この反批判の要諦は Suzumura (2016a) の "Introduction" で述べたものである．

第8章 規範的経済学と社会のインターフェイス

否かを判定する場合には，社会状態に対するプレーヤーの選好は無関係です．
これに対して，ある社会状態 x が広義の実行可能性を持つか否かを判定する
場合，社会状態に対するプレーヤーの選好は——社会で支配的な均衡概念と
並んで——重要な役割を持つことになるのです．

　伝統的に定義された社会状態に基づく理論と拡張された社会状態に基づく
理論の間には，このように対照的な差異があります．拡張された社会状態を
改めて分析のプリミティブとして採用しさえすれば後者の理論を前者の理論
に帰着させることができるという主張を私が受け入れないのは，この理由か
らなのです．

7. ゲーム形式の権利論

ボッサール＆フローベイ　権利論はあなたの研究歴を通じて，重要な役割を
果たしています．特に，1992 年のエコノミカ誌に公刊されたあなたの論文
(Gaertner, Pattanaik, and Suzumura 1992) は，権利論を巡る論争において強い
影響力を振るってきました．我々の同僚のうちには，この論文は彼らを教条
主義的な眠りから覚醒させ，ランドマークとなった業績であるという人びと
がいます．この主題にあなたはどのようにして関心を持つようになられたの
か，社会的選択の理論における権利論の発展をあなたは現在どのように総括
されるのか，将来この議論はどこに向かうと思っておられるかについて，お
考えを詳しく聞かせて下さい．

鈴村　東京で開催されたエコノメトリック・ソサエティ極東会議でパレート
派リベラルの不可能性定理（IPL）の萌芽に関するセンの報告を聞いたとき，
弱い形式のパレート原理によって表現される《民主主義》の価値と，個人の
権利の社会的な尊重の形で表現される《自由主義》の価値との間に論理的な
衝突が必然的に発生するというセンの議論に私が強烈な衝撃を受けたことは
既にお話ししました．アローの一般不可能性定理を振り返ってみると，彼が
両立不可能であることを論証した公理に社会的選択の《集団的合理性》の公
理並びに社会的選択に必要な情報を最大限度に節約する《無関係対象からの

247

第 III 部　制度の設計と選択

独立性》の公理が含まれていまして，これら 2 つの公理は多分に論争的な性格の要請でした．センの定理では，これらの論争的な公理が要請されていないため民主主義と自由主義の潜在的な衝突を示す彼の結論は，一層衝撃的なものだったのです．自由主義的権利の社会的尊重を追求する私の初期の研究は，センによる自由主義的権利の定式化を前提しつつ IPL を解消する一般的な方法を発見することに専ら精力を傾注していました．セン（Sen 1976）によって最初に導入された《リベラルな個人》の概念に触発されて，私がSuzumura（1978）で展開した IPL の解消方法はその典型例です．オースティン・スミス（Austen-Smith 1982）は後にこの方法を《セン＝鈴村の解決スキーム》と命名しました．

　この解決スキームを私はとても満足なものだと考えました，なぜなら，この可能性定理の論証の過程で，私が別個の論脈で発見した二項関係の順序拡張定理が，本質的な役割を果たしたからです．しかし，私の満足感は短命に留まりました．この解決スキームを公表して程なく，私はセンによる自由主義的権利の定式化について懐疑的になり始めていたからです．ウルフ・ゲルトナー，プラサンタ・パタナイックと私は，センが定式化した自由主義的権利が選択の自由に関する我々の直観と対立する例を，多数発見しました．その後の一層の研究は，個人の自由主義的権利の代替的な定式化へと我々を導くことになりました[11]．この代替的な権利論こそ，《ゲーム形式の権利論》と呼ばれるようになったものです．特定個人のプライヴァシーのみで異なった選択肢のペアに対して彼／彼女の選好を尊重して社会的選択が行われることを要求するセンの権利論とは袂を分かって，ゲーム形式の権利論はプレーヤーの戦略に関する《選択の自由》（freedom of choice）に自由主義的権利の精粋を認めています．エコノミカ誌に公刊された共著論文（Gaertner, Pattanaik, and Suzumura 1992）に結実した我々の権利論は，センの権利論に対する代替的な選択肢を提供するのみならず，センの権利論に対する重大な批判を提供するものでした．私の個人的自由の権利に対する理解は，現在時点でも基本

────────────

11）　この過程において，ロバート・ノジック（Nozick 1974）とロバート・サグデン（Sugden 1985）の先駆的な貢献は，我々がセンの自由主義的権利の批判的再検討に向かう誘因の一部となった．

第8章　規範的経済学と社会のインターフェイス

的にゲーム形式の権利論に基づいています.

　潜在的な誤解を避けるため，この段階でいくつかの注釈と留保を追加しておきたいと思います. 第一に，ゲーム形式の権利論は権利の代替的な定式化を追求する過程で定式化されたものですが，この代替的なアプローチがセンのIPLを解消するために有効であると主張するものではありません. それどころか，ゲーム形式の権利の要請がパレート原理と対立する例は，数多くあるのです. 我々の基本的関心は個人的権利の概念の定式化それ自体にあり，個人的権利と弱い厚生主義的要請であるパレート原理との対立を解消する試みではなかったのです. 我々は，考えられるあらゆる個人の自由主義的権利の概念のもとでもIPLは一貫して成立すると信じているのです[12]. 第二に，ゲーム形式の概念それ自体は権利と本来的には無関係です. 個人の自由主義的権利の最善の捉え方はゲーム形式によるものだが，多くのゲーム形式は権利の問題とは無関係であるというのが，我々の考え方です. 第三に，センの権利論にせよ，ゲーム形式の権利論にせよ，個人の自由主義的権利に関する様々な重要問題を，解決はいうに及ばず提起することさえしないままに残しています. 権利の存在意義 (raison d'être) の問題，自由主義的な権利として，個人に選択の自由を賦与すべき保護領域 (protected domain) とはなにかという問題など，残された問題のうちには，社会的選択の理論が引き受けるには重すぎる哲学的な側面もあることは事実です. しかし，社会科学の一部を担う以上，社会的選択の理論が貢献できる側面を外延的に拡張すること，内延的に拡充することの双方で，さらに充実させる余地は大きいと，私は考えています.

ボッサール＆フローベイ　ギバードのパラドックスとその重要性について，なにか追加したい点がおありでしょうか.

鈴村　アラン・ギバード (Gibbard 1974) は，センの権利の定式化を前提して，自由主義的権利の理論に三種類の重要な貢献をしました. 第一に，彼は個人にセンの権利を賦与すること自体が社会的な選好の循環を生むという主旨の逆説——《ギバードの逆説》と呼ばれている逆説——を提出しました. セン

---

12)　ゲーム形式の権利論に基づくIPLについては，Deb, Pattanaik, and Razzolini (1997) を参照されたい.

249

第 III 部　制度の設計と選択

の IPL とは対照的に，ギバードの逆説は厚生主義的なパレート原理とは無関係です．この逆説の要諦は簡単に例示できます．A 氏は B 嬢のスカーフの色に憧れて，彼のネクタイの色をそれに合わせたいと思っていますが，B 嬢は A 氏による模倣を嫌悪して，彼のネクタイの色と自分のスカーフの色を差別化したいと考える状況が，まさにその例です．熱心な自由主義の信奉者なら，他者の選択に対する憧憬や嫌悪に起源を持つ個人の選好を社会的に尊重すべきとは，要求しないでしょう．この事実に留意すれば，ギバードの第一の逆説はさほどの衝撃をもたらすものではないと思われます．しかし，次に彼は個人的な選択肢への《無条件的選好》(unconditional preferences) という重要な概念を導入して，個人の権利の行使は無条件的な選好を表明する場合に限って尊重されるとすれば，センの IPL が執拗に復活してくることを示しました．これがギバードの第二の貢献です．第三に，ギバードは《譲渡可能な自由主義的権利》(alienable libertarian rights) という新概念を開発して，パレート原理と譲渡可能な自由主義的権利の社会的尊重を論理的に両立させる社会的選択ルールが存在することを証明しています．彼が導入した新概念は，契約の自由を強調する自由主義的伝統に深く根差すものです．それだけに，私はギバードの広範囲にわたる権利論への貢献は，IPL に関する議論を数段階も高いステージに押し上げたものとして，非常に高く評価しています．しかし，ゲーム形式の権利論を踏まえたうえでの後知恵ながら，ギバードの貢献の魅力はその発表当時思われた程ではなくなっています．特にギバードの第一の逆説は，ゲーム形式で権利を定式化する場合には，蜃気楼のように消滅してしまいます．

8.　合理化可能性としての合理的選択の理論

ボッサール＆フローベイ　30 年以上にわたって，個人的選択か社会的選択かを問わず，合理的選択の理論に対してあなたは数々の革新的な貢献を行ってきました．一般論として，今後この研究分野はどの方向へ向かうと考えておられますか．この分野において個人的に推進中であるか，将来進める予定

の特定の計画を，あなたは持っておられますか．

鈴村 選択の合理性は経済学全般において，中心的な主題であり続けています．アンドリュー・マスコレル（Mas-Colell 1982）の証言によりますと，ポール・サミュエルソンは，百年後でさえ我々は経済学を合理的選択の概念を用いて語っていることだろうと述べたことがあるそうです．彼と同様，私も合理的選択の概念は経済理論一般，特に厚生経済学と社会的選択の理論の中枢に位置する概念であり続けると確信しています．この点を述べたうえで，私は合理的選択の概念は常に論争的な主題であり，将来的にもそうあり続けるだろうと考えていることを，付け加えておきたいと思います．

　私の合理的選択の理論への貢献は《合理化可能性》（rationalizability）としての合理性の概念に焦点を絞っています[13]．社会学者マックス・ウェーバー（Weber 1956/1968, p. 68）や経済学者ライオネル・ロビンズ（Robbins 1932, p. 93）にまで遡及するこの古典的な合理性の概念の起源は，完全競争市場での消費者行動に対するサミュエルソン（Samuelson 1938, 1950a）やヘンリック・ハウタッカー（Houthakker 1950）の顕示選好の理論に辿り着きます．彼らの先駆者的な貢献が軌道を敷いた顕示選好理論は競争的消費者にのみ適用可能であるという点で制約された理論でしたが，一般的な選択空間で定義される選択関数を研究対象とする理論はアロー（Arrow 1959），マーセル・リクター（Richter 1966, 1971），ベント・ハンソン（Hansson 1968），セン（Sen 1971）の研究などによって，次第にその姿が明瞭になっていきました．私がこの研究領域に到着したのは，まさにこの頃のことでした．

ボッサール＆フローベイ 選択の合理化の分野でのあなたの基礎的な貢献のひとつがこの文脈で登場して，その後非常に重要な役割を果たしています．二項関係の順序拡張に関するスピレヤンの順序拡張定理（Szpilrajn's Ordering Extension Theorem）（Szpilrajn 1930）を拡張したあなたの順序拡張定理を，我々は念頭に置いています[14]．スピレヤンは，二項関係の順序拡張が存在するた

---

13)　普遍集合 X の非空部分集合の集合族 $\mathcal{D}$ 上の選択関数 C は，X 上にある選好関係 R が存在して，任意の機会集合 $S \in \mathcal{D}$ から C が選択する非空部分集合 $C(S) \subseteq S$ が，R によって最善と判断される選択肢から構成される場合には，選好関係 R が合理化する選択関数であるという．

第 III 部　制度の設計と選択

めには推移性がその十分条件であることを証明しましたが，あなたの定理は
そこからはるか先に進むものでした．二項関係の順序拡張が一般的に存在す
るためには，あなたが導入した《鈴村整合性》(Suzumura consistency) とい
う性質が，その必要十分条件であることを証明されたのです．この注目すべ
き結果を簡単に振り返って下さいますか．そして，どのようにしてこの主題
を考えるようになったのか，教えて下さいますか．また《鈴村整合性》の潜
在的な応用分野について，なにかお考えでしょうか．

鈴村　この整合性の概念を開発したのは，私がケンブリッジ大学の訪問研究
者であった 1970 年代半ばのことでした．当時私は，2 つの別々の研究計画
を推進していました．第一の計画はリクター＝ハンソンの線に沿う顕示選好
の理論を拡充すること，第二の計画はセンが先導した自由主義的権利の理論
を精緻化して，IPL を解消する経路を探索することでした．無関係であるか
に見えたこれら 2 つの計画が，整合性と名付けた概念に媒介されて実は緊密
に関連していることが判明したのは，当初の予想外の成果でした[15]．

　ハウタッカーは，サミュエルソンによる《顕示選好の弱公理》(weak axiom
of revealed preference) を強めて《半推移性》(semi-transitivity) の公理を導入
して，選好順序による需要関数の合理化を保証する試みを推進しました．ハ
ウタッカーの試みを高く評価したサミュエルソン (Samuelson 1950a) は，半
推移性公理を僅かに修正して《顕示選好の強公理》(strong axiom of revealed
preference) を提唱したのですが，強公理がハウタッカーの半推移性公理と
微妙に異なる公理であることは見過ごしにされました．その当時，リクター
＝ハンソンの理論の延長線上で合理化可能性としての合理的選択を研究して
いた私は，この論脈でひとつのパズルを発見しました．サミュエルソンのシ
ナリオとは異なり，一般的な選択空間上の選択関数に対しては半推移性公理

---

14)　R と R^* は，普遍集合 X 上の 2 つの二項関係であるものとする．R^* が R の順序拡張
　　であるのは，(i) $R \subseteq R^*$，(ii) $P(R) \subseteq P(R^*)$ かつ (iii) R^* は X 上の順序である，
　　という 3 つの条件が成立するときである．ただし，ここで $P(R)$ [resp. $P(R^*)$] は R [resp.
　　R^*] の非対称成分を表している．

15)　合理的選択の理論の文脈では多くの整合性の概念が提唱されている．混乱を避ける
　　ために，Bossert (2008) は Suzumura (1976b) が導入した整合性の新概念を，《鈴村
　　整合性》と命名したのである．我々はこの用語法を踏襲していくことにする．

と強公理の間には論理的な離齬があって，選択関数の合理性を保証するうえで両公理が持つ有効性に懸隔を造り出しているというのが，発見されたパズルです[16]．この事実を意識して，選択行動に顕示される選好の順序拡張によって選択関数が合理化されるのは，私が定式化したハウタッカーの顕示選好公理が満足されるとき，そしてそのときのみであることを，私はSuzumura (1977) において証明したのです．

　顕示選好に関する研究とほぼ同時期にデーヴィッド・チャンパーナウン教授の分配理論のワークショップに出席していた私は，彼の大著 *Uncertainty and Estimation in Economics* (Champernowne 1969) をこの機会にと思って読んでいました．この読書の過程で，私はもうひとつのパズルを発見しました．選好評価や確率評価の整合性に関してチャンパーナウンが導入した整合性の概念は，実際には古典的な推移性の概念と同値であることに，私は間もなく気付いたのです．この発見をきっかけにして定式化した整合性の新概念こそ，《鈴村整合性》でした．普遍集合 X の上で定義される二項関係 R が，t 個の選択肢の列 $(x^1, x^2, \cdots, x^t)$ に対して $(x^1, x^2) \in R$, $(x^2, x^3) \in R$, $\cdots$, $(x^{t-1}, x^t) \in R$ を満足すれば，$(x^t, x^1) \in P(R)$ が成立することは決してないことを要求することこそ，R の鈴村整合性のエッセンスです．

　チャンパーナウン整合性が出会った不運を思うと，鈴村整合的な二項関係の特徴を慎重に検討するあらゆる理由が私にはありました．その結果，(a) 鈴村整合性は論理的な強さにおいて推移性と非循環性の中間に位置するが，R が完備性を持てば推移性と鈴村整合性との論理的なギャップは消滅すること，(b) R が順序拡張 R^* を持つのは，R が鈴村整合的であるとき，そしてそのときのみであること，が確認されました．この最後の性質は先程触れたスピレヤンの順序拡張定理を拡張して，R の順序拡張が存在する必要かつ十分条件は，R が鈴村整合性を持つことであることを示しています．

　私の順序拡張定理は，多くの異なった文脈において本質的な重要性を持つことが次第に明らかになりました．鈴村整合性の概念と二項関係の順序拡張

---

16)　競争市場における消費者の需要関数のように，選択関数が一価関数である場合には，ハウタッカーの半推移性公理とサミュエルソンの強公理との差異は消滅する．両者間の論理的な離齬が長らく見過ごされてきた理由は，まさにこの事実のなかにある．

第 III 部　制度の設計と選択

定理を最初に公刊した論文（Suzumura 1976b）は，バーグソン＝サミュエルソンの社会厚生順序の存在可能性の論脈で私はこの拡張定理を活用しましたが，当時の私の第二の研究計画だった自由主義的権利を社会的に尊重しつつ IPL を解消する方法を探求する過程でも，決定的な役割を担ったのはこの二項関係の順序拡張定理でした．

　鈴村整合性の概念と一般化された順序拡張定理は，個人的及び社会的選択の理論の多くの分野で本質的な役割を演じてきましたが[17]，将来も経済分析の利器として役立ちうることを，私は確信しています．

9. 無羨望衡平性の理論と社会的選択の理論

ボッサール＆フローベイ　1980 年代初期，あなたは，衡平性，特に無羨望衡平性に根差す公平性の概念と，社会的選択の理論との連結環を確立されました[18]．あなたは社会的選択の理論，公平配分の理論，厚生経済学，不平等と貧困の計測の理論，費用便益分析など，規範的経済学の様々なサブフィールドの間の関係を現在どのように考えておられますか．我々はこれらの分野を統一理論に統合することを目指すべきでしょうか．それとも，これらのサブフィールドは，それぞれ独立に発展させていくべきでしょうか．

鈴村　セルジュ・コルム（Kolm 1972/1997）やハル・ヴァリアン（Varian 1974, 1975）といった無羨望衡平性アプローチの提唱者のなかには，アローの社会的選択の理論と彼ら自身のアプローチをはっきり区別立てようとする強い傾向があります．その典型的な一例は，ヴァリアンによる以下の主張です．

　社会的選択の理論は，個人的選好の社会的集計に多くを求めすぎている．この理論の主唱者は，個人的選好順序を集計して社会的な完備順序を求めようとしているが，彼らが解答を求めるべき本来の問題は，個人的選好順序の

---

17)　これらの応用に関する統一的な展望は Bossert and Suzumura（2010）で与えられている．

18)　この主旨で行った私の研究は，Suzumura（1981a, 1983b）に最初に公表されている．

254

プロファイルを社会的に集計して《善い》社会的選択を決定する方法に関わるものだった．そのためにはすべての配分を整合的に序列付ける必要はない．公平性の理論の課題は，まさに本来の質問に答えること——《善い》社会的選択を発見すること——に絞られて，公平性を持たない配分の長所・短所を評価することは，その課題ではなかった．理論の課題をこのように制限すれば，最初の質問に対して相応しい解答を提出することができるのである．

同様な主旨でセルジュ・コルム（Kolm 1972/1997）は次のように主張しています．

　社会的序列に順序の性質を要求するアプローチは，順序の性質を弱めるとか，代替的な整合的選択の性質を要求するアプローチと同様に，衡平性や正義の標準的な概念から見れば奇妙であり，《理性》の通常の意味に基づく合理性の概念からも奇妙である．……なぜ我々は，193番目に善い選択肢を知りたがるのだろうか．《最善》の選択肢のみが，実際に選択を行うために必要であるに過ぎないのである．

コルム＝ヴァリアンの無羨望衡平性の理論とアローの社会的選択の理論を同じ土俵に立たせるためには，パトリック・スッピス（Suppes 1966）による示唆を活用してセン（Sen 1970b, Chap. 9*）が定式化した，《拡張された同感アプローチ》を利用することが有効です．鈴村興太郎（Suzumura 1981a）において私は，（a）無羨望衡平性とパレート効率性の論理的な対立は，センのアプローチを駆使すれば非常に単純・透明に例示できること，（b）《衡平性の拡張公理》（FE）と《選択の整合性公理》（SUA）を共に満足する一般的な社会的選択ルールは存在しないことを証明しました[19]．この結果は重要です．なぜなら，アローの集団的合理性の公理よりはるかに弱い選択の整合性の条

---

19)　公理（FE）はパレート効率集合 $E_f(S)$ と無羨望衡平集合 $E_q(S)$ の共通部分で定義される公平集合 $F(S)$ が非空となる機会集合 S に対しては，社会的な選択集合 $C(S)$ は $F(S)$ と一致することを要求する．公理（SUA）は $[S_1 \subseteq S_2 \ \& \ C(S_2) \subseteq C(S_1)]$ であれば，$C(S_1) = C(S_2)$ が満足されるという主旨の弱い選択の整合性条件であり，アローの集団的合理性の条件よりもかなり弱い要請である．

第 III 部　制度の設計と選択

件のもとにおいてさえ，無羨望衡平性と両立可能なアロー流の社会的選択ルールは一般に存在しないことが示されているからです．それはまた，拡張された同感アプローチは，規範的経済学の様々な分野を，分析の概念的枠組みを拡張して統合できる場合があることを，我々に示唆していると思います[20]．

公理主義的アプローチが持つ大きなメリットのひとつは，明らかに別々のものを同じ公理的な枠組みに統合できる可能性があることです．しかしこの統合過程では，プロクルステスの罠に陥る明確な危険性があります．統一的な枠組みに様々な個別的なアプローチを収容しようとするあまり，それぞれの個別的なアプローチが持つ重要な特徴を見失いかねないという危険性です．もうひとつの危惧は，統合的な公理主義的なアプローチによって得られた結果を，個々のアプローチの本来の文脈に連れ戻してその意義を改めて考える作業が，容易に忘れ去られることです．単一の公理的枠組みにあらゆる部分を統合する方法を安易に追求することには，この意味で潜在的な危険性があることに留意する必要があります．あなたが挙げられた規範的な経済学の様々なサブフィールドのなかで，不平等と貧困の計測の理論，費用便益分析などにおいては，私の懸念は杞憂といっては済まされないように思われます．

10. 経済学と哲学のインターフェイス

ボッサール＆フローベイ　あなたの研究は批判的なアプローチを採用しつつ，厚生経済学の基礎に関する概念的議論への広範で持続的な関心を表していると思います．あなたの考え方では，経済学と哲学の相互交流を，どのように捉えるべきなのでしょうか．また，社会正義についてあなたが最も好む理論はありますか．

鈴村　経済学と哲学の相互交流に関するご質問を聞き，ゲオルグ・ヘーゲルの『法の哲学』の序言の「ミネルヴァの梟は黄昏に飛び立つ」という表現が

---

20)　無羨望衡平性の理論とアローの社会的選択の理論を統一的な枠組みで統合する試みは，Fleurbaey, Suzumura, and Tadenuma (2005) において追求されている．

256

第8章 規範的経済学と社会のインターフェイス

即座に心に浮かびました．哲学が事後的な知恵の体系的な整理に関わるものとすれば，事前的な勧告の提言に携わる規範的経済学との相互交流は，直接的というよりは間接的なものになりがちに思われます．とはいえ，政策勧告を形成する手続きやプロセスの設計と，そのために適切な情報的基礎を固める作業には哲学的な思索が直接的な関わりを持っていて，規範的経済学の研究者には哲学者の思索の軌跡から学ぶべき点が非常に多いと思います．逆に，規範的経済学の知的資産やこの分野で理論的な営為を重ねてきた研究者から哲学者が直接的に影響される点があるかといえば，哲学者でない私には当事者的な判断能力はありません．とはいえ，我々の学会（Society for Social Choice and Welfare）で指導的な役割を担ってきたメンバーのなかには，アマルティア・セン，アラン・ギバード，ジョン・ブルーム，ベント・ハンソン，ピーター・ゲルデンフォルスを始め，第一級の哲学者がいることが例示しているように，哲学者と規範的経済学者との交流は双方向的なものであると私個人は信じています．将来も哲学者と規範的経済学者の双方向的な交流が維持・拡大されて，社会的選択の理論と厚生経済学の哲学的基礎が拡充されていくことを，私は祈念しています．

　第二のご質問に答える前に，様々な正義の理論に対する私のスタンスを説明しておきたいと思います．個人的な信念の問題として私が正義の理論Ａを支持していても，規範的経済学者として私が正義の理論Ｂを完全に無視することが正当化されることにはなりません．経済制度や経済政策の設計と実装の文脈において，正義の理論Ｂを指導理念とすることの論理的整合性や，その持つ含意を明らかにすることは，規範的経済学者の正統な任務であると思うからです．

　この点を明らかにしさえすれば，手続き主義的な正義論と帰結主義的な正義論の間で，人びとに善い帰結を保証するパターナリスティックな立場よりも，人びとが自ら善いと判断する帰結を選択できる環境を衡平に保証する手続き主義的な立場を私が支持することを，隠す理由はありません．

ボッサール＆フローベイ　社会正義に関する議論において，社会的選択の理論家が果たすべき役割について，お考えをもう少し詳しくお聞かせいただけますか．また，個人としてあなたが支持されている正義の理論について，そ

第 III 部　制度の設計と選択

の内容を詳しくお聞きしたいと思います.

鈴村　外部から，社会的選択の理論家に対して，正義の原理 A と B が提示されたものとします. そのとき，彼／彼女は三種類の義務を負うことになります. まず，原理 A と原理 B の論理的な整合性をチェックすること，それぞれの正義の原理が内部的な整合性を持つか否かを確認すること，その原理の帰結がパレート効率性の要請や個人の自由主義的権利の要請と論理的な衝突を引き起こさない保証があるか否かを確認することは，彼／彼女の第一の義務です. これらの関門のいずれかで原理の躓きを発見した場合，彼／彼女は人びとに，危うい正義の原理の盲信を戒めるシグナルを発信するべきです. 彼／彼女の第二の義務は，予備的テストを無事に通過した正義の原理を特徴付ける公理群を発見して，その原理の支持者が自らの倫理的信念の論理的基礎を理解して，支持の頑健性を再確認するための機会を提供することです. 彼／彼女の第三の義務は，原理 A と原理 B が論理的な欠陥を持たず，それぞれの原理の支持が揺るがない場合に，正義の両原理を統合する方法を構想して，複合的な正義の原理の論理的な性能を検討することです. 統合の方法の素朴な数例は，両原理の集合論的な《和》(union)，集合論的な《共通部分》(intersection) 及び《辞書式結合》(lexicographic combination) です. Suzumura (1983b) はパレート効率性の原理と無羨望衡平性の原理を辞書式に結合する折衷的な原理の論理的な性能を検討しています. この辞書式結合の方法は，Tadenuma (2002) によってさらに精緻に追求されています.

　対立する正義の原理を統合した複合的な原理を構想するといいますと，純粋性を尊ぶ人びとには安易な妥協であるとか，不純な折衷主義であるなどと思われるかもしれません. この主旨の批判に対しては，2 つの反論を述べておきたいと思います. 第一に，セン (Sen 1970b/2017, p. 265) が別の論脈で述べているように，「制度論の観点からも思考の枠組みの観点からも，混合的なシステムの重要性は疑いないように思われる. ……オリーブ・オイル，海辺の空気，民話のヒロインの場合には，純粋性の美徳には疑いの余地はないが，集団的選択のシステムの場合にはこの通念は正しくない」というべきです. 第二に，自らの正義の原理を主張する哲学者の場合には，他の原理との混合は，承服不可能な暴挙であるかもしれません. しかし，社会を構成する

第8章　規範的経済学と社会のインターフェイス

個人たちの人格の独自性を尊重して，彼らが構成する社会の民主的な運営の仕組みを設計する社会的選択の理論家にとっては，複数個人の選好や信念を両立させる混合システムの構想は，暴挙であるどころか正統なミッションであるというべきだと思います．

　次に，私が個人的に支持する正義の原理をさらに説明することを要請されていますが，既に触れましたように，私は正義論の二潮流，すなわち手続き的な正義論と帰結主義的な正義論の狭間で，自らのバランス感覚に適うスタンスを発見することに努めてきました．私が現在までに最も影響を受けた正義の原理は，ジョン・ロールズの『正義の理論』（Rawls 1971）とアマルティア・センの《潜在能力アプローチ》（Sen 1985, 2009）です．1970 年代の初めにロールズの正義の二原理に触れたときに覚えた感銘はいまでも記憶に鮮明ですが，現在の私は 2 つの理由で『正義の理論』とは距離をとっています．第一の理由は，正義の判断の情報的基礎に関わっています．ロールズが導入した《社会的基本財》（social primary goods）は，人びとが自ら価値を認める生き方・在り方を支える物質的な条件に専ら注目する点で，《物神崇拝》的なバイアスを持っていることは否定できません．第二の理由は，ロールズによる正義の理論の基本的な課題の設定方法に関わっています．彼の正義の理論は，正義の二原理を満足する最善の社会制度の設計に関心を絞っているのに対して，厚生経済学と社会的選択の理論は，不完全でサブ・オプティマルな人間生活の改善のための道具を発見することに関心を寄せると考える私は，次第にロールズの理論との距離を意識するようになったのです．正義の理論として現在の私が最も納得できるのは，センの潜在能力アプローチを私なりに整合的なモデルに組み上げた理論です．この理論の輪郭は，セン（Sen 1980, 1985, 1996）が嚆矢を放った福祉の潜在能力アプローチを展望して，*Cambridge Handbook on Capability Approach* に公刊される予定の論文（Suzumura 2016b）で述べられています．

第 III 部　制度の設計と選択

11. 産業組織論・競争政策論・産業政策論：
##　　 応用厚生経済学を目指して

ボッサール&フローベイ　*Social Choice and Welfare* の読者の大部分は厚生経済学と社会的選択の理論の分野におけるあなたの研究は承知していますが，あなたは産業組織論，競争政策論，産業政策論など，まったく異なる経済学の分野でも，多くの貢献をされてきました．これらの分野におけるあなたの研究は，厚生経済学と社会的選択の理論とは無関係に推進されたものでしょうか．それとも我々の研究分野におけるあなたの貢献と，なんらかの内在的な関連を持っているのでしょうか．

鈴村　法と経済学の研究の先駆者ハロルド・デムゼッツは，競争という分権的な経済メカニズムは経済学で重要な地位を占めていて，競争メカニズムを抜きにすれば経済学を社会科学の一部と考えることさえ難しいと，ある講義で述べたことがあります[21]．さらに，標準的な厚生経済学の重要な基本命題とされる《厚生経済学の基本定理》は，完全競争的な市場メカニズムの均衡状態と，パレート効率的な資源配分状態との対応関係を精緻に洗練した命題であり，厚生経済学と競争的な資源配分メカニズムは，本来，非常に緊密な親和関係にあります．その意味で，競争的な資源配分メカニズムの性能を，結果的に実現される資源配分の効率性や公平性などの帰結道徳律の観点や，市場競争のプレーヤーを処遇する手続きの衡平性など，非帰結主義的な観点から評価する研究は，規範的経済学の正当なアジェンダであると私は考えています．

　この考え方に立って，1980年代前半に私は《競争と厚生》プロジェクトと名付けた研究計画を，その当時推進中の《日本の産業政策》プロジェクトという大規模な共同研究プロジェクトのサブ・プロジェクトとして推進したことがあります[22]．

---

21)　Demsetz (1982, p. 1). この宣言は，本書第 II 部のはしがきに詳しく引用されている.

260

第8章　規範的経済学と社会のインターフェイス

　私の《競争と厚生》プロジェクトは，競争の役割に関する2つの伝統的な通念を，経済学的にどう理解するべきかという素朴な疑問から出発していました[23].

　第一の通念は「過ぎたるは猶及ばざるが如し」という孔子の箴言を競争が経済厚生に及ぼす効果に適用して，中庸の矩を越える競争——《過当競争》（excessive competition）——は，むしろ社会的に悪をなすと教えていました。これと対照的な第二の通念の起源は新しく，その主張が広く流布されるようになった機縁は，学術の研究さえ世界の潮流から隔離されていた戦前の鎖国状態が解消されて，欧米に留学した新世代の経済学者が，新古典派のミクロ経済学の競争的市場メカニズムの効率化機能に対する信頼を戦後日本に移植したことで開かれました。大胆にいえば，通産省を尖兵とする《日本の産業政策》論の背後には《過当競争》論があり，相対的に弱小な公正取引委員会（公取委）を執行機関とする《日本の競争政策》論の背後には，《競争の厚生改善》論があったのです[24].

　これらの通念は，理論的産業組織論の新たな知見に基づいて正当化できるものでしょうか。コンテスタブル市場理論を創始したウイリアム・ボーモルは，「産業組織論の標準的な分析によれば，最悪の状況である純粋独占から，最善の状況である完全競争に到るまで，産業内で競争する企業の数が増加するにつれて資源配分の相対的効率性は単調に改善されるという通念が，広く支配している」という主旨の発言（Baumol 1982, p. 2）をしています。私はこの通念を《ボーモルの仮説》と名付け，この仮説の妥当性を検討する理論的

22）《日本の産業政策》プロジェクトの最終成果は小宮隆太郎・奥野正寛・鈴村興太郎編『日本の産業政策』東京大学出版会，1982年として出版された。明治期の殖産興業政策にその起源を持つ日本の産業政策は，第二次大戦後の戦後改革の一環として日本の土壌に移植された競争政策（独占禁止政策）と強い緊張関係を継続してきた。この事実を念頭に置いて，1990年代末葉に私は《日本の競争政策》という共同研究プロジェクトを編成して，成果を後藤晃・鈴村興太郎編『日本の競争政策』東京大学出版会，1999年として出版した。

23）これらの通念に関する詳しい議論は，本書第Ⅱ部第4章で展開されている。

24）とはいえ，当時の経済学者が——欧米のミクロ経済学の移植と流布にも関わらず——どこまで競争政策の理論的基礎を正しく理解していたかに関しては，大きな留保の余地がある。この重要な事実に関しては，本書第Ⅱ部第6章の議論を参照されたい。

261

第 III 部　制度の設計と選択

な研究を行いました．ある同質的な財を生産する寡占的産業のモデルを前提とするこの研究はボーモルの仮説の正しさを否定する《過剰参入定理》(excess entry theorem) に帰着しました．この定理によって，競争的企業数の増加に伴って経済厚生を評価基準とする産業のパフォーマンスは単純に改善されるという通念の支配には終止符が打たれました[25]．

　こうして通念的な《競争の厚生改善》論に終止符を打ったものの，私にはそれに対立する《過当競争》論に加担して，市場競争に産業政策による規制の轡を嵌める立場を手放しで擁護する意思はありませんでした．その理由は，過剰参入定理を論証するために使用された経済厚生の評価基準が――部分均衡分析では《市場総余剰関数》(total market surplus function)，一般均衡分析では代表的消費者の効用関数のように――寡占的市場均衡で実現される資源配分が結果的に実現する厚生主義的な測度に限定されていて，競争に参加するプレーヤーの衡平で匿名的な処遇，フリードリッヒ・ハイエクが指摘した《発見手続きとしての競争》(competition as discovery procedure) の機能などを，完全に無視していたことでした．Society for Social Choice and Welfare の招待講演 (Suzumura 1999a) で私が述べたように，競争メカニズムの機能を包括的に評価するためには，伝統的な厚生主義的な評価方法を，非厚生主義的な評価方法によって補完する必要があることを具体的に例示することこそ，過剰参入定理に込めた私のメッセージだったのです．

　理論的産業組織論への私の貢献の性格を説明する第二の事例として，自由な国際貿易の均衡状態を二国間交渉に基づく《輸出自主規制》(voluntary export restraint) によって操作するスキームを，規範的経済学の観点から批判的に評価する研究を挙げたいと思います．この問題に私が関心を持つようになった最初の契機は，1980 年代に激烈化した日米二国間の貿易摩擦に対処する目的で導入された，二国間貿易制限措置に抱いた疑問でした．これらの措置は，ガット (GATT) の多国間主義と無差別原則（最恵国待遇原則と内国民待遇原則）との整合性が疑わしいのみならず，その意図通りの効果を持

---

25)　過剰参入定理に関する私の研究は，Suzumura and Kiyono (1987) として公刊された．Suzumura (2012) は，最初の論文の公刊後 25 年の時点で，過剰参入定理に関する研究状況を展望した論文である．

第8章　規範的経済学と社会のインターフェイス

つ理論的な保証にも欠けているように思われました[26]．この疑問に理論的な決着をつけるため，私は二国間の国際貿易に関する不完全競争モデルを構成して，自由貿易均衡と輸出自主規制のもとでの貿易均衡を，両国の経済厚生に及ぶ効果の観点から比較する研究を遂行しました[27]．この研究の結論は鮮明なものでした．VER を課された輸出国がこの制約を受け入れる誘因を自発的に持つのは，VER 均衡における輸入国の経済厚生が自由貿易均衡における輸入国の経済厚生を下回っているとき，そしてそのときのみなのです．当然生じる疑問は，経済厚生の低下に導く VER を，輸入国側が要請する根拠はなにかというものです．この疑問への解答は実は非常に明快でした．VER 均衡において輸入国の生産者が獲得する利潤は，自由貿易均衡において彼らが獲得する利潤よりも高いことこそ，その理由だったのです．生産者余剰と消費者余剰を合算した総余剰で見れば VER の導入によって経済厚生は低下するのですが，生産者余剰（総利潤）は少数の生産者に集中的に帰属するのに対して，消費者余剰は膨大な数の消費者に広く，薄く帰属するため，VER 措置の導入に関する意思決定に際しては，輸入国側の経済厚生を低下させる措置でも，二国間交渉の政治過程では選択されることになるのです．

　この結論は，VER という貿易制限措置の導入が，直接の当事国に対してさえ不適切であることを，簡単な枠組みでシャープに浮き彫りにしたものですが，二国間交渉による貿易制限措置に対する私の批判には，もうひとつの重要な論点がありました．それは二国間交渉の過程から排除されつつ，その結果として導入される二国間の貿易制限措置のスピルオーバー効果にも晒される第三国があるという問題です．この問題を指摘すると，二国間主義を信奉する人びとはガットの最恵国待遇原則を持ち出して，弁護の論陣を張ろうとします．彼らの認識では，二国間交渉の結果として得られる便益はガット加盟国にも平等に均霑するのだから，ガットの多国間主義に拘泥すると容易に進展しない交渉を，二国間主義の強力な措置——米国包括通商法 301 条，スーパー 301 条に依拠する一方的な制裁措置は，その最悪の例である——な

---

26)　この点に関する一層の詳細については，鈴村興太郎『厚生と権利の狭間』ミネルヴァ書房，2014 年の第 6 章を参照されたい．

27)　この研究は，Suzumura and Ishikawa (1997) として最終的に公刊された．

263

第 III 部　制度の設計と選択

どによって前進させて，その成果を第三国もシェアするシナリオは，十分に
正当化できることになるというものです．私には，この弁護論は問題の根源
を理解しない，愚劣な議論であるように思われます．なぜなら，二国間主義
による交渉から排除された第三国の憤懣は，成果の僅かなおこぼれによって
宥められるものではなく，国際貿易の基本スキームを設計する手続きないし
プロセスに参加する権利を奪われたことにこそ根差しているからです．

　このように，理論的産業組織論や国際貿易論への私の貢献は厚生経済学と
社会的選択の理論への関心と密接に関連していて，厚生主義 versus 非厚生
主義，帰結主義 versus 非帰結主義を巡る研究に際しては，これらの分野に
おける研究成果が私の考え方の重要な背景になっているのです．

12.　規範的経済学を踏まえた政策提言の可能性

ボッサール＆フローベイ　現実の政策決定と競争と規制を含む問題に対する
あなたの理論的な取り組みに言及されましたが，政策決定者は社会的選択の
理論で得られた研究成果に立脚する政策提言に聞く耳を持っているでしょう
か．政治過程を経て実装される政策に，理論家が影響を及ぼす機会はあるの
でしょうか．あなたの経験や印象をお話し下さいませんか．

鈴村　私が日本で持ったささやかな経験――悪い経験と善い経験――をお話
しすることで，お尋ねにできるだけお答えしたいと思います．私の悪い経験
は 1980 年代以降の日本の電気通信改革に関わっています．日本の電気通信
事業をその当時，管轄していた郵政省の諮問機関＝電気通信審議会の委員に
選任された私は，日本電信電話公社の法的独占を改めて，新規事業者の参入
を可能にする改革をデザインする審議過程に参加していました．この過程で
私が学んだことは，審議会の委員の選定，アジェンダの設定，審議プロセス
の舵取りと審議結果の取り纏めは，すべて管轄官庁＝郵政省に掌握されてい
ること，英米で進行していた誘因整合的な規制改革の制度化とは殆ど無縁な
まま，管轄官庁＝郵政省が新たに獲得した規制権限を最大限に駆使して，競
争に規制の轡を嵌める制度改革に権威付けすることが審議会に期待される役

264

割だったことでした．この役割期待に無知なままで，理論的産業組織論の知見を日本の制度改革のデザインに活用する方法を提案する委員は，まるで歓迎されない異端者に他ならなかったのです．私の審議会委員としての任命は最初の一期だけで終了して，日本の経済政策の設計と実装に私の知見を注ぎ込む機会は，その後二度と私に訪れることはありませんでした[28]．

　私の善い経験は，公正取引委員会（JFTC）に競争政策研究センター（CPRC）を新規に附設する作業を先導するように招聘されたことです．CPRC の初代所長として，日本の競争政策の執行機関のなかに法学者・経済学者・JFTC の職員による競争政策の基礎研究を共同で行う組織を附設する作業は，2003年から 2008 年にわたって，私の時間と精力の大きな部分を占めることになりました．私が編成に関わった《日本の産業政策》《日本の競争政策》という共同プロジェクトの経験を踏まえて，また競争と経済厚生に関する理論的な研究成果を背景にして，競争法を中心に据えて法学的研究と経済学的研究が本格的に相互乗り入れする環境を作ることに，5 年にわたる私の所長時代は捧げられました．この間には，戦後経済改革の初期にアメリカから移植された原始独占禁止法の制定過程の研究とか，戦後日本の最大の合併事件である八幡・富士両製鉄所の合併に反対する近代経済学者の運動のリーダーとのインタビュー[29]など，戦後の競争政策の分岐点に新たな光を投じること，CPRC 内部での頻繁な研究セミナーと講義，国際コンファレンスを定期的に開催することなどを梃子として，JFTC と内外の研究者のインターフェイスを充実させることに多少とも貢献することができたと思っています．

　この経験を踏まえて，学術研究者と競争法の立案・実装に関わる人びとの関係について，2 つの指摘をしたいと思います．第一に，JFTC による法的決定は，国会が任命する 5 名の委員の集中的な審議に専ら委ねられて，CPRC がこの決定に直接的な影響を及ぼすチャンネルは当然ながら皆無です．とはいえ，CPRC が経済分析に基づく情報を提供して JFTC による競争政策の決定に間接的に貢献することは，けっして排除されてはいません．第二に

---

28)　私のその他の審議会経験は，通産省（現在では経産省）の産業構造審議会の GATT 部会及び文部省（現在では文科省）の学術審議会に限られている．

29)　本書第 II 部第 6 章を参照されたい．

第 III 部　制度の設計と選択

CPRC は，競争政策の法的枠組みの新たな設計と，その的確な実装の方法が模索されている状況では，JFTC に対して代替的な選択肢を提案するとか，テーブルに載っている選択肢の長所と短所を明らかにして JFTC が直面する選択の実質的な内容を明らかにする作業に貢献できます．この意味では，厚生経済学と社会的選択の理論の研究者が，実際の政策の立案と実装の論脈で経済生活の改善の道具の活用に貢献する余地は，十分あるといってよいと思います．

　私の経験は，公正取引委員会という相対的に弱体な政府機関と，その機関に附置された競争政策研究センターの揺籃期に積まれたものですから，到底一般化できる程に頑丈な情報源ではありません．それでもなお，厚生経済学と社会的選択の理論の研究者には，経済政策の立案と実装の論脈で，我々の研究の実践的な意義をチェックするスタンスを，絶えず意識して戴きたいと期待しています．

ボッサール＆フローベイ　経済政策の実践的な問題に関連して，若い同僚へのあなたの助言を聞かせて下さいませんか．彼らは政策的な問題に関与するべきなのでしょうか．彼らがもっと影響力を持つために採るべき道はなんでしょうか．

鈴村　この分野の研究者に普遍的に妥当する助言があると私は思いません．助言が可能である場合でも，その助言は個々の研究者が持つ比較優位並びに彼／彼女の使命意識次第で異なるものになりそうです．厚生経済学と社会的選択の理論の研究者である限り，人間生活の改善のために，自らの研究に根差した政策提言を行う義務があると考えるひとならば，社会的な意思決定の手続きに関する自らの科学的知見に基づいて整合的な政策勧告を設計すること，その政策の実装のために科学者として可能な発信を行うことを研究者の当然の責務と考えるだろうと思います．このことは社会科学者が学術から政治や行政に転進することを，必ずしも意味しません．学術に携わる資質と政治／行政の実践に必要な資質は明らかに異なりますから，これは当然だと思います．規範的経済学者が研究者という立場を維持しつつ政策提言を行う際に私が助言するとすれば，自らの提言の科学的根拠を絶えず意識すること，自ら行った提言の誤りを——事実の進行によってか，分析の一層の精緻化に

第8章　規範的経済学と社会のインターフェイス

よってか——悟った場合には，その誤りの教訓に照らして自らの政策提言の設計や実装の方法を改める覚悟を持ち続けること，その経験を理論的な研究の場に持ち帰って，研究のアジェンダの軌道を据え直すことです．理論的研究と政策提言の設計・実装の間で頻繁な往復運動を行うことこそ，厚生経済学と社会的選択の理論の研究者が人間生活の改善の道具を鍛える作業に応分の貢献を果たす唯一の方法ではないかと，私は考えているのです．

　ここで急いで追加しなければなりませんが，このルートを辿ろうとすれば，多くの時間と精力を割愛する覚悟が必要です．私自身はピグーの《旧》厚生経済学の創業の理念に影響されて，多くの時間と精力をこの往復運動に傾注して現在に到りました．私の熟慮の選択を後悔する理由はありませんが，その選択がよい帰結に実を結んだかといえば，私は確信を持てないままでいます[30]．

　これに対して，若い同僚が厚生経済学と社会的選択の理論の精緻なパズルを解くことに優れた比較優位を持っていて，理論のフロンティアを拡大することに専念する道を選択される場合には，純粋理論を飛躍させる稀有な才能を祝福する以外に，私にはなにも言い分はありません．彼らの理論的な成果の光がやがて人間生活の改善の道具を鍛える作業の現場に届くことを願っています．

13. 社会的選択と厚生学会と *Social Choice and Welfare*：創成期の回想

ボッサール＆フローベイ　あなたの発言は，学術界の外部での我々の学問の位置について，興味深い示唆を与えてくれました．それでは，経済学の内部あるいは学術世界の内部における厚生経済学と社会的選択の理論の立ち位置

30）　厚生経済学と社会的選択の理論を中核とする福祉の経済学と，時代の相に応じて顔を変える経済政策論とのインターフェイスに関連する模索の軌跡を，本書に記録する作業を開始したとき，私の選択の帰結を整理して評価と批判を受ける機会を得たいという思いがあったことは事実である．

第 III 部　制度の設計と選択

についてはどうでしょうか．あなたは我々の学会（Society for Social Choice and Welfare）と雑誌（*Social Choice and Welfare*）に，両者の草創期より関わられています．我々の学会が将来直面することが予想される課題について，どのような意識をお持ちでしょうか．社会的選択の理論の研究者が経済理論の学術社会において存在感を持つことは，今後さらに難しくなっていくのでしょうか．社会的選択の理論の貢献に対する一般学術誌の態度をあなたはどう見ておられますか．我々の分野に対してバイアスがあるとあなたは感じておられますか．

鈴村　1980 年夏にカーンで開催された社会的選択の理論の記念碑的な国際会議を思い起こしてみましょう．その当時，社会的選択理論の活発な研究者のほぼ全員が集結して，社会的選択と厚生に関する国際学会を創設する重要な意思決定をしたのです．*Social Choice and Welfare* という我々の研究分野の新雑誌を創刊することも，同じ会議で決定されました．

　学会の創立に関する提案は出席者の全員一致で可決されました．さらに，この学会の創設メンバーは，初代会長として異論の余地なくケネス・アローを選出しました[31]．これに対して，新雑誌の創刊に関する提案の方は，創設メンバーの間で深刻な意見の相違が明らかになりました．この意見の相違の背景として，理論経済学・計量経済学の代表的な国際誌が社会的選択の理論に対して異常に強い拒否反応を表明したという事実がありました．この雑誌の編集部の判断によれば，社会的選択の理論の論文は供給過剰であり，その他の研究分野の論文とは別扱いで，これ以降は特別に厳格な採否審査を受けることになるという編集方針を，雑誌に公表したのです．私は，その当時も現在もこの編集方針の選択は誤っていたと思います．ある分野の研究を差別的に処遇することによって，その分野の研究を抑制するという発想は，学術の世界ではありえないことだと思うからです．学会創設メンバーの大多数は同様に考えているようでした．しかし，この不公正な差別的処遇への反応ははっきり二分されました．多数派のメンバーは，我々の研究成果の適切な公

---

31)　その後第二代会長はアマルティア・セン，第三代会長はジョン・ハルサーニ，第四代会長はエルベ・ムーランと続き，私は第五代会長としてこの職責を継承して，次期の会長となったサルヴァドール・バーベラにバトンを渡した．

第 8 章　規範的経済学と社会のインターフェイス

表場所を確保するためには我々自身の雑誌を創刊するべきことを主張しました．私を含めて創設メンバーの少数派は，社会的選択の理論に対する偏狭な処遇は学術の在り方として誤っているが，それは我々が専門誌を創刊して《聖域》——珍鳥の保護区（？）——を確保しようとする正当な理由にはならないと主張しました．私の主張の論拠は，社会的選択の理論を公刊する聖域が作られれば，一般誌の編集者に対して，この研究分野からの投稿論文を公平に審査する手順を棚上げして，「我々の雑誌の広い読者層にとってこの論文は too special であり，分野の専門誌に公刊するのが適切である」という紋切り型の rejection を選択する格好の理由を提供することになるということでした．その結果，保護区に身を寄せた珍鳥間でのみ理解される方言にしてしまうには，厚生経済学と社会的選択の理論が社会科学として持つ固有の意義は too important であると，私は——当時もいまも——信じているのです[32]．

　多数派の支持によって創刊された *Social Choice and Welfare* は，幸いなことに珍鳥区という特殊な地位に縮こまらずに，厚生経済学と社会的選択の理論の標準的な情報伝達の手段に成長して，現在に到っています．とはいえ，この雑誌の誕生の背景となった社会的選択の理論に対する拒否反応は，今後も記憶に留めて我々の研究分野の raison d'être を絶えず自問自答する契機とするべきだと，私は考えています．

14. 社会的選択の分権的実装の理論と超越論的制度主義

ボッサール＆フローベイ　社会的選択の理論と厚生経済学で最近挙げられた主要な貢献は，どのようなものとお考えになっていますか．我々の研究領域は今後どこへ向かうと思われますか．

鈴村　ご質問にお答えする準備として，過去に遡ってジェレミー・ベンサムとアーサー・ピグーに簡単に触れておきたいと思います．ベンサム流の功利

---

32)　アローとセンは，社会的選択の理論の専門誌を創始することに，私とほぼ同じ理由で消極的だった．

269

第 III 部　制度の設計と選択

主義に基づくピグーの《旧》厚生経済学の研究計画は，標準的な理解によると次のように表現できます．n 人（$2 \leq n < +\infty$）の個人が構成する社会を考えるとき，個人的効用の社会的総和 $\sum_{i=1}^{n} u_i(x)$ を選択可能な選択肢全体の機会集合 S 内で最大化する解 $x^{BP} \in S$ を発見して実装できるように，社会の制度的枠組みを設計することが，ベンサムの功利主義を継承するピグーの《旧》厚生経済学の研究計画として，標準的に理解されてきたといってよいと思います．

　これに対して，ライオネル・ロビンズの批判によって，ベンサム＝ピグーの研究計画の《科学的》地位が崩れた後を継ぎ，《新》厚生経済学の標準的な研究計画の地位を得たアブラム・バーグソンとポール・サミュエルソンの研究計画は，f をバーグソン＝サミュエルソンの《社会厚生関数》（social welfare function）とするとき，$f(u_1(x), u_2(x), \cdots, u_n(x))$ を $x \in S$ の制約のもとで最大化する $x^{BS} \in S$ を発見して実装することが，この社会の制度的枠組みを設計する目標であるとして，定式化されています．

　これらの2つの研究計画を比較・対照するとき，以下の2点は重要であると思います．第一に，ピグーのプログラムに登場する u_i は基数的で個人間比較が可能ですが，バーグソン＝サミュエルソンのプログラムに登場する u_i は序数的で個人間比較は不可能です．この差異はロビンズの批判を分水嶺として，ピグーの《旧》厚生経済学とバーグソン＝サミュエルソンの《新》厚生経済学を分かつものでした．第二に，2つの研究計画は，厚生経済学の主要なシナリオを制約条件下の最大化問題の2つの変種として総括するという点では，軌を一にしています．2つの計画を識別する第一点は，従来も厚生経済学の《新》と《旧》を峻別する分水嶺として強調されてきていますが，2つの計画を同類と看做す第二点こそ，厚生経済学の今後を考えるうえではむしろ重要であると私は考えています．この点をまず述べたうえで，お尋ねに答えることにしたいと思います．

　第一のご質問に関して触れたい第一の発展は，レオニード・ハーヴィッツ（Hurwicz 1960, 1972, 1973）とエリック・マスキン（Maskin 1977/1999, 2008）による社会的選択の分権的な実装の理論です．このアプローチの要諦は，社会で支配的な均衡概念が与えられたとき，ゲームがプレーされた結果として実

現する均衡帰結の集合が，プレーヤーの効用関数プロファイルに対応する社会厚生関数を制約条件の下に最大化する解の集合と一致するように，ゲーム形式を設計することです[33]．アローは，『社会的選択と個人的評価』の最初の部分（Arrow 1951, p. 7）で「個人の嗜好を整合的な社会的選好に集約する手続きを構成できた場合でも，個人が合理的に行動する場合であっても彼／彼女の真実の嗜好が顕示されるように，ゲームのルールを工夫するという問題が残されている」と指摘しました．選好の戦略的な虚偽表明を阻止する手続きの存在可能性を尋ねたアラン・ギバード，マーク・サタースウェイト，サルヴァドール・バーベラの貢献と，社会的選択の分権的な実装可能性を追求したハーヴィッツ＝マスキンの研究は，戦略的な観点から社会的選択の理論を体系的に追求した重要な貢献であることに異論の余地はないと思います．この分野で挙げられた精緻な成果を賞讃したうえで，ハーヴィッツ＝マスキン理論が持つある特徴を指摘して，私なりにひとつの留保を述べておきたいと思います．

　私の留保とは，ハーヴィッツ＝マスキンの社会的選択の分権的実装の理論は社会的に《最善》の帰結の分権的な実現を目指して，政府ないし中央計画機関が行う制度設計に専ら関心を絞っていて，ピグーの《旧》厚生経済学の創業の理念を重視する立場——厚生経済学と社会的選択の理論は人間生活の《改善》の道具を鍛えることを課題とする社会科学の一分野だと考える立場——から見て，ハムレットのいないハムレット劇のように正鵠を射ない理論であるかに思われるということです[34]．

　この点とも密接に関わる第二の発展として，私はセンの最近の著書『正義のアイデア』（Sen 2009）に触れたいと思います．この書物は，第一義的には正義論を中心とする哲学への貢献であって厚生経済学と社会的選択の理論に対する貢献を直接に意図するものではありません．彼の議論の主旨を規範的経済学の標準的シナリオに即して翻訳すると，次のように述べて大きな誤り

---

33) バーグソン＝サミュエルソンの社会厚生関数を最大化する社会選択集合の代わりに，このインタビューで既に触れたフォーリー＝コルム＝ヴァリアンの衡平集合を用いる場合でも，以下の議論を本質的に変更する必要はないと思われる．

34) 分権的実装の理論に対する私の留保をもう少し詳細に理解して戴くためには，鈴村『社会的選択の理論・序説』東洋経済新報社，2012 年の第 10 章の参照を求めたい．

第 III 部　制度の設計と選択

はないと思います．議論の出発点は，規範的経済学の内部には 2 つの学派を認めることができるということです．第一の学派によれば厚生経済学の主要な課題は，実行可能な選択肢の集合の中から社会的に《最善》の結果を発見して実装することを目的として，社会の制度的枠組みを設計することです．これに対して第二の学派は，ピグーの《旧》厚生経済学の創業の理念に根差して，第一の学派のように社会的に《最善》の選択肢の発見と実装に焦点を絞るのではなく，人間生活の改良のための道具を設計することによって社会厚生を漸進的に《改善》することを，厚生経済学の主要な課題と考えるのです．厚生経済学のこれら 2 つの学派の間の違いは，センの用語法でいえば《超越論的制度主義》（transcendental institutionalism）と，《比較評価アプローチ》（comparative assessment approach）の違いを，厚生経済学の用語で表現し直したものなのです．

　この主旨の漸進的改善の厚生経済学を追求するためには，社会的に《最善》の帰結に関心を集中するのではなく，ベンサム＝ピグーの《旧》厚生経済学やバーグソン＝サミュエルソンの《新》厚生経済学の分析スキームには帰着できない厚生経済学と社会的選択の理論を構想する必要があります[35]．

　我々の研究分野が今後どこへ向かうのかというお尋ねですが，私は将来的な進化の方向性を予測するとか，今後推進されるべき研究を名指しで推奨するという資格を持っていません．私には，厚生経済学と社会的選択の理論の将来的な進化に対して，個人的な希望を表明することしかできません．

　私はまず，帰結主義的衡平性の研究と並んで，手続き主義的衡平性の研究に一層の関心が傾注されて，規範的経済学の非帰結主義的アプローチが持つ長所と短所に関する我々の理解が一層豊かになることを望んでいます．

　私はまた，世代間衡平性の研究が一層深化されることを期待しています．ヘンリー・シジウィック（Sidgwick 1874/1907, p. 414）の洞察に端を発して，規範的経済学と道徳哲学の多くの研究者が現在世代と将来世代を衡平に処遇することの論理的な帰結を探求してきました[36]．1980 年に International Union for the Conservation of Nature and Natural Resources が提唱して，

---

35)　この点に関して詳しくは Suzumura（2016a, Essay 28）を参照のこと．

環境と開発に関する世界委員会報告（World Commission on Environment and Development 1987)によって広範な認知が確立された《持続可能な発展》(Sustainable Development) という魅力的な概念もこの論脈で言及するにふさわしいものに思われます．シジウィックの世代間衡平性の原理を彷彿させるこの概念の正確な分析は，将来の発展を待つ点を数多く残しているように思われます．これらの分析を推進するうえで私が重視する問題は，デレク・パーフィット（Parfit 1984）が指摘した個人の人格の《非同一性問題》(Non-Identity Problem) です．シジウィック＝クープマンス＝ダイアモンドらの不可能性定理にせよ，持続可能な発展の概念の分析にせよ，従来の研究は現在から無限の将来世代まで全世代の効用流列を情報的な基礎としてきましたが，パーフィットは将来世代の人格は現在世代が行う選択次第で可塑的（malleable）であることを指摘して，世代間問題の規範的研究が今後正視すべき新たな問題を暗示したのです．規範的経済学の研究者と哲学者の集中的な努力が，将来世代の人格の非同一性問題を考慮に入れた世代間衡平性と持続可能な発展の研究に突破口を開くことを，私は強く願っています．この研究は地球温暖化の問題のように，差し迫るグローバルな危機状況に対して社会科学者が貢献できるチャンネルのひとつであると，私は確信しているのです．

15. Quo Vadis?

ボッサール＆フローベイ　2008 年に一橋大学を引退されたあなたは，その後 6 年間にわたって社会的選択の理論と公共哲学を講じた早稲田大学を 2014 年に引退されました．その際に行われた最終講義のタイトルは《血の通った厚生経済学を求めて》ですが，この異色のタイトルのもとにあなたが伝えられたメッセージを説明して下さいますか[37]．

---

36)　チャリング・クープマンス（Koopmans 1960）とピーター・ダイアモンド（Diamond 1965）が定式化した世代間のパレート原理とシジウィックによる世代間衡平性原理の対立の問題に触発されて，現在までこの分野で行われてきた膨大な研究の簡潔な展望は，鈴村「世代間衡平性の厚生経済学」『経済研究』第 53 巻第 3 号，2002 年及び Roemer and Suzumura（2007）で与えている．

第 III 部　制度の設計と選択

鈴村　《血の通った厚生経済学》という表現は，ジェームズ・ミードの 80 歳の誕生日を記念してロバート・ソローが捧げた献辞（Solow 1987）から借用したものです．ソローの認識によれば「ミードの研究は，厚生経済学の基礎理論を追求したものといえようが，それは血の通った厚生経済学（welfare economics with red corpuscles）であり，洗練されて痩せ細った厚生経済学——すべての環境条件が凸性を満足して，すべてのひとが完全な知識を持ち，すべての状態指定付きの将来財に対して完全競争的な市場が完備していれば，費用を要しない一括移転が可能である限り，想像可能な最善の世界において最善の成果を達成することができる，と結論するような厚生経済学——ではない．彼の厚生経済学は，諦観を与える経済学ではなくて，勧告を与える経済学である」のです．ミード＝ソローの厚生経済学は，ピグーの《旧》厚生経済学の創業の理念に連なるものだと，私は考えています．ソローの奇妙な表現を私が借りたのは，ピグーやミードの精神に直結する厚生経済学の復活を期待してのことでした．私の最終講義は，40 年以上に及ぶ私の厚生経済学と社会的選択の理論の研究を振り返って，血の通った厚生経済学を構築するという観点から自らの研究履歴を振り返るものになりました．

　ひとの引退にはいくつかの側面がありますが，彼／彼女が最も強い関心を持つ活動に，残されたエネルギーを傾注する《自由》を獲得することこそ，その最善の側面であると私は確信しています．引退によって獲得されたこの自由を最大限に活かして，血の通った厚生経済学のさらなる探求に乗り出す日々を，私は楽しみに待ち望んでいます．

37）　著者の早稲田大学最終講義は，その後 LSE で行った招待講演と統合して，本書の第 9 章「血の通った厚生経済学を求めて」に収録した論文に纏められた．

第9章

血の通った厚生経済学を求めて

　　京都大学経済研究所（1973 ～ 1982 年）と一橋大学経済研究所（1982
～ 2006 年 3 月）を拠点に国立大学附置研究所の研究生活を終了した著者は，
その後，早稲田大学政治経済学術院で学部と大学院の教育活動を経験した．
階段教室を埋め尽くす 400 名を超える受講者に，社会的意思決定の基礎を
教える講義は，専門的な研究者を念頭に置いて，研究成果を精確に表現し
て論証する作業に専念してきた著者の《表現の作法》に，強い影響を及ぼ
すことになった．2014 年 2 月に著者は早稲田大学の最終講義《血の通っ
た厚生経済学を求めて》を行って，大規模大学での教育経験を終えること
ができた．その直後に著者は，国際的な研究活動の出発点となった LSE を
訪問して Centre for the Philosophy of Natural and Social Sciences,
London School of Economics and Political Science 主催の *Choice
Group Workshop on "Rationality and Consistency" in Honor of
Kotaro Suzumura* において *Consistency and Rationality: A Pilgrimage*
という講演を行う機会を得た．本章はこれらの講義と講演を踏まえて新た
に執筆した論文である．

　　タイトルに選んだ《血の通った厚生経済学》（welfare economics with
red corpuscles）という表現は，経済成長論への貢献を対象に，ノーベル
経済学賞を得たロバート・ソローに倣って選択されたものである．精緻化
の極致に到達して現実の人間生活の改善に寄与する志向と懸け離れた厚生
経済学の現状を憂えて，ソローはアーサー・ピグーによる厚生経済学の創
業の理念を想起させるこの表現を，ジェームズ・ミード（1907 - 1995）
の 80 歳の誕生日を祝福する機会に鋳造したのである．洗練されて痩せ細っ
た厚生経済学ではなくて，人間生活の改善を目指して政策勧告を処方する
厚生経済学こそ，ソローが意味する《血の通った厚生経済学》だった[1]．

　　ミクロ経済学の規範的側面及びその政策的な応用分野を専攻した著者の

第 III 部　制度の設計と選択

　　　　研究履歴は，民主主義的な意思決定手続きへの知的好奇心に端を発して，
　　　　厚生経済学と社会的選択の理論をほぼ独習することから出発した．研究者
　　　　の巡礼の旅は多くの紆余曲折に遭遇する旅であり，著者の巡礼の旅も全く
　　　　その例外ではない．知的好奇心に先導されて，当時の学会のフロンティア
　　　　で発見したパズルの解決に熱中した挙げ句，その後の研究で重要な役割を
　　　　果たす成果に繋がる意外な幸運に恵まれたこともあるが，軽率に誘惑的な
　　　　問題の狐火を追いかけて，痛恨の蹉跌に逢着したことも稀ではない．累々
　　　　と重なる失敗の教訓は，いまも見果てぬ夢の世界で咀嚼することにして，
　　　　本章では現在地点にまで到着した道筋に限って，著者の巡礼の旅の軌跡を
　　　　辿る中間報告を綴ることにしたい．

1.　規範的経済学の歴史的背景

　私が理解する現代の《規範的経済学》（normative economics）には，《厚生
経済学》（welfare economics）と《社会的選択の理論》（social choice theory）の
二つの翼が備わっています．厚生経済学は，現存するものにせよ想像上のも
のにせよ，経済制度の性能を批判的に吟味して，人びとの福祉の観点からそ
の性能を改善するために，代替的な制度や政策を設計してその実装の手段を
研究する経済学の一分野です．社会的選択の理論は厚生経済学の理論的な基
礎，特に福祉の改善に関する判断基準を人びとの個性的な判断に基づいて形
成する方法を研究する社会科学の一分野です[2]．規範的経済学のこの両翼は，
経済の制度や政策を，経済学の外部から指定された《与件》（data）ではなく，
設計や選択の対象となる内生《変数》（variable）と考えるという点で，基本
的な考え方を共有しています．
　規範的経済学の起源を追求して，古代ギリシャの大哲学者アリストテレス
が残した『政治学』や古代インドのマウリヤ王朝の宰相・軍師カウティリヤ

---

　1)　ソローの表現に込められた厚生経済学の課題意識は本書第 8 章の末尾で詳しく説明
　　　した．洗練されて痩せ細った厚生経済学という表現の意味も同じ箇所で具体的に説明
　　　している．
　2)　規範的経済学に対するこの理解方法は Suzumura（2002）及び鈴村（2009）の第 6 部
　　　《問題設定》で導入された考え方である．

の『実利論』にまで遡るアマルティア・センの見解には，それなりに説得的な根拠があります[3]．ジョセフ・シュンペーターも「厚生経済学の神聖かついにしえに遡る起源」を強調して，「カラファ及び彼の後継者たち，スコラ派の学者たちと彼らの後継者たちの業績の大宗は，まさに厚生経済学の研究だった」(Schumpeter 1954, p. 1069) と述べました．現代の厚生経済学の生成過程で重要な役割を果たしたポール・サミュエルソンも，『経済分析の基礎』の第8章冒頭に，「哲学者，目的論者，時事評論家，特別弁護人及び改革家の著作を皮切りに経済学は公共政策と厚生の問題に終始関心を寄せてきた」と記しました[4]．

　このように，厚生経済学の歴史的起源は非常に古いのですが，社会的選択の理論の歴史的起源は，ある意味では一層古いと考えるべき理由があります．アリストテレスの師プラトンの『国家』は，自律的で理性的な人びとが，自発的に社会的な協力関係に自らを繋ぐ根拠を尋ねて，人びとが自分だけでは充足できない《必要》こそ，国家《制度》の成立の背景であると指摘しています．プラトンによるこの洞察は説得的ですが，ひとは協力活動に貢献する《能力》においても，協力関係に依存して実現したい《目標》においても，きわめて異質な存在だという事実が残されます．そのため，社会的な協力の必要性を前提に，異質な人びとの多様な必要を効率的で衡平に充足できる制度を設計して実装するために，社会的協力関係の編成原理を研究して異質的な人びとをひとつの国家《制度》に統合する可能性を追求するという課題が，自然に登場してきます．これこそ社会的選択の理論の出発点となる根本的な

---

　3)　アマルティア・センは，*Collective Choice and Social Welfare* (Sen 1970b/2017, p. 1) の拡大版に付された新たなイントロダクションの冒頭で，次のように述べている．

Challenges of group choice can be extensive and exacting, particularly because of the divergent interests and concerns of its members. Social thinkers have speculated, for a very long time, on how the concerns of the members of a society can be reflected in one way or another in the decisions taken in a responsive society (even if it is not fully democratic). For example, Aristotle in ancient Greece and Kautilya in ancient India, both of whom lived in the fourth century BC, explored various different possibilities in social choice in their classic books, called *Politics* and *Economics* respectively.

　4)　Samuelson (1947, p. 203).

第 III 部　制度の設計と選択

課題なのです[5].

　規範的経済学の歴史的な起点は非常に古いとはいえ，厚生経済学と社会的選択の理論の哲学的ないし分析的な基礎を理解するためには，イギリスの法学者・哲学者ジェレミー・ベンサム（1748–1832）の功利主義哲学，英仏海峡を挟む革命期フランスに登場した応用数学者・物理学者で多くの戦勲も挙げた士官シャルル・ド・ボルダ（1748–1832）と数学者・哲学者・経済学者ニコラ・ド・コンドルセ侯爵（1743–1794）の選挙と投票の理論への貢献に，規範的経済学の実質的な起点を認める短絡路を辿っても，大きな誤りはないように思われます[6].

　まず，ベンサムの功利主義哲学に基点を持つ《旧》厚生経済学が，アーサー・ピグーの主著『厚生経済学』の出版（1920 年）とともに誕生してやがて《新》厚生経済学に成熟していった経緯と背景を，簡潔に追跡してみたいと思います.

---

5)　私の最初の著書『経済計画理論』（筑摩書房，1982 年）は，この視点に立って社会的選択の理論の構想と成果を体系的に記述した研究書だった．本書初版に僅かな改訂を施して第 I 部に再録して，新たに執筆した論文「四半世紀後の社会的選択の理論」を第 II 部に収録した著書『社会的選択の理論・序説』（東洋経済新報社，2012 年）は，前著の公刊 30 年後に出版されている（以上，鈴村 1982/2012）.

6)　古代ギリシャのプラトンの『国家』から，フランス革命期のボルダ及びコンドルセの投票理論までの間には，社会的選択の理論への重要な貢献が皆無だったというわけではもちろんない．ローマ帝国の執政官・小プリニウス（西暦 61–112）は，採決の際に票を集計する適切な方法に関する問題提起をした，最初の人物として記憶されている．また 13 世紀スペインの神学者・哲学者ラモン・ルル（1235 頃–1315）は，これまで知られている限りで，相対多数決ルール以外の選挙法に初めて言及した人物と認められている．ドイツの哲学者・数学者・神学者・枢機卿ニコラウス・クサヌス（1401–1406）は，ルルの選挙法を改良して現代の選挙理論の第二の開拓者としての地位を確立している．クサヌスの死後，投票方法と選挙の理論は数百年間にわたる冬眠状態に陥り，ルルとクサヌスの先駆的な貢献は完全に忘れ去られた．この冬眠状態を脱してフランス革命期のボルダとコンドルセが社会的選択の理論の歴史の歯車を大きく前進させた後にも，ルルとクサヌスの足跡が再発見（McLean and London 1990, 1992）されるまでには，さらに 200 年近くもの時日が必要とされたのである．

　社会的選択の理論の初期の歴史に関しては，McLean and London（1990, 1992），McLean and Urken（1995）の General Introduction 及び Szpiro（2010）を参照されたい．ルル及びクサヌスの先駆的業績の精粋部分は，McLean and Urken（1995）の第 3 章と第 4 章に英訳されている．

2.《旧》厚生経済学の功利主義的な価値前提

　ジェレミー・ベンサムが経済・社会政策の基本原理に据えた《功利主義》（utilitarianism）哲学は，《最大多数の最大幸福》（the greatest happiness of the greatest number）という人口に膾炙した標語[7]で知られています．ベンサムがこの標語を最初に公表した *A Fragment on Government* （Bentham 1776）の手許コピーには，"[T] his was the very first publication by which men at large were invited to break loose from the trammels of authority and ancestor-wisdom on the field of law." と手書きで記入されているそうです[8]．野心旺盛な若者だけに可能な情熱と自負を背負って誕生した功利主義哲学の《最大多数の最大幸福》原理ですが，その核心は実は曖昧です．その後登場した膨大なベンサム文献も，この曖昧さを十分に払拭できたとはいえそうにないのが現状です[9]．この点は後に改めて検討する機会がありますが，さし

---

7)　*A Fragment on Government* の序文で，ベンサムは次のように主張している．

　Corresponding to *discovery* and *improvement* in the natural world, is *reformation* in the moral; if that which seems a common notion be, indeed, a true one, that in the moral world there no longer remains any matter for *discovery*. Perhaps, however, this may not be the case: perhaps among such observations as would be best calculated to serve as grounds for reformation, are some which, being observations of matters of fact hitherto either incompletely noticed, or not at all would, when produced, appear capable of bearing the name of discoveries: with so little method and precision have the consequences of this fundamental axiom, *it is the greatest happiness of the greatest number that is the measure of right and wrong*, been as yet developed.

8)　Introduction to *A Fragment on Government* by Ross Harrison, Bentham （1776/1988, p. vi）.

9)　《最大多数の最大幸福》という標語それ自体は，ベンサムの造語ではない．ベンサム研究の世界的権威ジョン・ディンウィディによれば，「おそらく［ベンサム］が《最大多数の最大幸福》という文言を最初に知ったのは，ベッカリアの『犯罪と刑罰』の英訳（1767 年）においてだった」（Dinwiddy 1989, 永井・近藤訳，p. 3）．また，《功利主義的》（utilitarian）という造語はベンサムによるが，このラベルで表現される道徳哲学の伝統は彼以前にも数多くあって，ベンサムはこの事実を率直に認めていた．とはいえ，ディヴィッド・ヒュームは「存在するものを説明するために功利主義の原理

第Ⅲ部　制度の設計と選択

あたり標準的な解釈を採用して，経済・社会政策の基本指針は，社会全体の幸福の増進を目指すことであり，回避すべき政策とは，社会的な幸福を減少させる政策であるという考え方に基づき，功利主義が切り開いた地平を確認したいと思います．この解釈のもとで，功利主義は3つの重要な特徴を備えています．

（1）帰結主義

　政策の是非を評価するに際して，その政策が生む《帰結》（consequence）に関する情報を専ら重視する立場を《帰結主義》（consequentialism）と呼ぶ．ベンサムの功利主義は帰結主義に基づく道徳哲学・政治哲学の典型的な一例である．

　これに対して，政策の是非を評価するためには帰結と並んで帰結とは独立な情報の入手も必要だと考える立場は，《非帰結主義》（non-consequentialism）と呼ばれている[10]．

（2）幸福主義

　帰結主義に依拠して政策の是非を評価するに際して，人びとの幸福に関する情報を専ら重視する立場は《幸福主義》（happiness-focused consequentialism）と呼ばれるに相応しい．この考え方によれば，人びとの快楽を増大させたり苦痛を減少させるような政策こそが，適切な政策に他ならないことになる．換言すれば，人間社会で《内在的な価値》（intrinsic value）を認められるのは，快楽の増大や苦痛の減少が示す幸福だけであって，帰結に関するそれ以外の情報は幸福になるための手段としての《道具的な価値》（instrumental value）しか認められないのである．

を用いた」が，ベンサムは「あるべきものを示すためにこの原理を用いた」のである．すなわち，「ヒュームは，道徳と正義の既存の規則あるいは慣習は，究極的には人類にとっての有用性に基づくことを示すことに自らの仕事を限っていた」が，「功利の原理を改革と革新の手段として体系的に利用したのは，ベンサム自身だった」のである．Dinwiddy（1989, 永井・近藤訳, pp. 62-63）を参照のこと．

10)　非帰結主義とはいえ，この立場は帰結と並ぶ考慮事項も無視すべきではないとする立場なのであって，帰結の重要性を完全に否定する立場ではないことに留意したい．

280

これに対して，自由・平等・権利などには，人びとの幸福とは独立な内在的価値があると考える立場は，《非幸福主義》と呼ばれるに相応しい[11].

（3）総和主義（social sum-total maximization）

功利主義は一個人の幸福の最大化ではなく，社会を構成する人びとの幸福の総和の最大化に関心を寄せている．その際に「各人をひとりとして数え，誰もそれ以上にも以下にも数えない」（ベンサム）という意味で，すべての人びとに対して平等な手続き的な配慮が払われている[12].

個人的な幸福の社会的総和の最大化こそ経済・社会政策の行動指針の基本原理であるとする古典的功利主義と，様々な精緻化を経て進化した現代功利主義との間には，重要な相違が認められます．精緻化された功利主義に深入りすることはこの講義の限られた目的から避けざるを得ませんが，以下の二点には注意を喚起しておきたいと思います[13].

第一に，古典的功利主義が人びとの《幸福》に専ら注目する立場に対しては，《快楽主義》的哲学（hedonistic philosophy）として，軽視ないし蔑視する

---

11) 非幸福主義とはいえ，この立場は幸福と並んで自由・平等・権利にも内在的価値を認める立場なのであって，幸福の重要性を全面的に否定する立場ではない.

12) 総和最大化という手続きは，個人の効用の測定可能性と個人間の加算可能性を前提している．ディンウィディ（Dinwiddy 1989，永井・近藤訳，p. 81）によれば，「ベンサムは，様々な感性を持つ様々な人びとが経験する様々な種類の快楽を正確に比較することは不可能ではないまでも困難であること，これら多様な快楽を集計する試みは人為的にならざるを得ないことをはっきり認め」て，「日付のない草稿」のなかで，「追加する以前に別個のものであったように，追加した後でも別個のままに留まる追加量について語ることは無意味である．一人の人間の幸福は別の人間の幸福では決してないであろう．ある人にとっての利得は，別の人にとっての利得ではない．それは20個の林檎を20個の梨に加えようとするようなものだ」と指摘している．だが，それに続けてベンサムは，「立法者または政策立案者の見地からすれば，人びとの好みまたは効用の基本的同質性について，いくつかの想定がされる必要がある」と主張して，「様々な民衆の幸福が加算可能であることは，厳密に考えればいかに架空の虚言と思われようと，この可能性を考慮に入れない限りあらゆる政治的考慮が停止してしまう」という理由で，最大幸福原理の正当化を試みている.

13) 興味を持たれる読者は，Griffin (1986)，Glover (1990)，Scheffler (1982/1994)，Sen and Williams (1982)，Sidgwick (1874/1907)，Smart and Williams (1973) を，手始めに参照されたい.

第 III 部　制度の設計と選択

傾向がありました[14]．このことも一因となり，現在では人びとが政策の帰結から獲得する《効用》（utility）——幸福，満足ないし欲求充足，福祉の数値的な指標など，様々な観念を押し込んだ複合的な表現——で古典的功利主義が重視する幸福を置き換える慣行が根付いています．この散漫な慣行には，アマルティア・セン（Sen 1985, 鈴村訳, pp. 31-38）によって，厳しい批判が提起されています．

　第二に，古典的功利主義は政策の適宜性の判断を専ら政策の帰結から従う個人の幸福ないし効用の社会的総和の比較に委ねました．これに対して《規則功利主義》（rule utilitarianism）と呼ばれる精緻化された功利主義は，個人の幸福ないし効用の社会的総和に関する情報だけで，政策の適宜性を短絡的に判断する考え方とは一線を画して，道徳的な義務の履行や権利の擁護と，《最大多数の最大幸福》の追求を整合化する工夫を凝らしています．様々な道徳的な義務の履行や権利の擁護が社会全体の幸福の増大に貢献するかどうかを評価して，貢献すると認められる義務や権利を社会的に尊重するという考え方がそれです．最大多数の最大幸福原理を唯一無二の道徳原理とする古典的な功利主義に固執せず，最大多数の最大幸福原理を第一原理として，第一原理が是認する義務の履行や権利の擁護を第二原理として包摂する立場こそ，規則功利主義であるといってよいと思います．これに対して，道徳的義務の履行や権利の擁護を固有の価値として殊更に重視せず，あくまで個々の行為に即して功利主義的な評価を行う立場は，《行為功利主義》（act utilitarianism）と呼ばれて区別されています．

　ここで前に進むに先立って，ジョン・スチュワート・ミルの『自由論』（Mill 1859）で導入された《他者危害原則》（"harm-to-others" principle）にも簡潔に触れておきます．ミルが『自由論』で定式化した自由主義は，以下の主旨の規則功利主義的な考え方でした．

　　自由の名に値する唯一の自由は，他人の幸福を奪い取ろうとせず，また幸福を得ようとする他人の努力を阻害しようとしないかぎり，我々が自分自身の

14）　この些か不当なベンサム批判に対する反論として，ディンウィディの議論（Dinwiddy 1989, 永井・近藤訳, pp. 38-39）は相当の説得力を備えているように思われる．

第9章　血の通った厚生経済学を求めて

幸福を自分自身の方法において追求する自由である（Mill 1859, 塩尻・木村訳, p. 30).

　何びとも，単に酩酊しているだけでは，処罰されるべきではない．しかし，兵士または警官が公務中に酩酊しているならば，処罰されてしかるべきである．つまり，個人に対してあるいは公衆に対して，明確な損害または明確な損害の危険が存在する場合には，問題は自由の領域から除外されて，道徳や法律の領域に移されるのである（Mill 同上書, 塩尻・木村訳, p. 165).

　個々のひとの私事に関しては，正義と政策との一切の原理に照らして，決定権はその結果を甘受せねばならない個人自らに与えられなければならない（Mill 同上書, 塩尻・木村訳, p. 167).

　このように，ミルは自由放任主義者ではなく《規則》功利主義者であり，他人に危害を与えない限り個人の自由を保障するという規則を採用した方が，個人の自由を絶えず制約する社会より，長期的には最大多数の人びとに最大幸福をもたらすと考える《規則》自由主義者であったのです[15].
　実際にはベンサムも，第一原理である功利主義的な政策を実施する際には，第二原理として機能する規則が必要だと考えていたように思われます．事実，ベンサムは政府が追求すべき目標として，生存と安全の保障，豊かさと平等の追求を掲げて，そのうちなにより優先すべきなのは人びとの生存と安全を保障することであって，豊かさと平等は生存と安全が保障された後に初めて配慮されるべき目標であると考えていました．それにも関わらず，ベンサムの倫理学の中枢に位置する《最大多数の最大幸福》原理の標準的な定式化は，以下の形をとっています．

15）　ミルの自由主義は，個人の自由は天賦の先験的権利ではなく個人の自由を尊重する社会の方が尊重しない社会よりも長期的な観点から幸福な社会になるという功利主義的な根拠付けに基づいた自由論なのである．ミルを指して功利主義と自由主義の間で遅疑逡巡した折衷的な思想家と見做す考え方には，著者は敢えて異論を唱えておくことにしたい．

第 III 部　制度の設計と選択

(JB) n 人（$2 \leq n < +\infty$）の個人から構成される社会は，個人的効用の社会的総和 $\Sigma_{i=1}^{n} u_i(x)$ を選択可能な社会的選択肢の機会集合 S の範囲内で最大化する選択肢 $x^B \in S$ を発見して実装するように，制度的枠組みを設計すべきである[16]．

　ベンサムの功利主義に立脚するイギリスの道徳哲学の伝統を引き継いで，経済政策の基本原理を《厚生経済学》(economics of welfare) の名称を冠して総合したのは，ケンブリッジ大学のアーサー・ピグーでした．ピグーは，資源の制約条件に服しつつ，個人的効用の社会的総和を最大化する政策を追求する研究計画の開拓者となりました．主著『厚生経済学』の序文（Pigou 1920，気賀ほか訳，第 1 巻，p. 61）には，厚生経済学者が遂行する複雑な分析は単に頭脳の鍛錬ではなく，人間生活の改善の道具であるという創業宣言が記されています．彼の理念は，創業宣言以来ほぼ一世紀を経過した現代でも，崇高な理念だけが持ち得る強い説得力を持って我々に迫ります．しかし，ピグーの《旧》厚生経済学の功利主義的な基礎には，それを踏まえた建設の槌音も消えない 1930 年代初頭にライオネル・ロビンズの『経済学の本質と意義』（Robbins 1932，辻訳，pp. 208-210）による深刻な批判が提起されています．ロビンズによれば，

　一群の選択肢に対する個人の選好順序を表現する［効用］測度の存在を仮定して，一つの［効用］測度を別の測度と比較することと，この測度の背後にそれ自体として［個人間で］比較可能な数量が存在すると仮定することは，まったく異なっている．……個人 A の選好は重要性の階梯で個人 B の選好の上位に立つという主張は，個人 A は選択肢 m より選択肢 n を選好するが，個人 B は選択肢 m と選択肢 n を異なる順序で選好するという主張とは全く異なっている．前者は慣例的な価値判断の要素を含んでいて，本質的に規範的［な性質の判断］である．それは純粋科学のなかには占める位置を持たない．……異なる人びとの満足を比較する［科学的な］方法は全く存在しないのである．

---

16)　ここで JB は Jeremy Bentham の略記法であり，u_i は個人 i の効用関数である．

第9章 血の通った厚生経済学を求めて

ロビンズの主張は，しばしば誤解されているように個人の効用ないし厚生の個人間比較は不可能だと断定したものではありません．経済学者も含めて一般の市民が，《個人的》な効用ないし厚生を《個人間》で比較することは殆ど日常茶飯事であって，その可能性を否定する根拠はありませんし，このような比較が市民の自発的な慈善行為の背景にあることは明白な事実であるように思われます．しかし，異なる個人の効用ないし厚生の個人間比較を正当化する《科学的》な根拠は経済学の内部にはないと，ロビンズは主張したわけです．この事実は，「経済学は様々な目的の間で中立的であって，究極的な価値判断の妥当性について意見を述べることはできない[17]」という彼の言明に，明瞭に現われています．

1938年以前に出版された厚生経済学の重要文献にすべて通暁していたと豪語するポール・サミュエルソンの証言（Samuelson 1981）によれば，《善》の実現を求めて経済学を専攻した同時代の経済学者たちは，ロビンズが王様は裸だと叫んで異なる人びとの効用を比較することの妥当性を客観的・科学的に証明することはできないと主張したとき，寒空のもとで自分は裸であることを突如悟らされて，激しい衝撃に襲われたのでした．

ロビンズの批判に応えて効用ないし厚生の序数的測度を情報的基礎として《新》厚生経済学を建設する作業は，1930年代の終盤に始まりました．次にこの建設作業のエッセンスを述べて，簡潔に評価したいと思います．

3. 序数主義的な《新》厚生経済学の誕生

ロビンズの批判がベンサム＝ピグーの研究計画——計画（**B-P**）と略記[18]——の《科学的》な基礎を破壊した廃墟に，個人間比較不可能な序数的効用の概念に基づいて《新》厚生経済学を再建する試みは，イギリスとアメリカで開始されました．ニコラス・カルドア（Kaldor 1939）とジョン・ヒックス（Hicks 1940）に先導された第一の学派は，経済的な変化により有利化された人びと

---

17) Robbins（1932，辻訳，p. 221）.
18) ここでB-PはBentham-Pigouの略記である．

第 III 部　制度の設計と選択

と不利化された人びととの間に《仮説的な補償》の支払いという理論的中間項を導入して，序数主義的厚生判断の射程を個人間で利害対立が発生する状況まで拡張しようとした《補償原理学派》でした[19]．第二の学派は，アブラム・バーグソン（Bergson 1938）が最初に提唱して，ポール・サミュエルソン（Samuelson 1947, Chapter 8）が精緻化と普及に貢献した《社会厚生関数》（social welfare function）の概念を中核に据えた《社会厚生関数学派》でした[20]．

　《新》厚生経済学の両学派に共通する出発点はヴィルフレッド・パレートに帰着される《パレート原理》（Pareto principle）でした．社会的選択肢の集合を X $(3 \leq \#X)$，社会を構成する個人の集合を N $(2 \leq \#N < +\infty)$ と書き，個人 $i \in N$ の序数的効用関数を $u_i : X \to \mathbb{R}$ とするとき[21]，選択肢 $x \in X$ が選択肢 $y \in X$ を弱い意味［resp. 強い意味］で《パレート優越》するのは，全個人 $i \in N$ に対して $u_i(x) \geq u_i(y)$ が成立する場合［resp. 全個人 $i \in N$ に対して $u_i(x) \geq u_i(y)$，少なくとも一個人 $j \in N$ に対して $u_j(x) > u_j(y)$ が成立する場合］であると定義します．パレート原理とは，選択肢 x が選択肢 y を弱い意味［resp. 強い意味］でパレート優越すれば，x は y より弱い意味［resp. 強い意味］で社会的に望ましいと判定する厚生基準です．この基準は，個人間で社会的選択肢の是非に関する利害対立が発生しない場合にのみ適用可能な弱い基準です．パレートの厚生基準を採用するという点では，《新》厚生経済学の両学派は歩調を合わせているのですが，個人間で利害対立が発生する状況にパレート原理の適用射程を延長する方法に関しては，両学派は全く異なる進路を辿りました．

　補償原理学派が採用した方法は，ケネス・アロー（Arrow 1951, pp. 40-41）によって導入された《補償同値類》（compensatory equivalence class）という

---

19)　補償原理の先駆的な導入者としてジョン・スチュワート・ミルや，エンリコ・バローネの貢献を指摘する主張（Chipman and Moore 1978, p. 548, footnote 2）もあるが，本章ではこの点への立ち入りは避けておきたい．とはいえ，本書第2章の第3節では，サミュエルソンも同主旨のコメントを述べていることは付言しておくことにする．

20)　ジョン・チップマン（Chipman 1976, pp. 66-67 & pp. 109-110）は社会厚生関数の概念を創始した功績をバーグソン（Bergson 1938）にではなく，パレート（Pareto 1913）に帰属させている．チップマンの多分に論争的な主張に対するサミュエルソンの応答は，本書第2章第4節で臨場感豊かに述べられている．

21)　ここで $\mathbb{R}$ は実数全体の集合を示すものとする．

286

概念を活用すれば，簡潔に定式化できます．社会的選択肢 x の補償同値類とは，

> $x^* \in C(x) \Leftrightarrow$ 選択肢 x において，個人間で補償の支払いを行えば，選択肢 x^* に移行することができる

によって定義される集合 $C(x) \subseteq X$ を指す概念です[22]．この鍵概念を適切に駆使すれば，補償原理学派の《新》厚生経済学の基礎原理の諸類型を以下のように表現することができます．

(K) カルドア優越性（Kaldor 1939）

選択肢 x は，適切な選択肢 x^* が x の補償同値類 $C(x)$ 内に存在して，選択肢 y を弱い意味 ［resp. 強い意味］ でパレート優越する場合，そしてその場合にのみ，選択肢 y を弱い意味 ［resp. 強い意味］ で《カルドア優越》するという．

(H) ヒックス優越性（Hicks 1940）

選択肢 x が選択肢 y を弱い意味 ［resp. 強い意味］ で《ヒックス優越》するというのは，y の補償同値類 $C(y)$ に適切な y^* が存在して x を強い意味 ［resp. 弱い意味］ でパレート優越することが決してない場合，そしてその場合のみである．

(SC) スキトフスキー優越性（Scitovszky 1941）

選択肢 x は選択肢 y を弱い意味 ［resp. 強い意味］ でカルドア優越するが，y が x を強い意味 ［resp. 弱い意味］ でヒックス優越することは決してない場合，そしてその場合のみ，x は y を弱い意味 ［resp. 強い意味］ で《スキトフスキー優越》するという．

---

22) 補償同値類という名称を正当化するためには，二項関係 $\mathcal{C} \subseteq X \times X$ を $(x^*, x) \in \mathcal{C} \Leftrightarrow x^* \in C(x)$ によって定義すれば，$\mathcal{C}$ は同値関係の公理（反射性，対称性，推移性）を満足することに注意しさえすればよい．

第 III 部　制度の設計と選択

（SA）サミュエルソン優越性（Samuelson 1950a）

　選択肢 x が選択肢 y を弱い意味［resp. 強い意味］で《サミュエルソン優越》するのは，任意の $y^* \in C(y)$ に対して $x^* \in C(x)$ が存在して，x^* が y^* を弱い意味［resp. 強い意味］でパレート優越する場合，そしてその場合のみである．

　《カルドア補償原理》とは，選択肢 x が選択肢 y をカルドア優越すれば，x は y より潜在的に望ましい社会的な選択肢だと判定する厚生基準です．《ヒックス補償原理》，《スキトフスキー補償原理》，《サミュエルソン補償原理》をヒックス優越性，スキトフスキー優越性，サミュエルソン優越性の概念に基づいて定義する方法は，カルドア補償原理の定義方法に準じて明らかな筈だと思います．

　補償原理学派の《新》厚生経済学には，警戒すべき躓きの石があることを，ここで指摘しておくべきでしょう．どのタイプの補償原理も，選択肢の変更から有利化される個人（受益者）と不利化される個人（被害者）の間で補償の支払いを認めれば，全員一致してその変更の実現に同意する［resp. その変更の阻止に同意する］潜在的可能性が存在する［resp. 存在しない］ならば，補償の支払いが単に仮説的に留まる場合でも，潜在的な厚生改善を重視して選択肢の変更を推奨する立場を採用しています．補償原理を一貫するこの考え方こそ，私が警戒を要する躓きの石と見做すものです．《潜在的厚生改善》の可能性を根拠にして，補償の支払いが実行されない場合でさえ，選択肢を現実に変更する政策を正当化する考え方の倫理的な根拠は，控え目に見ても非常に薄弱であるというべきだと思うからです．

　社会厚生関数学派の《新》厚生経済学が，個人間で利害対立が生じる状況にまでパレート原理の適用射程を延長した方法は，仮説的な補償原理学派が採用した方法とは根本的に異なっています．この学派の中核に位置している《社会厚生関数》は，サミュエルソン（Samuelson 1947, p. 221）によれば，「経済システムに含まれるすべての経済変数の《関数》として表現される倫理的な信念」であり，この信念の持ち主は「慈悲深い専制君主，完全な利己主義者，善意を持つすべての人びと，人間嫌い，国家，民族，群集心理，神」の

第 9 章 血の通った厚生経済学を求めて

誰でも構わないうえ，この信念の起源について我々は関心を持つ必要はない
とされています．この信念は，経済システムの《善》《悪》を整合的に判断
できる完備順序であって，その順序を数値表現する社会厚生関数は序数的に
定義されていればそれでよいのです．パレート原理を包摂する社会厚生関数
は《パレート内包的社会厚生関数》（Pareto-inclusive social welfare function）と
呼ばれています．

　この学派の《新》厚生経済学の研究計画は，パレート内包的社会厚生関数
を f で表記するとき，以下の制約条件下の最大化問題として表現することが
できます[23]．

$$(\text{B-S}) \ \text{Max} \, f(u_1(x), u_2(x), \cdots, u_n(x)) \ \text{over all} \ x \in S.$$

ベンサム゠ピグーの研究計画（B-P）とバーグソン゠サミュエルソンの研究
計画（B-S）は，最大化される目標関数の相違——基数的な個人効用の社会
的な総和の最大化［（B-P）の場合］versus 序数的な個人効用を前提するパレ
ート内包的な社会厚生関数の最大化［（B-S）の場合］——はあるにしても，
厚生経済学の研究課題を制約条件に従う目標最大化というパラダイムに収容
する点では，研究計画（B-P）と研究計画（B-S）は《同族的な親和性》を
持つことに注意すべきです．ロビンズの批判によって《科学的》な地位を奪
われた研究計画（B-P）と，この批判に対抗して形成された研究計画（B-S）
の間の差異は，それぞれの計画が前提する効用概念の差異——効用の基数性
と個人間の比較可能性［（B-P）の場合］versus 効用の序数性と個人間比較不
可能性［（B-P）の場合］——にあるというのが通説的な理解です．この差異
の重要性は事実ですが，両研究計画の間の同族的な親和性はむしろそれ以上
の重要性を認められるべき共通点であると私は思います．

　研究計画（B-S）に関してはさらに 2 つの論点があります．第一に，社会
厚生関数は，社会的選択肢の《善》《悪》評価に関する《価値判断の領域》
と経済学の外部に由来する価値判断に基づいて最善の選択肢を選択して実装

23）　ここで（B-S）は Bergson-Samuelson の略記法であり，$S(\subseteq X)$ は社会的選択肢の
　　機会集合である．社会厚生関数 f がパレート内包的であるという性質は社会厚生が個人
　　の序数的効用 $u_i(x)(i \in N)$ の増加関数であるという仮定で表現されている．

第 III 部　制度の設計と選択

する《経済工学の領域》を峻別して，《新》厚生経済学の課題を没価値的な経済工学の領域に限定する機能を担っています．このように価値判断の領域と経済工学の領域を分断する《事実／価値二分法》が持つ「最悪の側面は，実際上それが議論停止装置として，しかも単なる議論停止装置ではなく思考停止装置として，機能するということ」（Putnam 2002, 藤田・中村訳, p. 53）です．事実，社会厚生関数学派の《新》厚生経済学を信奉する人びとにとり《価値判断の領域》に踏み込むことは神々の争いに敢えて割り込む愚挙に他ならず，この危険地帯を敬遠して距離をとり，思考停止装置に身を委ねることこそ，科学的選択であることになるのです．経済制度や経済政策の是非に関する価値判断から逃走する怠惰な選択肢に経済学者を導いた社会厚生関数学派の《新》厚生経済学は，規範的経済学の貧困への道を舗装したように思われます．

　研究計画（B-S）に内在する第二の問題点は，《新》厚生経済学の価値中立性を強調するあまり，専制君主や利己主義者，世捨て人や神に到るまで，外生的に所与とされる価値の持ち手やその価値が形成されるプロセスを一切問わずに，所与の目標の効率的な選択と実装に厚生経済学の任務を限定する《新》厚生経済学は，《旧》厚生経済学の創業の理念に共感を覚え，《善》の追求を目指して経済学の研究を志した人びとを疎外する潜在的な可能性を持っていることです．

　この文脈で私が想起するのは，ピグーの『厚生経済学』の出版後 40 年，《新》厚生経済学の誕生以来 20 年の時点で出版されたエドワード・ミッシャンの展望論文（Mishan 1960, p. 197）の冒頭の一節です．彼によれば，「厚生経済学は，現在も多くの経済学者を魅了し続けているとはいえ，厚生経済学の研究に一生を捧げた経済学者は誰一人としていない．厚生経済学という主題は，その研究としばらく戯れた経済学者もその後は背を向けて離れるが，やがて良心の痛みを覚えて戻ってくることもあるような分野」です．ピグーの創業のパッションとミッシャンのシニシズムの巨大な懸隔を招来した最大の一因は，社会厚生関数学派の《新》厚生経済学の《事実／価値二分法》によって，創業者が意図した《人間生活の改善の道具》を希求する情熱を傾ける《場》を奪われた人びとが経験した，深刻な落胆ではなかったかと私には思われて

290

ならないのです.

　仮説的な補償原理学派と社会厚生関数学派の《新》厚生経済学は，倫理的な訴求力とは区別される論理的な整合性の観点に立つとき，どのような性能評価を与えられるべきでしょうか．仮説的な補償原理学派の論理的な性能に関しては，多くの深刻な破綻の存在が指摘されています．詳しくは，奥野・鈴村（1988，第Ⅱ巻第34章「補償原理と「新」厚生経済学」）とSuzumura（1999a）の参照を求めたいと思いますが，仮説的補償原理学派の《新》厚生経済学は，社会的選択の判断基準の形成原理としては，広範な支持を得られない現状にあると断言しても決して誤りではないと思います．対照的に，社会厚生関数学派の論理的な性能に関する事情は大幅に異なっています．社会的選択肢の是非に関する個人的選好順序のプロファイルが与えられたとき，それに対応する社会的選好順序が一般に存在することは，スピレヤン（Szpilrajn 1930）による順序拡張の存在定理によって一般的に保証されているからです[24]．とはいえ，社会厚生関数学派の《新》厚生経済学の論理的な性能に関してまるで異なる次元の問題がケネス・アロー（Arrow 1951/1963）によって提起されています．彼が提起した重大な問題については，ボルダとコンドルセの先駆的な貢献に源流を持つ投票機構の性能に関する研究並びに合理化可能性としての合理性の理論を第4節と第5節で簡潔に触れたうえで，第6節で考察することにしたいと思います．

4. 選挙と投票の理論：
ボルダとコンドルセからアローとブラックまで

　フランス革命とナポレオン戦争の激動過程で，投票と選挙の理論に大きな飛躍をもたらしたのは，ボルダとコンドルセの踵を接した貢献でした．彼らはルルとクサヌスが数百年以前に提起した選挙と投票の方法を再発見して，社会的選択の理論の数学的な基礎構築に大きく貢献したのです．

24）　この重要な事実は Arrow（1983）によって明瞭に指摘されている.

第 III 部　制度の設計と選択

　ボルダの科学的な功績は，自然科学の多彩な分野にわたっています．騎兵
隊に勤務していた時代のボルダは，大砲の飛行経路を研究して弾道計算の理
論の業績でフランス科学アカデミー会員に選出されています．また，海軍に
転進した後に，同じ直径を持つ円筒状の物体と比較して，球体は空気流に半
分の抵抗しか示さないことを証明して，潜水艦と航空機の研究で先駆者にな
っています[25]．さらに，重量と長さの単位の規格化を検討するフランス科学
アカデミーの諮問委員会で議長を務めました．数学者ジョゼフ＝ルイ・ラグ
ランジュ，ピエール＝シモン・ラプラス，ガスパール・モンジュ，化学者ア
ントワーヌ・ラヴォアジェ，数学者・政治家・経済学者コンドルセ侯爵が構
成した委員会は 1791 年の報告書で長さの単位を赤道子午線の一千万分の一
と定義しました．この単位を実測する過程でフランス革命が勃発して，恐怖
政治の時代にラヴォアジェは処刑されました．死刑を宣告されたコンドルセ
も，自殺を遂げたか殺害されています．1793 年にはフランス科学アカデミ
ーも，人間の知識を促進する作業はエリートの特権ではないという理由で，
廃止の憂き目を見ることになりました[26]．しかし，長さの単位の実測作業は
この苦難の時代を生き延びて，1798 年 11 月 28 日に委員会が公式に発表し
た単位（メートル）は，現在でも使用されています．恐怖政治の 7 カ月間を
隠棲して無傷で生き延びたボルダも，長患いを経て 1799 年に逝去しています．
フランス革命期には政治から逃避していたとはいえ，ボルダの政治への関心
の一端は，選挙と投票の理論に対する彼の重要な貢献にその姿を顕していま
す．

　1770 年にボルダはフランス科学アカデミーにおいて，公正な選挙方法に
関する報告をしましたが，論文としてこの報告が執筆されたのは 11 年後の

---

25)　以下の数パラグラフで述べるボルダとコンドルセの事績の解説は，Black（1958,
　　Chapter XVIII），McLean and Hewitt（1994, Introduction），Rothschild（2001），Szpiro（2010,
　　第 5 章（士官），第 6 章（侯爵），第 7 章（数学者））にその多くを負っている．ボルダ
　　とコンドルセの関係について，Black（1958, p. 179）は「彼らの生涯を通じて，ボルダ
　　とコンドルセは親密な友人であって，ボルダがパリを離れていた長期間にわたって，
　　彼らは科学の諸問題に関して交信を維持していた」と書いているが，この点について
　　は多くの修正が必要であるように思われる．詳しくは Black（1998, pp. xxvi-xxvii）及
　　び Szpiro（2010, 寺嶋訳，pp. 146-147）の参照をお勧めしたい．
26)　フランス科学アカデミーの活動はその後 1796 年に再開されている．

292

第 9 章　血の通った厚生経済学を求めて

1781 年のことでした．この論文が『王立科学アカデミー紀要』に公表されるにはさらに 3 年の年月を要しました．この論文は，有権者が表明する選好に基づいて候補者を選出する標準的な方法とされる《相対多数決ルール》（plurality decision rule：略称 PD ルール）並びに《単純多数決ルール》（simple majority decision rule：略称 SMD ルール）の代替的な選択肢として，《ボルダ・ルール》とか《順位得点集計ルール》（rank-order counting rule）などと呼ばれるルールを提案しています[27)28)]．

　ボルダ・ルールは，その公表の直後にボルダの 10 歳年少の貴族――マリー・ジャン＝アントワーヌ・ニコラ・ド・カリター・コンドルセ侯爵――に挑戦されています．ボルダとコンドルセの投票理論への貢献を抜きには，社会的選択の理論の誕生と発展を語ることはできない程に，両者の先駆的な研究は古典的な地位を確立しています．彼らのルールを踏み込んで検討する前に，コンドルセの事績についても簡単に概括しておきたいと思います．

　コンドルセは 1743 年に貴族階級の旧家に誕生しました．騎兵隊長だった父が早世して，司教の叔父に引き取られてイエズス会の学校で教育を受けた後に，コンドルセはパリのコレージュ・ド・ナヴァールに進学しました．彼の幸運は，百科全書派のジャン・ル・ロン・ダランベールに認められてその庇護の下に置かれたことでした．積分法の研究で認められた 22 歳のコンドルセは，4 年後にはダランベールの推薦で，フランス科学アカデミー会員に選出されています．さらに 4 年後には，フランス科学アカデミーの終身事務局長に就任して，1782 年にアカデミー・フランセーズの会員に選出されて

---

27)　相対多数決ルール，単純多数決ルール，ボルダの順位得点集計ルールの具体的方法及びその性能に関しては，本節で後に詳しく述べることにする．

28)　公表されたボルダ論文には匿名の評者による好意的な注釈が付されていた．匿名での公表とはいえ，この注釈の著者がコンドルセだったことは広く認められた事実である．フランス科学アカデミーの終身事務局長のコンドルセが『王立科学アカデミー紀要』へのボルダ論文の公刊に無関係であった筈はない．事実，この注釈とボルダ論文の双方の英訳を収録した McLean and Urken (1995) は，注釈の著者をコンドルセと明記している．

　　コンドルセは，ボルダ論文が公表された直後に，この選挙方法を激しく批判した．彼はまた，科学者としてのボルダの業績を軽視する言辞さえ，後世に残している．先に触れたように，社会的選択の理論の二人の優れた先駆者の関係は，どうも一筋縄ではいかない屈折を秘めているように思われる．

293

第 III 部　制度の設計と選択

います．フランス文筆家の垂涎の的とされるこの栄誉もダランベールの推薦
によって実現されています．

　フランス革命が1789年に勃発したとき，フランス科学アカデミーの総裁
かつアカデミー・フランセーズの会員としてフランス最高の知識人の地位に
あって，あらゆる自由主義的理念の擁護者だったコンドルセは，革命の大義
を見過ごすわけにはいきませんでした[29]．立法議会の理性的な議員として，
新憲法の起草に携わったコンドルセですが，立法議会に提出された彼の憲法
草案は拒否されて，拙速に改悪したロベスピエールの草案が議会に提出され
ました．全力を挙げてこの改悪案に抗議したコンドルセは反逆者として死刑
宣告を受けて，悲劇的な死への暗い道を辿ることになりました．

　数学者コンドルセがその知的関心を経済学，政治学，人権論など，社会科
学の諸分野に拡大した契機は，卓越した経済学者であり，ルイ16世が財務
総監に任命したアンヌ＝ロベール・ジャック・チュルゴーによって与えられ
ました．彼は友人コンドルセを造幣局長官に任命しています．フランス革命
の急速な接近を感得して，緊急な経済改革と自由市場の導入に奔走したチュ
ルゴーは，既得権益を敵に回して解任の憂き目を見ました．コンドルセは，
彼の失脚に際して自らも辞表を提出しましたが王の拒絶によって果たせず，
さらに15年間も造幣局に留まることになりました．この間数学のみならず
社会科学の学術論文も書き続けた彼は，やがて革命政府のための憲法法案を
起草して，悲運の軌道に身を委ねることになったのです[30]．

　ここで，ボルダとコンドルセの投票理論の要諦を簡潔に概説しておくこと
にします．概説のキャンバスとして，有限数nの有権者が有限数の候補者

---

29)　コンドルセが擁護の論陣を張った自由主義的理念のうちには，経済的自由，新教徒
　　とユダヤ教徒に対する寛容，公教育，奴隷制度の廃止，あらゆる民族の平等，女性の
　　知性・見識・権利の擁護など，考え得る限りでありとあらゆる理念が含まれていた．
　　この事実との関わりで，Rothschild (2001) は有益な参照文献である．

30)　コンドルセが憲法草案を執筆した部屋が，パリのホテルに残されている．同じ部屋
　　でコンドルセと肩を並べて，アメリカの憲法草案を執筆したトマス・ジェファーソンは，
　　コンドルセの若き妻ソフィー・ド・グルーシが二人の邸宅で経営していたサロンの客
　　の一人だった．私をこのホテルに案内してコンドルセとジェファーソンの逸話を紹介
　　してくれたのは，《羨望のない状態としての衡平性》の概念を創始した先駆的貢献と，
　　公共経済学を推進した業績で知られるセルジュ＝クリストファー・コルム教授だった．

の集合 S に対して表明する選好順序のプロファイル $\succ := (\succ_1, \succ_2, \cdots, \succ_n)$ に基づいて，S 上の社会的なランキング $\succ$ を形成する手続き的ルールに注目します[31]．最初に，《相対多数決ルール》，《単純多数決ルール》，ボルダの《順位得点集計ルール》を定義します．

有権者の選好順序のプロファイル $\succ := (\succ_1, \succ_2, \cdots, \succ_n)$ と，候補者の集合 S に対して，候補者 $s \in S$ を彼／彼女の選好順序の最上位に据える有権者の総数を $\tau(s : \succ)$ と表記するとき，相対多数決投票ルール $\succ_{\succ}^{PD}$ は，

$$\forall s, t \in S : s \succ_{\succ}^{PD} t \Leftrightarrow \tau(s : \succ) > \tau(t : \succ)$$

によって定義されます．このルールが候補者の集合 S から選択する候補者は，

$$s^* := \arg \max \tau(s : \succ) \text{ over all } s \in S$$

です．

単純多数決ルール $\succ_{\succ}^{SMD}$ は，プロファイル $\succ := (\succ_1, \succ_2, \cdots, \succ_n)$ と候補者の任意のペアごとに単純多数決コンテストを行って，次のように定義されるルールです．

$$\forall s, t \in S : s \succ_{\succ}^{SMD} t \Leftrightarrow \# \{ i \in N \mid s \succ_i t \} > \# \{ i \in N \mid t \succ_i s \}.$$

いずれも多数決を基本的な判断基準とするルールでありつつ，相対多数決ルールと単純多数決ルールは候補者の社会的な優劣ランキングを決める方法として，基本的な対立を含んでいます．まずこの事実を示す例を挙げることにしましょう．

例 1[32]：相対多数決ルール versus 単純多数決ルール

候補者が A，B，C の 3 名，有権者が 21 名いる選挙の状況で，有権者の選好順序は以下のように与えられるものと仮定する[33]．

---

31) 議論を単純化するために，候補者に対する有権者の選好順序は，完備性，反対称性，推移性を満足する《線形順序》(linear order) であるものと仮定する．

32) この例は Borda (McLean and Urken 1995, pp. 83-84) に負うものである．この例には 21 名の有権者が含まれている．有権者の数が 2 名という小さな社会においては PD ルールと SMD ルールの相違は消滅して，両者間の対立は発生しない．

第 III 部　制度の設計と選択

有権者 1 〜 8：A $\succ_i$ B $\succ_i$ C
有権者 9 〜 15：C $\succ_i$ B $\succ_i$ A
有権者 16 〜 21：B $\succ_i$ C $\succ_i$ A

この場合，候補者 A をトップとする有権者の数は 8，候補者 B をトップとする有権者の数は 6，候補者 C をトップとする有権者の数は 7 となって，相対多数決投票ルールに従う候補者のランキングは A $\succ^{PD}$ C $\succ^{PD}$ B となる．従って，選挙の勝者は候補者 A となる．

次に，単純多数決ルール $\succ^{SMD}$ を $S \coloneqq \{$ A, B, C $\}$ の上で定義するために，任意のペアに対する単純多数決コンテストを実行すれば，

候補者 A versus 候補者 B：13 票 versus 8 票で B $\succ^{SMD}$ A
候補者 B versus 候補者 C：14 票 versus 7 票で B $\succ^{SMD}$ C
候補者 C versus 候補者 A：13 票 versus 8 票で C $\succ^{SMD}$ A

となるので，単純多数決ルールは推移的なランキング B $\succ^{SMD}$ C $\succ^{SMD}$ A を生み，選挙の勝者は B となる．この結論は，相対多数決ルールと単純多数決ルールの決定が真っ向から対立することを示している．

■

単純多数決コンテストにおいて，他のどの候補者に対しても過半数の有権者の支持を得る候補者は，特に《コンドルセ勝者》（Condorcet winner）と呼ばれています．多数決を社会的選択の基本原理と認める限り，コンドルセ勝者が存在する状況でこの選択肢を社会的に選択することには，強い説得力があるように思われます．例 1 の状況ではコンドルセ勝者 B が存在していても，相対多数決ルールはこの候補者 B を選出しない点で，このルールの性能に対して強い疑問が提起されていると読むことができるのです．

ボルダの順位得点集計ルールは，相対多数決投票の適宜性に対する疑問に

---

33)　例えば，有権者 1 は候補者 A を候補者 B より候補者 B を候補者 C よりも選好することが，この選好プロファイルに示されている．彼／彼女以外の有権者の選好の内容も，これに準じて明らかな筈である．

端を発して，その内在的な欠陥を補正する代替的な手続きとして，提案され
ました[34]．

この点を明らかにするため，相対多数決ルールと単純多数決ルールが有権者
の選好に関する情報を活用する視野には顕著な差があることに，読者の注意
を喚起したいと思います．相対多数決ルールの関心は，各候補者が有権者の
選好順序の最上位を占める回数に専ら絞られて，第2位以下を占める回数に
はなんの関心も示しません．これとは対照的に，単純多数決ルールの視野は
有権者の選好順序の全貌にわたっています．別の表現をすれば，単純多数決
ルールは候補者に対する有権者の選好順序を全面的に活用しているのです．
しかし，その活用の仕方は候補者のペアごとの単純多数決コンテストを経由
するという意味で，単純多数決ルールが有権者の選好順序の情報を活用する
方法は依然として制約的です．ボルダの順位得点集計ルールは単純多数決ル
ールが持つこの手続き的制約を解消して，広い視野から有権者の選好情報を
有効に活用する方法なのです．

まず，各候補者 $x \in S$ と各有権者 $i \in N$ に対して，有権者 i が候補者 x
に付与する《ボルダ得点》(Borda count) を

$$\beta_i(x : S, \succ_i) := \#\{s \in S \mid x \succ_i s\}$$

によって定義します．ボルダはこの得点を i が x に認めるメリットの測度で
あると考えています．そのとき，集合 S 上のボルダ・ルールによる社会的
優劣ランキング $\succ_\succ^B$ は

$$\forall x, y \in S : x \succ_\succ^B y \Leftrightarrow \sum_{i \in N} \beta_i(x : S, \succ_i) > \sum_{i \in N} \beta_i(y : S, \succ_i)$$

によって定義されます．ボルダ・ルールが候補者の集合 S から行う社会的
選択は，ランキング $\succ_\succ^B$ が S 内で最善の候補者と判断する選択肢です．ボル
ダ得点を全有権者にわたって集計した数値——有権者がその候補者に認める

---

34) 現在知られている限り，相対多数決ルール以外の選挙方法に最初に言及した人物こそ，
13世紀のスペインの神学者・哲学者ラモン・ルルだった．ルルの先駆者的な功績をボル
ダが知っていた節はない．社会的選択の理論の現代の研究者サークルでルルの先駆
者的な研究を紹介した最初の論文は，20世紀末の McLean and London (1990, 1992)
だった．

第 III 部　制度の設計と選択

メリットの総合的指標——を比較して定義されることから明らかなように，この $\succ^B_z$ は完備性，反対称性，推移性を備えています．そのため，候補者の集合 S が有限集合である限り，ボルダの意味で社会的に最善な候補者は，必ず決定可能です．

　ボルダ・ルールは，再開されたフランス科学アカデミーで新規会員を選出する手続きを模索する過程で検討されて，慧眼の数学者ピエール＝シモン・ド・ラプラス（1749‐1827）がこのルールの欠陥を指摘して鋭い批判を提起していたにも拘らず，1796 年に採用されています[35]．簡単な例を用いて彼の批判を説明しておきたいと思います．A と B が選挙に立候補して，有権者 30 名中の 19 名が B を支持しているものとします．このままではボルダ・ルールのもとでは——実際には，相対多数決ルールのもとでも単純多数決ルールのもとでも——B の選出は不可避であることを見抜いた A の支持者は，全員が嫌がる C を第三の候補者に仕立てた上で，自らの真の選好（$A \succ_i B \succ_i C$）を偽って，C を第 2 位の候補者に格上げして戦略的選好順序（$A \succ_i C \succ_i B$）を表明する可能性があります．この場合のボルダ得点は，$S := \{ A, B, C \}$ とするとき，

　　有権者 $1 \sim 19 : \beta_i (B : S, \succ_i) = 2, \beta_i (A : S, \succ_i) = 1, \beta_i (C : S, \succ_i) = 0$
　　有権者 $20 \sim 30 : \beta_i (A : S, \succ_i) = 2, \beta_i (C : S, \succ_i) = 1, \beta_i (B : S, \succ_i) = 0$

であり，$\sum_{i=1}^{30} \beta_i (A : S, \succ_i) = 41, \sum_{i=1}^{30} \beta_i (B : S, \succ_i) = 38, \sum_{i=1}^{30} \beta_i (C : S, \succ_i) = 11$ となります．ボルダ・ルールに従う社会的選択は，A の支持者たちの戦略的な選好表明によって操作されて，B から A に変更されることになるのです．この批判に直面したボルダは「私の提案は誠実な有権者だけを念頭に置いたものである」と答えたと伝えられています．この応答が有効だったとは考えにくいのですが，ボルダ・ルールはフランス科学アカデミーによる新会員の選挙手続きに採用されました．しかし，ある会員の批判によってボルダ・ルールの使用はその後廃止されています．その会員の名前はナポレオ

35）　新設されたエコール・ノルマル・シュペリュールで，1795 年にラプラスは連続講義を行った．彼がボルダ・ルールの戦略的な操作可能性を最初に指摘したのはこの連続講義の最終回においてのことだった．

ン・ボナパルドでした．彼がアカデミー会員として起立して発言したのはこのとき限りだったと伝えられています．

　ボルダ・ルールには，戦略的操作可能性という弱点以外にも固有の問題点が二つあります．第一に，ボルダ得点 $\beta_i(x:S, >_i)$ は候補者 x が有権者 i の選好階梯に占める位置——最下位を占める候補者から出発して選好の階梯をいくつ登れば x に辿り着くか——を，候補者 x に対して有権者 i が認めるメリットの指標と考えています．しかし，選好の階梯を一段階登るにせよ，最悪の状況を一挙に脱出する quantum leap の場合と，僅かな改善を実現する marginal step の場合とで，同等のメリットを認める理由があるでしょうか．その理由は，決して自明であるとは思われません．第二に，有権者のボルダ得点を全有権者にわたって集計してその総和を候補者が得る総得点と認めて選択の指針とする手続きは，ベンサム流功利主義に対して提起された批判と同様に，有権者のボルダ得点を個人間で比較する可能性と，複数の有権者の得点を社会的に加算する可能性の根拠を巡る批判の余地を残していることは否定できない事実です．

　これらの批判以外にも，ボルダ・ルールは有権者の誰ひとりとして積極的には支持しない候補者を選択する可能性があるという，看過できない欠陥があります．この欠陥は直観的にも明らかですが，具体的な一例を挙げて，曖昧さの余地をなくしておきましょう．

例2：ボルダ・ルールは凡庸な候補者を優遇する選挙手続きか？

　候補者が A，B，C，D の4名，有権者が30名いる選挙の状況で，有権者たちの選好順序が以下のように与えられているものとする．

　有権者 1 〜11：A $>_i$ B $>_i$ C $>_i$ D
　有権者12〜21：D $>_i$ B $>_i$ C $>_i$ A
　有権者22〜30：C $>_i$ B $>_i$ D $>_i$ A

このプロファイルの顕著な特徴は，候補者 B が占める特異な位置である．他の候補者 A，C，D の場合には，彼／彼女を選好の第1位に据える有権者のサブ・グループがそれぞれ存在するが，候補者 B を選好第1位に据える

第 III 部　制度の設計と選択

有権者は，誰ひとりいないのである．この場合のボルダ得点は，$S := \{ A, B, C, D \}$ とするとき，

有権者 $1 \sim 11 : \beta_i(A : S, \succ_i) = 3, \; \beta_i(B : S, \succ_i) = 2, \; \beta_i(C : S, \succ_i) = 1,$
$\qquad\qquad\quad \beta_i(D : S, \succ_i) = 0$

有権者 $12 \sim 21 : \beta_i(D : S, \succ_i) = 3, \; \beta_i(B : S, \succ_i) = 2, \; \beta_i(C : S, \succ_i) = 1,$
$\qquad\qquad\quad \beta_i(A : S, \succ_i) = 0$

有権者 $22 \sim 30 : \beta_i(C : S, \succ_i) = 3, \; \beta_i(B : S, \succ_i) = 2, \; \beta_i(D : S, \succ_i) = 1,$
$\qquad\qquad\quad \beta_i(A : S, \succ_i) = 0$

となるため，候補者がそれぞれ獲得する集計的ボルダ得点は

$$\textstyle\sum_{i=1}^{30} \beta_i(A : S, \succ_i) = 33, \; \sum_{i=1}^{30} \beta_i(B : S, \succ_i) = 60,$$
$$\textstyle\sum_{i=1}^{30} \beta_i(C : S, \succ_i) = 48, \; \sum_{i=1}^{30} \beta_i(D : S, \succ_i) = 39$$

で与えられる．そこで，ボルダ・ルールによる候補者への社会的ランキングは，$B \succ_S^B C \succ_S^B D \succ_S^B A$ となる．このルールによる社会的選択は，実際には有権者が誰一人として最上位に置かない候補者 B となるのである．

　　　　　　　　　　　　　　　　　　　　　　　　　　　　　■

　この例の教訓として，ボルダ・ルールを選挙方法として採用する社会は，最大多数の最大支持を求める候補者たちが第一線で競う姿を横目に見て，中庸な支持を拾い集める凡庸な候補者を優遇する社会となる懸念があることを指摘しておくべきです．

　ボルダの投票手続きの公表後，最初に登場した挑戦者こそ，コンドルセでした．数学者として出発した彼がこの分野に残した数学的業績は選挙と投票の理論への彼の貢献と，不即不離に結びついています．コンドルセの主著は『多数決がもたらす決定確率に対する解析学の応用に関する試論』（Condorcet 1785）です．彼は以下の例を用いてボルダ・ルールを批判しました．

例 3：ボルダ・ルールに対するコンドルセの批判

　候補者が A，B，C の 3 名，有権者が 81 名いる選挙の状況で有権者たち

第 9 章　血の通った厚生経済学を求めて

の選好順序（優劣ランキング）が以下のように与えられているものとする.

有権者 1 ～ 30：A $>_i$ B $>_i$ C

有権者 31　　 ：A $>_i$ C $>_i$ B

有権者 32 ～ 41：C $>_i$ A $>_i$ B

有権者 42 ～ 70：B $>_i$ A $>_i$ C

有権者 71 ～ 80：B $>_i$ C $>_i$ A

有権者 81　　 ：C $>_i$ B $>_i$ A

このプロファイルに対する各候補者の集計的ボルダ得点は

$$\sum_{i=1}^{81}\beta_i(\text{A}:S,\succ_i) = 101,\ \sum_{i=1}^{81}\beta_i(\text{B}:S,\succ_i) = 109,\ \sum_{i=1}^{81}\beta_i(\text{C}:S,\succ_i) = 33$$

であり，ボルダ・ルールによる候補者の社会的優劣ランキングはB $\succ^{B}$ A $\succ^{B}$
C となるため，候補者の集合 $S := \{\,\text{A},\text{B},\text{C}\,\}$ からの選択はBとなる. 有権者の 41 名は A $>_i$ B, 40 名は B $>_i$ A を表明しているため，ボルダ・ルールによる社会的選択は有権者の多数派の選好を選挙の過程で尊重していないことになるのである.

∎

　有権者の多数派の選好を選挙手続きで尊重しないことを，ボルダ・ルールに対する批判の礎石とするコンドルセであるだけに，このルールの代替的な選択肢として彼が提唱する選挙と投票の理論が多数決原理に深く根差すものとなることは，理の当然です. 彼の出発点はコンドルセ勝者の概念であり，この勝者が存在する状況では彼／彼女が選出されるべきだというのが，コンドルセの選挙と投票の理論の第一原理です[36].

---

36)　コンドルセの第一原理は，異論の余地なく説得力のある原理だろうか. この単純な
　　疑問に明確な解答を与えることは，実は容易ではない. その理由を説明するため，ボル
　　ダ・ルールに対して疑問を提出するために利用した例2を，改めて検討してみたい. こ
　　の例には，コンドルセ勝者が存在する. 事実，B $>^{SMD}$ C $>^{SMD}$ D $>^{SMD}$ A なので，Bは
　　コンドルセ勝者である. コンドルセの第一原理によれば，ボルダ・ルールの勝者Bは
　　コンドルセの投票ルールの勝者でもある. そのため，ボルダ・ルールに対して提起した
　　批判は，そのままコンドルセ・ルールに対する批判にもなるわけである. なお，例2に
　　対する相対多数決ルールに従う勝者はAであることも，念のために付記しておきたい.

第 III 部　制度の設計と選択

　問題はコンドルセ勝者が存在しない状況は稀ではないことです．この難問
は《投票の逆説》（paradox of voting）とか《コンドルセの逆説》（Condorcet
paradox）と呼ばれています．この逆説が成立する簡単な例を挙げておきま
しょう．

例 4：投票の逆説

　候補者が A，B，C の 3 名，有権者が 1，2，3 の 3 名いる選挙状況で，3
人の有権者の選好順序が以下のように与えられるものとする．

　　有権者 1：$A \succ_1 B \succ_1 C$
　　有権者 2：$B \succ_2 C \succ_2 A$
　　有権者 3：$C \succ_3 A \succ_3 B$

この状況で，候補者のペアごとに単純多数決コンテストを繰り返せば，

　　候補者 A versus 候補者 B：2 票 versus 1 票で $A \succ^{SMD} B$
　　候補者 B versus 候補者 C：2 票 versus 1 票で $B \succ^{SMD} C$
　　候補者 C versus 候補者 A：2 票 versus 1 票で $C \succ^{SMD} A$

が得られるが，この結果は単純多数決ルールが全候補者の集合 $S := \{ A, B,$
$C \}$ の上で $A \succ^{SMD} B \succ^{SMD} C \succ^{SMD} A$ という循環的選好（コンドルセ・サイクル）
を作り出すことを意味している．したがって単純多数決に基づいて《最善》
の候補者を選択することは不可能なのである．S からどの選択肢を選んでも，
その選択肢を単純多数決コンテストで破る別の選択肢が，必ず S 内に存在
するからである．

■

　この問題に気付いたコンドルセは，コンドルセ勝者が存在しない状況に対
処するひとつの方法を提案しました．以下の例を用いて彼の提案を説明する
ことにしたいと思います．

第 9 章　血の通った厚生経済学を求めて

例 5：循環的選好が成立するケースにおけるコンドルセの選択手続き

　a_1, a_2, …, a_{11} の 11 名の候補者がいるものとする．候補者のペアごとに単純多数決コンテストを悉皆的に実行して，

　　a_1：a_2 には敗北するが，他の全候補者 a_3, …, a_{11} には勝利して，
　　　　勝利点は 9 点

　　a_2：a_3 と a_4 には敗北するが，a_1 及び a_5, …, a_{11} には勝利して，
　　　　勝利点は 8 点

　　a_3：a_1 と a_{10}, a_{11} には敗北するが，a_2 及び a_5, …, a_{11} には勝利して，
　　　　勝利点は 7 点

が，勝利点のトップ・スリーを占める候補者となったとする．より詳しく見ると，a_2 の a_1 に対する勝利は 8 対 1 の大差，a_3 の a_2 に対する勝利は 5 対 4 の僅差，a_1 の a_3 に対する勝利は 7 対 2 の楽勝だった．この場合，a_2 の a_3 に対する敗北はトップ・スリーの候補者に対する多数決による勝敗記録のうちで最小差のものなので，多数決による判決のうち破棄されるべきはこの判決であるというのが，コンドルセの判断だった．トップ・スリーの候補者の間の循環的多数決はこうして崩されて，a_2 が勝利宣言を告げることになる．　　　　■

　この状況でコンドルセが依拠したのは，多数の有権者によって支持されればされる程，その候補者の社会的選択の《正しさ》は，一層その根拠を強化されることになるという彼の信念でした．この信念に基づき，彼は単純多数決による決定のマージンが僅か 1 点差である判断（$a_3 \succ_{\succ}^{SMD} a_2$）は，マージンが 7 点差である判断（$a_2 \succ_{\succ}^{SMD} a_1$）や 5 点差である判断（$a_1 \succ_{\succ}^{SMD} a_3$）よりも信憑性において劣っていると考えたのです．この考え方に基づいて，単純多数決ルール $\succ_{\succ}^{SMD}$ の循環的順序を避けるためには，信憑性が最も低い判断（$a_3 \succ_{\succ}^{SMD} a_2$）を棄却して，残された判断を尊重して候補者 a_2 を選択するというのが，コンドルセの最終的な提言でした．

　コンドルセのこの社会的選択ルールに対しては，彼の信念の説得性の問題はさておくとしても多くの問題点を指摘できます．コンドルセ・サイクルを

303

第 III 部　制度の設計と選択

構成する候補者の部分集合が複数個存在するとか，コンドルセ・サイクルを
構成する複数個のペア間に単純多数決による決定マージンの差がない場合[37]
など，コンドルセ・サイクルを解消する手順が不明瞭になる状況は少なくは
ないのです．そのため，コンドルセの選挙手続きを現実に適用することは，
ごく控えめにいっても非常に困難だと考えざるを得ません[38]．

　このように，ボルダとコンドルセが提案した具体的な選挙と投票の理論は，
いずれも多くの不備な点を残しています．それでもなお，彼らの研究の足跡
がその後の社会的選択の理論の輝かしい道標として不滅の価値を持つことは
間違いない事実だと思います．

　革命期のフランス科学アカデミーを舞台として，18世紀後半に高揚した
社会的選択の理論の第一期黄金時代後にこの分野を大きく活性化した飛躍的
な研究は，20世紀中葉に登場したケネス・アローの『社会的選択と個人的
評価』（Arrow 1951/1963/2012）及びダンカン・ブラックの『委員会と選挙の
理論』（Black 1958）の出現まで待つことになりました[39]．この講義では選挙

---

37)　コンドルセ・サイクルが発生する最も単純なケースである例4は，まさにこの事実
　の的確な例に他ならない．この例のコンドルセ・サイクルを破るためには，候補者の
　どのペアに関する単純多数決の判定を棄却するべきかという指針は，それぞれの判定
　はいずれも2対1の多数決であるため，コンドルセの手続きのなかには含まれていな
　いからである．

38)　これらの困難に対処する積極的な貢献の数例として，Balinski and Laraki（2011）
　及び Young and Levenglick（1978）を挙げておくことにしたい．

39)　フランス革命期のボルダとコンドルセから，20世紀中葉のアローとブラックに到る
　過程にも，社会的選択の理論への重要な貢献が皆無だったわけではない．その代表的
　な一例は，オックスフォード大学クライスト・チャーチ・カレッジの数学教師チャー
　ルズ・ドジソン（1832-1898）の業績である．別名ルイス・キャロルでよく知られる
　ドジソンは，選挙と投票の理論を取り扱った数冊のパンフレットを残して，コンドル
　セの先駆的貢献に直結する重要な業績を残している．ブラックが発見するまで，ドジ
　ソンのパンフレットは殆ど知られないままに残されて，社会的選択の理論の孤立点に
　留まっていた．彼の独創的な貢献の第一は，ボルダ・ルールを改良して，有権者が選
　好上同等と見做す候補者に対する順位得点集計ルールを工夫して，ボルダ・ルールの
　戦略的選好表明への脆弱性に対処する方法を開発したことである．ドジソンの第二の
　貢献は，コンドルセ・サイクルを解消するために選好を変更する必要がある有権者の
　数が最小に留まる候補者を，選挙の勝者とせよという提案である．

　　ドジソンの選挙と投票の理論への貢献について詳しくは，Black（1958, Part II），
　McLean, McMillan, and Monroe（1996）及び Szpiro（2010, 寺嶋訳，第8章（オック
　スフォードのドン））を参照されたい．

と投票の理論の歴史的な展開を一層詳細に議論する機会はありませんので，この分野でなされた特に重要な貢献を中心に少数のコメントを列挙しておくことにしたいと思います．

(A) 投票機構の戦略的操作可能性

ボルダ・ルールに対する大きな批判点は，有権者による選好の戦略的表明とか候補者の戦略的導入によって，ルールの決定が操作される可能性があるという問題だった．この批判は重要だが，ボルダ論文（Borda 1781）の公刊後ほぼ200年後に登場した論文（Gibbard 1973, Satterthwaite 1975）によって，どのような投票ルールを考案してもルールの戦略的操作可能性の余地を排除することは，独裁的ルールでない限り不可能であることが論証されている．投票ルールの戦略的な操作可能性はボルダ・ルールに固有な欠陥であるという非難は，実際には不適切なのである[40]．

(B) ボルダ・ルールの公理的特徴付け

投票ルールの性能を理解する精密な方法は，そのルールを特徴付ける一群の公理を発見することである．ボルダ・ルールの公理化に成功した重要論文の代表例として，Young（1974）を紹介しておきたい[41]．

(C) 相対多数決ルールの公理的特徴付け

候補者が，有権者の選好階梯の最上位を占める回数に注目して，最高回数を記録する候補者の社会的選択を勧告する相対多数決ルールは，最大多数の最大幸福を指針として社会状態の選択を勧告するベンサムの功利主義とは，明らかに同族的な親和性を持っている．この事実を指摘しつつ，ベンサムの功利主義とジョン・ロールズの正義の原理を――個人間比較を許さない序数的な情報的基礎に立脚して――公理化した Bossert and Suzumura（2016）を

---

40) ギバード=サタースウェイト定理並びに戦略的操作可能性に関するその後の膨大な研究に関する展望として，Barberà（2011）の参照をお勧めしたい．

41) ボルダ・ルールは，positional rule と呼ばれる投票ルールの広範なクラスのひとつの重要例である．この広範なクラスに属するルールの性能を包括的に展望した論文として，Pattanaik（2002）を紹介しておきたい．

305

第 III 部 制度の設計と選択

紹介しておきたい．相対多数決ルールを公理化するそれ以外の試みも，この論文に代表的な参照文献が列挙されている．

(D) コンドルセ勝者が存在する条件

コンドルセ・サイクルが存在しなければ，コンドルセの選挙と投票の理論の勧告には曖昧さの余地がない．それだけに，コンドルセ勝者の存在を保証する条件を発見する研究は，コンドルセの選挙と投票の理論にとって致命的な意義を持っている．ブラックとアローが分析した《単峰型選好》(single-peaked preferences) に関する先駆的な研究 (Black 1948; 1958; Arrow 1951, Chapter VII) に触発されて，1960 年代の社会的選択の理論は，単純多数決ルールが的確に機能する条件を精密化する研究によって席巻されたといっても過言ではない．この研究の頂点は，Inada (1969) 及び Sen and Pattanaik (1969) によって極められた．その成果は確かに重要だが，彼らによって確認された条件は，候補者の集合が基本的に一次元的な構造を持つこと——候補者の政治的スタンスが極左，左派中道，中庸，右派中道，極右のように一線上に整列可能である場合など——を前提していることは，この研究が共有する重要な制約である．投票の対象空間が多次元的である場合——選択肢が (社会保障費，防衛費) の様々な順序対で定まる場合など——では，アロー，ブラック，稲田，セン＝パタナイックなどが発見したいずれの条件も有権者の選好が全員一致することを要請するに等しい程に制約的な条件に帰着することが，Kramer (1973) の研究によって示されている．多次元的な政策空間上で，社会的な選択に単純多数決原理を適用しようとすれば，クレーマーの研究結果はほぼ不可能性の証明に近いほどの衝撃を与えるものだったのである[42]．

---

42) Black (1948, 1958) 及び Arrow (1951, Chapter VII) の線に沿う可能性定理の追求には本文中で指摘した限界があるにせよ，コンドルセの逆説の発生を阻む条件を求める研究の命脈が，これで断たれたというわけではない．ブラック＝アローとは異なる着眼点を追求して，コンドルセ・サイクルの発生を阻止する別の条件を探索する余地は残されているからである．この観点に立つ研究としては，Arrow (1969), Grandmont (1978), Tullock (1967) を挙げておくことにしたい．

(E) 単純多数決ルールの《頑健》性（robustness）

そもそも単純多数決ルールは，その他の社会的選択ルールと比較して，どのような優位性を持つルールなのだろうか．この主旨の研究を一貫して追求してきたエリック・マスキンは，単純多数決ルールは，有権者の選好プロファイルを社会的選好に集計するそれ以外のどのルールと比較しても，一層多くの選好プロファイルに対してアローの一般不可能性定理が要求する公理を満足するという注目すべき定理を証明した[43]．マスキンの定理は単純多数決ルールの優れた性能を剔抉するうえで，他のいかなる試みにも増して印象的な成功を収めている．

それでは，アローの一般不可能性定理とはどのような定理であり，アローが個人的選好プロファイルを社会的選好に集計するルールに課した要請とはどのような性能基準だったのでしょうか．この問題は第6節で議論する予定ですが，その前提として次節では，《合理化可能性としての合理性》の概念と，その公理的な特徴付けを説明したいと思います．

5. 合理化可能性としての合理性の理論[44]

個人の選択行動にせよ社会の選択行動にせよ，正統派の経済学は選択行動の合理性を前提して，その理論的な含意の追求に携わってきました．問題は前提される合理性の概念それ自体ですが，この講義では，《合理化可能性》（rationalizability）としての《合理性》（rationality）に注目します．この概念は，

---

43) マスキンの定理は，Maskin and Sen (2014), Dasgupta and Maskin (2008) に報告されている．

44) 前節までの考察は，厚生経済学と社会的選択の理論の起源とその生成経過について，私の視点から重要な論点を整理したものである．本節以降では，前節までに整理された起源・背景・成果を踏まえて，私が規範的経済学の研究に新規参入した1970年代の初頭以降に挙げた主要な成果を振り返ること，今後の一層の研究で探索したい論点を浮き彫りにすることに集中する．この論脈で言及される既刊の研究成果の主要部分は私の代表的な業績を精選・編集した論文集（Suzumura 2016a）に収録されている．

第 III 部　制度の設計と選択

選択行動を動機付ける内在的な《目標》（purpose or objective）が存在して，ある行動が選択されるのは内在的な目標が最適化されるとき，そしてそのときのみである場合に，選択行動は合理的だと定義します．この概念の歴史的な起源は少なくともマックス・ウェーバー（1864 - 1920）及びライオネル・ロビンズ（1898 - 1984）にまで遡ります．ポール・サミュエルソン（Samuelson 1938, 1950a）によって標準的なミクロ経済学に導入された《顕示選好》の理論は，完全競争的な財市場における消費者選択の論脈で合理化可能性としての合理性の理論を最初に提示したものであることも，ここで指摘しておきたいと思います．

サミュエルソンの貢献に先導されてヘンドリック・ハウタッカー（Houthakker 1950）が精緻化した消費者選択の顕示選好理論は，合理化可能性理論の雛型を形成した重要な貢献ですが，多くの制約付きの合理的選択の理論でもありました．第一に，サミュエルソン＝ハウタッカーの理論（S-H 理論）は完全競争的な財市場における消費者の合理的選択の理論に限定され，選択の一般理論としての普遍的な適用可能性を備えていません．第二に，消費者の需要関数を選択行動のモデルとしたことを反映して，S-H 理論の対象とされる選択行動は可能な選択肢の集合から唯一の選択肢を抽出する一価関数としての合理的選択関数の理論です．これまた，選択の一般理論としての普遍的な適用可能性が S-H 理論には欠けている理由のひとつです．

合理化可能性としての合理的選択の理論を前進させる次のステップは，アロー（Arrow 1959）とセン（Sen 1971）が踏み出して，強い影響力を振るってきた《有限定義域》（finite domain）上の選択関数の理論でした．S-H 理論では，研究対象とされる需要関数（選択関数）の定義域は，有限次元ユークリッド空間内の消費可能集合（予算集合）の集合族であって，定義域内の個々の集合は非加算無限個の財ベクトルを含んでいました．アロー＝センの理論では，選択関数の定義域に属する集合は議論のキャンバスとされる普遍集合の非空の有限部分集合です[45]．S-H 理論における需要関数の分析は，定義域制約を変更した A-S 理論では大幅に単純化されます．この観点はその後の合理的

45）　A-S 理論の定義域に関するアローとセンのスタンスには微妙な差異が存在することは事実だが，この講義ではそこまでの詳細に立ち入る必要は認められない．

第9章 血の通った厚生経済学を求めて

選択の理論で徹底的に活用されて，いまやA–S理論こそ合理化可能性としての合理性の理論の標準版として，広範に認められているといっても過言ではないのが現状です．

A–S理論が達成した前進は重要ですが，この理論には問題点も残されていました．なかでも最大の問題点は，選択を動機付ける内在的な目的が存在することによって定義される合理的選択の理論が，選択の定義域の特定化に応じて異なるものとなることへの違和感です．合理化可能性としての合理的選択の理論を完成するための最後のステップは，S–H理論とA–S理論の間に残る違和感を解消する一般理論を構築することでした．この主旨の一般理論を目指す最初の一歩を踏み出したのは，マーセル・リクター（Richter 1966, 1971）及びベント・ハンソン（Hansson 1968）の貢献でした．私が合理化可能性の理論の最前線に到着したのは，彼らの成果が公刊されて間もない頃のことでした．

合理化可能性の一般理論のキャンバスとして，Xは選択肢の普遍集合，Kは$S \neq \emptyset$，$S \subseteq X$を満たす選択肢の機会集合Sの集合族，Cは集合族Kを定義域とする《選択関数》（choice function）であって，

$$\forall S \in K : C(S) \neq \emptyset \ \& \ C(S) \subseteq S$$

を満足するものとします[46]．S–H理論とは異なって機会集合の集合族Kに所属する任意のSは必ずしも財空間内の予算集合ではなく，A–S理論とは異なって機会集合の集合族Kに属する任意のSは普遍集合内の有限集合には限らないことに注意したいと思います．任意の機会集合$S \in K$に対して，$C(S)$はSから選択される要素の集合であるだけに，Sからの《選択集合》（choice set）と呼ばれるに相応しいと思います．

---

46) S–H理論の場合は，ある自然数lに対してl−次元ユークリッド空間の正象限$\mathbb{R}_{++}^{l}$が選択肢の普遍集合であり，選択肢の機会集合は適当な価格ベクトル$p \in \mathbb{R}_{++}^{l}$と予算額$M > 0$に対応する予算集合$B(p, M) := \{ x \in \mathbb{R}_{++}^{l} \mid p \cdot x \leq M \}$で与えられる．選択行動の主体である消費者の選択関数（需要関数）の定義域は，予算集合の集合族

$$B := \{ B(p, M) \text{ for some } (p, M) \in \mathbb{R}_{++}^{l} \times \mathbb{R}_{++} \}$$

で与えられる．

309

第 III 部　制度の設計と選択

　集合族 $\boldsymbol{K}$ 上の選択関数 C を利用すれば，合理化可能性の一般理論を構成する道具概念をこの段階で導入することができます．まず，選択関数 C は，普遍集合 X 上の《選好関係》(preference relation) $R \subseteq X \times X$ が存在して

$$\forall S \in \boldsymbol{K} : C(S) = \{\, x^* \in S \mid \forall x \in S : x^* R x \,\}$$

を満足すれば，定義域 $\boldsymbol{K}$ で合理化可能な選択関数であるといいます．このとき選択関係 R は，選択関数 C の《合理化》(rationalization) であると呼ばれます[47]．

　次に，選択関数 C に対して，普遍集合 X 上の二種類の顕示選好関係 R_C と R_C^* を次のように定義します．

$$\forall x, y \in X : x R_C y \Leftrightarrow \exists S \in \boldsymbol{K} : x \in C(S) \ \& \ y \in S$$
$$\forall x, y \in X : x R_C^* y \Leftrightarrow \exists S \in \boldsymbol{K} : x \in C(S) \ \& \ y \in S \backslash C(S).$$

顕示選好関係 R_C と R_C^* は，選択関数 C が実現する選択を観察することにより，その選択を動機付ける内在的な目的を推察する手段として，役割を果たしてくれます．$x R_C y$ [resp. $x R_C^* y$] が成立する場合には，選択肢 y を選択しようとすれば選択できる機会集合から実際は x が選択される [resp. y を拒否して x が選択される] ので，選択主体にとって x は y より少なくとも劣らない [resp. 厳密に優れた] 選択肢であることが，選択行動によって顕示されていると推察できるわけです．

　以下の議論を簡潔にする補助概念として，任意の二項関係 R の《推移的閉苞》(transitive closure) $T(R)$ という概念を，次のように定義します[48]．

$$\forall x, y \in X : x T(R) y \Leftrightarrow \exists n^* \in \mathbb{N} \ \& \ \exists x^0, x^1, \cdots, x^{n^*} \in X :$$
$$x = x^0 \ \& \ x^{k-1} R x^k \text{ for all } k \in \{\, 1, 2, \cdots, n^* \,\} \ \& \ x^{n^*} = y. \text{[49]}$$

推移的閉苞の定義は複雑ですが，その内容を直観的に理解することは難しく

---

47)　二項関係 $x^* R x$ は，選択主体にとって，選択肢 x と比較して選択肢 x^* は少なくとも同程度に望ましいことを意味するものと解釈される．

48)　この概念に関する詳しい議論は，Bossert and Suzumura (2010, Chapter 2) を参照のこと．

49)　ここで $\mathbb{N}$ は自然数全体の集合を示している．

ありません. $R = R_C$ という場合に即していえば, $xT(R_C)y$ が成立するのは, 選択肢 y から出発して有限回の段階を経由して, 選択肢 x に到達することができて, しかもその途上では選択によって顕示される弱い選好を着実に改善できるとき, そしてそのときのみなのです. この事実を理解すれば顕示選好関係 R_C と R_C^* を用いて定義される以下の顕示選好の公理の意味内容は容易に理解できる筈です[50].

顕示選好の弱公理 (WARP)

$$\forall x, y \in X : xR_C^*y \Rightarrow \neg\, yR_Cx.$$

顕示選好の強公理 (SARP)

$$\forall x, y \in X : xT(R_C^*)y \Rightarrow \neg\, yR_Cx.$$

ハウタッカーの顕示選好公理 (HARP)

$$\forall x, y \in X : xT(R_C)y \Rightarrow \neg\, yR_C^*x.$$

直接的顕示選好との整合性 (DRPC)

$$\forall S \in \boldsymbol{K}, \forall x \in X : [\forall y \in X : xR_Cy] \Rightarrow x \in C(S).$$

間接的顕示選好との整合性 (IRPC)

$$\forall S \in \boldsymbol{K}, \forall x \in X : [\forall y \in X : xT(R_C)y] \Rightarrow x \in C(S).$$

これらの顕示選好公理のうち (WARP), (SARP) 及び (HARP) は, S-H 理論で役割を果たした公理を, 合理化可能性の一般理論の論脈で定式化した鈴村の公理 (Suzumura 1976a, 1977) です. これらの公理の間には,

$$(\text{HARP}) \Rightarrow (\text{SARP}) \Rightarrow (\text{WARP})$$

という論理的な強弱関係が成り立つことは定義から明らかですが, リクター = ハンソン = 鈴村理論——R-H-S 理論——の論脈では一般に逆向きの強弱関係は成立しません.

　合理化可能性の R-H-S 理論の主要課題は, 選択関数 C の合理化可能性を保障する公理を発見することですが, この研究課題と取り組むための前提として合理化可能な選択関数が持つ合理化可能性の《程度》 (degree) という

---

50) 任意の命題 Q に対して, $\neg\, Q$ は命題 Q の否定を意味している.

第 III 部　制度の設計と選択

概念を新たに導入します．合理化可能な選択関数 C を合理化する二項関係
R が《完備性》（completeness），《反射性》（reflexivity），《推移性》（transitivity）
を満足する《完備順序》（complete ordering）である場合には，C は《完全合
理的》（full rational）な選択関数であると定義します．振り返ってみれば，合
理化可能性としての合理的選択の理論の嚆矢を放った S-H 理論は，この意
味での完全合理的な需要関数の公理化に専念したといって差し支えないと思
います．

　これに対して，合理化可能性としての合理性 per se の概念は，選択 C を
合理化する二項関係 R に対して，どのような整合性の要求も課していません．
合理化可能性としての合理性には，完全合理性を論理的な上限，合理性 per
se を下限とする，広範なスペクトラムがあると考えられます．このスペク
トラムの上限及び下限の中間には，推移性よりは弱いが選好の整合性の要請
としては十分な意義を備えた概念が数多く含まれています．その代表的な二
つの例は，セン（Sen 1969; Sen 1970b, Chapter 1*）が開発した《準推移性》
（quasi-transitivity）——合理化 R の強い選好関係 $P(R)$ の推移性——と鈴村
（Suzumura 1976b; 1983a, Chapter 1）が導入した《鈴村整合性》（Suzumura
consistency）の概念です[51]．

　まず，完全合理性と合理性 per se に関する研究の到達点を述べることに
します．

　R-H-S 理論の最初の到達点は，完全合理性の概念を公理的に特徴付ける
定理でした．私自身の表現をすれば，この特徴付け定理は次のように述べる
ことができます．

定理 1（Suzumura 1977）

　普遍集合 X 上で K を定義域とする選択関数 C が完全合理性を備えるため
の必要十分条件は，C がハウタッカーの顕示選好公理（HARP）を満足する

---

　51)　私が導入した整合性の概念を鈴村整合性と命名したのは Bossert（2008）だった．
　　　私がこの概念を最初に導入した際には，単に《整合性》（consistency）と称していたの
　　　だが，文献の中には多くの整合性の概念があるため，ボッサールが指摘したように，
　　　私のこの命名法は曖昧な選択だったことは否めない．

312

ことである．

　この定理に対しては，リクター（Richter 1966）とハンソン（Hansson 1968）
が与えた同値な別表現があります[52]．リクターの別表現は以下の通りです．

定理 2（Richter 1966）
　普遍集合 X 上で K を定義域とする選択関数 C が完全合理性を備えるため
の必要十分条件は，C が間接的顕示選好との整合性（IRPC）の公理を満足す
ることである．

　合理化可能性としての合理性の概念の論理的な下限——合理性 per se——
に対しては，リクターによって以下の特徴付けが与えられています．

定理 3（Richter 1971）
　普遍集合 X 上で K を定義域とする選択関数 C が合理性を持つための必要
十分条件は，C が直接的顕示選好との整合性（DRPC）の公理を満足するこ
とである．

　これらの初期の成果により，合理化可能性としての合理性概念の論理的な
上限（完全合理性）と下限（合理性）に対しては，完全な公理化が確立されて
います．これらの上限と下限の間に位置する様々な程度の合理性概念を公理
化する研究は，単なる形式的な精緻化を超えて固有の価値を持っていると考
える理由があります．その第一の理由は，完全合理性は選択行動に内在する
規則性を表現する魅力的な概念であることは事実ながら，合理化 R が完備
順序であること——特に，R が推移性を持つこと——は，過酷な要請である
ことは否定できません．なぜなら，弱い意味の選好が推移的であれば，強い
意味の選好も推移的であることに加えて無差別関係も推移的である筈ですが，

52）　ハンソンの別表現に興味を持たれる読者は，Hansson（1968）を参照されたい．
　　Suzumura（1983a, Chapter 2）ではリクターの公理，ハンソンの公理，鈴村の公理，
　　その他の顕示選好公理の相互関係が詳細に分析されている．

第 III 部　制度の設計と選択

無差別関係が非推移的となる事例は決して稀有ではないからです[53]．第二の
理由は，S-H 理論の歴史的な展開過程で大きな役割を果たした顕示選好の
弱公理及び強公理などが，合理化可能性の一般理論のなかでどのような役割
を果たすかを知ることには，固有の意義があると思われることです．一連の
私の研究（Bossert, Sprumont, and Suzumura 2005, 2006; Bossert and Suzumura
2009, 2010）のうち，第 7 節の考察の伏線となることを意図して，その一例を
次に挙げておきます．

　まず鈴村整合性の概念を正確に表現しておきます[54]．普遍集合 X 上の二
項関係 R は，

$$\forall x, y \in X : xT(R)y \Rightarrow \neg\, yP(R)x$$

を満足するとき，鈴村整合性を持つということにします．ただし，$P(R)$ は
R の強い選好関係を表しています．R が弱い意味の選好関係である場合，R
の鈴村整合性は普遍集合内に弱い選好の循環で少なくともひとつのステップ
が強い選好となるものが存在することを許さないのです．R が推移性を満足
する場合には，R は明らかに鈴村整合性を満足します．また，R が完備性を
満足すれば，R の鈴村整合性は推移性と同値となることも，簡単に確認する
ことができます．

　R が鈴村整合的ではない場合でも，R を含む鈴村整合的な二項関係で集合
の包含関係 $\subseteq$ に関して最小の二項関係として，R の《鈴村整合的閉包》

---

53)　その著名な例は，ダンカン・ルース（Luce 1956）の 101 杯のコーヒーの例である．
　　私の前には左から右に 101 個のコーヒー・カップが並んでいて，それぞれにブラック・
　　コーヒーが注がれている．ごく小さなスプーンで，左端のカップには 0 杯，次のカッ
　　プには 1 杯，3 つ目のカップには 2 杯，……と砂糖を入れていくと，右端のカップには
　　100 杯の砂糖が入ることになる．このとき，隣り合った 2 つのカップが含む砂糖の差は
　　微量なので，通常の人間にはその差を認識することはほぼ不可能である．このことは，
　　左端から右端まで味覚上無差別なコーヒーのペアを経由して，究極的には砂糖が 0 杯
　　のカップから砂糖が 100 杯のカップまで移動できることを意味している．もし仮に，
　　私の弱い選好関係が推移的であれば，私は左端のカップと右端のカップの間で味覚上
　　無差別である筈だが，右端のコーヒーはかすかにコーヒー色をした砂糖に他ならず，
　　味覚にいかに鈍感なひとでさえこれはありえない結果である．こうして無差別関係の
　　推移性を意味する弱い選好関係の推移性には，簡単な反例が発見されることになる．
54)　この定義は Suzumura（1976b）によって最初に導入されたものである．

（Suzumura-consistent closure）$SC(R)$ を定義できます[55]．この概念の意味と意義は，次の定理によって明らかにされます．

定理 4（Bossert and Suzumura 2010, Chapter 2, pp. 39-40）

R と R^* は普遍集合 X 上の二項関係であるとする．そのとき，

(α) $R \subseteq SC(R) \subseteq T(R)$.

(β) R が鈴村整合的であるのは，$R = SC(R)$ が成立するとき，そしてそのときのみである．

(γ) $R \subseteq R^*$ であれば，$SC(R) \subseteq SC(R^*)$ が成立する．

(δ) 任意の二項関係 $R \subseteq X \times X$ に対して R の鈴村整合的閉包は一意的に定まり

$$\forall x, y \in X : xSC(R)y \Leftrightarrow xRy \lor [xT(R)y \ \& \ yRx]$$

で与えられる．

鈴村整合的閉包の概念を活用すれば，次の顕示選好公理を導入できます．

鈴村整合的閉包との整合性（SCCC）

$$\forall S \in \mathbf{K}, \ \forall x \in X : [\forall y \in X : xSC(R_C)y] \Rightarrow \ x \in C(S).$$

そのとき，完全合理性と合理性 per se の中間に位置する合理的選好の特徴付けとして，次の定理を提出することができます．

定理 5（Bossert, Sprumont, and Suzumura 2005）

普遍集合 X 上で $\mathbf{K}$ を定義域とする選択関数 C が鈴村整合的合理性を持つための必要十分条件は，C が鈴村整合的閉包との整合性（SCCC）の公理を満足することである．

---

55)　翻っていえば，R の推移的閉包 $T(R)$ は，R を含む最小の推移的二項関係であることを確認することができる．

第Ⅲ部　制度の設計と選択

　合理化可能性としての合理性に関するこれだけの考察を前提にして，アローの一般不可能性定理を簡潔に検討する作業に進みたいと思います．

6.　アローの社会的選択の理論と一般不可能性定理

　規範的経済学の一翼を形成する序数主義的な《新》厚生経済学の基本構造とその問題点を論じた第3節と，他の一翼を形成する選挙と投票の理論の問題点を論じた第4節は，個人の選好を集約して社会の選好を形成する手続きないしルールに関して，2つの基本的メッセージを発信しています．第一のメッセージは，現在の規範的経済学が社会的な選好形成の情報的基礎とする個人的選好は，個人間比較が不可能で序数的な概念であることを広範に共有される前提としていることです．第二のメッセージは，《新》厚生経済学にせよ選挙と投票の理論にせよ，社会的選好を形成する手続きには論理的障碍が立ち塞がっていて，その障碍を克服する方法に関する合意は，未だ確立されているとはいえそうにない現状にあるということです．1950年代冒頭にアローが問題提起して大きな波紋を広げた一般不可能性定理は，序数的で個人間比較が不可能な選好情報を基礎にして，社会の選好を形成するルールで，個人の選好を社会の選好に集約する手続きの《民主性》と，社会的決定に必要な情報量を最大限に節約するという《情報効率性》の要請を満足するものは，論理的に存在不可能だという衝撃的な命題だったのです．

　アローの定理の意義に関して，まず3つの留意点を述べておきます．

（A₁）社会的選択の完全合理性と集計ルールの定義域の無制約性

　アローは，社会を構成するすべての個人と彼らが構成する社会は，合理化可能性としての完全合理性（full rationality）を満足するという意味で合理的な行動主体であることを前提しています．アローはまた，社会的選択肢の普遍集合 X は少なくとも3つの選択肢を含むことと，社会を構成する個人の総数 $n := \#N$ は不等式 $2 \leq n < +\infty$ を満足することを仮定しています．

　アローの理論的な枠組みを簡潔に表現するために，普遍集合 X 上の選好

順序全体の集合を $\mathcal{R}$, 集合 $\mathcal{R}$ の n 回の直積集合を $\mathcal{R}^n$, 個人 $i \in N$ の X 上の選好順序を $R_i \in \mathcal{R}$, 個人的な選好順序のプロファイルを $\boldsymbol{R} := (R_1, R_2, \cdots, R_n) \in \mathcal{R}^n$ で表現することにします.

アローは, 個人的選好順序のプロファイルを集計して, 社会的選好順序 R を形成するプロセスないしルール $h : \mathcal{R}^n \to \mathcal{R}$ を社会厚生関数と呼んでいます. バーグソン＝サミュエルソンの社会厚生関数と混同される危惧を避けるため, 以下ではアローの社会厚生関数を《社会構成関数》(constitution) と呼び直すことにします. この概念を活用すれば, アローによる社会的選択の考え方を以下のように定式化することができます.

アローは, 社会的選択の機会集合の集合族 K 上の社会的選択関数を

$$\forall \boldsymbol{R} \in \mathcal{R}^n, \ \forall S \in K : C(S : \boldsymbol{R})$$
$$= \{ x^* \in S \mid \forall x \in S : x^* R x, \text{ where } R = h(\boldsymbol{R}) \}$$

と定義します. この選択関数 $C(\cdot : \boldsymbol{R})$ は, 第5節で考察された意味で合理化可能性としての完全合理性を持っていて, $R = h(\boldsymbol{R})$ はその完全合理化となっていることが要請されています. この意味でアローの社会的選択の理論は, 社会的選択の完全合理性を第一の要請として構築された理論なのです.

アローの理論が社会構成関数に課す第二の要請は,

$$\forall \boldsymbol{R} := (R_1, R_2, \cdots, R_n) \in \mathcal{R}^n : R = h(\boldsymbol{R}) \in \mathcal{R}$$

が成立するという意味で, 社会構成関数 h は《定義域の無制約性》(unrestricted domain) の公理を満足するというものです. 個人的選好順序がどれ程多様な評価の差異を含んでいても, 社会構成関数はその多様性を的確に反映して, 社会的選好順序を形成できるだけの頑健性を備えていることが, この要請の実質的な意味内容です[56].

---

56) 別の読み方をすれば, 社会構成関数の定義域の無制約性という要請は, 社会的選択肢の適宜性に関して, どの個人も自らの個人的な評価を制約なく表明する最大限度の権利を持つことを要請していると考えることもできる.

第 III 部　制度の設計と選択

(A₂) バーグソン＝サミュエルソンの社会厚生関数とアローの社会構成関数

　バーグソン＝サミュエルソンの社会厚生関数とアローの社会構成関数 h との関係を正確に表現すれば次のようになります. 任意に指定された個人的選好順序のプロファイル $\boldsymbol{R} := (R_1, R_2, \cdots, R_n) \in \mathcal{R}^n$ に対応する社会的選好順序 $R = h(\boldsymbol{R})$ を実数値で表現する関数を, $\omega_R : X \to \mathbb{R}$ と記せば,

$$\forall x, y \in X : xRy \Leftrightarrow \omega_R(x) \geq \omega_R(y), \text{ where } R = h(\boldsymbol{R})$$

が成立します. この数値指標関数 ω_R こそ, 社会的選好順序 $R = h(\boldsymbol{R})$ に対応するバーグソン＝サミュエルソンの社会厚生関数に他ならないのです[57].

(A₃) 無関連対象からの独立性（情報的効率性）の公理

　社会構成関数にアローが課した公理のうちでも,《無関係対象からの独立性》(independence of irrelevant alternatives) と呼ばれる公理は, 他の公理が社会倫理の観点から個人的評価を社会的評価に集計する手続きの望ましさを表現しているのに対して, 集計手続きの情報収集・処理コストの最小化を求める点で特異な性格の公理です. この公理の意味内容を理解するために, 個人的選好順序のプロファイル $\boldsymbol{R} := (R_1, R_2, \cdots, R_n), \boldsymbol{R}^* := (R_1^*, R_2^*, \cdots, R_n^*) \in \mathcal{R}^n$, 社会状態のペア $x, y \in X$, 任意の個人 $i \in N$ に対して, R_i と R_i^* はペア $\{x, y\}$ に限れば同じ順序を示すものとします. このとき, 社会的選好順序 $R = h(\boldsymbol{R})$ と $R^* = h(\boldsymbol{R}^*)$ も, ペア $\{x, y\}$ に関する限りで同じ順序を示すことを要請するものこそ, アローの無関係対象からの独立性の公理なのです. 社会構成関数がこの公理を満足する場合, x と y の優劣を判断するために社会が必要とする個人的選好順序に関する情報は, プロファイル $\boldsymbol{R} \in \mathcal{R}^n$ の僅かな一部だけで事足りることになります. 別の表現をすれば, 社会的な選好を形成するために要する情報投入量は, アローの公理によって大幅に節約可能になるわけです. この意味で, アローの無関係対象からの独立性の公

---

57)　社会的選好順序 $R = h(\boldsymbol{R})$ が定義されたにせよ, この順序を表現する数値指標関数 ω_R が必ず存在する保証はない. この問題は今後の議論には無関係なので以下では無視して進むことにするが, 興味を持たれる読者には例えば鈴村（2012, pp. 34-35）の参照を求めたい.

第 9 章　血の通った厚生経済学を求めて

理は社会構成関数の情報的効率性の公理に他ならないという解釈も，十分可能だと思います[58]．

　アローは，社会構成関数に定義域の無制約性，無関係対象からの独立性に加えて，規範的経済学では標準的に用いられてきたもうひとつの公理を課しました．それは任意の個人的選好順序のプロファイル $R \in \mathcal{R}^n$ と任意の社会的選択肢のペア $x, y \in X$ に対して，すべての個人が一致して x を y より強い意味で選好していれば，社会的選好順序 $R = h(\boldsymbol{R})$ も x を y より強い意味で選好するという公理です．《パレート原理》（Pareto principle）というこの公理を追加すれば，定義域の無制約性の公理と無関係対象からの独立性の公理と相まって，驚くべき帰結が生まれることをアローは証明しました．他の個人の選好とは無関係に，彼／彼女が強く選好する社会的な選択肢が必ず選択されるという意味で《独裁者》（dictator）が存在するルールが，アローの公理が許容する唯一のルールであることになるのです．この帰結こそアローの一般不可能性定理と呼ばれている命題です．

定理 6（Arrow 1951/1963）
　社会を構成する個人の数が 2 以上だが有限であって，社会的選択肢の数が 3 以上であれば，社会的選択の完全合理性，定義域の無制約性，無関係対象からの独立性，パレート原理を満足する社会構成関数は，独裁的な関数以外には一般に存在しない．

　アローの定理の核心にある定義域の無制約性，無関係対象からの独立性，パレート原理の諸公理は，いずれも社会構成関数の民主性と情報効率性の観点から見て強い説得力を備えています．それだけに，アローの定理は規範的経済学を意義ある科学とするためには克服されるべき問題の所在を示すシグナルだと考えられます．第 7 節，第 8 節では，この観点に立った私の研究の

---

58)　民主的な社会であれば，社会状態のペア $\{x, y\}$ に対する社会的選好順序を決定するためには，このペアに対する個人的選好順序に関する情報は，最小限度に必要な情報である．アローの無関係対象からの独立性はこの必要最小限度の情報さえあればこのペアに関する社会的選好順序を決定するために十分であることを意味している．アローの公理を情報的効率性の公理と読み替える根拠はこの事実に他ならない．

第 III 部　制度の設計と選択

部分的で簡潔なプログレス・レポートを提出することにします．

7. アローの隘路からの脱出策を求めて：
##　　序数的厚生主義の境界内部の模索

　アローの隘路を形成する公理のうちで，パレート原理と非独裁制という二公理については，異論の余地は少ないといってよさそうです[59]．そこでアローの隘路からの脱出策を探索するためにまず吟味すべきターゲットは，

（a）社会的選択の完全合理性

（b）定義域の無制約性

（c）無関連対象からの独立性（情報的効率性）

の３つの公理に絞られます．

　定義域の無制約性の公理を緩和して，アローの隘路からの脱出を図る試みの代表例は，第４節で検討した選挙と投票の理論の論脈で単純多数決ルールの定義域を限定するシナリオです．このアプローチを試みた研究の一例は，ブラック＝アローの単峰型選好の理論及びその後継研究ですが，その試みの有効性と射程の広範性に関しては，第４節で紹介したように，疑問符が付けられているのが現状だといってよいと思います．ブラック＝アローの狼煙に触発されて，稲田＝セン＝パタナイックの総合に到った研究の軌跡は印象的ですが，アローの隘路からの脱出路として，このアプローチに頼りきりにはできそうにはないというべきです．

　無関連対象からの独立性（情報的効率性）の公理を犠牲にすれば，アローのそれ以外の公理を満足する社会構成関数の存在を保証することは，至って容易です．この講義で既に詳しく議論された個人的選好順序の集計ルールの

---

59)　とはいえ，パレート原理を神聖不可侵であるかのように見做す立場には，強い批判の余地がある．この主旨の批判の代表例は，パレート原理という厚生主義的な原理と個人の自由主義的な権利の社会的尊重という非厚生主義的な原理が対立する可能性を例示したセンの《パレート派リベラルの不可能性定理》（Sen 1970a; 1970b, Chapter 6*）である．この講義ではセンの不可能性定理の詳細に触れる余裕はないので，興味を持たれる読者には Suzumura（1996; 2011; 2016a, Part IV）の参照を求めたい．

320

第9章 血の通った厚生経済学を求めて

なかから例をとれば,《旧》厚生経済学の中核に位置する功利主義ルールと,
選挙と投票の理論の数理的モデルを先導したボルダ・ルールが,この主旨の
脱出路の有望な候補として即座に念頭に浮かびます[60]. しかし,情報的効率
性を犠牲にして,アローの他の公理の充足を保証できるルールではあっても,
これらのルールはそれぞれに固有の難点があることは,第2節と第4節で詳
細に論じておきました.無関係対象からの独立性の公理を犠牲にして脱出ル
ートを確保する試みにも,多くの疑問と留保の余地が残されているのです.

　こうなってみると,アローの理論的フレームワークを基本的に維持する限
り,彼が発見した隘路を脱出する可能性として残される方向は,社会的選択
の完全合理性の公理を緩和する方向に絞られるようです.振り返ってみれば,
アローが社会的選択の完全合理性の公理を正当化するために用いた論法は,
完全合理的な選択関数は《選択経路からの独立性》(path-independence) を持
つため,民主主義の麻痺現象を回避することができるという巧妙な論法でし
た[61]. この論法の有効性を吟味するためには,集合族 K で定義される選択
関数 C の経路独立性を正確に定義する必要があります[62]. その定義は以下
の通りです.

$$\forall S = S_1 \cup S_2 \in K \text{ s.t. } S_1, S_2 \in K \ \& \ S_1 \cap S_2 = \emptyset :$$
$$C(S_1 \cup S_2) = C(C(S_1) \cup C(S_2)).$$

見掛けは複雑ですが,この定義の内容は簡潔・透明です.機会集合 $S \in K$
からの選択問題を簡素化するために,原問題 S を小部分問題 $S_1, S_2 \in K$ に
直和分解——$S = S_1 \cup S_2 \ \& \ S_1 \cap S_2 = \emptyset$——して,まず2つの小問題 S_1, S_2
から選択を行って,第一段の選択を集約した $C(S_1) \cup C(S_2)$ から,第二段
の選択 $C(C(S_1) \cup C(S_2))$ を行っても,この経路を経由する二段階選択は

---

60) ボルダ・ルールは,序数的で個人間比較不可能な情報的基礎に立って社会的選好を
　　形成する手続きだが,功利主義ルールは基数的で個人間比較可能な情報的基礎に立つ
　　手続きなので,アローの隘路から脱出する方法としての適格性には疑問が残ることは
　　避け難い.

61) アローのこの議論は,Arrow (1963, pp. 118-120) で与えられている.

62) 選択の経路独立性の概念にこの定式化を与えた功績は,チャールズ・プロット (Plott
　　1973) に帰着する.

321

第 III 部　制度の設計と選択

——選択経路の選び方の如何を問わず——原問題 $S = S_1 \cup S_2$ からの選択 $C(S)$ と一致することが要求されているわけです[63].

　アローが指摘したように，完全合理的な選択関数は，アロー＝プロットの意味で経路独立性を持つ選択関数です．しかし経路独立的な選択関数は必ずしも完全合理的な選択関数ではありません．この事実を確認することは簡単ですが，その持つ意義は重要です．第一に，選択の経路独立性を梃子として，選択関数の完全合理性の正当化を試みたアローの議論は，実際には目指した正当化に失敗しているのです．第二に，選択関数の経路独立性は，完全合理性の要請よりも弱い選択の一貫性の要請です[64].　そのため，社会的選択関数の完全合理性を求めたアローの公理を経路独立性という社会的選択の一貫性の要請で置き換えたとき，アローの他の要請をすべて満足する選択手続きが存在するかどうかという問題は新たな検討課題として挑戦すべき課題となるわけです．この課題に直面して選択関数の完全合理性を——それのみならず合理性 per se さえ——要求しない一般不可能性定理を樹立したのはダグラス・ブレア，ジョルジュ・ボルデス，ジェリー・ケリー，鈴村興太郎（Blair, Bordes, Kelly, and Suzumura 1976）でした．この成果はアローの一般不可能性定理への新たな貢献として注目を浴びたとはいえ，アローが一般不可能性定理によって提起した問題への積極的な前進に導くものではありませんでした．血の通った厚生経済学の基礎を模索する私の巡礼の旅は，まだ始まったばかりだったのです．

　この脱出路が光明の期待を持てない袋小路ではないことを確認する作業は，アローの完全合理性の公理を鈴村整合的合理性の公理まで弱めて社会的選択の可能性定理を樹立したウォルター・ボッサールと鈴村興太郎の研究（Bossert

---

63)　第 4 節の例 4（投票の逆説）に即して，$S = \{ A, B, C \}$, $S_1 = \{ A, B \}$, $S_2 = \{ C \}$, $S_1^* = \{ A \}$, $S_2^* = \{ B, C \}$ とすれば，経路 (S_1, S_2) を辿る選択は $C(S) = C(\{ A, B \} \cup \{ C \}) = C(\{ A, C \}) = \{ C \}$ となるが，経路 (S_1^*, S_2^*) を辿る選択は $C(S) = C(\{ A \} \cup \{ B, C \}) = C(\{ A, B \}) = \{ A \}$ となって，単純多数決ルールは選択の経路独立性を満たす保証を持たないことが明らかになるのである．

64)　実のところ，選択関数の経路独立性は選択関数の合理性 per se のための必要条件でもなければ十分条件でもない．選択の経路独立性と合理性は，選択の正則性の公理として独立した 2 つの要請なのである．

322

and Suzumura 2008）によって，ある程度の光明に遭遇できました[65]．ボッサール＝鈴村の可能性定理を述べる準備として，個人的評価の社会的集計ルールの《匿名性》（anonymity）と《中立性》（neutrality）という2つの公理を，追加的に導入します．任意の個人的選好順序プロファイルを個人間で恣意的に入れ替えて，新しい個人的選好順序のプロファイルを作成しても，個人間で選好順序を入れ替える前後のプロファイルに対応する社会的な選好関係が同一に留まる場合，社会的集計ルールは匿名的なルールであると称することにします[66]．また，個人的選好順序プロファイルに対して社会的選択肢の名前を恣意的に付け替えて新しいプロファイルを作るとき，そのプロファイルに社会的集計ルールが対応させる選好関係が，同じルールが当初のプロファイルに対応させる選好関係と選択肢の名前の付け替えを除いて同一に留まれば，社会的集計ルールは中立的なルールであると称することにします．

ボッサール＝鈴村の定理は，個人的評価の社会的集計ルールの存在に関して次の重要な事実の成立を保証しています．

---

65) 鈴村整合性の概念は，少なくとも2つの面で完備順序が持つ重要な特性を継承する二項関係の概念である．鈴村整合的な選好関係を念頭に置いて，その重要な特性を確認しておきたい．

　第一に，鈴村整合的な選好関係は，ある状態から出発して，選好の階梯を下らない経路を辿って，その過程で少なくとも一度は選好の階梯を厳密に上昇する場合には，その経路の行き先で出発点の状態に戻ることは決してないという点で，一貫性を持つ選好関係である．

　選好関係 R に対応する強い選好関係を $P(R)$ と書けば，$R \subseteq R^*$ 及び $P(R) \subseteq P(R^*)$ を満足する二項関係 R^* は R の《拡張》（extension）であるという．鈴村整合性の第二の重要な特性は，以下の拡張定理が成立することである．

〈鈴村の順序拡張定理〉（Suzumura 1976b; Suzumura 1983a, Appendix to Prologue）
二項関係 R が順序拡張 R^* を持つために必要かつ十分な条件は，R が鈴村整合性を持つことである．

　第三に，二項関係 R が完備性を持つ場合，R が鈴村整合性を持つのは R が完備順序である場合，そしてその場合のみである．

66) 平易にいい換えると，匿名的なルールは社会内部にどのような選好順序が分散的に存在しているかには関心を示すが，誰がどの選好順序を持っているかには全く関心を示さないようなルールなのである．

第 III 部　制度の設計と選択

定理 7（Bossert and Suzumura 2008, Theorem 8.1)[67]

　社会的選択の鈴村整合的合理性，定義域の無制約性，無関係対象からの独立性，パレート原理，匿名性，中立性を満足する社会的評価集計ルールは，一般的に存在する．

　序数的かつ個人間比較が不可能な情報的基礎に立って，適確な社会的評価集計ルールの存在を保証する条件を探索する研究は，ひとまず肯定的な結論に到達できました．ところで，社会的選択の積極的（positive）理論をさらに追求する過程で，私は本節で現状報告を認めた研究シナリオとは完全に異質な研究シナリオを追求する作業にも携わってきました．この代替的なシナリオはアローの社会的選択の理論の情報的枠組みを拡張して，厚生主義と帰結主義の境界線を大きく踏み越える試みに導きました．次節ではこの新たなシナリオに基づく研究の現状報告をしたいと思います．

8. 厚生主義と帰結主義の王国を離れて：探索途上の現状報告

　囚人のディレンマ，投票の逆説，アローの一般不可能性定理など人間社会のパラドックスと呼ばれる命題は，その謎を解明する研究の過程で，社会の在り方に対する理解の進化と，謎を解消する制度的な枠組みを構想する試みに導く《発見手続き》（discovery procedure）として機能する場合が，決して稀ではありません．アローの一般不可能性定理を嚆矢として，社会的選択の逆説の場合にも，この洞察が的確に妥当するように思われます．

　振り返ってみると，アローの一般不可能性定理を生み出した社会的選択の理論の情報的枠組みは，厚生経済学の《旧》版から《新》版への進化，選挙と投票の理論の精緻化の過程で自生的に誕生して，現在の標準的な枠組みに

　67）　実際には，Bossert and Suzumura（2008）の Theorem 8.1 は，本文中の定理で列挙した公理を満たす個人的評価の社会的集計ルールの存在を保証するのみならず，適格性を備えた社会的集計ルールの完全な特徴付けまで与えている．この特徴付け定理に興味を持たれる読者には，原著論文の参照を求めたい．

第 9 章　血の通った厚生経済学を求めて

収束したものですが，ここに到る過程では，歴史的に重要な役割を果たして
きた叡智が無意識のうちに置き去りにされてきた懸念があります．

　この叡智の重要な一例は，アダム・スミスが『道徳感情論』(Smith 1759)
で展開した《想像上の境遇の交換》(imaginary exchange of circumstances)
——他人の境遇に想像上で我が身を置いて，他人が表明する感情の適宜性に
関する判断の情報的基礎とする考え方——に基づいた《同感》(sympathy)
の論理です[68)69)]．この《想像上の境遇の交換》モデルは，現代厚生経済学に
重要な位置を占めている《無羨望状態としての衡平性》(equity-as-no-envy)
の理論の水源地です[70)]．社会的選択の理論の論脈で，想像上の境遇の交換が
果たす重要な機能を示唆したのはアローの『社会的選択と個人的評価』の第
二版第 8 章の第 4 節 (Extended Sympathy) でした．この示唆を活用して社会
的選択の公正性や衡平性を分析する軌道を敷いた貢献は，センの『集団的選
択と社会厚生』の第 9 章 (Equity and Justice) と，第 9*章 (Impersonality and
Collective Quasi-Orderings) に帰属します[71)]．この分野で私が試みたことは，
社会的選択の理論の論脈で羨望のない状態としての衡平性の概念を表現して
分析視野を拡大するとき，アローの一般不可能性定理に及ぶ効果を明らかに
することでした．

---

68)　この論理に関する詳しい説明は，本書第 III 部第 7 章で与えられている．

69)　現実に存在する人びとや社会に関する事実的な情報のみならず仮想的状況に関する
　　反事実的 (counterfactual) な情報も，人間社会の現実に含まれる問題を抉り出す手段
　　として重視する古典的事例は，ルソーの《自然状態》——「もはや存在せず，恐らく
　　は存在したことがなく，多分これからも存在しそうにもないひとつの状態」だが，「そ
　　れについての正しい観念を持つことが，我々の現在の状態をよく判断するためには必
　　要であるような状態」(J. J. ルソー『人間不平等起源論』)——である．ルソーの叡智を
　　正義論の論脈で生かしたのは，ロールズの『正義論』の基本概念とされた《原初状態》
　　(original position) である．スミスとルソーの古典的叡智は，現代の規範的経済学でも
　　指導的な位置を占めている．

70)　羨望のない状態としての衡平性の理論の先駆者には，セルジュ・コルム，ダンカン・
　　フォーリー，ハル・ヴァリアンがいる．アダム・スミスの想像上の境遇の交換モデル
　　との関連を明示的に論じた文献として，H. R. Varian, "Distributive Justice, Welfare
　　Economics, and the Theory of Fairness," *Philosophy and Public Affairs*, Vol. 4, 1975,
　　pp. 223-247 をここでは挙げておくことにしたい．

71)　このアプローチは，A. K. Sen, "On Weights and Measures: Informational
　　Constraints in Social Welfare Analysis," *Econometrica*, Vol. 45, 1977, pp. 1539-1572 に
　　おいて，一層の拡充と重要な前進を達成している．

325

第Ⅲ部　制度の設計と選択

　この分析の枠組みを説明するために，x と y は社会状態の選択肢であり，i, j, k は3人の社会構成員であるものとします．順序対 (x, j) は，社会状態が x であるとき，個人 j の立場に身を置くことを表現します．これら順序対の集合上で定義される個人 i の選好順序を $\tilde{R}_i$ と書き，任意の (x, j), (y, k) $\in X \times N$ に対して

　$(x, j)\tilde{R}_i(y, k)$ ⇔ 個人 i の判断によると，個人 k の立場に身を置いて状態 y を経験することと比較して，個人 j の立場に身を置いて状態 x を経験することは，少なくとも同程度に望ましい

と解釈します．この概念を駆使すれば社会的選択の理論の《拡張された同感アプローチ》(extended sympathy approach) を以下のように構成できます．

　拡張された個人的な選好順序の任意のプロファイルを $\tilde{\boldsymbol{R}} = (\tilde{R}_1, \tilde{R}_2, \cdots, \tilde{R}_n)$ として，任意の個人 $i \in N$ が持つ X 上の《主観的選好順序》(subjective preference ordering) $\sigma(\tilde{R}_i)$ を

$$\forall x, y \in X : x\sigma(\tilde{R}_i)y \Leftrightarrow (x, i)\tilde{R}_i(y, i)$$

によって定義すれば，《パレート準順序》(Pareto quasi-ordering) $R^N(\tilde{\boldsymbol{R}})$ は

$$R^N(\tilde{\boldsymbol{R}}) := \bigcap_{i \in N} \sigma(\tilde{R}_i)$$

で与えられます．そのとき，機会集合 $S \subseteq X, S \neq \emptyset$ 内のパレート効率状態の集合は

$$E_f(S, \tilde{\boldsymbol{R}}) := \{ x \in S \mid \forall y \in S : \neg\, yP(R^N(\tilde{\boldsymbol{R}}))x \}$$

と定義できます．また，機会集合 $S \subseteq X, S \neq \emptyset$ 内の羨望のない状態としての衡平状態の集合は，

$$E_q(S, \tilde{\boldsymbol{R}}) := \{ x \in S \mid \forall i, j \in N : (x, i)\tilde{R}_i(x, j) \}$$

と定義されます[72]．パレート効率性と無羨望衡平性の基準を同時に満足する状態を《公平》(fair) な状態と呼べば，S 内の公平な状態の集合は

$$F(S, \tilde{R}) := E_f(S, \tilde{R}) \cap E_q(S, \tilde{R})$$

で定義されます．社会的選択の理論の拡張された同感アプローチの定式化は
これで基本的に完了しました．

このアプローチから汲み取れる第一の教訓は，《衡平と効率のトレードオフ》
（equity-efficiency trade-off）の存在です．

効率と衡平のトレードオフ（Suzumura 2016a, p. 54）

2人の個人1と2，2個の社会状態 x, y から構成される社会において，拡
張された個人的選好のプロファイル $\tilde{R} = (\tilde{R}_1, \tilde{R}_2)$ が

$$\tilde{R}_1: (y, 2), (y, 1), (x, 1), (x, 2)$$
$$\tilde{R}_2: (y, 2), (y, 1), (x, 2), (x, 1)$$

で与えられるものとする．この状況では $E_f(\{x, y\}, \tilde{R}) = \{y\}, E_q(\{x, y\},$
$\tilde{R}) = \{x\}$ なので $F(\{x, y\}, \tilde{R}) = \emptyset$ となり，衡平性と効率性の2つの要請
を両立させる状態は存在しないことになる[73]．

■

　拡張された同感アプローチから導出される第二の教訓は，想像上の境遇の
交換を導入して社会的選択の情報的基礎を強化するとき，アローが提起した
問題に対して新たな展望が得られるかという疑問に対する暫定的な回答です．

　この問題を検討する場として，拡張された個人的選好順序のプロファイル
を，社会的選択の機会集合の集合族上の選択関数 C に集約する集計ルール
φ に注目します．ルール φ に課すべき定義域制約を定式化するために，任

---

[72] 定義によって，$x \in E_q(S, \tilde{R})$ が成立すれば，社会状態 x のもとではどの個人も他の
個人との境遇の交換を望まないという意味で，個人間に《羨望》（envy）が発生するこ
とはないのである．

[73] 衡平と効率のトレードオフに導いた拡張された個人的選好順序のプロファイルは，
変則的な選好パターンではないことに注意したい．特に個人1（resp. 個人2）の主観
的選好を個人2（resp. 個人1）も支持していることは後の参照のために指摘しておく
ことにしたい．

第 III 部　制度の設計と選択

意のプロファイル $\tilde{\boldsymbol{R}} = (\tilde{R}_1, \tilde{R}_2, \cdots, \tilde{R}_n)$ と任意の $i, j \in N$ に対応して，X 上の二項関係 $R_{ij}(\tilde{\boldsymbol{R}})$ を

$$\forall x, y \in X \ \& \ \forall i, j \in N : xR_{ij}(\tilde{\boldsymbol{R}})y \Leftrightarrow (x, j)\tilde{R}_i(y, j)$$

によって定義します．個人 i が想像上の境遇の交換を経て，個人 j の立場に身を固定して状態 x, y の優劣を比較するというのが，$R_{ij}(\tilde{\boldsymbol{R}})$ の意味内容です．定義によって，任意の個人 i に対して $\sigma(\tilde{R}_i) = R_{ii}(\tilde{\boldsymbol{R}})$ が成立します．これらの概念を理解すれば，センによって導入された以下の公理は直観的に自然な要請として受け入れやすいのではないかと思います[74]．

一致性の公理（Axiom of Identity）（Sen 1970b/2017, p. 214）

$\quad \forall i, j \in N : R_{ij}(\tilde{\boldsymbol{R}}) = \sigma(\tilde{R}_j)$.

　これだけの準備を整えて，拡張された個人的選好順序のプロファイルを社会的選択関数に集約するルール φ に，3 つの要請を課すことにします[75]．第一の要請は《定義域の広範性》の公理です．

公理 UID（一致性の公理のもとでの定義域の広範性）（Suzumura 2016a, p. 281）

　ルール φ の定義域は一致性の公理を満足する限りで任意のプロファイルを含んでいる．

---

74)　この公理の意味は容易に理解できる．想像上の境遇の交換によって，他人の立場に身を置く場合には，身を置かれた個人が社会状態に対して持つ選好を尊重することを要求することが，この公理の実質内容である．他人の私的な選好を尊重するという点では自由主義者にアピールしそうな一致性の公理ながら，社会状態の特定化次第では，この公理の説得力に揺らぎを覚える人びとは決して少なくないように思われる．その一例は麻薬中毒者の麻薬愛好に対する観察者の選好判断である．中毒者自身は麻薬への容易なアクセスに執着を持つにせよ，観察者がその執着を個人的な自由の尊重の名のもとに是認すべきかといえば，大いに異論の余地があるように思われる．

75)　φ が個々のプロファイル $\tilde{\boldsymbol{R}}$ に対応させる社会的選択関数 $C(S, \tilde{\boldsymbol{R}})$（$\forall S \in K$）が選択の正則性——合理化可能性としての合理性，選択の経路独立性，など——をどの程度に備えているかという点は，解かれるべき問題の一部として，後に触れることになる．

第9章　血の通った厚生経済学を求めて

　第二の要請は，ルール φ が決定する社会的選択関数 C に対して，選択の整合性を求める公理であり，論理的には非常に弱い要請であることが知られています[76]．

公理 SUA（超集合の公理）（Suzumura 2016a, p. 279）
　　$\forall\, S_1, S_2 \in K : [S_1 \subseteq S_2\ \&\ C(S_2) \subseteq C(S_1)] \Rightarrow C(S_1) = C(S_2).$

　第三の要請は，ルール φ がプロファイル $\tilde{R}$ に対応させる選択関数が，無羨望衡平性との親和性を持つという公理です．《一致性》ではなくて《親和性》という表現を使用するのは，衡平と効率のトレードオフを意識しているからです．無羨望衡平性との親和性の要請は，具体的には以下のように表現される公理です．

公理 FE（無羨望衡平性の拡張公理）（Suzumura 2016a, p. 278）
　許容される任意のプロファイル $\tilde{R}$ にルール φ が対応させる選択関数は，$F(S, \tilde{R}) \neq \emptyset$ である限り，$C(S, \tilde{R}) = F(S, \tilde{R})$ を満足する．

　そのとき，次の定理が成立します．

定理 8（Suzumura 2016a, pp. 281-282）
少なくとも3つの社会状態が存在すれば公理 UID，公理 SUA，公理 FE を満足する集計ルール φ は，論理的に存在しない．

　衡平と効率のトレードオフ関係と定理8は，羨望のない状態としての衡平性の理論がもたらした新たな知見であり，規範的な意義を持つ社会的選択の可能性に対する理解の深化に寄与するものと思います．とはいえ，民主的・情報効率的な社会的選択を取り巻く暗雲をこのアプローチが払拭したとまで

---

76)　公理 SUA は合理化可能性としての合理性とは独立した選択の整合性の要請であって，アロー＝プロットの経路独立性の公理よりもはるかに弱い要請でもある．この事実の厳密な確認は Suzumura（2016a, pp. 278-281）で与えられている．

第 III 部　制度の設計と選択

は，いえそうにはありません[77]．アローの隘路からの脱出路を探索する研究
は，別の方向を目指して，さらに継続される必要があるのです．

　私が探索した別の方向は，アマルティア・センが『財と潜在能力』（Sen
1985）で示唆した《選択機会の内在的な価値》（intrinsic value of the opportunities
for choice）に注目する方向でした．センは大飢饉の渦中のインドでイギリス
の植民政策に抗議して，マハトマ・ガンジーが企てた断食を，例に取り挙げ
ました．彼によれば，飢饉のために食料を入手できず餓死に瀕する貧民と，
断食に対する国際的な非難を恐れる植民政策当局が，潤沢に提供する食料を
拒絶して，敢えて尊厳死を選択しようとするガンジーでは，餓死という悲惨
な帰結は同じでも，その帰結が持つ社会的な意味はまるで異なっています．
この差異を正確に表現するためには，選択の帰結 x, y とその帰結の背後に
ある機会集合 S, T に注目して，機会集合 S から帰結 x を選択することは，
機会集合 T から帰結 y を選択することと比較して，よい・無差別・悪いと
いう判断を表現する手段として，（帰結，機会集合）のペアの集合で定義さ
れる選好関係 $\geqq$ を導入すればよいのです．そのとき選択機会の内在的な価
値は弱い意味の選好関係 $\geqq$ に対応する強い意味の選好関係を $>$ とするとき，

$$\forall x \in X : (x, S) > (x, \{x\}), \text{where } S \subseteq X \text{ such that } \{x\} \subsetneqq S$$

が成立することとして定義することができます．同じ帰結 x を選択する場合
でも，一点集合 $\{x\}$ から選択の実質的な機会がないまま x を選択する場合
と比べて，x 以外の選択肢を含む機会集合 S から x を選択する場合の方が，
強く選好されているからです．

　この意味で拡張された選好順序のプロファイルを情報的基礎として用いて，
選択機会の内在的な価値を考慮に入れる《非帰結主義》的な立場と，帰結の
是非に専ら注目する《帰結主義》的な立場が共存する社会において，アロー
が提起した民主主義的で情報効率的な社会的選択の理論を新たに構成する試
みを，私はヨンシェン・シューと執筆した一連の論文で追求しました[78]．こ

77）　しかし，このアプローチがすべて消極的な結論に帰着したわけではない．私自身の
　試みに限っても，Suzumura（1981b），Fleurbaey, Suzumura, and Tadenuma（2005）
　において，可能性定理を模索するいくつかの経路が探求されている．

の研究の第一段階は，アローの枠組みには姿を見せない帰結主義者 versus 非帰結主義者という《個人の異質性》を明示的に定義して，帰結と機会という2つの視点に反映される個人の異質性に注意を喚起する作業でした．この研究の第二段階は，これらの異質性を備えた個人を一貫した分析的な枠組みのなかで並行的に公理化して，両者の対照的な性格を精密に特徴付ける作業でした．遡っていえば，アローの社会的選択の理論では，社会を構成する全個人はおしなべて帰結主義者であることが，暗黙裡に仮定されていました．この研究の第三段階は，社会を構成する個人のなかに少なくとも一人の非帰結主義者が存在すれば，その他の面ではアローの公理のエッセンスを維持する，個人的評価の社会的集計ルールが存在することを論証する作業でした．この定理の詳細に興味を持たれる方々には鈴村＝シューの一連の共同論文の参照を求めたいと思いますが，この研究の基本的なメッセージについては，特に読者の関心を喚起しておきたいと思います．

　選挙と投票の理論に関する第4節末尾のコメント (D) で触れたコンドルセ・サイクルの発生を防止する条件は，「社会的厚生判断の基礎としての［個人の］類似性」(Arrow 1951, p. 74) に注目するものでした．対照的に，拡張された社会的選択の鈴村＝シュー理論では，社会的選択の不可能性定理を可能性定理に切り替える転轍機の機能を果たすのは帰結主義と非帰結主義の分水嶺を挟んで社会に存在する，個人の異質性なのです．

　本書第2章の第1節で，私の質問に答えてポール・サミュエルソンは次のように述べていました．

　　古典的な厚生経済学——道徳哲学——の鋭利な解答の大半は，個人間に対称性がある特殊な「サンタクロース」ケースに対応するものです．例えば，カントの定言命法や，新約聖書にある《黄金律》——「他人に行ってほしいと思うことを，他人に対しても行え」——がその一例です．人間はだれでも同じだと信じなければ，ジョージ・バーナード・ショーに同調して黄金律を否定して，その替わりにこういう筈です：「自分が他人に行ってほしいと思う

---

78)　Suzumura and Xu (2001, 2003, 2004) 及び Suzumura (2016a, Essay 18, Essay 19, Essay 20).

第 III 部 制度の設計と選択

ことを，他人に対して行うことなかれ．彼らの嗜好はあなたの嗜好とは異な
るかもしれないから」と．人びとの効用が通約可能な同じものでないことに
なった瞬間に，数百年来の厚生経済学——道徳哲学——の歴史は終焉に到る
のです．

古典的な厚生経済学のこの暗黙の前提を強く批判して，センは『不平等の
再検討』の冒頭で人間の本質的な異質性を強調して，次のように主張しまし
た[79]．

人間は徹底的に異質な存在である．我々は外部的な特性に関してのみなら
ず個人的な特性に関しても異なる存在である．《人間の平等性》という強力な
レトリックは，しばしばこれらの差異から，我々の注意を逸らせる傾向がある．
「すべての人は生まれながらにして平等だ」というレトリックはややもすると
平等主義の眼目だと見做されがちだが，個人間の差異を無視すると，全員に
対する平等な配慮を貫こうとすれば不遇な人びとを極度に有利化する優遇措
置が必要だという事実は隠蔽されて，深層において非平等主義に陥ることに
なってしまうのである．

アローの一般不可能性定理の隘路から脱出することを試みた鈴村＝シュー
理論は，個人の同質性ではなく個人の異質性——帰結主義者 versus 非帰結
主義者——の存在のなかに可能性の扉を開ける鍵を見出したことに，その着
眼の特異な意義があると私は考えています．

9. 規範的経済学の最適化アプローチと漸進的改革アプローチ

この講義を閉じるに際して，現代の厚生経済学の原点に立ち戻って，若干
の留保事項と今後の規範的経済学の進路への私の期待を述べたいと思います．

---

79) Sen (1992b), p. 1.

第9章　血の通った厚生経済学を求めて

この講義では，厚生経済学の歴史的な生成過程のなかに重要な2つの研究プログラムを識別して，その各々が果たしてきた役割に注目しました．第一はベンサム＝ピグーの《旧》厚生経済学の研究プログラムであり，その精粋は以下の制約条件下の最大化問題によって表現されました．

$$\text{(B-P)} \quad \text{Max} \sum_{i=1}^{n} u_i(x) \text{ over all } x \in S.\text{[80)}$$

第二はバーグソン＝サミュエルソンの《新》厚生経済学の研究プログラムであり，その精粋は以下の制約条件下の最大化問題によって表現されました．

$$\text{(B-S)} \quad \text{Max} f(u_1(x), u_2(x), \cdots, u_n(x)) \text{ over all } x \in S.\text{[81)}$$

プログラム（B-P）とプログラム（B-S）に追加して，アローが先導してセンを始め多くの社会的選択の理論の研究者が追求してきた研究プログラムを，以下のように表現しておきましょう．

(A-S) Find a social state $x^* \in S$ such that x^*Rx for all $x \in S$,
where $R = h(\boldsymbol{R})$.[82)

前節までの考察で徐々に明らかにしてきたように，プログラム（B-S）はプログラム（B-P）に対する批判を契機として誕生したものであり，プログラム（A-S）はプログラム（B-S）に対する批判を契機として誕生したものです．このような脱皮を重ねてきたとはいえ，3つのプログラム（B-P），（B-S），（A-S）を通底して，ある目標関数を制約条件のもとで最大化するパラダイム——合理化可能性としての合理性のパラダイム——が根強く共有されてきたことに，読者の注意を喚起したいと思います．

実のところ，ピグー以降の厚生経済学の生成過程には，この《制約条件下の最大化》パラダイムの支配を離れて，《新》厚生経済学の進路を模索する

---

80)　ここで n は社会を構成する個人の数，u_i は個人 i の——基数的で個人間で比較可能な——効用関数，S は社会的選択肢の機会集合である．

81)　ここで関数 f はバーグソン＝サミュエルソンの社会厚生関数であり，u_i は個人 i の——序数的で個人間で比較不可能な——効用関数である．

82)　ここで関数 h はアローの社会構成関数であり，$\boldsymbol{R} = (R_1, R_2, \cdots, R_n)$ は社会的選択肢の集合上の個人的選好順序のプロファイルである．

333

第 III 部　制度の設計と選択

試みが含まれていたことを，ここで想起したいと思います．事実，（B-S）と並行して展開された補償原理学派の《新》厚生経済学は，社会状態の最適化という壮大な目標ではなく，現状（status quo）を漸進的に改善する潜在的可能性を追求する謙虚な立場を採用していました．補償原理学派の《新》厚生経済学には倫理的にも論理的にも多くの問題点があることは既に指摘した通りながら，規範的経済学の最適化アプローチに対抗して漸進的改革アプローチという代替的選択肢を示したという一点において，カルドア＝ヒックスが先導した補償原理学派の《新》厚生経済学には固有の意義を認めてよいのではないかと思います．

　ところで，《最適化アプローチ》versus《漸進的改革アプローチ》という厚生経済学の分枝点を確認してみると，実はピグーの《旧》厚生経済学にも，新たな視点から再考すべき点が少なくとも2つ含まれることに気付きます．第一に，ベンサムの《最大多数の最大幸福》の原理を定式化したプログラム（B-P）にピグーの《旧》厚生経済学を接続する構想には，留保を置くべき余地があるというべきです．ピグーの『厚生経済学』を細心に検討してみると，彼が主張する命題のうちで個人的効用の社会的総和の最大化というシナリオを実際に必要とする箇所は，意外なまでに少ないことに気付きます．また，『厚生経済学』の一部には，ピグーが帰結主義の内部に安住することをよしとはせずに，むしろ積極的に非帰結主義的な情報を活用しようとする姿勢を示している箇所があります[83]．第二に，ピグーの《旧》厚生経済学の創業の理念を述べた《序文》でピグーが用いた表現は《社会厚生の最適化》ではなくて《人間生活の改善》だったということです．ピグーは厚生経済学の最適化アプローチを提唱するどころか，漸進的改革アプローチの追求を創業の理念の核心に位置付けていたのです．

83）　ピグーの『厚生経済学』の末尾に近い第4部第13章「実質所得の国民的最低水準」において，ピグーは「［最低生活水準］は主観的な最低満足ではなくて，客観的な最低条件であると考えなければならない．その上またその条件は生活の一部面だけに限られるものでなく，一般的な条件でなければならない．たとえば最低のなかには，家屋の設備，医療，教育，食物，閑暇，労働遂行の場所における衛生と安全の装置等についてある一定の量と質とが含まれる」と述べている．明らかにピグーのこの考え方は，経済政策の判断基準を非厚生主義的な情報的基礎に依拠させる意図を顕示している．

第9章 血の通った厚生経済学を求めて

血の通った厚生経済学を求める私の探求の道は，この点に到ってピグーの厚生経済学を検討し直す道に合流することになりました．今回の講義の歩みはこの地点で止まりますが，いずれまた新たな研究の中間報告を行う機会を心に期したいと思います[84].

---

84) 厚生経済学と社会的選択の理論を研究した軌跡を辿った研究者自伝（鈴村 2014）の「はじめに」において，私は「厚生経済学の研究とは，時代の相を反映して変転する課題を直視して，人間生活の改善の道具を革新する努力を重ねる学術活動だという強い実感がある」と述べている．「厚生経済学と経済政策論の対話」を中心として私の厚生経済学と社会的選択の理論の研究の要諦を振り返った本書を open ended に残すのは，この意味で当然のことであるのかもしれない．

補論 I

福祉改善の厚生経済学の実践者：
都留重人教授 (1912－2006)

> 経済思想史の国際的専門誌 *European Journal of the History of Economic Thought* 編集部のハインツ・クルツ教授は，2006 年に逝去された都留重人教授に捧げる追悼論文の執筆を著者に依頼された．都留教授とは学生時代から深いご縁があった著者が，旧友クルツ教授からの依頼に応えて執筆した追悼論文 "Shigeto Tsuru (1912-2006): Life, Work and Legacy," *European Journal of the History of Economic Thought,* Vol. 13, 2006 がこの補論の骨格を作っている[1]．著者はまた，尾高煌之助・西沢保の両教授が編集した都留重人教授記念論文集（『回想の都留重人』勁草書房，2010 年）にも「厚生経済学の実践者，都留重人」という論文を寄稿した．この補論では，後者の内容を適宜挿入して前者の内容を部分的に拡充している．

　都留重人教授は，2006 年 2 月 5 日に 93 歳で逝去された．第二次大戦後の日本で強い影響力を持つオピニオン・リーダーとして活躍された教授は戦前の黄金時代にあったハーヴァード大学で教育を受け，敗戦直後の日本で正統派の経済学を体現する存在だったのみならず，アメリカ留学前に日本で吸収

---

1)　都留重人教授は，1960 年代の半ばに著者が一橋大学大学院経済学研究科を受験した際の 3 人の面接委員の一員だった．大学院での研鑽の期間，私は教授の講義を 2 科目受講したうえに——そのひとつは国民所得の厚生的意義に関わるものだった——都留ゼミにも頻繁に出入りしたが，著者は伝統的な意味では，都留学派の一員ではない．この論文の執筆の機縁を与えてくれたハインツ・クルツ教授，初稿段階で有益なコメントを賜ったウォルター・ボッサール教授，尾高煌之助教授，篠原三代平教授にも，感謝を表したい．

した政治経済学のマルクス主義的伝統も背負うユニークな経済学者だった. この背景こそ, 教授が硬直的なドグマから解放されて, 自由な立地を確保することを可能にしたが, 近代経済学 versus マルクス経済学という陳腐な対立図式が自明のこととされた戦後日本の経済学界では, この背景はむしろ教授を孤立させる一因にもなった. 両立不可能な2つの陣営に棲み分けされている状況では, 両陣営の間を自由に逍遥する教授は柔軟でリベラルなスタンスを称賛されるよりも, 懐疑的な視線——《烏なき里の蝙蝠》視——に晒される状況にあったのである.

都留教授の学術的・社会的な業績は際立っている. 教授の人生には大きな嵐が一度ならず来襲したこと, 教授が終始いくつもの公的な役割——自らの義務意識が避けることを許さなかった役割——を担ってこられたことを思うとき, 教授が達成された業績の重みは一層印象的になる. 日本学術会議や日本政府の審議会などで果たされた役割以外にも, 教授の戦後の公的活動には以下の多彩な経歴が含まれている. 教授は, 1947年6月から1948年4月まで経済安定本部の計画委員会の委員長を務めたが, その際に教授がイニシアティブをとって公刊した有名な『経済実相報告書』(経済安定本部 1947) は, 日本で書かれた初めての白書だった. この白書は, かつて日本で刊行された政府報告のなかで最も情報量に富み, 強い影響力を発揮して, 読みやすい文書のひとつとされている. 経済安定本部を辞任した後, 都留教授は 1948年9月に東京商科大学——その後間もなく一橋大学と改称された——の経済研究所教授に就任した. 教授は多年 (1949〜56年, 1965〜67年) にわたって経済研究所長を務めた後, 1972年4月に一橋大学の学長に選出されて, 1975年3月まで在任した. 1977年8月には国際経済学会連合 (International Economic Association) の会長に就任して, 3年間の任期を全うした. 三木武夫内閣 (1974年12月〜1976年9月) の文部大臣に就任することを要請された教授がこの要請を受諾していたならば, 多忙を極めた都留教授の人生はさらに多忙と屈折の度を増していたはずである.

都留教授の学術的業績の核心は, 伊東光晴他 (1975-1976) にまとめられている. その要諦について論評する前に, 波乱に満ちた教授の前半生を簡潔に眺めておきたい[2].

338

補論 I　福祉改善の厚生経済学の実践者：都留重人教授

　都留教授は1912年3月6日に東京で誕生したが，1917年に名古屋に転居している．若き日の教授は病弱で健康状態は長く不安な状況にあり，基礎教育の初期の数年間をふいにしたほどだった．旧制中学の2年生のとき，教授の父は英語の native speaker に週一度自宅で息子に英語の文法と会話を教えるように依頼した．教授の卓越した英語能力は，この自宅での教育に根差しているようだ．1929年に教授は旧制高校に入学したが，名古屋で受けた高等教育は完結できない運命にあった．陸上競技や英会話を含む様々な分野で秀でていた教授だが，過激な政治的活動にも携わり，1930年12月2日に治安維持法により逮捕されるに到って，教授は旧制高校から追放されることになった．この逮捕と追放の措置は厳格なものであり，結果として教授は日本で高等教育を受ける機会を奪われることになったのである．

　都留教授の父は，日本ではなくアメリカで教授が高等教育を受けられるように，直ちに取り計らった．1931年1月，ウィスコンシン州アップルトンのローレンス・カレッジに入学して2年間をこの地で学んだ教授は，学部の最終学年にはハーヴァード大学に転学して，その当時の碩学フランク・タウシッグ，ジョセフ・シュンペーターや，新進気鋭のワシリー・レオンティエフなどに学ぶ機会を得たのみならず，ポール・サミュエルソンやポール・スウィージーなど，若くて輝きに満ちた学者たちと，親密な友好関係を築くことができた．当時のハーヴァードを回顧してサミュエルソンは以下のように書いている（Samuelson 1977c）：

　　ハーヴァードは我々に多くのものを与えてくれたが……我々もまた，ハーヴァードに多くを与えた．特に都留は，主流派経済学のやや自己満足的な城塞にマルクス経済学の知識とそれに対する興味を持ち込んだ．ポール・スウィージーの著書 *The Theory of Capitalist Development*（Sweezy 1942）は，現在でも主流派経済学に沿う教育を受けた経済学者のためのマルクス経済学の最善の解説書だが，この時期ハーヴァードで書かれている．この本に都留が執筆した付録は，マルクスの拡大再生産表式をケネーの経済表やレオンティエフ＝ケインズのフロー循環図に関係付けて，経済学史において不滅の地位を

---

2)　都留教授の研究者人生を回顧した自伝は，都留（2001）として出版されている．

得ている.

　ハーバート・ノーマンはハーヴァード大学で都留教授が親交を結んだカナダ人の歴史学者である．彼は 1909 年 9 月に日本で誕生した．彼の両親は 1901 年以来，日本に赴任していたメソジスト派の宣教師だった．ケンブリッジ大学のトリニティ・カレッジで歴史学の修士号を取得した後，1935 年にハーヴァードにやってきたノーマンは，この地で都留教授と知り合った．明治期日本の近代国家の発展に，彼らは共通の関心を抱いていた．ハーヴァードで日本史を専攻して修士号と博士号を取得した後に，ノーマンは 1940 年にカナダ外務省の職員として日本に帰還した．彼の人生が次に都留教授の人生と交錯したのは，驚くべき境遇の激変の渦中においてのことだった．

　都留教授は，1940 年 6 月に博士論文 "Business Cycle Theories and Their Application to Japan" によって Ph. D. を取得した．教授の論文の実証的な部分は，その後 *Review of Economic Statistics* に掲載されている（Tsuru 1941）．スウィージーの著書は 1942 年に出版されているが，"On Reproduction Schemes" と題されたその付録は，前述の通り都留教授が執筆したものである．ハーヴァード大学で講師職を得た都留教授は，スウィージーと協力してマルクス経済学のセミナーを主催した．1939 年 6 月に結婚した正子夫人と教授の人生は順風満帆に思われたが，予期せぬ大惨禍が世界に降りかかって，出帆後間もない教授のキャリアは難破の危機に直面しようとしていた．

　1941 年 12 月 7 日のこと，日米間で戦争が勃発した．都留教授の自伝（都留 2001）の回想によれば，教授はすぐに日本はこの戦争でアメリカに勝てないという個人的な確信に達した．この確信の一部はローレンス・カレッジ時代から旧知のハリー・デクスター・ホワイト（1892‑1948）と交わした会話に基づいていた．この個人的な確信こそ，都留教授に不可避的な敗戦後の母国の復興に貢献するために帰国することを決意させた誘因だった．この希望を実現する機会は突然訪れた．1942 年 6 月 1 日，日米間の戦時交換の一環として州政府から本国送還を通達する電報が，都留夫妻に送達された．交換船による送還までに僅かな予告期間しかなく，書籍の携行も最小限度に制約されて殆どの専門書籍の処分を余儀なくされたため，教授はハーヴァード大

補論 I　福祉改善の厚生経済学の実践者：都留重人教授

学の友人たちに，彼らの関心に応じた書籍を贈与した．日本経済史に関する書籍をノーマンに遺すことは，教授にとっては自然な選択だった．その当時，ノーマンは日本でカナダの外交官としてのキャリアを積んでいたため，都留教授から贈与された書籍はハーヴァードに留まって，将来の継承を俟つことになった．

サミュエルソンも都留教授の蔵書を受け取った一人だが，この間の消息を彼は著者とのインタビュー（Suzumura 2005）で次のように語っている：

日米の開戦時に，重人は日本に強制送還された．蔵書を急遽処分せねばならなかったとき，私は幸運にも彼が持っていた1932年版のピグーの『厚生経済学』を贈与されて，注意深く読むことができた．

スウェーデン商船グリップスホルムは，本国に送還される1500人の日本人をポルトガル領東アフリカのロレンツォ・マルケス（現在の地名はモザンビークのマプト）に運び，その地において人びとは同様に日本から本国送還されてきた人びとと交換された．グリップスホルムに乗船した人びとは，プリンストン大学から帰国途上の高名な数学者・角谷静夫[3]氏，当時7歳で後年には世界的な計量経済学者となる雨宮健[4]氏などを含んでいた．当地で彼らは日本商船・浅間丸に移乗して，1942年8月に日本に帰り着いたのである．

交換される送還者たちがロレンツォ・マルケスの路上ですれ違った際，都留教授はノーマンがそのなかにいることに気付いた．『自伝』によれば，得られた数分を活かしてハーヴァード大学に残した日本経済史に関する蔵書に

---

3)　大阪生まれの数学者（1911-2004）で，プリンストン大学高等研究所の研究員を経て，エール大学教授を務めた．関数解析学，確率論，エルゴード理論など，多くの分野で画期的な業績を挙げたが，特に「角谷の不動点定理」（Kakutani 1941）は，経済学やゲーム理論で一般競争均衡やナッシュ均衡の存在を証明する標準的な手段として決定的な役割を果たしている．

4)　東京生まれの計量経済学者（1935-）で，国際基督教大学卒業後にジョンズ・ホプキンズ大学でPh. D.を取得した．スタンフォード大学教授を経て，現在はスタンフォード大学名誉教授．ミクロ・レベルの計量分析の基礎となるミクロ計量経済学の発展に，ジェームズ・ヘックマン，ダニエル・マクファーデンと並ぶ世界的な貢献を果たしている．

ついて，教授は彼に伝えることができた．この蔵書を受け取るためにハーヴァードを訪れたノーマンが悲劇的な死に繋がる事件に巻き込まれることになろうとは，当時は誰ひとり知る由もないことだった．

　不可解な事件は，都留教授が戦後初めてハーヴァード大学を訪問した1956年に勃発した．教授は比較経済発展論，社会主義論の講義を担当したが，後者はヤン・ティンバーゲンとの共同講義だった．この際，都留教授はアメリカ上院議会で証言を行うように召喚された．当時，カナダ外務省が公式に否定したのにもかかわらず，ノーマンは外交官として活動していた時期に共産主義者へのシンパシーを持っていたという容疑をかけられていた．都留教授の推測では，この召喚は教授とノーマンの交友関係を調べることによって，ノーマンの容疑を確定するためのものだったのだが，この推測の部分的な根拠になったのは，ノーマンは都留が本国送還時に残したなんらかの秘密文書を回収しようとしていたのだというラジオ・ニュースだった．教授は実際に起こったことを指摘することによってこの主張を覆すことは可能だと考えた．しかし，この召喚はむしろ都留教授の共産主義への関与を追及するためのものだった．状況を一層悪化させたのは，教授の証言からわずか後の1957年4月4日にカイロでノーマンが自殺した不幸な事件だった．ノーマンを容疑から解放しようという教授の意図に反して，教授は自己弁護の証言によって親友を犠牲にしたのだと，日本のマス・メディアは大々的に教授を非難したのである．ノーマンに対する起訴が徐々に根拠のないものだと判明した事実は，都留教授にとってはなんの慰めにもならなかった．

　都留教授の経済学への学術的貢献は多くの領域にまたがっているが，ここでは3つの領域における教授の貢献を採り上げることにしたい．

　第一の領域は経済の集計の方法論に関する批判的な研究である．この領域における教授の研究のエッセンスは，著書『国民所得と再生産』（都留1951）に含まれている．本書は後に著作集の第2巻として1975年に再版されているが，教授自身の言によれば，これは理論経済学に対する教授の初期の主要な貢献であった．ハーヴァード大学における教授の師，ジョセフ・シュンペーターは，ケインズ経済学の集計的方法の使用に対して懐疑的な見方を持っていたことで知られているが，若き日の都留教授に，ケインズの集計概念の

補論I　福祉改善の厚生経済学の実践者：都留重人教授

使用の方法論をマルクスの方法論との比較において研究するように指導した．本書は，遅ればせながらシュンペーターに提出された都留教授の研究の進捗報告として書かれている．その議論の要諦はこうである．どのような集計方法であれ，その方法が意味を持つために必要かつ十分な条件は，その方法で得られる集計概念が，客観的な経済法則の礎石として理論的な意義を持つことである．フランソワ・ケネー，ナッソー・ウィリアム・シーニョア，ジョン・ステュワート・ミル，カール・マルクスなど，古典的な経済学者による集計概念の使用がこの意味でなされていたことは，記憶に留めておく価値がある．対照的に，ジョン・メイナード・ケインズが使用した集計概念は，客観的な経済法則の道具としてではなく経済システムの機能を国家が統制する道具として構想されていた．この事実を立証するために，都留教授はケインズの *The General Theory* から以下の主旨の引用をしている[5]：経済学者の最終的な課題は，我々が現実に経験している経済システムを中央政府機関が慎重に統制・管理するために，その道具として役に立つ一群の変数を選び出すことである，と．

　都留教授によれば，集計概念の使用に関するスタンスのこの変化は，1930年代の競争的な市場メカニズムのシステム障害がもたらしたものである．市場の不完全性が顕著になるにつれて，価格のバロメーター機能に対する信頼が稀薄になって，市場メカニズムの機能障害を補整する手段としてケインズ流の集計概念の使用を受け入れざるを得なくなった．この移行によって，深刻な疑問が誘発されることになる．伝統的なミクロ経済理論の場合であれば，経済変数間の基本的な関数関係——需要関数や供給関数など——の導出を可能にする制約条件付き最適化の基本原理があった．これに対して，集計変数相互間の統計的な関数関係——統計的な消費関数など——の基礎を構成する基本原理とは一体どのようなものだろうか．都留教授はこの重要な疑問を提起したが，この自問に対する解答は，提出しないままで終わっている．教授が実際になし得たことは，現在ではマクロ経済学のミクロ経済学的基礎とし

---

5)　この引用の出所は J. M. Keynes, *The General Theory of Employment, Interest and Money*, Vol. 7 of *The Collected Writings of John Maynard Keynes*, London: Macmillan, 1973, p. 247 である．本書の初版は 1936 年に出版されている（Keynes 1936b/1973）．

て知られている問題の一側面に読者の関心を惹起したことだったといって，公平性を欠くことにはならないと思われる．

　都留教授の第二の重要な研究領域は比較経済体制論である．この領域で教授が残した代表的な業績には，ジョン・ストレイチー，ポール・スウィージー，シャルル・ベトレイム，モーリス・ドッブ，ジョン・ケネス・ガルブレイス，ポール・バランなど当時の代表的な経済学者に，アメリカ資本主義の変化及びその理論的な含意，社会主義への予想される移行経路などに関する問題を提起して，寄せられた回答を吟味して編集した著書がある[6]．本書は資本主義と社会主義の比較制度分析に対して，戦後の重要な貢献のひとつであると評価されている．ルードヴィッヒ・フォン・ミーゼスの問題提起（生産手段の市場が存在しない社会主義社会では，合理的経済計算は論理的に不可能だという主張）を嚆矢として闘われた1930年代の経済計画論争は，フリードリッヒ・ハイエクを一方の代表的論客，オスカー・ランゲを他方の代表的論客として，社会主義のもとで合理的な経済計画を設計・遂行する理論的可能性に焦点を絞った論争であって，その後のケネス・アロー＝アマルティア・セン流の社会的選択の理論とレオニード・ハーヴィッツ＝エリック・マスキン流の分権的メカニズム設計の理論の基本的な軌道を敷く重要な役割を果たしている[7]．ハイエク＝ランゲの経済計画論争と，都留教授の現代資本主義論争を比較するとき，確認する意義がある2つの顕著な相違点がある．第一に，都留教授のシンポジウムは，資本主義に批判的な研究者のみから構成されている．対照的に，ハイエク＝ランゲの経済計画論争は，資本主義 versus 社会主義という構図のなかで，明確に対照的なスタンスをとる両陣営ががっぷり組んで闘われた論争である．第二に，1930年代の論争は，合理的な社会主義的経済計画の理論的な可能性に焦点を当てていたが，都留教授のシンポジウムでは，アメリカ資本主義の具体的な現状と，社会主義への移行の可能な経路に焦点を絞っていた．これらの特徴は比較経済体制論における教授の

---

6)　当初は邦語で出版（都留 1959）された本書は，その後 S. Tsuru, ed., *Has Capitalism Changed? An International Symposium on the Nature of Contemporary Capitalism*（1961年，岩波書店）というタイトルで，英語版も出版されている．

7)　ハイエク＝ランゲの経済計画論争の持つ意義に関する一層の詳細は，Suzumura（2002）の第3節及び鈴村（2012）の第1章で述べられている．

補論 I　福祉改善の厚生経済学の実践者：都留重人教授

アプローチに固有な特徴だったといってよい.

　都留教授の主要な研究領域の第三は，環境破壊の問題とそれに対処する経済政策の設計である. この場における教授の代表的貢献は都留 (1972) だが，環境破壊の問題に対する教授の関心は，少なくとも 1950 年にまで遡る. 教授は 1950 年のエッセイ「一経済学徒の反省」(都留 1950) で，経済学者が環境破壊の問題に立ち向かえないのであれば，彼は現実の経済問題を研究する《経済学者》とは呼ばれるべきではない. 彼はむしろ誰か他人が建設した経済学の教義を説いたり解釈したりする《経済学学者》と呼ばれるべきであると主張した. 自らの言葉に忠実に，都留教授は環境破壊に立ち向かう大掛かりな努力を 1963 年に開始した. 教授の精力的な努力の最初の一歩は，環境破壊に関する研究グループを組織して，四日市喘息や水俣病といった悪名高い汚染の事例に即して現実の環境破壊を調査することだった. わずか 7 名から出発したこの研究グループはその後発展して環境経済・政策学会となり，いまや 1200 名を越える会員を擁している. また，教授の研究グループによって提案されて，実際の政策や制度に成功裡に組み込まれた政策は多数に上っている. 環境破壊に関する教授の研究の注目すべきもうひとつの特徴は，短絡的または盲目的に環境破壊の原因を資本主義経済体制に帰そうとするドグマから，自由であったことである. 事実，教授の『公害の政治経済学』(都留 1972) はソ連におけるバイカル湖の汚染の実状から始まっている. 環境破壊の現実と表面下の経済体制の間の因果関係を科学的に調査する姿勢こそ，環境破壊に対する有効な対処法を探求する際に教授がドグマへの盲信に縛られなかった原因だったのである.

　都留教授のこれらの業績の核心にある思想は，先生のお気に入りのジョン・ラスキンの言葉 (Ruskin 1862/1994, p. 166) によって的確に表現できる：“No Wealth But Life”. 国民所得を福祉指標とすることへの批判に都留教授を導いたのは，現実の人びとの福祉に対する教授の強い関心だった. 都留教授にケインズ流のフロー概念よりアーヴィング・フィッシャー流のストック概念の方が重要だと確信させたのも，同様の関心だった. 教授は資本主義経済体制の諸側面に対して批判的であって，理想化された社会主義経済体制への強い信念を持続したとはいえ，人びとの福祉の増進に寄与することへの教授の

345

願望は，ソ連における環境破壊を看過することを許さなかった．個々の研究の意義を超えて，教授はアーサー・ピグーの系譜に連なる厚生経済学の実践を重視した経済学者だった，と著者は考えている．

『厚生経済学』の序文に，ピグーは「経済学者がやり遂げようと努めている複雑な分析は，単なる頭脳の鍛錬ではない．それは，人間生活の改善の道具である」という印象的な表現を残した．都留教授も『経済政策——福祉を求めて』(『著作集』第 5 巻) に，感銘深い《序》を残している．『著作集』のこの巻は，教授自ら「これが今いちばん力を入れている分野」だと述べた，福祉の経済学に関する論文集である：

> 本巻には……いくつかの具体的な個別問題に関する論稿を収めたが，これらはいずれも，福祉を念頭においた政策論議が具体的にならざるをえないとする私の方法論的立場を応用化したものである．……福祉に関心を持てば持つほど，経済学はますますこうした応用分野での理論化に，はげまざるをえないだろう．特に，これからさき経済学者に期待が寄せられていることは，非市場的福祉要因をどのようにして整合的に経済政策体系の中で評価するかという点である (『都留重人著作集』第 5 巻，1975 年，p. v).

福祉に関する「具体的な個別問題」の例として都留教授が挙げたのは，家庭内における主婦労働，「万人に求められることを欲する」科学的真理，自然の景観，法律的な権利であるとともに福祉上の価値要因でもある入浜権などである．

振り返ってみると，《旧》厚生経済学の始祖ピグーは，《社会的厚生》のうち直接・間接に貨幣の尺度と関係付けられる部分を《経済的厚生》と名付けて，彼の分析の焦点を《経済的厚生》の決定要因に絞って『厚生経済学』の構築に乗り出している．これに対して都留教授は，ピグーがさしあたり分析から捨象した非市場的福祉要因の整合的な評価を，福祉の経済学の中心に据える試みを提唱していた．この試みは，厚生経済学の《非》厚生主義的な基礎を模索する現代の規範的経済学の潮流——本書の第 I 部を参照せよ——を先取りしていたという点で，注意深い検討と評価に値する．

346

補論Ⅰ　福祉改善の厚生経済学の実践者：都留重人教授

　実は，ピグー自身も『厚生経済学』の末尾に到って，ベーシック・ニーズと呼ばれる非市場的福祉要因の重要性を承認して，《最低生活水準》という概念を彼の厚生経済学に導入していた[8]．ピグーの最低生活水準という表現は，主観的な最低満足としてではなく客観的な最低条件として使用されていて，そのなかには「家屋の設備，医療，教育，食物，閑暇，労働遂行の場所における衛生と安全の装置等のある一定の量と質」が含まれていた．

　このようなスタンスをとったピグーの進路には，ひとつの難問が待ち構えていた．彼が明示的には提起せず，まして解決はしなかった難問とは，功利主義的な基礎に立つ《旧》厚生経済学の枠組みに，自ら導入した《非》厚生主義的なベーシック・ニーズの概念をいかに整合的に収納するかという問題だった．ピグーがこの問題の解決に真剣に取り組んだ痕跡は全くない．想像するに，1920年に誕生しつつも，1930年代初頭にはライオネル・ロビンズ（Robbins 1932/1935）の批判によって功利主義的基礎の《科学性》を否定された《旧》厚生経済学者にとって，ベーシック・ニーズという《非》厚生主義的考え方と整合的に融和する道を模索する静寂な時間は，もう残されていなかったのではなかろうか．

　都留教授の福祉の経済学の進路にも，実のところ克服を要する大きな難問が立ちはだかっていた．教授が明示的には提起せず，ましてや解決はしなかった問題とは，非市場的な福祉要因を整合的に収納できる福祉の経済学の理論的な基礎を構築するという大きな課題だった．だが，個別的・具体的な福祉問題を取り上げて，応用分野での理論化を積み重ねることこそ福祉経済学の進路だと確信する都留教授にとって，福祉経済学の理論的基礎を模索する倫理学的・経済学的な研究は，風車に突進するドン・キホーテの姿のように思われたのかもしれない．その点はともあれ，都留教授は福祉経済学の理論的基礎を構築する倫理学的・経済学的な研究に対しては，ついに大きな遺産を残さなかったことだけは事実である．

　都留教授が構想された福祉の経済学は，まさしくピグーがいう《人間生活の改善の道具》を模索する実践的な経済学だった．しかも，しばしばエレガ

---

8)　A. C. Pigou, *Collected Economic Writings*, Vol. 3, *The Economics of Welfare*, 4th edn., 1932, p. 759. 永田・気賀訳『厚生経済学』第Ⅳ分冊，1955年，p. 140.

ンス・ニヒリズムと表現されるピグー以降の《新》厚生経済学とは対照的に，そして怜悧な経済理論家という教授の広く抱かれているイメージを裏切って，教授の福祉の経済学の実践には泥臭い3つのこだわりが歴然としてあった．第一に，経済政策の抽象的な理論的モデルを目指した《新》厚生経済学とは対照的に，教授が模索された福祉経済学は足を地につけた応用分野での個別理論を目指すものだった．倫理学的・経済学的な一般理論の建設を目指す志向は，控えめにいっても稀薄であり，おそらくは無益・空疎な倫理的・論理的なエクササイズに過ぎないものと考えられていた[9]．第二に，効用ないし厚生という情報的基礎に立脚する《新》厚生経済学とは対照的に，都留教授は非厚生主義的な情報を福祉の評価に整合的に組み込むことこそ福祉経済学の課題であると考えていた．第三に，人間的な価値の問題——それも多数の人間の価値を社会的評価の観点から比較・秤量する問題——を経済学の守備範囲から追放して，経済学の外部から与えられた社会的な目標を制約条件下で最適化する technocratic なシナリオに焦点を絞るバーグソン＝サミュエルソン流《新》厚生経済学とは対照的に，都留教授の福祉経済学は，あくまで人間的価値の評価と実現の問題から，その視線を逸らすことはなかったのである．

　ひとを惹き付ける多くの理論がそうであるように，都留教授の福祉経済学は未完のシナリオである．このシナリオのなかに，辛抱強く研磨すれば輝く珠玉が埋め込まれているかどうかの判定作業は，教授の遺産を引き継ぐ後進の責務である．実のところ，アマルティア・センの福祉と潜在能力の理論を尖兵にして，現代の厚生経済学と社会的選択の理論の研究者の一部は，厚生経済学の《非》厚生主義的基礎の構想・建設作業に，脳漿を絞っている[10]．この新たな理論的試みのフロンティアに，都留教授が提唱された応用分野の

　9）　ケンブリッジ大学トリニティ・カレッジの大学院時代のアマルティア・センは，3名のアドヴァイザーを持っていた．ピエロ・スラッファ，モーリス・ドッブ，ジョーン・ロビンソンである．センによれば，ロビンソンは彼の厚生経済学と社会的選択の理論への傾斜を嫌って，抽象的・思弁的な一般理論を避けて，地に足をつけた応用分野で個別理論を展開するように，センを指導したということである．規範的経済学，特に社会的選択の理論に関するセンの研究に強い関心を示して多くの助言も与えてくれたのは，ドッブだったとセンは回想している．

348

補論 I　福祉改善の厚生経済学の実践者：都留重人教授

個別理論が的確な位置付けを得ることになるかに関しては，いまだに判断を下せる段階には到っていないといわざるを得ない．

　この補論を閉じるにあたり，著者は都留教授の巧妙な説明能力に言及せずには終われない．この説明能力は，教授がその講義や講演でも十二分に披瀝していたものだが，この技能がもっとも活躍するのは初心者と一般人向けの教科書的説明においてであって，その最善の例は『経済学はむずかしくない』(1974 年，講談社新書) という小著であると思われる．著者が初めてこの書を読んだ学生時代に心に自然に浮かんだ言葉は，ジョン・ヒックスの古典的名著『価値と資本』(Hicks 1939a/1946) に引用された次の一文だった："What oft was thought but ne'er so well expressed"[11]．この小著が『著作集』の第 1 巻の中心的な位置を占めたのは，人間の福祉の改善を目指す経済学の伝道者を目指した教授のスタンスを考えれば，至極的確な選択だったと思われる．

---

10)　厚生経済学と社会的選択の理論の新たな潮流に関しては，Sen (1985, 2017)，本書第 I 部に収録した論文及び Suzumura (2016a, 2016b) を参照していただきたい．

11)　この引用句はアレクサンダー・ポープ (Alexander Pope, *An Essay on Criticism*, 1711, Part ii, Lines 97-98) からとられている．

349

補論 II

分権的な資源配分機構論から比較経済制度論へ：
青木昌彦教授（1938 - 2015）

　青木昌彦教授は，著者が経済学者として離陸して間もない頃最初の学術
書『組織と計画の経済理論』（岩波書店，1971 年）によって，我々の世代
に決定的な影響を及ぼされた．その後，著者が京都大学経済研究所に移籍
する契機を作って下さってから 2015 年 7 月に急逝されるまで，経済制度
の評価と設計を巡る研究の輝かしい先導者として，また親しい友人としても，
著者にとって忘れ難い存在であり続けた．突然のご逝去を悼んで国の内外
で数多くの追悼シンポジウムが企画されて，著者も，「青木昌彦教授の人と
業績：From Decentralized Planning Procedure through Theory of
Firms to Comparative Economic Institutions」という献辞を青木昌彦教
授追悼シンポジウム《移りゆく 30 年：比較制度分析からみた日本の進路》，
2015 年 10 月 6 日で報告した後に，*RIETI Highlight*, Winter 2015 に公
刊した．また，"Masahiko Aoki (1938-2015): His Pilgrimage and
Legacies," presented at *Masahiko Aoki Memorial Conference on
Economics*, Bechtel Conference Centre, Stanford University,
December 4, 2015 という追悼講演を行う機会を得た．本補論はこれらの
講演に基づいて書き下ろした青木昌彦教授追悼論文である．

　教授を偲ぶ講演の機会を与えられた京都大学の藤田昌久教授，スタンフ
ォード大学の星　岳雄教授に，厚く感謝申し上げたい．

> The man who never alters his opinion is like standing water, and
> breeds reptiles of the mind.
> William Blake, "A Memorable Fancy,"
> *The Marriage of Heaven and Hell*, 1791.

＊この補論の初稿に猪木武徳教授，岩井克人教授，星岳雄教授，堀元教授から有益なコメン
トを賜った．ここに明記して感謝したい．

青木昌彦教授は，2015 年 7 月 15 日，77 歳で逝去された．日本では京都大学経済研究所，アメリカではスタンフォード大学経済学部を主要な拠点として，比較経済制度論を先導して瞠目すべき成果を挙げるとともに，世界計量経済学会（Econometric Society）のフェロー（1981 年選出），日本経済学会会長（1995 ～ 1996 年），国際経済学会連合（International Economic Association）の会長（2008 ～ 2011 年）として，世界の経済学界で指導的な役割を果たされた教授の突然の逝去の悲報は，教授の人柄と業績を知る人びとに衝撃を与え，容易には癒されない喪失感を後に残した．

　若き日の青木教授は，東京大学経済学部（1962 年卒業）と東京大学大学院経済学研究科（1964 年修士課程終了）で学んだ後，ミネソタ大学大学院に留学して，ジョン・チップマン，レオニード・ハーヴィッツ両教授の指導を得て学位論文を完成させて，1967 年に Ph. D. in Economics を取得した[1]．この時点で既に全米規模の注目の的となっていた青木教授は，東京大学大学院時代に読んだ画期的な論文（Arrow and Hurwicz 1960）から多大な影響を受けていたケネス・アロー教授の強い勧めに従ってスタンフォード大学に赴任（1967 ～ 1968 年）して，華麗な経歴の第一歩を踏み出した．スタンフォード大学で一年間を過ごした後，ハーヴァード大学に移籍したアロー教授の後を追って青木教授自身もハーヴァード大学（1968 ～ 1972 年）で研究と講義に従事したが，1969 年には京都大学経済研究所に移籍して助教授（1968 ～ 1977 年），教授（1977 ～ 1991 年）を務め，若い研究者を中心に日本の経済学界に多大な影響を及ぼした[2][3]．

　1984 年，青木教授はスタンフォード大学の特別席教授（Henri and Tomoye Takahashi Professor of Japanese Studies and Professor of Economics）に就任して，

---

1) 青木教授の Ph. D. Thesis（*Increasing Returns to Scale and the Market Mechanism*）の精粋は，その後 Aoki（1970），Aoki（1971a）として公刊されている．
2) 著者は青木教授の強い勧誘を受けて，1971 年 4 月に一橋大学経済学部から京都大学経済研究所に移籍して，その後 10 年間を教授の同僚として過ごした．この間に著者はケンブリッジ大学，ロンドン・スクール・オブ・エコノミックス，スタンフォード大学で研究と講義に携わる機会があった．京都大学の充実した研究環境と青木教授との交流を満喫する期間はそれだけ短縮されたわけだが，教授との会話と討論の楽しさと，その過程で自ずと滲み出る教授の思考の深さと鋭さは，現在も著者の記憶に鮮明に刻まれている．

補論 II 分権的な資源配分機構論から比較経済制度論へ：青木昌彦教授

多くの研究分野で世界的なリーダーシップを発揮した．膨大な業績に結実した青木教授の研究のなかでもミネソタ大学 Ph. D. Thesis に源流を持つ比較メカニズム・デザイン論，企業の経済学とコーポレート・ガバナンスの研究は，広い視野の問題設定と理論展開の精緻さの両面で，青木教授の国際的評価を確立した重要業績である．これらの研究を踏まえて，青木教授は比較制度分析という新たな研究分野を開拓して，スタンフォード大学を拠点としてこの分野の研究の隆盛をもたらすことに貢献された．

青木教授の業績に対する国際的評価を反映して，『組織と計画の経済理論』（青木 1971）に対して日経・経済図書文化賞（1971 年）が，『現代の企業』（青木 1985）に対してサントリー学芸賞（1985 年）が，*Information, Incentives, and Bargaining in the Japanese Economy*（Aoki 1988）に対して Hiromi Arisawa Memorial Award for the Best Book in East Asian Studies（1990 年）が，*The Cooperative Game Theory of the Firm* 並びに *Information, Incentives, and Bargaining in the Japanese Economy*（Aoki 1984a）に対して日本学士院賞（1990 年）が授賞され，さらに Joseph Schumpeter Prize（1998 年）など数多くの学術的な栄誉が授与されている．

青木教授の研究者人生には，このように華麗な経歴を表面的に眺めただけでは捉えきれない，様々な紆余曲折と陰影がある．彼の巡礼の旅から我々が学ぶべきこと，彼が単に卓越した学術の巨人であることを超えて，人間的な魅力に満ちた存在である理由は，彼が辿った人生経路の曲折と陰影に深く根差しているように思われる[4]．青木教授のひとと学説を理解する一助となると期待して，彼の経歴の黎明期に少し触れてみることにしたい．

東京大学の経済学部生時代に共産主義者同盟（ブント）を創設して，全学連の情報宣伝部長を務めた青木昌彦（姫岡玲治）教授[5]は，60 年安保闘争が

3）　著者がイギリスでの在外研究と講義から京都に帰任して，青木教授が経済学部大学院で主催されていたゼミナールに出席した折のこと，参加していた十数名の大学院生の全員が異口同音に「企業の理論を研究したい」と志望を語ったことのなかに，青木教授の影響の広さと深さを感得したことを記憶している．その後の彼らはどのような経済学者に成熟していったのだろうか．

4）　本節は青木教授のメモワール（青木 2008）に基本的に依拠しているが，著者自身の教授との個人的な交流の経験にも，部分的に基づいて書かれている．

353

挫折したときに《戦線逃亡》［青木（2008，第12章）］して，人生の大転換を図っている．1960年6月19日に安保条約の改定が国会で自動承認を受けて，岸信介首相が退陣するとともに大衆運動は沈静化して，ブントも実質的には瓦解した．その際に青木教授は政治運動ときっぱり縁を切って，経済学の研究者を目指す第一歩を踏み出したのである．青木教授が転進の最初の分岐点に立って東京大学で学んできたマルクス経済学とは訣別して，近代経済学の研究に没頭する選択を行ったことは，その後の彼の研究者人生にとって決定的に重要なステップだった．この選択を支える2つの契機に恵まれたことは青木教授の人生の幸運だった[6]．

　第一に，政治運動との訣別後に受験した東京大学大学院・応用経済学科への進学試験に落ちて留年を余儀なくされたために，「未来のないマルクス主義アカデミアの罠に嵌らないですんだ」（青木2008, p. 91）ことを奇貨として，一年の留年中にはサミュエルソンの『経済分析の基礎』やデブリューの『価値の理論』，アローの『社会的選択と個人的価値』など，40年代から50年代にかけて出版された近代経済学の代表的な著作の原書を買ってきて読み始めた（青木2008, p. 92）教授は，一年後に理論経済学分野の試験を受けて東京大学大学院に入学したときには，念願の勉強に集中する準備が十分整っていたわけである．

　第二に，入学した大学院でほぼ独力で近代経済学を自習していた青木教授[7]は，その後の研究進路に決定的な影響を及ぼしたKenneth Arrow and Leonid Hurwicz, "Computation and Decentralization in Resource Allocation"（Arrow and Hurwicz 1960）という論文に遭遇した．青木教授の回顧録はアロー，ハーヴィッツ論文について次のように書き記している（青木2008, p. 96）：

　5）青木（2008, p. 18）によれば，「[1960年安保闘争] 当時学生運動は，全国の主要大学の学生自治会を殆ど網羅する『全学連（全日本学生自治会総連合）』が組織した．その全学連の活動を核として推進していたのが，一年ほど前にできたばかりの『ブント（共産主義者同盟）』という組織だった．私［青木教授］はその全学連の情報宣伝部長で，またブント創立メンバーの一人でもあった」のである．

　6）後ろ髪を持たない運命の女神の前髪を青木教授がタイムリーに捉えたのは単に幸運な偶然事ではなく，彼の天賦の才覚と俊敏さの結果だったことはいうまでもない．

　7）この自習の過程で青木教授の疑問を解消するアドヴァイザーの役割を果たされたのは，その後東京大学教授を経てイェール大学教授に就任された浜田宏一氏だった．

補論II　分権的な資源配分機構論から比較経済制度論へ：青木昌彦教授

この論文で両教授は，最適な資源配分を解くための「勾配法」という自ら開発したプログラミングの手法が，価格メカニズムと構造的に同型であることを示した．つまり，市場メカニズムは経済効率性の問題を解く大規模なコンピュータの働きに類推され得るというのだ．集権的な計画経済が，計算能力や情報収集能力の制約のために達成しようとしても実現できない効率性を，分権的な市場メカニズムは人びとのインセンティブと両立的に，自ずと成就できるというわけだ．学生運動時代の初期から，ソ連計画経済国家の集権制を批判してきた私［青木昌彦］にとって，分権的経済の可能性の論証はまさに膝を打つ思いだった[8]．

　アロー＝ハーヴィッツのこの論文は，経済メカニズムを所与の与件ではなく，選択可能な《変数》と考える経済学の枠組みと分析方法を提示して，1930年代に行われた《経済計画論争》（Economic Planning Controversy）の先駆的な貢献とその意義[9]を，現代経済学の分析的枠組みに架橋した画期的な研究だった．青木氏にとり「両教授の論文との出会いはまさに啓示を受けたといえるほどだった．社会の組織にかかわる最も基本的な問題意識と明晰な論理の結合，これこそ，非論理的な党派的政治論争に倦いていた私の必要としていたものだった」のである．アロー＝ハーヴィッツ論文との遭遇は青木教授の「マルクス経済学からの脱却と比較制度分析的な数理経済学への移行を後押し」して，両教授は青木教授の「知的『ヒーロー』」になった[10]．

　こうして軌道に乗った青木教授の脱マルクス経済学と制度を変数と考える数理経済学への出航の行き先には，ミネソタ大学大学院への留学と，その後の華麗な経歴への《生命の飛躍》（élan vital）が待っていたのである．

---

8)　経済学研究の出発点で，その後の長い経歴を通じて影響を受け続ける先駆的な研究に巡り会うことの幸運を，著者も大学三年生の夏に，アローの『社会的選択と個人的価値』（Arrow 1951）と遭遇することによって味わった．この経緯に関しては，鈴村（2014, 第2章）を参照されたい．アマルティア・センも，著者と全く同じ経験をして，社会的選択の理論に覚醒したことを，この分野の学術専門誌 Social Choice and Welfare が企画したインタビュー（Gaertner and Pattanaik 1988）で語っている．

9)　経済計画論争（Hayek 1935, Lange 1936-37/1938）の主要内容とその評価については，鈴村（2012, 第1章）の参照を求めたい．

10)　青木（2008, pp. 97-98）．

355

青木教授が「職業的な出発点」(青木 2008, p. 10) と呼ぶ《マルクス主義から
らの脱却》と《数理的な経済システム分析への志向》は，経済学者としての
教授の経歴の形成に決定的な重要性を持つ最初の一歩だった．だが，やがて
「それだけでは飽きたらず，[青木教授は] 比較制度分析という領域の開拓を
試みるようになった．これは経済や政治の制度，……社会規範や文化などが
一体となった制度様式が，なぜまとまった『かたち』として多様でありうる
のか，さらにはそれらの多様性の底流にある普遍原理はなにか，を考えよう
という学問」(青木 2008, p. 10) である．青木教授の経済学の変貌と進化の過
程については，彼の代表的な業績を紹介する論脈で，後に立ち入って論評す
ることにしたい．

　学生時代の青木教授のマルクス主義への傾倒と政治運動との関わりは，《絶
縁》や《脱却》という平板な表現では切り捨てられない遺産を，彼に残した
ように著者には思われる．その理由の第一は，当面の研究フロンティアにあ
る問題について機敏に論文を書いて，流行の変化を感得するや否や別の問題
に飛び移って論文を書く敏捷性とは一線を画して，《社会の組織にかかわる
最も基本的な問題意識》に徹底的に拘って進化してきた青木教授の経済学の
背景には，学部生時代から一貫して教授を衝き動かしてきたマルクス経済学
の雄大な構想の豊穣な遺産があったことである．その理由の第二は，青木教
授のヒューマン・ネットワークの重要メンバーには，教授のマルクス経済学
への傾倒とソヴィエト型の集権的経済体制との知的格闘の経験に交流の発端
がある人びとが数多くいることである．代表的な一例は，教授が最初の職位
を得たスタンフォード大学で隣接するオフィスを占めていたコルナイ・ヤー
ノシュである．青木教授の回想録はコルナイとの交流を次のように語ってい
る (青木 2008, pp. 123-124)：

　　ユーカリの巨木に囲まれた，かつて学長の公邸だったというセラ・ハウス
　に研究室を得た私は，コルナイ・ヤーノシュ([後に] ハーヴァード大学名誉教授)
　と今に到る交友関係を結ぶことができたのは格別の思い出だ[11]．彼はハンガリ

---

11)　コルナイの自伝 (コルナイ 2006, p. 307) には，スタンフォード大学での青木教授
　との交流について簡潔な言及がある．

補論 II　分権的な資源配分機構論から比較経済制度論へ：青木昌彦教授

一共産党機関紙の記者としての経験を基に書いた『計画経済の過度の集中性』
で，社会主義経済の問題点を的確に批判していたが，56年のハンガリー動乱
で共産党を追われ，田舎の研究所へ閉じ込められていたのをアローが招いた．

　学問的にコルナイと私は，同じようなことを考えていた．アロー＝ハーヴ
ィッツの扱った価格メカニズムが働かないような環境，つまり外部性や規模
の経済性がある場合，どういうメカニズムで効率的な資源配分が実現され得
るのかという数学問題だ．コルナイはそれを社会主義的な計画経済の枠内で
考え始めたのだが，私の場合は，後に市場経済における企業組織の役割に関
する基礎理論となっていく．

　コルナイと私は二人とも，母国の共産党とイデオロギー戦争を戦ってきた
のに，アメリカでは移民法の「ブラックリスト」に載り，いつもビザのこと
で頭を悩ませることでも共通していた．

　青木教授が国際経済学会連合の会長に選出されたときのこと，直前の会長
のコルナイはマラケシュのIEA世界大会（2005年）で教授に彼の選出の朗報
を伝えることになった．評議会の投票で「たった一票差だった」と付け加え
てのことだった[12]．スタンフォード大学のセラ・ハウスで始まったコルナイ
との交流は，両者の研究関心の深い連携を経て，マラケシュでIEA会長の
職責の継承に繋がっていったことになる．

　若き日の青木教授のマルクス主義と政治運動への傾倒は，忘却のヴェール
の彼方に隠匿されるべき否定的な過去であるどころか肯定的な遺産を残した
と著者が考える第三の理由は，教授自らの後日の自己評価によれば安保闘争
を契機に《国のかたちをめぐるゲームの在り方》が激変する過程で，ブント
は《触媒》としての積極的な機能を果たしたことである．ここで，《国のか
たちをめぐるゲームの在り方の激変》という表現は，次の意味で用いられて
いる．

　一方では，自らの民主的な統治能力の不足を国家の軍事力の動員によって補

---

12)　青木 (2008), p. 9.

うというような，岸流の政治的選択に未来はなくなった．その後の経済成長
をリードした経営者のあいだにさえ，安保闘争によって統制経済復活の可能
性の重しがとれたことを，評価する人が数少なくないと聞く．他方では，民
衆の自発的な政治行動を統制して管理するという「前衛党」神話や，労働者
階級が暴力によって国のかたちを変えるために立ち上がるという幻想（実は
レトリックに過ぎなかった？）も打ち砕かれた．それ以後，政府は高度成長
の果実を用いて，様々な利益団体の要求を順次取り込み，多元的な利益を裁
定しながら政治的安定を図っていく，左翼政党もそういうメカニズムの一翼
を担っていく，そういう時代になった．

　青木教授によるブントの歴史的役割の総括は，かつては《挫折》としてし
か評価されなかった60年安保とブントの敗北経験を，《国のかたちをめぐる
ゲームの在り方》という大きな枠組みの変化の《触媒》という観点から，肯
定的に逆転させたものである．教授の読み解きのなかには，若き日の蹉跌の
経験さえ，事後的な《合理化》(rationalization) を試みざるを得ない程に，教
授の人生の底流として持続するコミットメントの姿が，自ずと顕示されてい
るように著者には思われる．著者にとって青木昌彦という社会科学者が持つ
魅力のひとつの源泉は，社会の組織にかかわる最も基本的な問題意識に徹底
的にコミットする彼の研究姿勢に対する，深い共感にある．
　青木教授の経済学者としての背景及び誕生の経緯に関するこのような理解
を前提に，以下では教授の主要な研究業績に対する簡潔な素描を試みること
にしたい．著者の理解によれば，多岐にわたる教授の研究には，
　A．比較メカニズム・デザイン論，
　B．企業の経済学とコーポレート・ガバナンス論，
　C．比較制度分析論，
　D．東アジア経済の比較発展論，
の4つのクラスターがある[13][14]．以下でこれらのクラスターを順々に紹介・

---

13)　青木教授の業績のなかに，4つのクラスターには納まりにくい研究があることを著
　　者が知らないわけではないが，教授の研究のメイン・ラインがこれら4つのクラスタ
　　ーに集約されることに関しては，恐らく異論の余地は少ないものと思われる．

358

補論 II　分権的な資源配分機構論から比較経済制度論へ：青木昌彦教授

評価することにしたい.

A. 比較メカニズム・デザイン論

　青木教授が経済システムを《変数》と看做す経済学に目覚める契機となったアロー＝ハーヴィッツの画期的論文（Arrow and Hurwicz 1960）は，完全競争的な市場メカニズムが資源配分の効率化，情報利用の効率化，インセンティブとの整合性の 3 つの条件を満足することを証明して 1930 年代の経済計画論争にひとつの結着をつけた. しかし，この段階の研究は，対象とする《経済環境》に外部性と規模の経済性（非凸性）が存在しない古典的な環境を仮定するものだった. 青木教授の研究（Aoki 1971b, 1971c 及び青木 1971）は，非古典的な環境を前提して，資源配分の効率化を達成する情報効率的な数量メカニズムを設計することに成功した. この研究はメカニズム・デザインの理論の創始者ハーヴィッツのアメリカ経済学会リチャード・イーリー講演（Hurwicz 1973）において，この分野で挙げられた開拓者的な意義を持つ研究のひとつとして，同時期に登場したジェフリー・ヒールの研究（Heal 1969, 1971, 1973）と並んで言及されている.

　第一期の研究がアロー＝ハーヴィッツの古典的な研究を深化する作業だったとすれば，このクラスターの第二期の研究は，計画経済の分権化という論脈を乗り越えて，比較メカニズム・デザイン論の射程を経済学の別の分野まで拡張する作業だったといってよい. まず，青木教授の論文（Aoki 1986）は，組織における数量メカニズムを，情報の分割的処理を階層的に統合するタイプと，システムの組成単位の間の情報共有に基づいて統合するタイプに大分類して，両者の比較特性を分析したものである. これに対して，青木教授と滝沢氏との共同論文（Aoki and Takizawa 2002）は，複雑なシステムをインターフェイス・ルールによって結合するモジュール型に分解することの情報システム上の特性を分析して，シリコンバレー・モデルの比較優位性の条件を明らかにした研究である. 青木教授とロスウェル氏との共同論文（Aoki and Rothwell 2013）は，組織的情報処理の原型には 3 つのメカニズム——階層的

---

14)　以下で言及する青木教授の代表的な業績は，その他の重要論文も含めて，Aoki (2013) に収録されている.

359

な結合，情報共有的な結合，モジュール型の結合——しか存在し得ないことを論証して，それぞれのメカニズムをチェルノブイリ，福島，スリーマイル・アイランドの原発事故の事前及び事後の危機管理体制の検証に応用したタイムリーで重要な研究である．

B. 企業の経済学とコーポレート・ガバナンス論

クラスターAの青木教授の研究が明らかにしたように，非古典的な経済環境では価格メカニズムではなく数量メカニズムがより有効なパフォーマンスを示すものとすれば，このメカニズムを制度化するひとつの有力な仕組みこそ企業である．クラスターBの青木教授の研究の中核を構成する著書（Aoki 1984a）及び背景論文（Aoki 1980, 1982）は，この観点に依拠してロナルド・コース（Coase 1937）の有名な取引費用節約メカニズムとしての企業という考えをさらに発展させて，新たな企業の理論の構築を試みている．青木教授は，企業の従業員が企業内の情報処理においてエッセンシャルな役割を果たすものとすれば，企業は単に株主のものとはいい切れないことに注目した．青木氏はこの理解に基づいて，企業を物的資本の所有者と人的資本の所有者の間の協調ゲームと捉えて，コーポレート・ガバナンスのstakeholders的視点に理論的基礎を与えたのである．この理論は，新古典派的な株主支配論や労働者経営企業を特殊ケースとして包摂して，多様なコーポレート・ガバナンスの比較論に新たな道を開くことになった．

クラスターBの企業の理論とコーポレート・ガバナンス論を，クラスターAの比較情報メカニズム論と統合して，青木教授は著書 *Information, Incentives, and Bargaining in the Japanese Economy*（Aoki 1988）において，日本企業の特殊性といわれる特徴に経済分析の基礎に立つ解釈を与えている．

最後に，青木教授の著書 *Corporations in Evolving Diversity: Cognition, Governance, and Institutions*（Aoki 2010）はオックスフォード大学のクラレンドン招待講演の出版である．近年の認知科学における《孤立した個人を越える知覚配分》（distributed cognition）の考え方や，経済学における人的資本の《本質性》（Oliver Hart）に関わる所有権の理論，組織参加者の間の競争性と共同性の両立可能性に関わる規範理論（Shapley value）などを援用しつつ，

360

コーポレーションの多様性に関する議論をさらに展開して，リーマン・ショックに導いた企業の株主支配論へのアンチ・テーゼを提示したものである．

C. 比較制度分析論

1993 年にノーベル経済学賞を受賞したダグラス・ノース（North 1990, pp. 3-4）の古典的な定義によれば，《制度》（institution）とは，社会的ゲームのルールの体系，すなわち《ゲーム形式》（game form）に他ならない．これとは対照的に，アンドリュー・ショッター（Schotter 1981, p. 155）によれば，制度とは社会的ゲームのルールの体系というよりは，行動の《正則性》あるいは《標準》——別の表現をすればゲームの《解》（solution）——を意味している．ノースの制度概念はハーヴィッツ（Hurwicz 1996）によって《ゲーム形式の族としての制度》（institutions as families of game forms）へと精緻化されたが，青木教授が採用した制度概念はショッターの制度概念の精緻化だったといってよい．事実，教授の著書 *Toward a Comparative Institutional Analysis*（Aoki 2001）は，制度の本質は社会ゲームの均衡の要約表現にあるという代替的な見方を提出している．均衡と人びとの予想を媒介する言語表現としての制度という考え方は，ルール論と均衡論という 2 つの一見対立する考え方を新たな次元で統合する試みであると考えられる．均衡概念を含む制度論のメリットは，ゲーム理論の戦略的補完性の分析を応用して，企業組織，金融制度，政治制度，社会的規範などの諸制度の間の《制度補完性》に厳密な論証のツールを提供できることにある．教授の論文（Aoki 1994, 1996, 2011）は，この観点に立つ分析の有効性を様々な論脈で例示している．

D. 東アジア経済の比較発展論

青木教授は，世界銀行などのプロジェクト・リーダーとして，銀行・企業制度，政治経済制度，社会経済規範，コーポレート・ガバナンスなどを巡る比較制度分析の国際プロジェクトをオリバー・ウィリアムソン，ロナルド・ドーア，ヒュー・パトリック，速水祐次郎などと共同で組織して，7 冊の学術研究論文集を編纂・出版した．これらのプロジェクトの参加者は 17 カ国から総勢 150 名の学者に及んでいる．これらの論文集の過半は中国語にも翻

訳されて，中国の経済制度改革にも影響を及ぼした．アカデミック・アント
レプレヌアーとしての教授のこのような活動は，単独の学術研究者として優
れた成果を重ねることに留まらず，挙げられた成果を現実の制度の機能と進
化過程の理解と，人間生活の改善の道具としての新たな制度設計に結び付け
ようとする，教授の持続する志を顕示するものだと著者は考えている．

青木昌彦教授への献辞

　イギリスの詩人ジョン・クレアが友人と交換した手紙には，忘れ難い次の
一節が残されている[15]: "[Had] life a 2 Edition … oh! how *I* wou'd *correct
it*." 青木教授には完全主義者の側面があっただけに，人生の第二版を作成す
る機会に恵まれたとすれば，彼が細心に修正作業に取り組んだことは間違い
ない．しかし，人生の一部を並走する幸運に恵まれた著者から見るとき，青
木教授の人生の初版には小さな蹉跌や判断ミスがあったにせよ，教授の卓越
した研究業績，友人・同僚・後進に残した忘れ難い経験と記憶，多分野にわ
たって世界の経済学者を先導した雄大な構想力と強い影響力のどの面から見
ても，教授の研究者人生は初版のまま美しい完成をみせている．ポール・サ
ミュエルソンは，どの書物の場合であれ，我々は初版に最高の重要性を認め
るべきだと発言したことがある[16]．青木教授の卓越した研究者人生に対して
は，サミュエルソンの言葉は間違いなく妥当すると思われる．

　青木教授のご冥福をお祈りしたい．

---

15)　ジョン・クレア（John Clare: 1793 - 1864）はイギリスの自然派詩人であり，日本で
　も森松健介編・訳『新選　ジョン・クレア詩集』（音羽書房鶴見書店，2014 年）などで，
　紹介されている．本文中の引用句は時折断片的に言及されているが，その原文と出所
　を示す文献は，なかなか確認できないでいた．幸いなことに，著者の長年の友人 Nick
　Baigent 教授（London School of Economics）の紹介で，Dr. Robert Heyes（Honorary
　Membership Secretary of the John Clare Society）と Dr. Linda Curry（Former
　President of the John Clare Society）の両氏から信頼できる情報を得ることができた．
　この引用文は Mrs. Emmerson が Clare の 1823 年 7 月 17 日付けの手紙に対する 8 月
　10 日付けの返信に記録を残したものであり，現在では British Library の Egerton
　Manuscript 2246, fol. 230v に保管されている．
16)　本書第 I 部第 2 章に収録されたサミュエルソンとのインタビュー論文「《新》《旧》
　の厚生経済学と社会的選択の理論」を参照して戴きたい．

参考文献

Akamatsu, K. (1961): "A Theory of Unbalanced Growth in the World Economy," *Weltwirtschaftliches Archiv*, Bd. 86, S. 196-217.

Akamatsu, K. (1962): "Historical Pattern of Economic Growth in Developing Countries," *Developing Economies*, Vol. 1, pp. 3-25.

Amsden, A. and K. Suzumura (2001): "An Interview with Miyohei Shinohara: Non-Conformism in Japanese Economic Thought," *Journal of the Japanese and International Economies*, Vol. 15, pp. 341-360.

Aoki, M. (1970): "A Note on Marshallian Process under Increasing Returns," *Quarterly Journal of Economics*, Vol. 84, pp. 100-112.

Aoki, M. (1971a): "Marshallian External Economies and Optimal Tax-Subsidy Structure," *Econometrica*, Vol. 39, pp. 35-53.

Aoki, M. (1971b): "Two Planning Processes for an Economy with Production Externalities," *International Economic Review*, Vol. 12, pp. 403-414.

Aoki, M. (1971c): "An Investment Planning Process for an Economy with Increasing Returns," *Review of Economic Studies*, Vol. 38, pp. 273-280.

Aoki, M. (1980): "A Model of the Firm as a Stockholder-Employee Cooperative Game," *American Economic Review*, Vol. 70, pp. 600-610.

Aoki, M. (1982): "Equilibrium Growth of the Hierarchical Firm: Shareholder-Employee Cooperative Game Approach," *American Economic Review*, Vol. 72, pp. 1097-1110.

Aoki, M. (1984a): *The Co-operative Game Theory of the Firm*, Oxford: Oxford University Press.

Aoki, M. (1984b): *The Economic Analysis of the Japanese Firm*, Amsterdam: North-Holland.

Aoki, M. (1986): "Horizontal vs. Vertical Informational Structure of the Firm," *American Economic Review*, Vol. 76, pp. 971-983.

Aoki, M. (1988): *Information, Incentives, and Bargaining in the Japanese Economy*, Cambridge, UK: Cambridge University Press.

Aoki, M. (1994): "The Contingent Governance of Teams: Analysis of Institutional Complementarity," *International Economic Review*, Vol. 35, pp. 657-676.

Aoki, M. (1996): "Towards a Comparative Institutional Analysis: Motivations and Some Tentative Theorizing," *Japanese Economic Review*, Vol. 47, pp. 1-19.

参考文献

Aoki, M. (2001): *Toward a Comparative Institutional Analysis*, Cambridge, Mass.: MIT Press.

Aoki, M. (2010): *Corporations in Evolving Diversity: Cognition, Governance, and Institutional Rules,* Oxford: Oxford University Press.

Aoki, M. (2011): "Institutions as Cognitive Media between Strategic Interactions and Individual Beliefs," *Journal of Economic Behavior and Organization*, Vol. 79, pp. 20-34.

Aoki, M. (2013): *Comparative Institutional Analysis: Theory, Corporations and East Asia: Selected Papers of Masahiko Aoki*, Cheltenham, Glos.: Edward Elgar.

Aoki, M. and G. Rothwell (2013): "A Comparative Institutional Analysis of the Fukushima Nuclear Disaster: Lessons and Policy Implications," *Energy Policy*, Vol. 53, pp. 240-247.

Aoki, M. and H. Takizawa (2002): "Information, Incentives, and Option Value: The Silicon Valley Model," *Journal of Comparative Economics*, Vol. 30, pp. 759-786.

Aristotle (4th c. BC): *The Nicomachean Ethics.* Ross, W. D. (1980): *Aristotle, The Nicomachean Ethics,* The World's Classics, Oxford: Oxford University Press. 高田三郎訳『ニコマコス倫理学』［岩波文庫］岩波書店，（上）1971 年，（下）1973 年.

Arrow, K. J. (1951/1963/2012): *Social Choice and Individual Values*, New York: John Wiley & Sons, 1st edn., 1951; Enlarged 2nd edn., with "Notes on the Theory of Social Choice, 1963," 1963; 3rd edn., with an Introduction by E. Maskin, New Haven, Connecticut: Yale University Press, 2012.

Arrow, K. J. (1959): "Rational Choice Functions and Orderings," *Economica*, Vol. 26, pp. 121-122. Reprinted in: *Individual Choice under Certainty and Uncertainty, Collected Papers of Kenneth J. Arrow*, Vol. 3, Oxford: Blackwell, 1984, pp. 100-108.

Arrow, K. J. (1969): "Tullock and an Existence Theorem," *Public Choice*, Vol. 6, pp. 105-112. Reprinted in: *Social Choice and Justice, Collected Papers of Kenneth J. Arrow*, Vol. 1, Cambridge, Mass.: The Belknap Press of Harvard University Press, 1983, pp. 81-87.

Arrow, K. J. (1977): "Extended Sympathy and the Possibility of Social Choice," *American Economic Review: Papers and Proceedings*, Vol. 67, pp. 219-225. Reprinted in: *Social Choice and Justice, Collected Papers of Kenneth J. Arrow*, Vol. 1, Cambridge, Mass.: The Belknap Press of Harvard University Press, 1983, pp. 147-161.

Arrow, K. J. (1983): "Contributions to Welfare Economics," in: E. C. Brown and R. M. Solow, eds., *Paul Samuelson and Modern Economic Theory*, New York: McGraw-Hill, pp. 15-30.

Arrow, K. J. (1987): "Arrow's Theorem," in: J. Eatwell, M. Milgate, and P. Newman, eds., *The New Palgrave: A Dictionary of Economics*, London: Macmillan, pp. 124-126.

Arrow, K. J. and L. Hurwicz (1960): "Decentralization and Computation in Resource Allocation," in: R. W. Pfouts, ed., *Essays in Economics and Econometrics*, Chapel Hill: University of North Carolina Press, pp. 34-104.

Arrow, K. J., A. K. Sen, and K. Suzumura, eds. (2002; 2011): *Handbook of Social Choice and Welfare*, Amsterdam: North-Holland/Elsevier, Vol. 1, 2002; Vol. 2, 2011.

Atkinson, A. B. (2001): "The Strange Disappearance of Welfare Economics," *Kyklos*, Vol. 54, pp. 193-206.

Austen-Smith, D. (1982): "Restricted Pareto and Rights," *Journal of Economic Theory*, Vol. 26, pp. 89-99.

Balinski, M. and R. Laraki (2011): *Majority Judgment: Measuring, Ranking, and Electing*, Cambridge, Mass.: MIT Press.

Barberà, S. (2011): "Strategy-Proof Social Choice," in: K. J. Arrow, A. K. Sen, and K. Suzumura, eds. (2011), Chapter 25, pp. 731-831.

Barone, E. (1908/1935): "Il ministro della produzione nello stato collectivista," *Giornale degli Economisti*, Vol. 37, pp. 267-293, 1908. English translation: Hayek (1935): "The Ministry of Production in the Collectivist State," pp. 245-290.

Baumol, W. J. (1982): "Contestable Markets: An Uprising in the Theory of Industry Structure," *American Economic Review*, Vol. 72, pp. 1-15.

Bentham, J. (1776): *A Fragment on Government,* London: Printed for T. Payne, 1776. The New Authoritative Edition by J. H. Burns and H. L. A. Hart with an Introduction by Ross Harrison, Cambridge, UK: Cambridge University Press, 1988.

Bentham, J. (1789): *An Introduction to the Principles of Morals and Legislation*, London: Payne, 1789. Republished by Clarendon Press of Oxford University Press in 1907. 山下重一訳『道徳および立法の諸原理序説』, 関嘉彦責任編集『ベンサム, J. S. ミル』[世界の名著, 第38巻] 中央公論社, 1967年に所収.

Bentham, J. (1825): *The Rationale of Reward*, London: John & H. L. Hunt.

Bergson, A. (1938): "A Reformulation of Certain Aspects of Welfare Economics," *Quarterly Journal of Economics*, Vol. 52, pp. 310-334.

Bergson, A. (1948): "Socialist Economics," in: H. S. Ellis, ed., *A Survey of Contemporary Economics*, Homewood, Illinois: Irwin, pp. 412-448.

Bergson, A. (1954): "On the Concept of Social Welfare," *Quarterly Journal of Economics*, Vol. 68, pp. 233-252.

参考文献

Bergson, A. (1976): "Social Choice and Welfare Economics under Representative Government," *Journal of Public Economics*, Vol. 6, pp. 171-190.

Bergson, A. (1982): "Paul A. Samuelson; The Harvard Days," in: G. R. Feiwel, ed., *Samuelson and Neoclassical Economics*, Boston: Kluwer-Nijhoff, pp. 331-335.

Bergson, A. (1983): "Pareto on Social Welfare," *Journal of Economic Literature*, Vol. 21, pp. 40-46.

Berlin, I. (1958): *Two Concepts of Liberty: An Inaugural Lecture Delivered Before the University of Oxford on 31 October 1958*, Oxford: Clarendon Press.

Black, D. (1948): "On the Rationale of Group Decision-Making," *Journal of Political Economy*, Vol. 56, pp. 23-34.

Black, D. (1958): *The Theory of Committees and Elections*, Cambridge, UK: Cambridge University Press. Reprinted in: McLean, McMillan, and Monroe, eds. (1998).

Black D. (1998): *The Theory of Committees and Elections*, 2nd edn., by I. McLean, A. McMillan, and B. L. Monroe, eds., Boston: Kluwer Academic Publishers; 1st edn., Cambridge, UK: Cambridge University Press, 1958.

Blair, D. H., G. Bordes, J. S. Kelly, and K. Suzumura (1976): "Impossibility Theorems without Collective Rationality," *Journal of Economic Theory*, Vol. 13, pp. 361-379. Reprinted in: Suzumura (2016a): Essay 5, pp. 181-201, and also in: K. J. Arrow and G. Debreu. eds., *Landmark Papers in General Equilibrium Theory, Social Choice and Welfare*, Cheltenham, Glos.: Edward Elgar, 2001, Chapter 34, pp. 660-678.

Blau, J. H. (1957): "The Existence of Social Welfare Functions," *Econometrica*, Vol. 25, pp. 302-313.

Borda, J.-C. de (1781): "Mémoire sur les élections au scrutin," *Mémoires de l'Académie Royale des Sciences*, pp. 657-665. English translation with comments: A. de Grazia, "Mathematical Derivation of an Election System," *Isis*, Vol. 44, 1953, pp. 42-51.

Bossert, W. (2008): "Suzumura Consistency," in: P. K. Pattanaik, K. Tadenuma, Y. Xu, and N. Yoshihara, eds., *Rational Choice and Social Welfare: Theory and Applications*, Berlin: Springer, pp. 159-179.

Bossert, W. and M. Fleurbaey (2015): "An Interview with Kotaro Suzumura," *Social Choice and Welfare*, Vol. 44, pp. 179-208.

Bossert, W., Y. Sprumont, and K. Suzumura (2005): "Consistent Rationalizability," *Economica*, Vol. 72, pp. 185-200. Reprinted in: Suzumura (2016a), Essay 3, pp. 135-155.

Bossert, W., Y. Sprumont, and K. Suzumura (2006): "Rationalizability of Choice

Functions on General Domains without Full Transitivity," *Social Choice and Welfare*, Vol. 27, pp. 435-458.

Bossert, W. and K. Suzumura (2008): "A Characterization of Consistent Collective Choice Rules," *Journal of Economic Theory*, Vol. 138, pp. 311-320. "Erratum to 'A Characterization of Consistent Collective Choice Rules' by the editors," *Journal of Economic Theory*, Vol. 140, p. 355. Reprinted in: Suzumura (2016a): Essay 8, pp. 251-264.

Bossert, W. and K. Suzumura (2009): "Rational Choice on General Domains," in: K. Basu and R. Kanbur, eds., *Arguments for a Better World: Essays in Honor of Amartya Sen*, Vol. 1, *Ethics, Welfare, and Measurement*, Oxford: Oxford University Press, pp. 103-152.

Bossert, W. and K. Suzumura (2010): *Consistency, Choice, and Rationality*, Cambridge, Mass.: Harvard University Press.

Bossert, W. and K. Suzumura (2016): "The Greatest Unhappiness of the Least Number," *Social Choice and Welfare*, Vol. 47, pp. 187-205.

Buchanan, J. M. (1954): "Social Choice, Democracy, and Free Markets," *Journal of Political Economy*, Vol. 62, pp. 114-123.

Carroll, L. (1932): *Through the Looking-Glass and What Alice Found There*, in: *Complete Works of Lewis Carroll*, with an Introduction by Alexander Woollcott and the Illustrations by John Tenniel, London: The Nonesuch Press.

Champernowne, D. G. (1969): *Uncertainty and Estimation in Economics*, Vol. 3, San Francisco: Holden Day.

Chipman, J. S. (1976): "The Paretian Heritage," *Revue Européene des sciences sociales*, Vol. 14, pp. 65-171.

Chipman, J. S. and J. C. Moore (1978): "The New Welfare Economics 1939-1974," *International Economic Review*, Vol. 19, pp. 547-584.

Coase, R. H. (1937): "The Nature of the Firm," *Economica*, Vol. 4, pp. 386-405.

Collins, J. C., ed. (1896): *Pope's Essay on Criticism*, London: Macmillan.

Condorcet, J. A. N. de Caritat, Marquis de (1785): *Essai sur l'application de l'analyse à la probabilité des décisions rendues à la pluralité des voix*, Paris: Impr. royale. The relevant part was translated into English by I. McLean and A. B. Urken, "From *An Essay on the Application of Analysis to the Probability of Decisions Rendered by a Plurality of Votes*, 1785," in: I. McLean and A. B. Urken (1995), Chapter 6, pp. 91-112.

Condorcet, J. A. N. de Caritat, Marquis de (1788): *Essai sur la constitution et les fonctions des Assemblees provinciales*. Reprinted in: M. F. Arago *et al.*, *Oeuvres de Condorcet. Tome 8*, Paris: Fermin-Didot, 1847, pp. 115-659. English translation: I. McLean and A. B. Urken, "*On the Constitution and the Functions of Provincial Assemblies, 1788,*" in: I. McLean and A. B. Urken (1995): Chapter 7, pp. 113-143.

Cohen, G. A. (2000): *If You're an Egalitarian, How Come You're So Rich?* Cambridge, Mass.: Harvard University Press.

Cohen, J. S. and M. L. Weitzman (1975): "A Marxian Model of Enclosures," *Journal of Development Economics*, Vol. 1, pp. 287-336.

Corden, W. M. (1971): *The Theory of Protection*, Oxford: Oxford University Press.

Dasgupta, P. and E. Maskin (2008): "On the Robustness of Majority Rule," *Journal of the European Economic Association,* Vol. 6, pp. 949-973.

Deb, R., P. K. Pattanaik, and L. Razzolini (1997): "Game Forms, Rights, and the Efficiency of Social Outcomes," *Journal of Economic Theory*, Vol. 72, pp. 74-95.

Demsetz, H. (1982): *Economic, Legal, and Political Dimensions of Competition,* Amsterdam: North-Holland.

Diamond, P. A. (1965): "The Evaluation of Infinite Utility Streams," *Econometrica,* Vol. 33, pp. 170-177.

Dinwiddy, J. R. (1989): *Bentham,* Past Masters Series, Oxford: Oxford University Press. 永井義雄・近藤加代子訳『ベンサム』日本経済評論社, 1993 年.

Dworkin, R. M. (2000): *Sovereign Virtue: The Theory and Practice of Equality,* Cambridge, Mass.: Harvard University Press.

Ekeland, I. (2006): *The Best of All Possible Worlds: Mathematics and Destiny,* Chicago: University of Chicago Press. 南條郁子訳『数学は最善世界の夢を見るか？ ——最小作用の原理から最適化理論へ』みすず書房, 2009 年.

Fleurbaey, M., K. Suzumura, and K, Tadenuma (2005): "The Informational Basis of the Theory of Fair Allocation," *Social Choice and Welfare*, Vol. 24, pp, 311-341. Reprinted in: Suzumura (2016a): Essay 10, pp. 289-328.

Foley, D. (1967): "Resource Allocation and the Public Sector," *Yale Economic Essays,* Vol. 7, pp. 45-98.

Foxwell, A. G. D. (1939): "Herbert Somerton Foxwell, A Portrait," *Publication of the Kress Library of Business and Economics*, Publication No. 1, Cambridge, Mass.: Harvard University Press, pp. 3-30.

Frankfurt, H. (2006): *Taking Ourselves Seriously & Getting It Right,* Stanford, Cal.: Stanford University Press.

Friedman, M. (1949): "The Marshallian Demand Curve," *Journal of Political Economy,* Vol. 57, pp. 463-495.

Friedman, M. (1957): *Theory of Consumption Function*, Princeton, New Jersey: Princeton University Press. 今井賢一・宮川公男訳『消費の経済理論』巌松堂,

1981 年.

Gaertner, W. and P. K. Pattanaik (1988): "An Interview with Amartya Sen," *Social Choice and Welfare*, Vol. 5, pp. 69-79.

Gaertner, W., P. K. Pattanaik, and K. Suzumura (1992): "Individual Rights Revisited," *Economica*, Vol. 59, pp. 161-177. Reprinted in: Suzumura (2016a): Essay 15, pp. 423-446.

Galbraith, J. K. (1958): *The Affluent Society*, Boston: Houghton Mifflin Company. 鈴木哲太郎訳『豊かな社会　決定版』[岩波現代文庫] 岩波書店, 2006 年.

Gärdenfors, P. (1981): "Rights, Games and Social Choice," *Noûs*, Vol. 15, pp. 341-356.

Gibbard, A. (1973): "Manipulation of Voting Schemes: A General Result," *Econometrica*, Vol. 41, pp. 587-601.

Gibbard, A. (1974): "A Pareto-Consistent Libertarian Claim," *Journal of Economic Theory*, Vol. 7, pp. 388-410.

Glover, J. (1990): *Utilitarianism and Its Critics*, New York: Macmillan Publishing Company.

Gorman, W. M. (1955): "The Intransitivity of Certain Criteria Used in Welfare Economics," *Oxford Economic Papers*, Vol. 7, pp. 25-35.

Grandmont, J.-M. (1978): "Intermediate Preferences and the Majority Rule," *Econometrica*, Vol. 46, pp. 317-330.

Griffin, J. (1986): *Well-Being: Its Meaning, Measurement, and Moral Importance*, Oxford: Clarendon Press.

Groenewegen, P. C. (1995): *A Soaring Eagle: Alfred Marshall, 1842-1924*, Aldershot: Edward Elgar.

Hansson, B. (1968): "Choice Structures and Preference Relations," *Synthese*, Vol. 18, pp. 443-458.

Harberger, A. C. (1971): "Three Basic Postulates for Applied Welfare Economics: An Interpretive Essay," *Journal of Economic Literature*, Vol. 9, pp. 785-797.

Harsanyi, J. C. (1955): "Cardinal Welfare, Individualistic Ethics, and Interpersonal Comparisons of Utility," *Journal of Political Economy*, Vol. 63, pp. 309-321.

Harsanyi, J. C. (1975): "Can the Maximin Principle Serve as a Basis for Morality? A Critique of John Rawls's Theory," *American Political Science Review*, Vol. 69, pp. 594-606.

Hausman, J. A. (1981): "Exact Consumer's Surplus and Deadweight Loss," *American Economic Review*, Vol. 71, pp. 662-676.

Hayek, F. A. (1931/1967): *Prices and Production*, London: George Routledge, 1931. Reprint of the 2nd edn., New York: Augustus M. Kelley, 1967.

Hayek, F. A. ed. (1935): *Collectivist Economic Planning*, London: George Routledge

参考文献

& Sons.

Hayek, F. A. (1939/1975): *Profits, Interest and Investment: And Other Essays on the Theory of Industrial Fluctuations*, London: George Routledge & Sons, 1939. Reprinted in: *Profits, Interest and Investment: And Other Essays on the Theory of Industrial Fluctuations*, Clifton, New Jersey: Augustus M. Kelley, 1975.

Hayek, F. A. (1941/2007): *The Pure Theory of Capital*, Chicago: The University of Chicago Press, 1941. Reprinted in: L. H. White, ed., *The Collected Works of Friedrich August Hayek*, Vol. 12, *The Pure Theory of Capital*, Chicago: The University of Chicago Press, 2007.

Hayek, F. A. (1944): *Road to Serfdom*, Chicago: University of Chicago Press.

Hayek, F. A. (1948): *Individualism and Economic Order*, Chicago: University of Chicago Press.

Hayek, F. A. (1976): *Law, Legislation and Liberty: A New Statement of the Liberal Principles of Justice and Political Economy*, Vol. 2, *The Mirage of Social Justice*, London: Routledge & Kegan Paul.

Hayek, F. A. (1978): "Competition as a Discovery Procedure," in: F. A. Hayek, *New Studies in Philosophy, Politics, Economics and History of Ideas*, London: Routledge & Kegan Paul, pp. 179-190.

Heal, G. M. (1969): "Planning Without Prices," *Review of Economic Studies*, Vol. 36, pp. 347-362.

Heal, G. M. (1971): "Planning, Prices and Increasing Returns," *Review of Economic Studies*, Vol. 38, pp. 281-294.

Heal, G. M. (1973): *The Theory of Economic Planning*, Amsterdam: North-Holland.

Hegel, G. (1821): *Grundlinien der Philosophie des Rechts*, Berlin: Nicolai. English translation: A. W. Wood, ed., H. B. Nisbet, trans., *Elements of the Philosophy of Rights*, Cambridge, UK: Cambridge University Press, 1991.

Henderson, A. M. (1948): "The Case for Indirect Taxation," *Economic Journal*, Vol. 58, pp. 538-553.

Hicks, J. R. (1939a/1946): *Value and Capital: An Inquiry into Some Fundamental Principles of Economic Theory*, Oxford: Clarendon Press, 1st edn., 1939; 2nd edn., 1946.

Hicks, J. R. (1939b): "The Foundations of Welfare Economics," *Economic Journal*, Vol. 49, pp. 696-712. Reprinted in: Hicks (1981), pp. 59-77.

Hicks, J. R. (1940): "The Valuation of the Social Income," *Economica*, Vol. 7, pp. 105-124. Reprinted in: Hicks (1981), pp. 78-99.

Hicks, J. R. (1941): "The Rehabilitation of Consumers' Surplus," *Review of Economic Studies*, Vol. 8, pp. 108-116. Reprinted in: Hicks (1981), pp. 100-113.

Hicks, J. R. (1943): "The Four Consumer's Surpluses," *Review of Economic Studies*, Vol. 11, pp. 31–41. Reprinted in: Hicks (1981), pp. 114–132.

Hicks, J. R. (1945): "The Generalised Theory of Consumer's Surplus," *Review of Economic Studies*, Vol. 13, pp. 68–74.

Hicks, J. R. (1959): "Preface — and a Manifesto," in: *Essays in World Economics*, Oxford: Clarendon Press. Reprinted in: Hicks (1981), pp. 135–141.

Hicks, J. R. (1975): "The Scope and Status of Welfare Economics," *Oxford Economic Papers*, Vol. 27, pp. 307–326. Reprinted in: Hicks (1981), pp. 218–239.

Hicks, J. R. (1981): *Wealth and Welfare*, Vol. I of *Collected Essays on Economic Theory*, Oxford: Basil Blackwell.

Houthakker, H. S. (1950): "Revealed Preference and the Utility Function," *Economica*, Vol. 17, pp. 159–174.

Hurwicz, L. (1960): "Optimality and Informational Efficiency in Resource Allocation Processes," in: K. J. Arrow, S. Karlin, and P. Suppes, eds., *Mathematical Methods in the Social Sciences*, Stanford, Cal.: Stanford University Press, pp. 27–46.

Hurwicz, L. (1972): "On Informationally Decentralized Systems," in: C. B. McGuire and R. Radner, eds., *Decision and Organization*, Amsterdam and London: North-Holland, pp. 297–336.

Hurwicz, L. (1973): "The Design of Mechanisms for Resource Allocation," *American Economic Review: Papers and Proceedings*, Vol. 63, pp. 1–30.

Hurwicz, L. (1996): "Institutions as Families of Game Forms," *Japanese Economic Review*, Vol. 47, pp. 113–132.

Inada, K. (1969): "The Simple Majority Decision Rule," *Econometrica*, Vol. 37, pp. 490–506.

Johnson, H. G. (1954): "Increasing Productivity, Income-Price Trends and the Trade Balance," *Economic Journal*, Vol. 64, pp. 462–485. Reprinted in: *International Trade and Economic Growth: Studies in Pure Theory*, London: George Allen & Unwin, 1958, pp. 94–119.

Joseph, M. F. W. (1933): "A Discontinuous Cost Curve and the Tendency to Increasing Returns," *Economic Journal*, Vol. 43, pp. 390–398.

Kakutani, S. (1941): "A Generalization of Brouwer's Fixed Point Theorem," *Duke Mathematical Journal*, Vol. 8, pp. 457–459.

Kaldor, N. (1939): "Welfare Propositions of Economics and Interpersonal Comparisons of Utility," *Economic Journal*, Vol. 49, pp. 549–552.

Kaldor, N. (1966): *Causes of the Slow Rate of Economic Growth of the United Kingdom: An Inaugural Lecture*, Cambridge, UK: Cambridge University Press.

Kelly, J. S. and K. J. Arrow (1987): "An Interview with Kenneth J. Arrow," *Social*

Choice and Welfare, Vol. 4, pp. 43-62.

Kemp, M. C. and A. Asimakopulos (1952): "A Note on 'Social Welfare Functions' and Cardinal Utility," *Canadian Journal of Economics and Political Science*, Vol. 18, pp. 195-200.

Kemp, M. C. and Y.-K. Ng (1976): "On the Existence of Social Welfare Functions, Social Orderings and Social Decision Function," *Economica*, Vol. 43, pp. 59-66.

Kemp, M. C. and Y.-K. Ng (1977): "More on Social Welfare Functions: The Incompatibility of Individualism and Ordinalism," *Economica*, Vol. 44, pp. 89-90.

Keynes, J. M. (1936a): "Herbert Somerton Foxwell," *Economic Journal*, Vol. 46, pp. 589-614. Reprinted in: *The Collected Writings of John Maynard Keynes*, Vol. 10, *Essays in Biography*, London: Macmillan, 1972, pp. 267-296.

Keynes, J. M. (1936b/1973): *The General Theory of Employment, Interest and Money*, London: Macmillan, 1936. Reprinted in: *The Collected Writings of John Maynard Keynes*, Vol. 7, *The General Theory of Employment, Interest and Money*, London: Macmillan, 1973.

Kiyotaki, N. and K. D. West (1996): "Business Fixed Investment and the Recent Business Cycle in Japan," *NBER Macroeconomics Annual 1996*, Vol. 11. pp. 277-344.

Knight, F. H. (1924): "Some Fallacies in the Interpretation of Social Costs," *Quarterly Journal of Economics*, Vol. 38, pp. 582-606.

Kolm, S.-Ch. (1972/1997): *Justice et équité*, Paris: Edition du Centre National de la Recherche Scientifique, 1972. English translation: *Justice and Equity*, Cambridge, Mass.: MIT Press, 1997.

Komiya, R. (1975): "Planning in Japan," in: M. Bornstein, ed., *Economic Planning: East and West*, Cambridge, Mass.: Ballinger, 1975, pp. 189-227. 小宮隆太郎『現代日本経済研究』東京大学出版会, 1975 年, pp. 289-330 に訳載.

Koopmans, T. C. (1960): "Stationary Ordinal Utility and Impatience," *Econometrica*, Vol. 28, pp. 287-309.

Kramer, G. H. (1973): "On a Class of Equilibrium Conditions for Majority Rule," *Econometrica*, Vol. 41, pp. 285-297.

Krugman, P. (1994): "Competitiveness: A Dangerous Obsession," *Foreign Affairs*, Vol. 73, March/April 1994, pp. 28-44.

Kuznets, S. (1938): *Commodity Flow and Capital Formation*, Vol. 1, New York: National Bureau of Economic Research.

Lange, O. (1936-37/1938): "On the Economic Theory of Socialism," *Review of Economic Studies*, Vol. 4, pp. 53-71, 1936, and pp. 123-142, 1937. Revised and reprinted in: O. Lange, B. E. Lippincott, and F. M. Taylor, eds., *On the Economic*

Theory of Socialism, Minneapolis, Minn.: The University of Minnesota Press, 1938, pp. 55–129.

Lerner, A. P. (1934): "The Concept of Monopoly and the Measurement of Monopoly Power," *Review of Economic Studies*, Vol. 1, pp. 157–175.

Little, I. M. D. (1950/1957): *A Critique of Welfare Economics*, Oxford: Clarendon Press of Oxford University Press, 1st edn., 1950; 2nd edn., 1957.

Little, I. M. D. (1952): "Social Choice and Individual Values," *Journal of Political Economy*, Vol. 60, pp. 422–432.

Little, I. M. D. (1999): *Collection and Recollections: Economic Papers and Their Provenance*, Oxford: Clarendon Press.

Luce, R. D. (1956): "Semiorders and the Theory of Utility Discrimination," *Econometrica*, Vol. 24, pp. 178–191.

Malinvaud, E. (1967): "Decentralized Procedures for Planning," in: E. Malinvaud and M. O. L. Bacharach, eds., *Activity Analysis in the Theory of Growth and Planning*, London: Macmillan, pp. 170–208.

Mas-Colell, A. (1982): "Revealed Preference after Samuelson," in: G. R. Feiwel, ed., *Samuelson and Neoclassical Economics*, Boston: Kluwer-Nijhoff, pp. 72–82.

Maskin, E. (1977/1999): "Nash Equilibrium and Welfare Optimality," originally circulated as MIT Working Paper, 1977. Published in: *Review of Economic Studies*, Vol. 66, 1999, pp. 23–38.

Maskin, E. (2008): "Mechanism Design: How to Implement Social Goals," *American Economic Review*, Vol. 98, pp. 567–576.

Maskin, E. and A. K. Sen (2014): *The Arrow Impossibility Theorem*, New York: Columbia University Press.

McKelvey, R. D. (1979): "General Conditions for Global Intransitivities in Formal Voting Models," *Econometrica*, Vol. 47, pp. 1085–1112.

McLean, I. and F. Hewitt, eds. (1994): *Condorcet: Foundations of Social Choice and Political Theory*, Aldershot, Hants: Edward Elgar.

McLean, I. and J. London (1990): "The Borda and Condorcet Principles: Three Medieval Applications," *Social Choice and Welfare*, Vol. 7, pp. 99–108.

McLean, I. and J. London (1992): "Ramon Lull and the Theory of Voting," *Studia Llulliana*, Vol. 32, pp. 21–37.

McLean, I. and A. B. Urken, eds. (1995): *Classics of Social Choice*, Ann Arbor: The University of Michigan Press.

McLean, I., A. McMillan, and B. L. Monroe, eds. (1996): *A Mathematical Approach to Proportional Representation: Duncan Black on Lewis Carroll*, Boston: Kluwer Academic Publishers.

参考文献

Mill, J. S. (1859): *On Liberty*. Reprinted in: G. Williams ed., *Utilitarianism, On Liberty, Considerations on Representative Government: Remarks on Bentham's Philosophy*, London: Everyman's Library, 1993. 塩尻公明・木村健康訳『自由論』［岩波文庫］岩波書店，1971 年.

Mishan, E. J. (1960): "A Survey of Welfare Economics, 1939-59," *Economic Journal*, Vol. 70, pp. 197-265.

Myrdal, G. (1953): *The Political Element in the Development of Economic Theory*, London: Routledge & Kegan Paul. English translation from the German edition of 1932 by Paul Streeten. Swedish original edition published in 1930.

Negishi, T. (1972): *General Equilibrium Theory and International Trade*, Amsterdam: North-Holland.

Negishi, T. (1996): "Takuma Yasui and General Equilibrium Theory in Japan," *Japanese Economic Review*, Vol. 47, pp. 227-234.

Nikaido, H. (1970): *Introduction to Sets and Mappings in Modern Economics*, Amsterdam: North-Holland.

Nordhaus, W. D. and J. Tobin (1972): "Is Growth Obsolete?" in: NBER book, *Economic Research: Retrospect and Prospect*, Vol. 5, *Economic Growth*, New York: National Bureau of Economic Research, pp. 1-80.

North, D. C. (1990): *Institutions, Institutional Change, and Economic Performance*, New York: Cambridge University Press.

Nozick, R. (1974): *Anarchy, State, and Utopia*, Oxford: Basil Blackwell.

Ohkawa, K. and Shinohara, M. (1979): *Patterns of Japanese Economic Development: A Quantitative Appraisal*, New Haven, Conn.: Yale University Press.

Parfit, D. (1984): *Reasons and Persons*, Oxford: Oxford University Press.

Parfit, D. (2000): "Equality or Priority?" in: M. Clayton and A. Williams, eds., *The Ideal of Equality*, Basingstoke, Hampshire: Palgrave Macmillan, pp. 81-125.

Pareto, V. (1896-1897): *Cours d'économie politique*, Lausanne: Rouge, Tome 1, dans 1896; Tome 2, 1897.

Pareto, V. (1906/1909/1927): *Manuale di economia politica*, Milano: Società editrice libraria, 1906; French translation (revised): *Manuel d'économie politique*, Paris: Marcel Giard & Brière, 1909; English translation: *Manual of Political Economy*, New York: A. M. Kelley, 1927.

Pareto, V. (1913): "Il massimo di utilità per una collettività in Sociologia," *Giornale degli economisti e rivista di statistica*, Vol. 46, pp. 337-341.

Parks, R. P. (1976): "An Impossibility Theorem for Fixed Preferences: A Dictatorial Bergson-Samuelson Welfare Function," *Review of Economic Studies*, Vol. 43, pp. 447-450.

Pattanaik, P. K. (2002): "Positional Rules of Collective Decision-Making," in: K. J. Arrow, A. K. Sen, and K. Suzumura, eds. (2002): Chapter 7, pp. 361-394.

Pattanaik, P. K. and K. Suzumura (1996): "Individual Rights and Social Evaluation: A Conceptual Framework," *Oxford Economic Papers*, Vol. 48, pp. 194-212.

Pazner, E. A. and D. Schmeidler (1978): "Egalitarian Equivalent Allocations: A New Concept of Economic Equity," *Quarterly Journal of Economics*, Vol. 92, pp. 671-687.

Peacock, A. (1987): "Alexander Henderson (1914-1954)," in: J. Eatwell, M. Milgate, and P. Newman, eds., *The New Palgrave: A Dictionary of Economics*, Vol. 2, London: Macmillan, p. 638.

Pigou, A. C. (1912): *Wealth and Welfare*, London: Macmillan.

Pigou, A. C. (1920/1924/1932): *The Economics of Welfare*, London: Macmillan, 1st edn., 1920; 2nd edn., 1924; 4th edn., 1932. 永田清・千種義人監修, 気賀健三・千種義人・鈴木諒一・福岡正夫・大熊一郎訳『厚生経済学』［全4分冊］東洋経済新報社, 1953-1955 年.

Pigou, A. C. and Robertson, D. (1924): "Those Empty Boxes," *Economic Journal*, Vol. 34, pp. 16-31.

Plott, C. R. (1973): "Path Independence, Rationality, and Social Choice," *Econometrica*, Vol. 41, pp. 1075-1091.

Pollak, R. A. (1979): "Bergson-Samuelson Social Welfare Functions and the Theory of Social Choice," *Quarterly Journal of Economics*, Vol. 93, pp. 73-90.

Pope, A. (1711): *An Essay on Criticism*, 1st edn., London: Printed for W. Lewis in Russel Street, Covent Garden; and Sold by W. Taylor at the Ship in Pater-Noster Row, T. Osborn near the Walks, and J. Graves in St. James Street.

Putnam, H. (2002): *The Collapse of the Fact/Value Dichotomy and Other Essays*, Cambridge, Mass.: Harvard University Press. 藤田晋吾・中村正利訳『事実／価値二分法の崩壊』法政大学出版局, 2006 年.

Ramsey, F. P. (1927): "A Contribution to the Theory of Taxation," *Economic Journal*, Vol. 37, pp. 47-61.

Rawls, J. (1971/1999): *A Theory of Justice*, Cambridge, Mass.: The Belknap Press of Harvard University Press, 1st edn., 1971; 2nd edn., 1999.

Richter, M. K. (1966): "Revealed Preference Theory," *Econometrica*, Vol. 34, pp. 635-645.

Richter, M. K. (1971): "Rational Choice," in: J. S. Chipman, L. Hurwicz, M. K. Richter, and H. F. Sonnenschein, eds., *Preferences, Utility, and Demand: A Minnesota Symposium*, New York: Harcourt Brace Jovanovich, pp. 29-58.

Robbins, L. (1932/1935): *An Essay on the Nature and Significance of Economic*

Science, London: Macmillan, 1st edn., 1932; 2nd edn., 1935. 中山伊知郎監修, 辻六兵衛訳『経済学の本質と意義』東洋経済新報社, 1957 年.

Roberts, K. W. S. (1980): "Social Choice Theory: The Single-Profile and Multi-Profile Approaches," *Review of Economic Studies*, Vol. 47, pp. 441–450.

Roemer, J. E. and K. Suzumura, eds. (2007): *Intergenerational Equity and Sustainability*, New York: Palgrave Macmillan.

Rothschild, E. (2001): *Economic Sentiments: Adam Smith, Condorcet, and the Enlightenment*, Cambridge, Mass.: Harvard University Press.

Rousseau, J.-J. (1755/1967): *Discours sur l'origine et les fondements de l'inégalité parmi les hommes*, 1755. English translation: L. G. Crocker, *The Social Contract; And Discourse on the Origin and Foundation of Inequality among Mankind*, New York: Washington Square Press, 1967. 本田喜代治訳『人間不平等起原論』［岩波文庫］岩波書店, 1933 年.

Ruskin, J. (1862/1994): *Unto This Last*, London: Routledge-Thoemmes, 1994. Original edition published in 1862.

Samuelson, P. A. (1938): "A Note on the Pure Theory of Consumer's Behaviour," *Economica*, Vol. 5, pp. 61–71.

Samuelson, P. A. (1947/1983): *Foundations of Economic Analysis*, Cambridge, Mass.: Harvard University Press, 1st edn., 1947; Expanded 2nd edn., 1983.

Samuelson, P. A. (1950a): "Evaluation of Real National Income," *Oxford Economic Papers*, Vol. 2, pp. 1–29.

Samuelson, P. A. (1950b): "The Problem of Integrability in Utility Theory," *Economica*, Vol. 17, pp. 355–385.

Samuelson, P. A. (1954): "The Pure Theory of Public Expenditure," *Review of Economics and Statistics*, Vol. 36, pp. 387–389.

Samuelson, P. A. (1956): "Social Indifference Curves," *Quarterly Journal of Economics*, Vol. 70, pp. 1–22.

Samuelson, P. A. (1964): "A. P. Lerner at Sixty," *Review of Economic Studies*, Vol. 31, pp. 169–178.

Samuelson, P. A. (1967a): "Arrow's Mathematical Politics," in: S. Hook, ed., *Human Values and Economic Policy*, New York: New York University Press, pp. 41–51.

Samuelson, P. A. (1967b): "The Monopolistic Competition Revolution," in: R. E. Kuenne, ed., *Monopolistic Competition Theory: Studies in Impact: Essays in Honor of Edward H. Chamberlin*, New York: John Wiley & Sons, pp. 105–138.

Samuelson, P. A. (1974): "Is the Rent-Collector Worthy of His Full Hire?" *Eastern Economic Journal*, Vol. 1, pp. 7–10.

Samuelson, P. A. (1977a): "Reaffirming the Existence of 'Reasonable' Bergson-

Samuelson Social Welfare Functions," *Economica*, Vol. 44, pp. 81–88.

Samuelson, P. A. (1977b): "When Is It Ethically Optimal to Allocate Money Income in Stipulated Fractional Shares?" in: A. Blinder and P. Friedman, eds., *Natural Resources, Uncertainty and General Equilibrium Systems: Essays in Memory of Rafael Lusky*, New York: Academic Press, pp. 175–195.

Samuelson, P. A. (1977c): "Reminiscences of Shigeto Tsuru," in: H. Nagatani and K. Crowley, eds., *The Collected Scientific Papers of Paul A. Samuelson*, Vol. 4, Cambridge, Mass.: The MIT Press, pp. 897–902.

Samuelson, P. A. (1981): "Bergsonian Welfare Economics," in: S. Rosefielde ed., *Economic Welfare and the Economics of Soviet Socialism: Essays in Honor of Abram Bergson*, Cambridge, Mass.: Cambridge University Press, pp. 223–266.

Samuelson, P. A. (1987): "Sparks from Arrow's Anvil," in: G. R. Feiwel, *Arrow and the Foundations of the Theory of Economic Policy*, London: Macmillan, pp. 154–178.

Samuelson, P. A. (1990): "When Deregulation Makes Things Worse Before They Get Better," in: C. Moir and J. Dawson, eds., *Competition and Markets: Essays in Honour of Margaret Hall*, London: Macmillan, pp. 11–20.

Samuelson, P. A. (2004): "Abram Bergson, 1914–2003: A Biographical Memoir," *Biographical Memoirs*, Vol. 84, Washington, D. C.: The National Academies Press.

Satterthwaite, M. A. (1975): "Strategy-Proofness and Arrow's Conditions: Existence and Correspondence Theorems for Voting Procedures and Social Welfare Functions," *Journal of Economic Theory*, Vol. 10, pp. 187–217.

Scheffler, S. (1982/1994): *The Rejection of Consequentialism: A Philosophical Investigation of the Considerations Underlying Rival Moral Conceptions*, Oxford: Clarendon Press, 1st edn., 1982; revised edn., 1994.

Schotter, A. (1981): *The Economic Theory of Social Institutions*, New York: Cambridge University Press.

Schumpeter, J. A. (1942): *Capitalism, Socialism and Democracy*, New York: Harper and Brothers.

Schumpeter, J. A. (1954): *History of Economic Analysis*, New York: Oxford University Press.

Scitovszky, T. (1941): "A Note on Welfare Propositions in Economics," *Review of Economic Studies*, Vol. 9, pp. 77–88.

Sen, A. K. (1969): "Quasi-Transitivity, Rational Choice and Collective Decisions," *Review of Economic Studies*, Vol. 36, pp. 381–393.

Sen, A. K. (1970a): "The Impossibility of a Paretian Liberal," *Journal of Political*

Economy, Vol. 78, pp. 152-157.

Sen, A. K. (1970b/2017): *Collective Choice and Social Welfare*, San Francisco: Holden-Day, 1970. Expanded edn., London: Penguin Books, 2017.

Sen, A. K. (1971): "Choice Functions and Revealed Preference," *Review of Economic Studies*, Vol. 38, pp. 307-317.

Sen, A. K. (1976): "Liberty, Unanimity and Rights," *Economica*, Vol. 43, pp. 217-245.

Sen, A. K. (1977): "On Weights and Measures: Informational Constraints in Social Welfare Analysis," *Econometrica*, Vol. 45, pp. 1539-1572.

Sen, A. K. (1979): "Personal Utilities and Public Judgements: Or What's Wrong with Welfare Economics?" *Economic Journal*, Vol. 89, pp. 537-558.

Sen, A. K. (1980): "Equality of What?" in: S. M. McMurrin, ed., *The Tanner Lectures on Human Values*, Vol. 1, Cambridge, UK: Cambridge University Press, pp. 195-220.

Sen, A. K. (1982): *Choice, Welfare and Measurement*, Oxford: Basil and Blackwell, and Cambridge, Mass.: MIT Press.

Sen, A. K. (1985): *Commodities and Capabilities*, Amsterdam: North-Holland. 鈴村興太郎訳『福祉の経済学──財と潜在能力』岩波書店，1988 年.

Sen, A. K. (1992a): "Minimal Liberty," *Economica*, Vol. 59, pp. 139-159.

Sen, A. K. (1992b): *Inequality Reexamined*, Cambridge, Mass.: Harvard University Press.

Sen, A. K. (1993): "Internal Consistency of Choice," *Econometrica*, Vol. 61, pp. 495-521.

Sen, A. K. (1995): "Rationality and Social Choice," *American Economic Review*, Vol. 85, pp. 1-24.

Sen, A. K. (1996): "On the Foundations of Welfare Economics: Utility, Capability and Practical Reason," in: F. Farina, F. Hahn, and S. Vannucci, eds., *Ethics, Rationality and Economic Behaviour*, Oxford: Clarendon Press, pp. 50-65.

Sen, A. K. (1999): "The Possibility of Social Choice," *American Economic Review*, Vol. 89, pp. 349-378.

Sen, A. K. (2009): *The Idea of Justice*, Cambridge, Mass.: Harvard University Press.

Sen, A. K. and P. K. Pattanaik (1969): "Necessary and Sufficient Conditions for Rational Choice under Majority Decision," *Journal of Economic Theory*, Vol. 1, pp. 178-202.

Sen, A. K. and B. Williams, eds. (1982): *Utilitarianism and Beyond*, Cambridge, UK: Cambridge University Press.

Shaw, G. B. (1903): "Maxims for Revolutionists," in: G. B. Shaw, *Man and Superman: A Comedy and a Philosophy*, Cambridge, Mass.: The University Press, pp. 225-

244.

Shinohara, M. (1962): *Growth and Cycles in the Japanese Economy*, Tokyo: Kinokuniya.

Shinohara, M. (1970): *Structural Changes in Japan's Economic Development*, Tokyo: Kinokuniya.

Shinohara, M. (1977): *The Japanese Economy and Southeast Asia: In the New International Context*, Tokyo: Institute of Developing Economies.

Shinohara, M. (1982): *Industrial Growth, Trade and Dynamic Patterns in the Japanese Economy*, Tokyo: University of Tokyo Press.

Shinohara, M. (1992): "The International Monetary System Reconsidered: Floating Exchange Rates and a Multiple Key Currency System," JERI (The Japan Economic Research Institute) Report, December 1992.

Shinohara, M. (1999): *Economic Dynamism in East Asia and Japan: Collected Economic Articles*, Tokyo: Institute of Statistical Research.

Sidgwick, H. (1874/1907): *The Methods of Ethics*, London: Macmillan, 1st edn., 1874; 7th edn., 1907.

Smart, J. J. C. and B. Williams (1973): *Utilitarianism: For and Against*, Cambridge, UK: Cambridge University Press.

Smith, A. (1759): *The Theory of Moral Sentiments*, London: A. Millar, and Edinburgh: Kincaid and J. Bell. 高哲男訳『道徳感情論』[講談社学術文庫] 講談社, 2013 年. 村井章子・北川知子訳『道徳感情論』[日経 BP クラシックス] 日経 BP 社, 2014 年.

Solow, R. M. (1987): "James Meade at Eighty," *Economic Journal*, Vol. 97, pp. 986-988.

Sugden, R. (1985): "Liberty, Preferences and Choice," *Economics and Philosophy*, Vol. 1, pp. 213-229.

Sumner, W. G. (1906): *Folkways: A Study of the Sociological Importance of Usages, Manners, Customs, Mores, and Morals*, Boston: Ginn.

Suppes, P. (1966): "Some Formal Models of Grading Principles," *Synthese*, Vol. 6, pp. 284-306.

Suzumura, K. (1973): "The Economic Theory of Organization and Planning: A Review Article," *Economic Studies Quarterly*, Vol. 24, pp. 33-51.

Suzumura, K. (1976a): "Rational Choice and Revealed Preference," *Review of Economic Studies*, Vol. 43, pp. 149-158. Reprinted in: Suzumura (2016a): Essay 1, pp. 109-125.

Suzumura, K. (1976b): "Remarks on the Theory of Collective Choice," *Economica*, Vol. 43, pp. 381-390. Reprinted in: Suzumura (2016a): Essay 6, pp. 203-217.

Suzumura, K. (1977): "Houthakker's Axiom in the Theory of Rational Choice,"

参考文献

Journal of Economic Theory, Vol. 14, pp. 284-290. Reprinted in: Suzumura (2016a): Essay 2, pp. 127-134.

Suzumura, K. (1978): "On the Consistency of Libertarian Claims," *Review of Economic Studies*, Vol. 45, pp. 329-342. "On the Consistency of Libertarian Claims: A Correction," *Review of Economic Studies*, Vol. 46, 1979, p. 743. Reprinted in: Suzumura (2016a): Essay 13, pp. 375-401.

Suzumura, K. (1981a): "On Pareto-Efficiency and the No-Envy Concept of Equity," *Journal of Economic Theory*, Vol. 25, pp. 367-379. Reprinted in: Suzumura (2016a): Essay 9, pp. 273-288.

Suzumura, K. (1981b): "On the Possibility of 'Fair' Collective Choice Rule," *International Economic Review*, Vol. 22, pp. 351-364.

Suzumura, K. (1983a/2009): *Rational Choice, Collective Decisions, and Social Welfare*, New York: Cambridge University Press, originally published in 1983. Republished in paperback, 2009.

Suzumura, K. (1983b): "Resolving Conflicting Views of Justice in Social Choice," in: P. K. Pattanaik and M. Salles, eds., *Social Choice and Welfare*, Amsterdam: North-Holland, pp. 125-149.

Suzumura, K. (1987): "Social Welfare Function," in: J. Eatwell, M. Milgate, and P. Newman, eds., *The New Palgrave: A Dictionary of Economics*, Vol. 4, London: Macmillan, pp. 418-420.

Suzumura, K. (1995): *Competition, Commitment, and Welfare*, Oxford: Clarendon Press.

Suzumura, K. (1996): "Welfare, Rights, and Social Choice Procedure: A Perspective," *Analyse & Kritik*, Vol. 18, pp. 20-37. Reprinted in: Suzumura (2016a): Essay 16, pp. 447-447.

Suzumura, K. (1999a): "Consequences, Opportunities and Procedures," *Social Choice and Welfare*, Vol. 16, pp. 17-40. Reprinted in: Suzumura (2016a): Essay 17, pp. 477-504.

Suzumura, K. (1999b): "Paretian Welfare Judgments and Bergsonian Social Choice," *Economic Journal*, Vol. 109, pp. 204-220. Reprinted in: Suzumura (2016a): Essay 26, pp. 709-730.

Suzumura, K. (1999c): "Report on the Far Eastern Activities of the Econometric Society," *Econometrica*, Vol. 67, pp. 221-233.

Suzumura, K. (2000): "Welfare Economics Beyond Welfarist-Consequentialism," *Japanese Economic Review*, Vol. 51, pp. 1-32. An abbreviated version reprinted in: Suzumura (2016a): Essay 27, pp. 731-753.

Suzumura, K. (2002): "Introduction," in: K. J. Arrow, A. K. Sen, and K. Suzumura, eds., *Handbook of Social Choice and Welfare*, Vol. 1, Amsterdam: North-Holland, pp. 1-32. Reprinted in: Suzumura (2016a): Essay 25, pp. 671-708.

Suzumura, K. (2005): "An Interview with Paul Samuelson: Welfare Economics, 'Old' and 'New', and Social Choice Theory," *Social Choice and Welfare*, Vol. 25, pp. 327-356. Reprinted in: J. Murray, ed., *Collected Scientific Papers of Paul A. Samuelson*, Vol. 6, Cambridge, Mass.: The MIT Press, 2011, pp. 843-874. 本書第2章に訳載.

Suzumura, K. (2006): "Shigeto Tsuru (1912-2006): Life, Work and Legacy," *European Journal of the History of Economic Thought*, Vol. 13, pp. 613-620.

Suzumura, K. (2011): "Welfarism, Individual Rights, and Procedural Fairness," in: K. J. Arrow, A. K. Sen, and K. Suzumura, eds. (2011): Chapter 23, pp. 605-685.

Suzumura, K. (2012): "Excess Entry Theorems After Twenty-Five Years," *Japanese Economic Review*, Vol. 63, pp. 152-170.

Suzumura, K. (2016a): *Choice, Preferences, and Procedures: A Rational Choice Theoretic Approach*, Cambridge, Mass.: Harvard University Press.

Suzumura, K. (2016b): "The Capability Approach to Well-Being from the Viewpoint of Welfare Economics and Social Choice Theory," paper presented at the Annual Meeting of the Society for Human Development and Capability Approach held at Hitotsubashi University in September 2016.

Suzumura, K. (2018): "John Hicks's Farewell to Economic Welfarism: How Deeply Rooted and Far Reaching is His *Non-Welfarist Manifesto*?" unpublished typescript.

Suzumura, K. and J. Ishikawa (1997): "Voluntary Export Restraints and Economic Welfare," *Japanese Economic Review*, Vol. 48, pp. 176-186.

Suzumura, K. and K. Kiyono (1987): "Entry Barriers and Economic Welfare," *Review of Economic Studies*, Vol. 54, pp. 157-167. Reprinted in: Suzumura (2016a): Essay 21, pp. 565-583.

Suzumura, K. and K. Tadenuma (2007): "Normative Approaches to the Issue of Global Warming: Responsibility and Compensation," in: J. Roemer and K. Suzumura, eds., *Intergenerational Equity and Sustainability*, New York: Palgrave/Macmillan, pp. 320-336.

Suzumura, K. and Y. Xu (2001): "Characterizations of Consequentialism and Non-consequentialism," *Journal of Economic Theory*, Vol. 101, pp. 423-436. Reprinted in: Suzumura (2016a): Essay 18, pp. 505-519.

Suzumura, K. and Y. Xu (2003): "Consequences, Opportunities, and Generalized Consequentialism and Non-consequentialism," *Journal of Economic Theory*, Vol. 111, pp. 293-304. Reprinted in: Suzumura (2016a): Essay 19, pp. 521-535.

参考文献

Suzumura, K. and Y. Xu (2004): "Welfarist-Consequentialism, Similarity of Attitudes, and Arrow's General Impossibility Theorem," *Social Choice and Welfare*, Vol. 22, pp. 237-251. Reprinted in: Suzumura (2016a): Essay 20, pp. 537-556.

Sweezy, P. (1942): *The Theory of Capitalist Development: Principles of Marxian Political Economy*, New York: Oxford University Press.

Szpilrajn, E. (1930): "Sur l'extension de l'ordre partiel," *Fundamenta Mathematicae*, Vol. 16, pp. 386-389.

Szpiro, G. G. (2010): *Numbers Rule: The Vexing Mathematics of Democracy, from Plato to the Present*, Princeton: Princeton University Press. 寺嶋英志訳『数と正義のパラドックス——頭の痛い数学ミステリー』青土社, 2011年.

Tadenuma, K. (2002): "Efficiency First or Equity First? Two Principles and Rationality of Social Choice," *Journal of Economic Theory*, Vol. 104, pp. 462-472.

Tsuru, S. (1941): "Economic Fluctuations in Japan, 1868-1893," *Review of Economics and Statistics*, Vol. 23, pp. 176-189.

Tullock, G. (1967): "The General Irrelevance of the General Impossibility Theorem," *Quarterly Journal of Economics*, Vol. 81, pp. 256-270.

Varian, H. R. (1974): "Equity, Envy and Efficiency," *Journal of Economic Theory*, Vol. 9, pp. 63-91.

Varian, H. R. (1975): "Distributive Justice, Welfare Economics, and the Theory of Fairness," *Philosophy and Public Affairs*, Vol. 4, pp. 223-247.

Weber, Max (1917/1919): *Wissenschaft als Beruf*, originally delivered as a speech at Munich University in 1917, and published by Munich: Duncker & Humblodt in 1919. 尾高邦雄訳『職業としての学問』[岩波文庫] 岩波書店, 1980年.

Weber, Max (1956/1968): *Wirtschaft und Gesellschaft: Grundriss der Verstehenden Soziologie*, J. Winckelmann, hg., Tübingen: J. C. B. Mohr (Paul Siebeck), 4. Aufl. 1956. English translation: G. Roth and C. Wittich, eds., *Economy and Society: An Outline of Interpretive Sociology*, B, New York: Bedminster Press Incorporated, 1968.

Weitzman, M. L. (1974): "Free Access vs Private Ownership as Alternative Systems for Managing Common Property," *Journal of Economic Theory*, Vol. 8, pp. 225-234.

Willig, R. D. (1976): "Consumer's Surplus Without Apology," *American Economic Review*, Vol. 66, pp. 589-597.

World Commission on Environment and Development (1987): *Our Common Future*, Oxford: Oxford University Press.

Young, A. (1913): "Pigou's Wealth and Welfare," *Quarterly Journal of Economics*, Vol. 27, pp. 672-686.

Young, H. P. (1974): "An Axiomatization of Borda's Rule," *Journal of Economic Theory*, Vol. 9, pp. 43-52.

Young, H. P. and A. Levenglick (1978): "A Consistent Extension of Condorcet's Election Principle," *SIAM Journal of Applied Mathematics*, Vol. 35, pp. 285-300.

青木昌彦 (1971)：『組織と計画の経済理論』岩波書店.

青木昌彦 (1984)：『現代の企業——ゲームの理論からみた法と経済』岩波書店.

青木昌彦 (2008)：『私の履歴書　人生越境ゲーム』日本経済新聞出版社.

伊東光晴・尾高煌之助・高須賀義博・華山謙・宮崎勇編 (1975-1976)：『都留重人著作集』［全 13 巻］講談社.

大川一司 (1945)：『食糧経済の理論と計測』日本評論社.

大熊信行 (1929)：『マルクスのロビンソン物語』同文館.

大熊信行 (1967)：『資源配分の理論』東洋経済新報社.

岡田羊祐・林秀弥編 (2009)：『独占禁止法の経済学——審判決の事例分析』東京大学出版会, 2009 年.

岡村薫・鈴村興太郎 (2013)：「小宮隆太郎教授とのインタビュー——八幡，富士両製鐵の合併事件の回顧と評価を中心として」『経済政策ジャーナル』第 10 巻第 1 号，pp. 31-56.

奥野正寛・鈴村興太郎 (1985/1988)：『ミクロ経済学』［全 2 巻］岩波書店，第 1 巻・1985 年，第 2 巻・1988 年.

奥野正寛・鈴村興太郎 (1993)：「電気通信事業の規制と政府の役割——規制者と被規制者の政治経済学」奥野正寛・鈴村興太郎・南部鶴彦編『日本の電気通信——競争と規制の経済学』日本経済新聞社，pp. 75-104.

貝塚啓明 (1973)：『経済政策の課題』東京大学出版会.

クレア，ジョン，森松健介編訳 (2014)：『新選　ジョン・クレア詩集』音羽書房鶴見書店.

経済安定本部 (1947)：『経済実相報告書』（第一次経済白書）. 経済安定本部『第一次経済白書——昭和 22 年度経済実相報告書』［講談社学術文庫］講談社 1977 年として後日刊行.

小泉信三 (1987)：『マルクス死後五十年』泉文堂.

公正取引委員会事務局編 (1977)：『独占禁止政策 30 年史』公正取引委員会事務局.

公正取引協会 (2016)：「特集　競争法と経済学」『公正取引——競争の法と政策』第 794 号 (2016 年 12 月号), pp. 2-17.

後藤晃・鈴村興太郎編 (1999)：『日本の競争政策』東京大学出版会.

小宮隆太郎 (1960)：「日本における経済学研究について」『経済セミナー』第 39 号，pp. 70-75.

小宮隆太郎・天野明弘 (1971)：「「円切上げ」提言の論理と問題点」『週刊エコノミス

ト』第 49 巻第 30 号，pp. 30-34.

小宮隆太郎・館龍一郎（1964）：『経済政策の理論』勁草書房.

小宮隆太郎・奥野正寛・鈴村興太郎編（1984）：『日本の産業政策』東京大学出版会.

コルナイ・ヤーノシュ，盛田常夫訳（2006）：『コルナイ・ヤーノシュ自伝——思索する力を得て』日本評論社．Original Hungarian language edition published by the Osiris Kiadó Publications Ltd., Budapest, 2005.

篠原三代平（1955）：『所得分配と賃銀構造』岩波書店.

篠原三代平（1957）：「産業構造と投資配分」『経済研究』第 8 巻，pp. 314-321.

篠原三代平（1958）：『消費函数』勁草書房.

篠原三代平（1961）：『日本経済の成長と循環』創文社.

篠原三代平（1966）：『産業構造論』［経済学全集第 13 巻］筑摩書房.

篠原三代平（1994）：『戦後 50 年の景気循環——日本経済のダイナミズムを探る』日本経済新聞社.

鈴村興太郎（1982/2012）：『経済計画理論』［経済学全集第 14 巻第 2 版］筑摩書房，1982 年．拡充改訂版，鈴村（2012）.

鈴村興太郎（1991）：「流通規制の経済的帰結——「大店法システム」のなにが問題か」宮澤健一編『国際化時代の流通機構』商事法務研究会，pp. 287-306.

鈴村興太郎（1994）：「「混合」市場における競争と規制」林敏彦編『電気通信』［講座「公的規制と産業」第 3 巻］NTT 出版，pp. 150-171.

鈴村興太郎（1996）：「情報通信の制度改革と産業政策」『ビジネス・レビュー』第 44 巻，pp. 21-34.

鈴村興太郎（1998）：「貿易政策・措置の「公平性」と GATT ／ WTO 整合性」『貿易と関税』第 46 巻，pp. 78-88.

鈴村興太郎（2000）：「厚生経済学の情報的基礎——厚生主義的帰結主義・機会の内在的価値・手続き的衡平性」岡田章・神谷和也・黒田昌裕・伴金美編『現代経済学の潮流 2000』東洋経済新報社，pp. 3-42.

鈴村興太郎（2002）：「世代間衡平性の厚生経済学」『経済研究』第 53 巻，pp. 193-203.

鈴村興太郎（2005）：「厚生経済学の系譜——ピグーの「旧」厚生経済学から，センの福祉の経済学まで」吉田雅明責任編集『経済学の現在 2』［経済思想第 2 巻］日本経済評論社，pp. 301-348.

鈴村興太郎（2007）：「規範的経済学の非厚生主義的・非帰結主義的基礎——ピグー，ヒックス，センの連結環」『経済研究』第 58 巻，pp. 97-109.

鈴村興太郎（2009）：『厚生経済学の基礎——合理的選択と社会的評価』岩波書店.

鈴村興太郎（2010）：「厚生経済学の実践者，都留重人」尾高煌之助・西沢保編『回想の都留重人——資本主義，社会主義，そして環境』勁草書房，pp. 99-114.

鈴村興太郎（2012）：『社会的選択の理論・序説』東洋経済新報社.

鈴村興太郎 (2014)：『厚生と権利の狭間』ミネルヴァ書房.

鈴村興太郎 (2016)：「一橋大学と規範的経済学の伝統——理論経済学と経済政策論の対話」『一橋大学創立 140 周年記念講演会ニューズレター』第 2 号，pp. 31-50.

鈴村興太郎 (2018)：『規範的経済学への招待——制度の設計と選択の作法』有斐閣（近刊）.

鈴村興太郎・後藤玲子 (2001)：『アマルティア・セン——経済学と倫理学』実教出版.

関桂三 (1954)：『日本綿業論』東京大学出版会.

高瀬恒一・黒田武・鈴木深雪監修 (2001)：『独占禁止政策苦難の時代の回顧録』公正取引協会.

都留重人 (1950)：「一経済学徒の反省」『中央公論』第 65 巻（1950 年 3 月号），pp. 8-18. 都留 (1975a), pp. 238-261 に再録.

都留重人 (1951)：『国民所得と再生産』有斐閣.『国民所得と再生産』[都留重人著作集第 2 巻] 講談社，1975 年に再録.

都留重人編 (1959)：『現代資本主義の再検討』岩波書店. English translation: Tsuru, S., ed., *Has Capitalism Changed? An International Symposium on the Nature of Contemporary Capitalism*, Tokyo: Iwanami Shoten, 1961.

都留重人 (1972)：『公害の政治経済学』岩波書店.

都留重人 (1974)：『経済学はむずかしくない [第 2 版]』[講談社現代新書] 講談社.

都留重人 (1975a)：『経済学を学ぶ人のために』[都留重人著作集第 1 巻] 講談社.

都留重人 (1975b)：『経済政策——福祉を求めて』[都留重人著作集第 5 巻] 講談社.

都留重人 (2001)：『いくつもの岐路を回顧して——都留重人自伝』岩波書店.

早坂忠・正村公宏 (1974)：『戦後日本の経済学　人と学説にみる歩み』日本経済新聞社 [日経新書].

プラトン，藤沢令夫訳 (1979)：『国家』[岩波文庫] 岩波書店.

ルソー，本田喜代治・平岡昇訳 (1972)：『人間不平等起源論』[岩波文庫] 岩波書店.

初出一覧

第1章

鈴村興太郎「社会的選択の観点からみた【公】【私】問題」佐々木毅・金泰昌編『経済からみた公私問題』[シリーズ『公共哲学』第6巻]東京大学出版会，2001年，pp. 39-79に加筆・修正・削除.

第2章

Kotaro Suzumura "An Interview with Paul Samuelson: Welfare Economics, 'Old' and 'New', and Social Choice Theory," *Social Choice and Welfare*, Vol. 25, 2005, pp. 327-356. Reprinted in: J. Murray, ed., *Collected Scientific Papers of Paul A. Samuelson*, Vol. 6, Cambridge, Mass.: The MIT Press, 2011, pp. 843-874.

第3章

宇佐美誠・鈴村興太郎「法哲学と経済学の対話——効率性・衡平性・正義をめぐって」『経済セミナー』第686号（2015年10・11月号），pp. 10-27.

第4章

鈴村興太郎「競争・規制・自由」伊丹敬之・加護野忠男・伊藤元重編『企業と市場』[リーディングス：日本の企業システム第4巻]有斐閣，1993年，pp. 122-145．横浜国立大学経済学部での講演記録（『エコノミア』第42巻第3・4号（1992年3月号），pp. 51-67に収録）に加筆して出版された最終稿.

第5章

Alice Amsden and Kotaro Suzumura "An Interview with Miyohei Shinohara: Non-Conformism in Japanese Economic Thought," *Journal of the Japanese and International Economies*, Vol. 15, 2001, pp. 341-360.

第6章

岡村薫・鈴村興太郎「小宮隆太郎教授とのインタビュー——八幡，富士両製鐵の合併事件の回顧と評価を中心として」『経済政策ジャーナル』（日本経済政策学会）第10巻第1号，2013年，pp. 31-56.

第7章

本書のために新規に執筆.

第8章

Walter Bossert and Marc Fleurbaey "An Interview with Kotaro Suzumura," *Social Choice and Welfare*, Vol. 44, 2015, pp. 179-208.

第9章

早稲田大学最終講義（「血の通った厚生経済学を求めて」2014 年 2 月，大隈講堂小講堂）と Centre for Philosophy of Natural and Social Sciences, London School of Economics が組織した Choice Group Workshop on "Rationality and Consistency" in Honor of Kotaro Suzumura での講演 *Consistency and Rationality: A Pilgrimage*（March 2014）に基づいて，新規に執筆．

補論 I

"Shigeto Tsuru (1912-2006): Life, Work and Legacy," *European Journal of the History of Economic Thought*, Vol. 13, 2006, pp. 613-620 及び「厚生経済学の実践者，都留重人」尾高煌之助・西沢保編『回想の都留重人——資本主義，社会主義，そして環境』勁草書房，2010 年，pp. 99-114.

補論 II

"Masahiko Aoki (1938-2015): His Pilgrimage and Legacies," a paper read at *Masahiko Aoki Memorial Conference on Economics*, Bechtel Conference Centre, Encina Hall, Stanford University, December 4, 2015 及び「青木昌彦教授の人と業績：From Decentralized Planning Procedure through the Theory of Firms to the Comparative Economic Institutions」青木昌彦先生追悼シンポジウム《移りゆく 30 年：比較制度分析からみた日本の進路》（2015 年 10 月 6 日）*RIETI Highlight*, Winter 2015 に依拠して，新規に執筆．

あとがき

　著者は，経済システムや経済政策の《善》《悪》に関する判断を理性的に形成する《作法》を身につけることこそ，規範的な経済学を学ぶ意義であると考えている．社会的選択の理論と厚生経済学のフロンティアで光明の発見に専念してきた著者だが，成果の大要を *Choice, Preferences, and Procedures: A Rational Choice Theoretic Approach,* Harvard University Press, 2016 にまとめた機会に，社会的選択の《作法》についても，自らの考えを整理する義務を覚えるようになった．本書は著者のこの思いから誕生した果実である．本書に先駆けて出版した『厚生と権利の狭間』（ミネルヴァ書房，2014 年）は著者がこの作法を体得した過程を描写する意図を込めて執筆した著書であり，執筆中の著書『規範的経済学への招待——制度の設計と選択の作法』（有斐閣，近刊予定）も，経済制度や経済政策の設計と実装に臨む作法を規範的経済学の歴史的な生成過程を踏まえて平易に解説して，読者を経済学の魅力的な分野へと招待することを意図している．

　みずからの研究の光明と果実をひとまずまとめたこの段階で，著者の眼前には 2 つの選択肢が開かれている．第一の選択肢は，アリスを森のはずれに無事に送り届け，彼女が振るハンカチーフに鼓舞されて古巣の森に戻る白の騎士[1]のように，慣れ親しんだ研究分野にとって返す選択肢である．第二の選択肢は，森のはずれに辿り着いた機会に蛮勇を振るって新分野に踏み出す選択肢である．著者は第二の選択肢に大きな魅力を感じているのだが，この

---

1)　本書の表紙カバーの挿絵は，ルイス・キャロルの『鏡の国のアリス』に登場して，森の外れまで護り届けたアリスが振るハンカチーフに鼓舞されて，住み慣れた森へと引き返す白の騎士を描いた挿絵画家ジョン・テニエルの作品である．白の騎士は，騎士とはいっても乗馬の技術はからっきし駄目で，馬上に直立することもできず絶えず右左に落馬を重ねる愛するべきキャラクターである．キャロルが創造した多彩なキャラクターのなかで，最も深く彼が感情移入した人物だったのではないかといわれている．

道に沿う新たな旅の途中では，白の騎士流のぶざまな落馬を繰り返す勇気を振り絞る必要があると覚悟している．

　本書に収録したインタビュー論文，対談記録及び座談記録に登場される先達には，その後に逝去された方々が含まれている．ポール・サミュエルソン (1915-2009) ［第2章］，アリス・アムスデン (1943-2012) と篠原三代平 (1919-2012) ［第5章］の諸教授に本書の出版を報告する機会は，永遠に失われた．追悼論文を本書に補論として収録した都留重人 (1912-2006)，青木昌彦 (1938-2015) の両教授には，研究者としての私の離陸時からご逝去の時点に到るまで，研究者人生の折々に忘れ難い思い出を与えて戴いた．これら恩師・先学・友人の墓前に本書を捧げて，衷心からの感謝を捧げたい．

　著者が厚生経済学と社会的選択の理論の研究を志向する最初の契機を得て，その後は親密な交友関係にも恵まれたケネス・アロー教授は，2017年2月21日に95歳で逝去された．卓越した独創的な業績，あらゆる分野に渡る該博な知識と透徹した知見にも拘らず，アロー教授は謙虚で暖かい人柄の持ち主であって，接触する機会を得たあらゆる人びとに，大きな影響を及ぼす稀有な存在だった．アマルティア・セン教授とも協力して，*Handbook of Social Choice and Welfare* (North-Holland/Elsevier, 2002/2011) を共同編集した過程では，その深い見識から学ぶ貴重な経験を享受させていただいたアロー教授のご冥福を衷心よりお祈りしたい[2]．

　著者の研究履歴のうちで，厚生経済学と社会的選択の理論的研究に際しては，現実の経済に潜む悲惨な状況を深く理解して，人びとの福祉を改善するために経済理論の道具箱を整備して，規範的経済学がもたらす光明を人びとの福祉を改善する水路に誘導する研究作法を，著者はセン教授から学んだ．

---

　2) アロー教授の人柄と業績並びに私が恵まれた幸せな交流を踏まえて，私は「ケネス・J・アロー教授を偲んで」という追悼の辞を『経済セミナー』2017年6・7月号に執筆・公刊した．私はまた，アマルティア・セン，エリック・マスキン両教授と共同で，Special Issue of *Social Choice and Welfare* in Memory of Kenneth J. Arrow の編集に携わっているが，スタンフォード大学が開催したアロー教授の追悼コンファレンスで行った私のスピーチは，"Reflections on Arrow's Program of Social Choice Theory" というタイトルでこの特集に収録される予定である．アロー教授の人柄と学説に興味を持つ読者が，これらのエッセイを一読して下されば幸いである．

あとがき

また，本書で触れる経済政策の課題と取り組むうえで，著者は篠原三代平，小宮隆太郎，浜田宏一の諸教授から多くの教訓を学んだ．これらの先学から賜った学恩に対しても，ここに明記して感謝申し上げる次第である．

　著者は日本の学術研究の代表機関である日本学術会議の会員（1999 年 7 月～ 2003 年 6 月，2005 年 6 月～ 2011 年 9 月）及び副会長（2006 年 10 月～ 2011 年 4 月）を務め，日本の学術研究・教育制度の在り方の改革を目指して人文学，社会科学，理工学，生命科学の代表的な研究者と意見交換を行う経験をしばしば得た．会長を務められた金澤一郎教授（1941-2016；脳科学）と緊密で率直な議論を重ねて深く学んだ知見は，本書第 7 章「経済制度の設計と選択を越えて──競争のフラクタル構造」の骨格を形成する上で，不可欠な指針を著者に与えてくれた．勇敢な闘病の甲斐もなく，金澤教授が鬼籍に入ったことは，著者にとってまさに痛恨事だった．豪快さと繊細さを兼ね備えた金澤教授の思い出を大切にして，ご冥福をお祈りするばかりである．

　最後に本書の原稿を綿密に編集して出版の軌道に乗せて下さった大矢宗樹氏（東京大学出版会・第一編集部）と，執筆の過程で原稿の整理と資料の収集に尽力して下さった小林伸君（早稲田大学大学院）に対しても，明記して厚く感謝したい．本書になお残される不備があれば，当然ながらその責任が著者のみに帰属することはいうまでもない．

　2018 年 1 月 31 日

早稲田大学政治経済学術院のオフィスにて

鈴村興太郎

人名索引

ア 行

アーケン, アーノルド（Arnold Urken）
278, 293, 295

アイゼンハワー, ドワイト（Dwight
Eisenhower） 232

青木昌彦 232, 351-362

青山秀夫 188

赤松要 150

アシマコプロス, アタナシオス（Athanasios
Asimakopulos） 58

アデナウアー, コンラート（Konrad
Adenauer） 172

アトキンソン, アンソニー（Anthony
Atkinson） 78

天野明弘 190

雨宮健 341

アムスデン, アリス（Alice Amsden）
137, 138, 141-145, 147-162, 190

荒憲治郎 188

有沢広巳 200

アリストテレス（Aristotle） 2, 51, 87,
100, 241, 276, 277

有吉義弥 171

アロー, ケネス（Kenneth Arrow） 2, 7,
10, 12-19, 22, 34, 51, 52, 55-59, 61, 64, 66,
85, 110, 215, 231, 233, 234, 237, 239, 241-244,
251, 254, 255, 268, 269, 271, 286, 291, 304,
306, 308, 318-322, 325, 327, 329-333, 344,
352, 354, 355, 357, 359

池田勇人 160, 175

石川城太 263

石橋湛山 173

伊丹敬之 117

伊東光晴 338

伊藤元重 117

稲田献一 236, 237, 306, 320

猪木武徳 209, 351

今井賢一 188, 192, 193

今村成和 198

岩井克人 209, 351

ヴァイナー, ジェイコブ（Jacob Viner）
41, 45, 148

ヴァリアン, ハル（Hal Varian） 88,
215, 254, 255, 271, 325

ヴィクセル, クヌート（Knut Wicksell）
51, 74

ウィリアムズ, バーナード（Bernard
Williams） 281

ウィリアムソン, オリバー（Oliver
Williamson） 361

ウィリグ, ロバート（Robert Willig）
74

ウェーバー, マックス（Max Weber）
205, 206, 233, 251, 308

ウェスト, ケネス（Kenneth West）
158

上野裕也 188, 192

ウォルコット, アレクサンダー（Alexander
Woollcott） 226

ヴォルテール（Voltaire） 70

ウグ, ユー・カン（Yew-Kwang Ng）
63-66

宇佐美誠 83-85, 87, 89-92, 94-99, 101,
103-108

宇沢弘文 188, 193

内田忠夫 188, 190-192

ウッド, アレン（Allen Wood） 205

391

人名索引

梅村又次　153, 154

ウルストンクラフト，メアリ（Mary Wollstonecraft）　99

エアハルト，ルードヴィッヒ（Ludwig Erhard）　172

エッカーマン，ヨハン（Johann Eckermann）　241

エッジワース，フランシス（Francis Edgeworth）　7, 39–41

エマーソン夫人（Mrs. Emmerson）　362

江見康一　146

エンゲルス，フリードリッヒ（Friedrich Engels）　174

円城寺次郎　48, 166

オイケン，ワルター（Walter Eucken）　172

大川一司　142, 153, 154

大熊信行　140–143

オースティン＝スミス，デイビット（David Austen-Smith）　248

岡田羊祐　204

岡村薫　163

奥野正寛　6, 261, 291

尾高邦雄　206

尾高煌之助　337

小渕恵三　156

カ　行

カーヴァー，トーマス・ニクソン（Thomas Nixon Carver）　40

貝塚啓明　165

カウティリヤ（Kautilya）　276

角谷静夫　341

加護野忠男　117

金澤一郎　209

カラファ，ディオメデ（Diomede Carafa）　277

カリー，リンダ（Linda Curry）　362

カルドア，ニコラス（Nicholas Kaldor）　8, 41, 46–48, 74, 149, 150, 285, 334

ガルブレイス，ジョン・ケネス（John Kenneth Galbraith）　119, 122, 344

河合栄治郎　173

ガンジー，マハトマ（Mahatma Gandhi）　330

カント，イマヌエル（Immanuel Kant）　99, 101

気賀健三　284

岸信介　175, 232, 354

ギバード，アラン（Allan Gibbard）　249, 250, 257, 271, 305

金泰昌　5

木村健康　166, 167, 283

キャロル，ルイス（チャールズ・ドジソン）（Lewis Carroll [Charles Dodgson]）　226, 304

許永盛　34, 131, 242, 330–332

清沢洌　173

清滝信宏　158

清野一治　128, 262

クープマンス，チャリング（Tjalling Koopmans）　106, 273

クールノー，アントワーヌ・オーギュスタン（Antoine Augustin Cournot）　143

クサヌス，ニコラウス（Nicolaus Cusanus）　278, 291

クズネッツ，サイモン（Simon Kuznets）　45, 138, 144–146, 153

熊谷尚夫　188

クライスト，カール（Carl Christ）　49

クライン，ローレンス（Lawrence Klein）　17

クラマー，ジェラルド（Gerald Kramer）　306

グランモン，ジャン＝ミシェール（Jean-Michel Grandmont）　306

グリーン，トーマス・ヒル（Thomas Hill Green）　173

グリフィン，ジェームス（James Griffin）　281

392

クルーグマン，ポール（Paul Krugman）
167, 202
グルーシ，ソフィー・ド（Sophie de
Grouchy）294
クルツ，ハインツ（Heinz Kurz）337
クレア，ジョン（John Clare）362
グローヴァー，ジョナサン（Jonathan
Glover）281
黒田武　174
ケインズ，ジョン・ネヴィル（John
Neville Keynes）38, 73
ケインズ，ジョン・メイナード（John
Maynard Keynes）37, 38, 78, 143,
144, 173, 174, 342, 343
ゲーテ（Goethe）241
ケネー，フランソワ（François Quesnay）
343
ケリー，ジェリー（Jerry Kelly）322
ゲルデンフォルス，ピーター（Peter
Gärdenfors）257
ゲルトナー，ウルフ（Wulf Gaertner）
132, 247, 248, 355
ケンプ，マレー（Murray Kemp）58,
63–66
小泉信三　143
コーエン，ジェラルド（Gerald Cohen）
100
コーエン，ジョン（Jon Cohen）76
コース，ロナルド（Ronald Coase）76,
360
コーデン，マックス（Max Corden）72,
73
ゴーマン，テレンス（Terence Gorman）
41
小島清　200
ゴッセン，ヘルマン・ハインリヒ（Hermann
Heinrich Gossen）143
後藤晃　6, 204, 261
小宮隆太郎　6, 163–166, 168, 170–172, 174,
176, 178, 179, 181, 182, 184–195, 197–200,
202, 203, 261

コルム，セルジュ＝クリストファー
（Serge-Christophe Kolm）88, 254,
255, 271, 294, 325
近藤加代子　280–282
コンドルセ，ニコラ・ド（Nicolas de
Condorcet）99, 278, 291–294,
300–304

サ　行

サヴェージ，レオナルド（Leonard
Savage）57, 60
サグデン，ロバート（Robert Sugden）
245, 248
佐々木毅　5
サタースウェイト，マーク（Mark
Satterthwaite）271, 305
サミュエルソン，ポール（Paul
Samuelson）8, 9, 12, 13, 35, 36, 41–45,
47–52, 55–61, 63–65, 67, 68, 72, 73, 75–81,
167, 234, 235, 251, 252, 270, 271, 277, 285,
286, 288, 308, 331, 333, 339, 341, 348, 354,
362
サムナー，ウィリアム（William Sumner）
43
シーニョア，ナッソー・ウィリアム（Nassau
William Senior）343
シェイクスピア（Shakespeare）127
ジェファーソン，トマス（Thomas
Jefferson）294
シェフラー，サミュエル（Samuel
Scheffler）281
塩尻公明　283
塩野谷裕一　235
シジウィック，ヘンリー（Henry
Sidgwick）42, 105, 272, 281
シトフスキー，ティボール（Tibor
Scitovsky）8
篠原三代平　137–139, 141, 143–145, 147–162,
190, 194, 200, 201, 337
柴田章平　191

393

人名索引

柴田裕　200

下村治　160, 190

ジャスター，トーマス（Thomas Juster）
139

シュー・ヨンシェン（Xu Yongsheng）
→許永盛

シュンペーター，ジョセフ（Joseph
Schumpeter）　36, 53, 62, 74, 75, 77,
78, 81, 143, 144, 173, 174, 233, 277, 339, 342,
343

正田彬　195

小プリニウス（Gaius Plinius Caecilius
Secundus）　278

ショー，ジョージ・バーナード（George
Bernard Shaw）　40, 217, 331

ショッター，アンドリュー（Andrew
Schotter）　361

ジョンソン，ハリー（Harry Johnson）
148, 200

シラー，カール（Karl Schiller）　177

スウィージー，ポール（Paul Sweezy）
70, 339, 344

スキトフスキー，ティボール（Tibor de
Scitovsky）　41, 46-48

鈴木竹雄　195

鈴木深雪　174

鈴村興太郎　6, 17, 21, 33, 34, 36, 39, 41-45,
47-50, 52, 55-57, 59, 60, 63, 64, 68, 72, 75,
76, 78, 79, 84-86, 88, 91-93, 95, 97, 98,
101, 103-105, 107, 109, 128, 131-133, 141-145,
147-162, 164-167, 169, 170, 172, 174,
176-179, 181, 182, 184-192, 194, 195, 199,
200, 202-204, 215, 216, 230, 231, 233,
235-237, 239-243, 245-249, 251-256,
258-264, 266, 268, 269, 271-276, 278, 291,
305, 307, 310-315, 318, 320, 322-324, 327,
329-332, 341, 344, 349, 355

スッピス，パトリック（Patrick Suppes）
255

スティグラー，ジョージ（George Stigler）
74

スティグリッツ，ジョセフ（Joseph
Stiglitz）　167

ストレイチー，ジョン（John Strachey）
344

スピレヤン，エドワード（Edward
Szpilrajn）　58, 251, 291

スピロ，ジョージ（George Szpiro）
278, 292, 304

スプルモント，イブ（Yves Sprumont）
314, 315

スマート，ジャック（Jack Smart）　281

スミス，アダム（Adam Smith）　46, 66,
99, 114, 141, 142, 215, 241, 325

隅谷三喜男　188

スラッファ，ピエロ（Piero Sraffa）　61,
62, 348

関桂三　171

セン，アマルティア（Amartya Sen）
17, 18, 20, 33, 63, 66, 68, 69, 85, 86, 94,
97-99, 101, 102, 110, 132, 133, 215, 237, 239,
242-245, 247-252, 255, 257-259, 268, 269,
271, 272, 277, 281, 282, 306-308, 312, 320,
325, 330, 332, 333, 344, 348, 349, 355

ソロー，ロバート（Robert Solow）
274-276

タ　行

ダイアモンド，ピーター（Peter Diamond）
106, 273

タウシッグ，フランク（Frank Taussig）
81, 339

高瀬恒一　174

高田保馬　143

高橋亀吉　145

滝沢弘和　359

ダスグプタ，パーサ（Partha Dasgupta）
307

館龍一郎　166, 187, 188

蓼沼宏一　209, 216, 217, 256, 258, 330

建元正弘　187

394

ダランベール，ジャン・ル・ロン（Jean
　Le Rond d'Alembert）　293
タロック，ゴードン（Gordon Tullock）
　306
ダン，ジョン（John Donne）　209
丹宗昭信　198
チェンバリン，エドワード（Edward
　Chamberlin）　38, 75
チップマン，ジョン（John Chipman）
　52, 53, 55, 286, 352
チャーチル，ウィンストン（Winston
　Churchill）　1, 221
チャンパーナウン，デーヴィッド（David
　Champernowne）　253
チュルゴー，ジャック（Jacques Turgot）
　294
チョムスキー，ノーム（Noam Chomsky）
　79
辻村江太郎　188
辻六兵衛　285
都留重人　48, 49, 166, 188, 337-340,
　342-349
ディレクター，アーロン（Aaron
　Director）　43
ディンウィディ，ジョン（John
　Dinwiddy）　279-282
ティンバーゲン，ヤン（Jan Tinbergen）
　342
テニエル，ジョン（John Tenniel）　226
デブ，ラジャット（Rajat Deb）　249
デブリュー，ジェラール（Gerard
　Debreu）　354
デムゼッツ，ハロルド（Harold Demsetz）
　113, 260
デューゼンベリー，ジェームズ（James
　Duesenberry）　144
デュピュイ，ジュール（Jules Dupuit）
　72
トウェイン，マーク（Mark Twain）
　241
ドウォーキン，ロナルド（Ronald

Dworkin）　90, 93, 94, 96, 97, 217
ドーア，ロナルド（Ronald Dore）　361
トービン，ジェームズ（James Tobin）
　139
ドーマー，エヴセイ（Evsey Domar）
　70, 146
ドジソン，チャールズ（Charles Dodgson）
　→キャロル，ルイス
ドッブ，モーリス（Maurice Dobb）
　344, 348

ナ 行

ナイト，フランク（Frank Knight）　38,
　39, 44, 46
永井義雄　280-282
長沼弘毅　175, 198
永野重雄　191
中村正利　290
中山伊知郎　143-145
中山素平　182, 186
ナポレオン・ボナパルト（Napoléon
　Bonaparte）　298
二階堂副包　231
西尾章治郎　209
西沢保　337
西山千明　188
ニスベット，ヒュー・バー（Hugh Barr
　Nisbet）　205
根岸隆　143, 193, 231
ノイマン，ジョン・フォン（John von
　Neumann）　57
野家啓一　214
ノース，ダグラス（Douglass North）
　361
ノードハウス，ウィリアム（William
　Nordhaus）　139
ノーマン，エジャートン・ハーバート
　（Egerton Herbert Norman）　340-
　342
ノジック，ロバート（Robert Nozick）

人名索引

86, 248

野田一夫　188

八　行

ハーヴィッツ，レオニード（Leonid
Hurwicz）　270, 271, 344, 352, 354, 355,
357, 359, 361

パークス，ロバート（Robert Parks）
63

バーグソン，アブラム（Abram Bergson）
8, 9, 12, 36, 41, 42, 44, 46, 47, 49-53, 55-59,
61, 64, 65, 68, 75, 79, 81, 270, 271, 286, 333,
348

ハーサニ，ジョン（John Harsanyi）　36,
60, 102

ハート，オリバー（Oliver Hart）　360

ハーバーガー，アーノルド（Arnold
Harberger）　74

ハーバーグ，ホルスト（Horst Herberg）
73

ハーバラー，ゴットフリート・フォン
（Gottfried von Haberler）　81, 148,
149

パーフィット，デレク（Derek Parfit）
102, 217, 273

バーベラ，サルヴァドール（Salvador
Barberà）　268, 271, 305

バーリン，アイザイア（Isaiah Berlin）　2,
86, 244

バール，レイモン（Raymond Barre）
177

ハーン，フランク（Frank Hahn）　234

ハイエク，フリードリッヒ（Friedrich
Hayek）　30, 43, 114, 138, 140, 143, 144,
146, 151, 172, 238, 262, 344

ハウスマン，ジェリー（Jerry Hausman）
74

ハウタッカー，ヘンドリック（Hendrik
Houthakker）　251-253, 308

橋本龍太郎　156

パタナイック，プラサンタ（Prasanta
Pattanaik）　132, 247-249, 305, 306,
320, 355

パットナム，ヒラリー（Hilary Putnam）
290

パトリック，ヒュー（Hugh Patrick）
361

浜田宏一　354

早坂忠　165

林信太郎　191

林秀弥　164, 197, 204

速水祐次郎　361

バラン，ポール（Paul Baran）　344

ハリソン，ロス（Ross Harrison）　279

バリンスキー，ミシェル（Michel
Balinski）　304

パレート，ヴィルフレッド（Vilfredo
Pareto）　8, 41, 46, 47, 52-55, 78, 286

バローネ，エンリコ（Enrico Barone）
46, 286

ハンセン，アルヴィン（Alvin Hansen）
81

ハンソン，ベント（Bengt Hansson）
251, 252, 257, 309, 311, 313

ヒール，ジェフリー（Geoffrey Heal）
359

ピグー，アーサー（Arthur Pigou）　7,
36-41, 49, 66, 85, 86, 108, 144, 234-236,
243, 267, 269-272, 275, 278, 284, 290,
333-335, 341, 346-348

ヒックス，ジョン（John Hicks）　8, 36,
41, 44, 46-48, 50, 55, 62, 66-69, 72, 73, 144,
285, 334, 349

日向方斎　183

ヒューム，ディヴィッド（David Hume）
42, 43, 104, 279, 280

平岡昇　214

平野眞一　209

フェルドマン，グレゴリー（Gregory

Feldman) 201

フォーリー，ダンカン（Duncan Foley）
88, 271, 325

フォックスウェル，ハーヴァート（Herbert
Foxwell） 37

ブキャナン，ジェームズ（James
Buchanan） 12–14, 55, 57, 59, 60

福岡正夫 188

福沢諭吉 114

福田徳三 141, 143

藤田晋吾 290

藤田昌久 351

藤野正三郎 188

フック，シドニー（Sidney Hook） 52

フラー，マーガレット（Margaret Fuller）
62

ブラウ，ジュリアン（Julian Blau） 14

ブラック，ダンカン（Duncan Black）
291, 292, 304, 306, 320

プラトン（Plato） 1, 2, 11, 99–101, 277, 278

フランクファート，ハリー（Harry
Frankfurt） 102

フリードマン，ミルトン（Milton
Friedman） 43, 69, 70, 73, 75, 138, 140,
144, 151

フリードマン，ローズ・ディレクター（Rose
Director Friedman） 43

フリッシュ，ラグナー（Ragnar Frisch）
47

フルーネヴェーヘン，ピーター（Peter
Groenewegen） 37

ブルーム，ジョン（John Broome） 257

ブレア，ダグラス（Douglas Blair） 322

ブレイク，ウィリアム（William Blake）
351

ブレンターノ，ルヨ（Lujo Brentano）
141

フローベイ，マーク（Marc Fleurbaey）
217, 229, 231, 233, 234, 236, 237, 240–243,
245, 247, 249–251, 254, 256, 257, 260, 264,
266, 267, 269, 273, 330

プロット，チャールズ（Charles Plott）
321, 322, 329

ベイジェント，ニック（Nick Baigent）
362

ヘイズ，ロバート（Robert Heyes） 362

ヘーゲル，ゲオルグ（Georg Hegel）
205, 256

ベッカー，ゲーリー（Gary Becker） 54,
142

ベッカリア，チェーザレ（Cesare
Beccaria） 279

ヘックマン，ジェームズ（James
Heckman） 341

ベトレイム，シャルル（Charles
Bettelheim） 344

ベル，ダニエル（Daniel Bell） 150

ベルヌーイ，ジェイムズ（ヤコブ）（Jakob
Bernoulli） 62

ヘルマー，オラフ（Olaf Helmer） 56

ベンサム，ジェレミー（Jeremy Bentham）
7, 11, 40, 42, 67, 68, 86, 99, 243, 269, 270,
278–283, 333

ヘンダーソン，アレクサンダー（Alexander
Henderson） 47

ボーク，シセラ（Sissela Bok） 71

ポープ，アレクサンダー（Alexander
Pope） 349

ボーモル，ウイリアム（William Baumol）
261

ホール，マーガレット（Margaret Hall）
77

星岳雄 209, 351

ボッサール，ウォルター（Walter Bossert）
229, 231, 233, 234, 236, 237, 240–243, 245,
247, 249–252, 254, 256, 257, 260, 264, 266,
267, 269, 273, 305, 310, 312, 314, 315,
322–324, 337

ホッブズ，トマス（Thomas Hobbes）
100

ホテリング，ハロルド（Harold Hotelling）
46, 47

397

人名索引

ポラック, ロバート (Robert Pollak) 63

堀元 209, 351

ボルダ, ジャン゠シャルル・ド (Jean-Charles de Borda) 278, 291-298, 304

ボルデス, ジョルジュ (Georges Bordes) 322

ホワイトヘッド, アルフレッド・ノース (Alfred North Whitehead) 37

本田喜代治 214

マ 行

マーシャル, アルフレッド (Alfred Marshall) 37-39, 72-74, 105, 111, 128, 142

マイヤー, ジョン (John Meyer) 139

前川春夫 156

マクファーデン, ダニエル (Daniel McFadden) 341

マクミラン, アリステア (Alistair McMillan) 304

マクラッケン, ポール (Paul McCracken) 177

マクリーン, イエイン (Iain McLean) 278, 293, 295, 297, 304

正村公宏 165

マスキン, エリック (Eric Maskin) 270, 271, 307, 344

マスコレル, アンドリュー (Andreu Mas-Colell) 251

マッカーシー, ジョー (Joe McCarthy) 70

マハループ, フリッツ (Fritz Machlup) 70, 71, 138, 144-147

マルクス, カール (Karl Marx) 99, 141-143, 174, 200, 343

マルサス, ロバート (Robert Malthus) 141

マルシャック, ジェイコブ (Jacob Marschak) 45, 60

丸山眞男 1

ミーゼズ, ルードヴィッヒ・フォン (Ludwig von Mises) 43, 344

ミード, ジェームズ (James Meade) 274, 275

三木武夫 338

ミッシャン, エドワード (Edward Mishan) 234-236, 290

宮沢喜一 185

ミュルダール, カール・グンナー (Karl Gunnar Myrdal) 41, 71, 172

ミル, ジェイムズ (James Mill) 40

ミル, ジョン・ステュワート (John Stuart Mill) 2, 7, 40, 41, 42, 48, 67, 68, 70, 73, 86, 99, 100, 233, 282, 283, 286, 343

ムーア, ジェームズ (James Moore) 286

ムーラン, エルベ (Hervé Moulin) 268

村上泰亮 188, 192, 193, 236

メンガー, カール (Carl Menger) 43, 142

マンデルブロ, ブノワ (Benoît Mandelbrot) 210

毛沢東 233

モディリアーニ, フランコ (Franco Modigliani) 144

森嶋通夫 230, 231

モリス, ウィリアム (William Morris) 142

森松健介 362

森喜郎 156

モンジュ, ガスパール (Gaspard Monge) 292

モンロー, バート (Burt Monroe) 304

ヤ 行

ヤーノシュ, コルナイ (János Kornai) 356, 357

398

安井琢磨　143

山田精一　196–198, 203

山田雄三　153

ヤング，アリン（Allyn Young）　38, 39, 304, 305

吉野作造　173

吉野俊彦　190

ラ 行

ラーナー，アバ（Abba Lerner）　44, 46–51

ライト，デーヴィッド・マッコード（David McCord Wright）　17, 244

ラヴォアジェ，アントワーヌ（Antoine Lavoisier）　292

ラグランジュ，ジョゼフ＝ルイ（Joseph-Louis Lagrange）　292

ラスキン，ジョン（John Ruskin）　142, 345

ラゾリーニ，ローラ（Laura Razzolini）　249

ラッセル，バートランド（Bertrand Russell）　37

ラプラス，ピエール＝シモン（Pierre-Simon Laplace）　292, 298

ラムゼイ，フランク（Frank Ramsey）　37

ララキ，ライダー（Rida Laraki）　304

ランゲ，オスカー（Oskar Lange）　238, 344

リカード，ディヴィッド（David Ricardo）　73, 74, 78, 141, 142

リクター，マーセル（Marcel Richter）　251, 252, 309, 311, 313

リトル，イアン（Ian Little）　44, 47, 48, 50, 55–57, 63–65

リンダール，エリック（Erik Lindahl）　51

ルース，ダンカン（Duncan Luce）　314

ルソー，ジャン＝ジャック（Jean-Jacques Rousseau）　99, 101, 214, 215, 325

ルル，ラモン（Ramon Llull）　278, 291, 297

ルンドバーグ，エリック（Erik Lundberg）　144

レオンティエフ，ワシリー（Wassily Leontief）　45, 81, 165, 166, 339

レベングリック，アーサー（Arthur Levenglick）　304

ローマー，ジョン（John Roemer）　217, 273

ロールズ，ジョン（John Rawls）　21, 26, 80, 86, 94, 97–102, 104, 110, 215, 259, 325

ロスウェル，ジェフリー（Geoffrey Rothwell）　359

ロスチャイルド，エマ（Emma Rothschild）　292, 294

ロソフスキー，ヘンリー（Henry Rosovsky）　140, 146

ロバーツ，ケビン（Kevin Roberts）　63

ロバートソン，デニス（Dennis Robertson）　39

ロビンズ，ライオネル（Lionel Robbins）　7, 8, 18, 41–45, 243, 251, 270, 284, 285, 289, 308, 347

ロビンソン，ジョーン（Joan Robinson）　348

ロベスピエール，マクシミリアン（Maximilien Robespierre）　294

ロンドン，ジョン（John London）　278, 297

ワ 行

ワイツマン，マーティン（Martin Weitzman）　76

ワイルド，オスカー（Oscar Wilde）　65

渡部経彦　187, 189, 190, 192

ワルラス，レオン（Léon Walras）　5, 143

事項索引

ア 行

アーヴィング・フィッシャー流のストック
　概念　345
アカデミー・フランセーズ　293, 294
アローの一般不可能性定理　14, 16, 32, 55,
　57, 58, 60, 63, 247, 307, 316, 319, 322, 324
アローの社会厚生関数　11, 55, 58, 63
アローの社会構成関数　318
アローの社会的合理性　12
アローの社会的選択の理論　256
安保闘争　233, 237, 357, 358
　1960 年——　232, 353, 358
意思決定手続きの民主性　238
意思決定の民主的方法　231
異端の経済学者　138, 139
一致性の公理（Axiom of Identity）　328
　——のもとでの定義域の広範性　328
一般不可能性定理　243
ウェーバー゠フェヒナーの法則　40
運営費交付金　223
運の平等主義　96, 97
追いつき生産循環理論　150
黄金律（Golden Rule）　40, 217, 221, 331
オーストリア学派　42, 43
オリゴポリー　193

カ 行

外部的な社会規範　245
《快楽主義》的哲学（hedonistic
　philosophy）　281
科学研究費助成事業　220
科学研究費補助金（科研費）　211, 225

科研費制度の《分野別の細分化》　221
価格のバロメーター機能　343
格差原理　101
学術
　学術のための——　224
　社会のための——　224
学術会議　213
学術審議会　265
学術政策の実装手段として競争メカニズム
　が担う機能　222
学術のための学術　→学術
《革新導入の誘因機構》としての競争の機
　能　113, 118, 128, 129, 210, 223
角谷の不動点定理　341
拡張（extension）　323
拡張された同感アプローチ（extended
　sympathy approach）　255, 256, 326,
　327
確認商調協　→商業活動調整協議会
科研費　→科学研究費補助金
過剰参入定理（excess entry theorem）
　128, 262
《仮説的な補償》の支払い　286
仮説的補償原理学派の《新》厚生経済学
　291
仮想状態に関する反事実的な情報　214-
　216
可塑性（malleability）　106
価値判断の領域　289, 290
GATT35 条　179
GATT／WTO 協定の基本原則　30
GATT／WTO レジーム　30, 32, 89
GATT の最恵国待遇原則　263
GATT の多国間主義と無差別原則（最恵

国待遇原則と内国民待遇原則） 262

過当競争（excessive competition） 261

　──の排除 199

《過当競争》論 262

カルドア補償原理 288

カルドア優越性 287

為替政策研究会 190

間接的顕示選好との整合性 311, 313

完全競争的な市場メカニズム 260, 359

《完全合理的》（full rational）な選択関数
312, 322

完全な手続き的正義（perfect procedural
justice） 21

　──論 26

カントの定言命法 40, 331

管理された競争 →競争

機会の衡平な提供の要求 133

企業の経済学 353, 358, 360

帰結（consequence） 280

帰結主義（consequentialism） 7, 18, 19,
66, 233, 241, 280, 330

　──者 34, 331, 332

帰結主義 versus 非帰結主義 244, 245,
264

《帰結主義》的アプローチ 89, 90

帰結主義的衡平性 272

帰結主義的な正義論 257, 259

帰結主義と非帰結主義 242

帰結道徳の手続き的正義に対する優先性
21

帰結道徳律（outcome morality） 21, 89

稀少資源の効率的配分機構 223

　《──》としての競争の機能 113, 118,
128, 129, 210

規則功利主義（rule utilitarianism） 282

　──者 283

《規則》自由主義者 283

ギバード＝サタースウェイト定理 305

ギバードの逆説 249

ギバードのパラドックス 249

規範的判断の情報的な基礎 107

キブツ 79

義務論 19

逆投資循環 157, 158

《旧》厚生経済学 7, 8, 36, 41, 42, 80, 267,
270-272, 278, 284, 290, 321, 333, 334, 346,
347

共産主義者同盟（ブント） 353, 354, 357,
358

行政指導 179, 181

行政手続法 179

競争（competition） 114, 192, 210

　管理された── 122, 223, 224

競争概念 193

　《状態》としての── 193

競争促進的・非裁量的な構造規制 122

競争政策 6, 86, 115, 118, 172, 239, 261

　──の理論的基礎 75

　──論 260

競争政策研究センター →公正取引委員会
競争政策研究センター

競争的市場メカニズムの効率化機能
261

競争と経済厚生 265

《競争と厚生》プロジェクト 260

競争に関する2つの通念 118

競争の機能 194

《競争の厚生改善》論 261, 262

競争の実質的制限 193, 194, 198

競争のフラクタル構造 210

競争の3つの機能 128, 129

競争は《悪》，協調は《善》という通念
126

競争は《善》とする正統派経済学の通念
127

競争法と競争政策 29, 30

共有地の問題 77

許可制度 125

近代経済学 164, 338, 354

近代経済学者 187-190, 192, 194, 202

　──グループ 195

グローバルな正義 84, 109

401

事項索引

経済学と哲学の相互交流　256
経済均衡の動学的安定性　235
経済計画論争（Economic Planning
　Controversy）　238, 239, 344, 355, 359
経済工学の領域　290
経済システムを《変数》と看做す経済学
　359
経済システムを見る《福祉の経済学》の視
　点　131
経済制度の評価と設計　351
経済的厚生　346
　──主義　66, 67
経済的な自由尊重主義　71
傾斜生産方式　200
経路独立的な選択関数　322
ケインズ流のフロー概念　345
ゲーム形式（game form）　23, 246, 361
ゲーム形式の権利論　244, 248–250
ケネーの経済表　339
限界効用逓減の法則　40
研究拠点形成事業費等補助金制度　224
研究者間競争　222, 224
研究成果の意義を測る時間的スケール
　214
顕示選好の弱公理（weak axiom of
　revealed preference）　252, 311
顕示選好の強公理（strong axiom of
　revealed preference）　252, 311
《顕示選好》（revealed preference）の理論
　245, 308
原初状態（original position）　215
現存状況に関する事実的な情報　214
権利　131
《権利と義務》のパラダイム　218
権利と自由　245
権利のインフレーション　132
権利の存在意義（raison d'être）　249
行為功利主義（act utilitarianism）　282
公開販売制度　184
公共財問題　51
公共的な意思決定過程　211

厚生経済学（economics of welfare）　7,
　84, 276, 284
　血の通った──　273–275, 322, 335
厚生経済学と社会的選択の理論　215,
　237, 239, 240, 251, 260, 266, 267, 269, 271,
　276, 278, 307, 335, 348, 349
厚生経済学の基本定理　45, 75, 91, 260
厚生経済学の《非》厚生主義的基礎
　346, 348
厚生主義　7, 8, 18, 19, 66, 68, 241
　序数的──　66
厚生主義 versus 非厚生主義　244, 245,
　264
厚生主義的帰結主義（《厚生主義》）　8,
　66, 242, 243
厚生主義的な評価方法　262
厚生主義的な平等論　94
公正取引委員会（公取委：JFTC）　164,
　169, 175, 185, 195, 203, 261, 265, 266
　──競争政策研究センター（CPRC）
　　163, 197, 198, 265, 266
　──の冬眠時代　174–176
厚生の機会の平等　94
厚生の平等　94
《厚生》の平等性（Equality of Welfare）
　93
公的研究助成の配分制度　220
公的な研究資金の競争的配分制度　220,
　221
幸福主義（happiness-focused
　consequentialism）　280
公平（fair）　87, 326
衡平（equity）　87
衡平性の拡張公理　255
衡平と効率のトレードオフ（equity-efficiency
　trade-off）　327, 329
《公平》（fair）配分　88
効用（utility）　282
効用可能性フロンティア　55
合理化（rationalization）　310
《合理化可能性》（rationalizability）として

402

の《合理性》(rationality) 245, 251, 307, 312, 316

合理化可能性としての完全合理性（full rationality） 312, 316

合理化可能性としての合理性のパラダイム 333

合理化可能性としての合理的選択の理論 250, 308, 309

合理化可能な選択関数 310

功利主義的（utilitarian） 279

《功利主義》(utilitarianism) 哲学 279

功利主義ルール 321

合理的経済計算 344

合理的な社会的選択の理論 12

コーポレート・ガバナンス 353, 358, 360

国際経済学会連合（International Economic Association） 338, 357

国税不服審判所 186

国民車構想 184

国民所得倍増計画 160

国立大学運営費交付金 220

個人的な選択肢に対する《無条件的な選好》（unconditional preferences） 250

個人の異質性 32, 331, 332

個人の権利と社会の効率性の不可避的衝突 132

個人の自由主義的な権利の社会的尊重 17, 238, 320

古典的功利主義 281, 282

コブ・ダグラス型生産関数 149

コモン・ロー 87, 109, 169

コンドルセ・サイクル 15, 303, 304, 306, 331

コンドルセ勝者（Condorcet winner） 296, 301, 302, 306

コンドルセの逆説（Condorcet paradox） 302

サ 行

最恵国待遇原則 30

最大多数の最大幸福（the greatest happiness of the greatest number） 7, 86, 279, 282, 283, 334

最低生活水準 347

最適化アプローチ 334

財閥解体 168, 239

裁量的な行動規制 122

サミュエルソン補償原理 288

サミュエルソン優越性 288

参加民主主義的な分配方法 130

産業構造審議会 183, 199, 265

産業構造の策定 199

産業政策 115, 118, 184, 199, 260, 262

産業組織論 260

産業発展の雁行的形態 150

サンクト・ペテルブルク・パラドックス 57

サンフランシスコ平和条約 231

資源主義的な平等 94

《資源》の平等性（Equality of Resources） 93, 94

資源を得る機会の平等 94

シジウィックの世代間衡平性の原理 273

事々前商調協 →商業活動調整協議会

事実／価値二分法 290

死重損失の回避 46

市場総余剰関数（total market surplus function） 262

自然状態 325

事前商調協 →商業活動調整協議会

事前説明 126

自然独占性 119

持続可能な発展（Sustainable Development） 273

実装段階（implementation stage） 24

《私的情報の発見・拡散機構》としての競争の機能 113, 114, 118, 128, 129, 210, 223

《私的情報の発見・拡張機構》としての大学間競争の機能 223

403

事項索引

私的独占（monopolization）（モノポライ
　ゼーション）　108, 169, 192, 193, 195,
　196, 198
司法省　178
資本主義経済制度　237, 238
資本主義と社会主義の比較制度分析
　344
資本ストック調整原理　158
市民的な自由尊重主義　71
シャーマン法　169
社会厚生関数（social welfare function）　9,
　41, 47, 49-53, 57, 270, 286, 288, 333
社会構成関数（constitution）　57, 58, 317,
　333
社会厚生関数学派　286
　──の《新》厚生経済学　288, 290, 291
　──の論理的な性能　291
社会厚生の最適化　334
社会市場経済　172
社会主義経済制度　237, 238
社会的基本財（social primary goods）
　94, 97, 259
社会的合理性　13, 59
社会的選択の完全合理性　320
社会的選択の集団的合理性　59
社会的選択の分権的な実装可能性　270,
　271
社会的選択の理論（social choice theory）
　80, 84, 276
社会的選択の理論と厚生経済学　229,
　236
社会のための学術　→学術
収穫逓増　149, 152
重化学工業化　200-202
自由経済　170-173
集権的な計画経済　355
自由主義　173
　──者　172
自由主義的権利　249
　──論　133
　──の社会的尊重　248

譲渡可能な──　250
自由主義的な政治体制　3
自由主義と民主主義の両立不可能性　18
集団的合理性　247
自由の《内在的価値》　130
十分主義　102
重要基礎物資の価格の低位安定　201,
　202
主観的選好（subjective preference）
　27
　──順序（subjective preference
　ordering）　326
ジュグラー循環　158
手段的な価値（instrumental value）　20,
　129, 131
順位得点集計ルール（rank-order counting
　rule）　293, 295-297
循環的選好（コンドルセ・サイクル）
　302
純国民厚生（Net National Welfare: NNW）
　139
順序拡張定理　58
準推移性（quasi-transitivity）　312
純粋な手続き的正義（pure procedural
　justice）　21
　──論　26
商業活動調整協議会（商調協）　124, 125
　確認商調協　126
　事々前商調協　126
　事前商調協　125
消極的自由　3
《状態》としての競争概念　→競争概念
譲渡可能な自由主義的権利　→自由主義的
　権利
消費者余剰　38, 72, 74
情報的効率性　15, 238, 319
将来世代の《可塑性》（malleability）
　218
将来世代の人格の《非同一性問題》
　（non-identity problem）　273
序数的厚生主義　→厚生主義

404

所得弾力性基準　147

ジョン・ロールズの正義の原理　305

事例含意的な批判　245

審議会　134, 338

《新》厚生経済学　8, 18, 36, 41, 47, 48, 50, 80, 243, 270, 278, 285, 286, 290, 316, 348

人文学・社会科学系（人社系）の学術研究　211

推移的閉苞（transitive closure）　310, 315

スーパー301条　263

数理政治学　55, 63

スキトフスキー補償原理　288

スキトフスキー優越性　287

鈴村整合性（Suzumura consistency）　252-254, 312, 314

鈴村整合的　323

　──合理性　315, 324

鈴村整合的閉包（Suzumura-consistent closure）　314

　──との整合性　315

鈴村の順序拡張定理　323

スピレヤンの順序拡張定理　251, 253

正義の判断の情報的基礎　259

政治経済学のマルクス主義的伝統　→マルクス主義

精緻化された功利主義　281, 282

成長論争　160

制定段階（constitutional stage）　24

制度（institution）　361

制度補完性　361

制約条件下の最大化　235

《──》パラダイム　333

責任と補償の原理　217-219

積分可能性条件　53

石油ヤミカルテル事件　180, 181

世代間衡平性　272

　──の厚生経済学　106

世代間正義　84, 109

　──と衡平性　105

設備投資調整　182-184, 194

全学連（全日本学生自治会総連合）　232, 354

選挙と投票の理論　278, 291, 292, 300, 301, 304, 306, 316, 320, 321, 331

漸近的な一次同次性　75

線形順序（linear order）　295

選好の戦略的な虚偽表明を阻止する手続きの存在可能性　271

戦後経済改革　239, 261

潜在的な厚生改善　288

潜在能力（capability）　94, 97

　──アプローチ　259

漸進的改革アプローチ　334

セン＝鈴村の解決スキーム　248

選択関数（choice function）　309

選択《機会》（opportunities）　19

　──の内在的な価値（intrinsic value of the opportunities for choice）　330

選択経路からの独立性（path-independence）　321

選択集合（choice set）　309

《選択的隔離》のナショナリズム　140

選択の《手続き》（procedures）　19

選択による運（option luck）　96

選択の自由　129, 245, 248

選択の整合性公理　255

選択の内部的整合性　245

センの一般不可能性定理　→パレート派リベラルの不可能性定理

羨望（envy）　327

　──のない状態としての衡平性　21, 294, 325

戦略的産業の保護育成　199

戦略的操作可能性　299, 305

想像上の境遇の交換（imaginary exchange of circumstances）　215, 325

相対生産性成長率基準　147

相対多数決ルール（plurality rule：PDルール）　278, 293, 295-298, 301, 305, 306

総和主義（social sum-total maximization）

事項索引

281

組織間競争　222

タ 行

大学間競争ゲーム　223

大規模小売店舗審議会（大店審）　124

大規模小売店舗法（大店法）　123, 124, 127, 131

大数法則　62, 74

大店法システム　126, 127, 131

他者危害原則（"harm-to-others" principle）282

単一選好プロファイルのフレームワーク　63

単純多数決コンテスト　296, 302

単純多数決ルール（simple majority decision rule：略称 SMD ルール）15, 293, 295–298, 302, 303, 320, 322

単峰型選好（single-peaked preferences）306, 320

地域商業権　131, 132

《地球温暖化》（global warming）問題　216, 273

チャンパーナウン整合性　253

中立性（neutrality）　323, 324

超越論的制度主義（transcendental institutionalism）　99, 272

長期経済統計（LTES）　154

長期経済統計プロジェクト　153

超集合の公理　329

直接的顕示選好との整合性　311, 313

通商政策　6, 86

通信法（The Communications Act）178

通念（conventional wisdom）　119

定義域の広範性　15

定義域の無制約性（unrestricted domain）317, 320, 324

手錠を填められた競争　122

《手続き主義》的アプローチ　89, 90

手続き主義的衡平性　272

手続き主義的な正義論　257, 259

手続き的正義の帰結道徳に対する優先性　21

デニソン型の全要素生産性　149

テレコム改革

　1985 年――　120

電気通信サービスのあまねく公平な供給義務　132

電気通信事業における競争と規制　119

電気通信事業の民営化と規制改革　115

電気通信審議会　134, 264

ドイツ歴史学派　164

同感（sympathy）　325

道具的な価値（instrumental value）280

投票関数　56

投票の逆説（paradox of voting）　15, 302

透明性の要求　133

独裁者（dictator）　319

独占（モノポリー）（monopoly）　108, 192, 193, 195

独占禁止法（独禁法）　168, 169, 239

独占《状態》　198

独占問題懇談会　188, 190

匿名性（anonymity）　323, 324

届出・勧告制度　125

トリアージュ（選別医療）　103

トリクル・ダウン（均霑）の原理　62, 74

ナ 行

内国民待遇原則　30

内在的な価値（intrinsic value）　20, 129, 131, 280

ナショナリズム　140

二項関係の順序拡張定理　248

二国間貿易制限措置　262

21 世紀 COE プログラム（The 21st Century Center of Excellence

Program） 224
日米安全保障関係 232
日米安全保障条約 231, 232
日米構造協議 123, 124, 126, 127
日本学術会議 211, 212, 214, 338
日本経済の重化学工業化 139
日本国とアメリカ合衆国との間の相互協力
　及び安全保障条約 232
日本の競争政策 261, 265
　──の執行プロセス 203
日本の交易条件 148
日本の公共的意思決定プロセス 133, 134
日本の産業政策 6, 86, 165, 200, 260, 261,
　265
　──と競争政策のコンフリクト 181
日本の長期経済統計 138, 153
日本の電気通信改革 264
日本の電気通信事業 264
日本の独禁法 170
　──と競争政策 168, 189
人間生活の改善 334
　──の道具 290
農地改革 239

八　行

バーグソン＝サミュエルソンの研究計画
　289
バーグソン＝サミュエルソンの社会厚生関
　数 10, 63, 318
バーグソン＝サミュエルソンの社会厚生順
　序 254
バーグソン＝サミュエルソンの《新》厚生
　経済学 272
バーグソン社会厚生関数 54, 58
ハウタッカーの顕示選好公理 311, 312
パターナリスティックな分配方法 130
パターナリズム 61
発見手続き（discovery procedure） 324
　《──としての競争》（competition as
　discovery procedure）の機能

262
パレート改善 92
パレート原理（Pareto principle） 8, 15,
　286, 319, 320, 324
パレート効率性（Pareto efficiency） 21,
　89, 91, 95, 258
《パレート最適》（Pareto optimal） 38,
　41
《パレート最適性》（Pareto optimality）
　45-48, 50, 51, 55, 76
パレート準順序（Pareto quasi-ordering）
　58, 326
パレート内包的社会厚生関数（Pareto-
　inclusive social welfare function）
　289
パレート派リベラルの不可能性定理（セン
　の一般不可能性定理） 17, 32, 237,
　243, 247, 320
《反事実的》（counterfactual）な仮想的状
　況 101
半推移性（semi-transitivity） 252
ピア・レビュー制度 221
比較経済制度論 351, 352
比較経済体制論 344
比較制度分析 353, 355, 356, 358, 361
《比較評価アプローチ》（comparative
　assessment approach） 99, 272
比較メカニズム・デザイン論 353, 358,
　359
《非帰結主義》（non-consequentialism）
　19, 233, 241, 280, 330
　──者 34, 69, 331, 332
ピグーの《旧》厚生経済学 274
ピグーの創業のパッション 290
非厚生主義 69, 241
非厚生主義的帰結主義（非厚生主義）
　243
非厚生主義的な評価方法 262
非幸福主義 281
非市場的福祉要因 346, 347
非対称的規制 120

407

ヒックス補償原理　288
ヒックス優越性　287
非同一性問題（non-identity problem）
　273
非独裁性　15
評価制度の客観化と可視化　226
費用逓減産業　38
費用逓増産業　37
費用不変産業　38
平等論　90
非理想的理論　98
フェア・ゲームの設計　6, 31
フェア・プレーの義務　6, 30
フェルドールンの法則　149
福祉（well-being）　97
福祉の経済学　135
　　――の理論的基礎　347
複数選好プロファイルのフレームワーク
　63
福利（ophelimity）　53
不偏性の要求　133
フランス科学アカデミー　292-294, 298,
　304
プロクルステスのベッド　222
プロクルステスの罠　256
分権的な資源配分機構論　351
分権的な市場メカニズム　355
ブント　→共産主義者同盟
米国包括通商法 301 条　263
閉鎖的ナショナリズム　140
ベーシック・ニーズ　347
ベンサムの功利主義　280, 305
ベンサム＝ピグーの《旧》厚生経済学
　272
ベンサム＝ピグーの研究計画　285, 289
ベンサム流功利主義　299
法概念論　91
法価値論　91, 100
法哲学　83
法と経済学　91, 92
ボーモルの仮説　261

補償原理　41
補償原理学派　48, 286
　　――の《新》厚生経済学　288, 334
補償同値類（compensatory equivalence
　class）　286
ボルダ得点（Borda count）　297-300
ボルダ・ルール　293, 297-301, 304, 305,
　321
　　――の戦略的な操作可能性　298

マ 行

マーシャルの k　161, 162
前川レポート　155, 156
マクロ経済学のミクロ経済学的基礎
　343
マルクス経済学　164, 199, 338, 339,
　354-356
マルクス主義　44, 45, 356, 357
　　政治経済学の――的伝統　338
マルクスの拡大再生産表式論　200, 339
見えざる手の信条　46
ミッシャンのシニシズム　290
民主主義（democracy）　1, 233
　　――の麻痺現象　13
民主主義的な意思決定手続き　2, 13, 85,
　232, 234, 239, 276
民主主義的な政治体制　2
無関係対象からの独立性（情報的効率性）
　（independence of irrelevant
　alternatives）　65, 247, 318, 320, 324
剝き出しの運（brute luck）　96
無羨望衡平性　254, 258
　　――の拡張公理　329
　　――の理論　256
無羨望状態としての衡平性（equity-as-no-
　envy）　88, 90, 325
無知のヴェール　26, 27
室町通産省　184
メカニズム・デザインの理論　359
モノポライゼーション　→私的独占

モノポリー　→独占
モラル・ハザード　49
八幡・富士両製鉄の合併事件　115, 139,
　151, 163–165, 178, 186–188, 195, 202
《有限定義域》（finite domain）上の選択関
　数の理論　308
優先主義　102
輸出自主規制（voluntary export
　restraint）　262
輸入と技術導入に関する許認可権限
　175
幼稚産業保護論　120, 149

ラ 行

ラグランジュ定数　55
ラプラス的合理性　60
リカードの悪徳（Ricardian vice）　77
理工学・生命科学系（理工・生命系）の学
　術研究　211
理工・生命系の学術と人社系の学術の重要
　な差異　213
理想的な一括税　49
理想的理論　98
リベラルな個人　33, 248
リベラル・パラドックス　244
臨時行政調査会　134
倫理的選好（ethical preference）　27
冷徹な頭脳と温かい心（cool head and
　warm heart）　111
レオンチェフ = ケインズのフロー循環図
　339

歴史的経路の選択責任　219
──に伴う補償の義務　217
連邦通信委員会（Federal Communications
　Commission: FCC）　177, 178
連邦取引委員会（Federal Trade
　Commission）　178
ロンドン・スクール・オブ・エコノミクス
　44

アルファベット

Center of Excellence（COE）制度　211
CPRC　→公正取引委員会競争政策研究セ
　ンター
Equality of What（なにに関する平等性か）
　93
fairness　88
fair share（公正な取り分）　88
fair trial（公正な裁判）　88
fair wage（公正な賃金）　88
FCC　→連邦通信委員会
GCOE プログラム（Global COE Program）
　224
JFTC　→公正取引委員会
LTES プロジェクト　154
Shapley value　360
What is Equality（平等とはそもそもどん
　な概念か）　93

1960 年安保闘争　→安保闘争
1985 年テレコム改革　→テレコム改革

著者略歴

1944年1月7日愛知県常滑市生まれ．一橋大学経済学部・大学院経済学研究科卒業．一橋大学経済学博士（1980年）．一橋大学経済学部専任講師，京都大学経済研究所助教授，一橋大学経済研究所助教授・教授，早稲田大学政治経済学術院教授を歴任．この間 London School of Economics, Stanford University, Cambridge University (Visiting Fellow Commoner, Trinity College), Oxford University (Visiting Fellow, All Souls College), Harvard University (Fulbright Senior Research Fellow) で研究及び講義．日本経済学会会長，President of the Society for Social Choice and Welfare，公正取引委員会・競争政策研究センターの初代所長，日本学術会議会員及び副会長を歴任．現在は早稲田大学栄誉フェロー，日本学士院会員．

主要著書

『経済計画理論』筑摩書房，1982年．*Rational Choice, Collective Decisions, and Social Welfare*, Cambridge University Press, 1983. *Choice, Preferences, and Procedures: A Rational Choice Theoretic Approach*, Harvard University Press, 2016.『厚生経済学の基礎——合理的選択と社会的評価』岩波書店，2009年．『社会的選択の理論・序説』東洋経済新報社，2012年．『厚生と権利の狭間』ミネルヴァ書房，2014年．

厚生経済学と経済政策論の対話
福祉と権利，競争と規制，制度の設計と選択

2018年5月25日　初　版

［検印廃止］

著　者　鈴 村 興 太 郎

発行所　一般財団法人　東京大学出版会

代表者　吉 見 俊 哉

153-0041 東京都目黒区駒場 4-5-29
電話 03-6407-1069　FAX 03-6407-1991
振替 00160-6-59964
http://www.utp.or.jp/

印刷所　株式会社平文社
製本所　牧製本印刷株式会社

ⓒ 2018 Kotaro Suzumura
ISBN 978-4-13-040283-5　Printed in Japan

JCOPY 〈(社)出版者著作権管理機構 委託出版物〉

本書の無断複写は著作権法上での例外を除き禁じられています．複写される場合は，そのつど事前に，(社)出版者著作権管理機構（電話 03-3513-6969，FAX 03-3513-6979, e-mail: info@jcopy.or.jp）の許諾を得てください．

鈴村興太郎 宇佐美　誠　編 金　　泰昌	世代間関係から考える公共性	A5・4700円
鈴村興太郎 長岡　貞男　編 花崎　正晴	経済制度の生成と設計	A5・5800円
塩野谷祐一 鈴村興太郎　編 後藤　玲子	福　祉　の　公　共　哲　学	A5・4200円
清野　一治　編 新保　一成	地球環境保護への制度設計	A5・4800円
佐々木　毅　編 金　　泰昌	経済からみた公私問題	A5・3200円
塩野谷祐一　著	経　済　哲　学　原　理 解釈学的接近	A5・5600円
塩野谷祐一　著	経　済　と　倫　理 福祉国家の哲学	A5・5600円
アマルティ ア・セン　著 後藤　玲子	福　祉　と　正　義	四六・2800円

ここに表示された価格は本体価格です．ご購入の
際には消費税が加算されますのでご了承ください．